Thomas Edeling · Werner Jann · Dieter Wagner (Hrsg.)

Wissensmanagement in Politik und Verwaltung

Interdisziplinäre Organisations- und Verwaltungsforschung
Band 9

Herausgeberbeirat
Günther Ortmann
Wolfgang Seibel
Arndt Sorge
Jörg Sydow
Klaus Türk

Thomas Edeling · Werner Jann
Dieter Wagner (Hrsg.)

Wissensmanagement in Politik und Verwaltung

VS VERLAG FÜR SOZIALWISSENSCHAFTEN

VS Verlag für Sozialwissenschaften
Entstanden mit Beginn des Jahres 2004 aus den beiden Häusern
Leske+Budrich und Westdeutscher Verlag.
Die breite Basis für sozialwissenschaftliches Publizieren

Bibliografische Information Der Deutschen Bibliothek
Die Deutsche Bibliothek verzeichnet diese Publikation in der Deutschen Nationalbibliografie;
detaillierte bibliografische Daten sind im Internet über <http://dnb.ddb.de> abrufbar.

1. Auflage August 2004

Alle Rechte vorbehalten
© VS Verlag für Sozialwissenschaften/GWV Fachverlage GmbH, Wiesbaden 2004

Der VS Verlag für Sozialwissenschaften ist ein Unternehmen von Springer Science+Business Media.
www.vs-verlag.de

Das Werk einschließlich aller seiner Teile ist urheberrechtlich geschützt. Jede Verwertung außerhalb der engen Grenzen des Urheberrechtsgesetzes ist ohne Zustimmung des Verlags unzulässig und strafbar. Das gilt insbesondere für Vervielfältigungen, Übersetzungen, Mikroverfilmungen und die Einspeicherung und Verarbeitung in elektronischen Systemen.

Die Wiedergabe von Gebrauchsnamen, Handelsnamen, Warenbezeichnungen usw. in diesem Werk berechtigt auch ohne besondere Kennzeichnung nicht zu der Annahme, dass solche Namen im Sinne der Warenzeichen- und Markenschutz-Gesetzgebung als frei zu betrachten wären und daher von jedermann benutzt werden dürften.

Umschlaggestaltung: KünkelLopka Medienentwicklung, Heidelberg
Druck und buchbinderische Verarbeitung: Lengericher Handelsdruckerei, Lengerich
Gedruckt auf säurefreiem und chlorfrei gebleichtem Papier
Printed in Germany

ISBN 3-8100-3538-6

Inhalt

Thomas Edeling
Einleitung: Was lässt sich von Wissenssteuerung und
Wissensmanagement erwarten? 7

Wissen und Wissenssteuerung in Organisationen

Hellmut Wollmann
Verwaltungspolitische Reformdiskurse – zwischen Lernen
und Vergessen, Erkenntnis und Irrtum 17

Pietro Morandi
Der Wille zum Risiko in modernen Gesellschaften.
Oder: Woher stammt der Steuerungsoptimismus der 90er Jahre? 37

Holger Strassheim
Wissensgenerierung und Wissenstransfer in Netzwerken der
lokalen Beschäftigungspolitik 57

Sünne Andresen, Irene Dölling
Geschlechter-Wissen in Organisationen:
Einblicke in die Deutungsmuster leitender Fachbeamter einer
Berliner Kommunalverwaltung 89

Anwendungsfelder von Wissensmanagement

Uwe Wilkesmann, Ingolf Rascher
Lässt sich Wissen durch Datenbanken managen?
Motivationale und organisationale Voraussetzungen beim Einsatz
elektronischer Datenbanken 113

Stefan Machura
Erfolgsermittlung in öffentlichen Betrieben:
Ein Baustein des „Wissensmanagements" 131

Klaus Lenk, Peter Wengelowski
Wissensmanagement für das Verwaltungshandeln 147

Wolfgang Gerstlberger
Wissenstransfer in Regionalen Innovationssystemen –
ausgewählte Beispiele der internationalen Diskussion 167

Harald Fuhr, Johannes Gabriel
Wissensmanagement in der Entwicklungszusammenarbeit –
das Beispiel der Weltbank 189

Andreas Obser
Ergebnisorientierung und internationale Programmbildung als
Herausforderung an das Wissensmanagement der deutschen
Entwicklungspolitik 217

Dieter Wagner
Wissenstransfer und Hochschule.
Stand und Perspektiven im Spannungsfeld von Wissenschaft,
Wirtschaft und Verwaltung 235

Autorenverzeichnis 255

Thomas Edeling

Einleitung: Was lässt sich von Wissenssteuerung und Wissensmanagement erwarten?

Über Wissenssteuerung oder Wissensmanagement in einem Kreis zu diskutieren, der nicht nur Wissenschaftler und Praktiker, nicht nur Politik- und Verwaltungswissenschaftler, Ökonomen und Soziologen, sondern möglicherweise auch Systemtheoretiker, Handlungstheoretiker, soziologische und ökonomische Institutionalisten einschließt, ist kaum etwas anderes als der Versuch, Wissensmanagement praktisch zu betreiben. Allein das Stichwort „Wissensmanagement" weckt die verschiedenartigsten Assoziationen, etwa zu ganz praktischen Dingen wie „Informationsmanagement" oder „Managementinformationssystemen" auf der einen Seite, auf der anderen Seite aber auch zu mehrdeutigen und uneinheitlich verwendeten theoretischen Begriffen wie „Kommunikation" und „Steuerung", „Sensemaking" „Organisationsgedächtnis" oder der Vorstellung von „Organisationslernen".

In dieser Lage ist schon viel gewonnen, wenn als gemeinsame Sicht unterstellt werden kann, dass „Informationen" nicht schlechthin „Daten" sind, dass mit einer Anhäufung von Daten nicht ohne weiteres Wissen zunimmt und dass aus derselben Menge Daten ganz verschiedene Bilder entstehen und ganz unterschiedliche Schlüsse gezogen werden können. Daten mögen objektiv scheinen, indem sie z.B. Auskunft darüber geben, welche und wie viele wirtschaftliche Beteiligungen eine Stadt unterhält, wie hoch die Einnahmen oder Ausgaben einer Kommune sind oder wie viel Verwaltungspersonal sie beschäftigt. Man kann, die Reihe fortsetzend, beeindruckende Datenmengen erheben und speichern und auf diesem Wege mitunter anzutreffende Datenfriedhöfe schaffen, bei deren Begehung der Betrachter sich nur in einem täuscht, dass nämlich dort „Daten" begraben lägen und dass diese „Daten" nur auszugraben und zu einander in Beziehung zu setzen wären, um ein vollständiges und objektives Bild etwa über die Situation einer Stadt oder Gemeinde zu erhalten.

Für die in diesem Band vereinigten Beiträge gilt wohl ausnahmslos die Anerkennung einer konstruktivistischen Perspektive, die davon ausgeht, „dass es keine Daten an sich gibt, sondern nur beobachtungsabhängige, also qua Beobachtung erzeugte oder konstruierte Daten" (Willke 1998, S. 7). Wer nicht so vermessen ist anzunehmen, „die Welt" oder auch nur „die Stadt" ließen sich vollständig in ihrer Komplexität beschreiben, bescheidet sich dann wohl oder übel damit, in den Datensammlungen das vorzufinden, was nach bestimmten Prioritäten, Auswahlgesichtspunkten, Regeln der Datenerfassung, Problemdefinitionen oder auch nur in Abhängigkeit von den verfügbaren Ressourcen in einer bestimmten Absicht zusammengetragen wurde. Dies lässt sich offen legen, wie Statistiker es in der Regel tun, dies lässt sich auch nachträglich rekonstruieren, ändert jedoch nichts daran, dass es sich bei Daten immer um *Beobachtungen* handelt, in denen der „blinde Fleck" der Sicht des Beobachters mit enthalten ist.

Daten oder Datensammlungen werden dadurch nicht wertlos oder obsolet; sie liefern sozusagen das Rohmaterial für Informationen, wenn sie in einen bestimmten Relevanzkontext (Willke 1998, S. 8) eingebunden werden und in diesem Kontext erst eine jeweils spezifische *Bedeutung* erhalten. „Wissen" ist dann, wie Helmut Willke es in einem Gespräch mit Torsten Groth (Groth 2001, S. 163) ausgedrückt hat, „eine in Erfahrungskontexte eingebaute relevante Information". Erfahrungskontexte unterscheiden sich nicht nur von Individuum zu Individuum, sondern auch von Organisation zu Organisation. So beobachtet eine Verwaltung nicht nur deshalb sich und ihre Umwelt anders als ein Unternehmen, weil dort Beamte, hier aber Manager den Ton angeben, sondern vor allem deshalb, weil beide Organisationen in jeweils verschiedenen Relevanzkontexten – der Politik und des Rechts bzw. der Wirtschaft – operieren. In Abhängigkeit von diesen Relevanzkontexten werden Situationen beobachtet, Informationen gesammelt und interpretiert – oder nicht beobachtet, nicht ausgewertet oder als irrelevant verworfen. Eben deshalb beruht das Wissen einer Organisation immer auf selektiven Beobachtungen und enthält auf Grund dessen immer einen „blinden Fleck" (Luhmann 1997, S. 70), der aber – weiter gefasst als in Herbert Simons Einsicht in die begrenzte Rationalität von Entscheidungen – nicht lediglich auf einen Informationsmangel verweist, sondern vielmehr auf die Unabdingbarkeit selektiven Beobachtens als Voraussetzung dafür, dass Organisationen angesichts der Komplexität der Welt überhaupt zu entscheiden fähig werden.

Im Wissensmanagement (vgl. Eberl 2001, S. 62) geht es angesichts dieser Lage dann gerade nicht darum, einer Organisation möglichst viele Daten technisch bereitzustellen, sondern darum, die Selektivität der Beobachtung von Organisationen zum Ausgangspunkt zu nehmen, sie mit anderen Beobachtungsweisen zu konfrontieren und die Organisation dadurch in den eigenen Beobachtungsweisen zu irritieren. Willke hat dafür den Begriff „Supervision" eingeführt: Supervision „als eine Kontrastierung unterschiedlicher Konstruktionen von Realität, unterschiedlicher Visionen der Identität eines Systems und unterschiedlicher Perspektiven für ein Verstehen der Dynamik des Systems" (Willke 1997, S. 64). Dabei geht es ihm nicht etwa um mehr Kontrolle oder Aufsicht, sondern um „Supervision" „im Sinne der Verstärkung der Beobachtungskapazität zu dem Zweck, durch zusätzliche Perspektiven und Sichtweisen blinde Flecke der Organisationsform eines Funktionssystems kenntlich zu machen" (Willke 1997, S. 11).

Einleitung 9

Was sich auf der Ebene der Funktionssysteme Wirtschaft, Politik oder Wissenschaft als Aufgabe von Supervision stellt, zeigt sich auf der Ebene der Organisationen als Problem der Umweltbeobachtung und der Erweiterung der Selbstbeobachtungsmöglichkeiten einer Organisation. Organisationen als operativ geschlossene, zugleich aber umweltoffene Systeme sind darauf angewiesen, ihre Kapazität zur Umwelt- wie zur Selbstbeobachtung zu sichern. Sie tun dies, etwa indem sie zur Beobachtung einzelner Umweltsegmente Grenzstellen einrichten, die sie sensibler für Umweltirritationen machen (vgl. ausführlich Luhmann 1999, S. 220ff; Tacke 1997); zugleich müssen Organisationen aber wiederum die Entscheidungen genau dieser Grenzstellen beobachten und dazu ihre Fähigkeit zur Selbstbeobachtung verbessern. Die Kommunalverwaltung zum Beispiel (vorgestellt unter Einschluss aller ihrer wirtschaftlichen Betätigungen als „Konzern Stadt") will beides erreichen, wenn sie, auf der einen Seite, ihre Wirtschaftstätigkeit in formal verselbständigten Beteiligungsunternehmen ausgliedert, parallel aber, auf der anderen Seite, eine Beteiligungsverwaltung installiert, um die wirtschaftlichen Aktivitäten ihrer Betriebe zu steuern. Im Ergebnis kennt die Verwaltung auf der Basis der Beobachtungen ihrer verselbständigten Unternehmen ihre wirtschaftliche Umwelt genauer als zuvor, kann Markt, Preise, Kosten besser als vorher in den Blick bekommen, hat aber in Gestalt ihrer Beteiligungsverwaltung zugleich Vorkehrungen getroffen, die Entscheidungen ihrer Unternehmen an der Grenze zur wirtschaftlichen Umwelt (mehr oder weniger erfolgreich) beobachten und kontrollieren zu können.

Der Preis für eine solcherart gesteigerte Fähigkeit zur Umwelt- und Selbstbeobachtung ist allerdings in Form höherer Komplexität und damit Unsicherheit innerhalb der Organisation zu zahlen. Tacke hat die paradoxe Situation einer Organisation, die ihre Fähigkeit zur Umwelt- und Selbstbeobachtung gleichzeitig erweitern will, treffend beschrieben: Je autonomer eine Grenzstelle innerhalb der Organisation ist, desto besser kann sie ihre Umwelt nach eigenen Relevanzkriterien beobachten und so der Organisation als Ganzes Anstöße für Veränderungen geben; je stärker eine Grenzstelle dagegen in ihrer Operationsweise durch die Organisation eingeschränkt wird, desto weniger an Umwelt kann sie beobachten, desto weniger aber auch liefert sie Irritationen und damit Anregungen zur langfristigen Erneuerung und Erhaltung der Organisation. „In einer Umwelt mit hoher Dynamik laufen Organisationen dann entweder Gefahr, an einem Mangel an Handlungsfähigkeit zu scheitern, der durch das ungefilterte Eindringen Unsicherheit signalisierender Informationen verursacht wird (...), oder an ihrer „Selbstsicherheit" zu scheitern, weil sie Umweltwandel erst wahrnehmen, wenn er sich für die Organisation schon in schwer bearbeitbaren Krisen niederschlägt" (Tacke 1997, S. 29).

Das empirisch immer wieder konstatierbare Spannungsverhältnis zwischen formal verselbständigten Wirtschaftsunternehmen der Kommunen und ihrer politischen Steuerbarkeit liefert eine Illustration des Dilemmas: Je autonomer ein kommunales Unternehmen gegenüber dem Markt operieren kann, desto eher sieht und entscheidet es nach ökonomischen Kriterien, „vergisst" aber, wirtschaftliche Entscheidungen zumindest auch als politische Entscheidungen zu beobachten; je stärker hingegen das kommunale Unternehmen durch politische Interventionen gegängelt wird, desto weniger ist es in der Lage, wirtschaftlich zu beobachten und zu entscheiden. Prinzipiell scheint sich kein anderer Ausweg aus dem Dilemma zu öffnen als der Schritt, zunehmender organisationsinterner Komplexität und Unsteuerbarkeit entweder durch eine Verstärkung hierarchischer Kontrolle oder durch eine Privatisierung der Unternehmen zu begegnen. Wenn auf eine radikale „Entsorgung" des Problems durch Privatisierung ebenso wenig gesetzt werden soll wie auf eine Verstärkung bürokratischer Kontrolle, könnte „Wissensmanagement" als Angebot zur Wissenssteuerung nicht nur für das Verhältnis zwischen Organisationen, sondern auch für die interne Steuerung von Organisationen und den Umgang mit „Multireferentialität" in Organisationen interessant werden.

Weder Organisationen noch die Teilsysteme innerhalb von Organisationen sind, wie immer wieder erinnert wird (Willke 1994, S. 30; Luhmann 2000, S. 73), „triviale Maschinen", die sich von außen durch Anreize oder Befehle steuern ließen. Als nichttriviale, „intelligente" Maschinen verfügen sie über Wissen in Gestalt von Relevanzkriterien und Prämissen, nach denen sie – selektiv – sich und ihre Umwelt beobachten, über Beobachtungsinstrumente (Regeln und Verfahren, mit deren Hilfe, z.B. im Controlling, beobachtet wird), nicht zuletzt aber auch über Routinen, in deren nicht mehr problematisierten Entscheidungen und Praktiken das Gedächtnis der Organisation als implizites Wissen steckt, auf das sie auf dem Wege des „remember by doing" (Nelson/Winter 1996, S. 99) zurückgreifen. Um die Rekonstruktion, die Offenlegung und gegebenenfalls die Veränderung dieses Wissens im Prozess organisationalen Lernens und Vergessens geht es, wenn sich die Hoffnung auf „Wissenssteuerung" richtet und im „Wissensmanagement" innerhalb und zwischen Organisationen erfüllen soll.

Die einzelnen Beiträge dieses im Ergebnis eines interdisziplinären Kolloquiums in Potsdam Ende 2001 entstandenen Bandes nähern sich dem Thema „Wissenssteuerung" bzw. „Wissensmanagement" auf verschiedenartige Weise und versuchen zugleich Anwendungen dieses Konzepts in den Feldern von Politik, Verwaltung und Wirtschaft.

Hellmut Wollmann (Berlin) ruft die langjährige Geschichte von Verwaltungsreformen im Nachkriegsdeutschland – von den Anfängen der „Verwaltungsvereinfachung" bis zum „Neuen Steuerungsmodell" der 90er Jahre – in Erinnerung. Lernen und Vergessen wechseln im Reformprozess einander ab. Weil aber jede Reform nicht nur Erfahrungen vergisst und Neues entdeckt, sondern immer wieder auch Vergangenes neu entdeckt, lassen sich Reformen als Innovationen lesen und *über*schätzen, ebenso aber auch als bloße Wiederentdeckung von Vergangenem ansehen und damit *unter*schätzen. Als gleichsam personifiziertes Gedächtnis der deutschen Verwaltungswissenschaft lehrt Wollmann listig, zwischen beiden Lesarten zu unterscheiden.

Pietro Morandi (Potsdam) sieht – ebenfalls im historischen Überblick – einen Wechsel zwischen politischem Steuerungsoptimismus und Steuerungs-

Einleitung 11

pessimismus, die in ihrer Abfolge jeweils bestimmten Selbstbeschreibungen der Gesellschaft als „Industriegesellschaft", „Informationsgesellschaft", „Risikogesellschaft" oder „Wissensgesellschaft" korrespondieren. Im Unterschied etwa zur Steuerungsskepsis der Risikogesellschaft suggeriere das Bild der Wissensgesellschaft eine neue Ebene der „Machbarkeit" von Gesellschaft und nähre damit einen gegenwärtig wieder anwachsenden Steuerungsoptimismus.

Mit dem Problem der Wissensgenerierung und des Wissenstransfers beschäftigt sich *Holger Strassheim (Berlin)* am Beispiel von Netzwerken lokaler Beschäftigungspolitik, die staatliche wie nicht-staatliche Akteure einschließen. Strassheim findet und verbindet in seiner Behandlung von Wissensgenerierung und -transfer eine Vielzahl theoretisch interessanter Ansatzpunkte, die von der Ebene individuellen Wissens bei Nonaka et al. über Luhmanns Vorstellungen organisationalen Wissens bis zur Berücksichtigung von Macht und Interessen und dem Umgang mit dem „Kollektivgut" Wissen in interorganisationalen Netzwerken reichen.

Einer gerade im Feld der Verwaltung theoretisch selten und empirisch kaum nachgegangenen Fragestellung wenden sich *Sünne Andresen und Irene Dölling (beide Potsdam)* zu, indem sie die Fusion zweier Berliner Kommunalverwaltungen zum Anlass nehmen, diesen Reformprozess hypothetisch als einen Prozess der Reproduktion von Geschlechterwissen zu untersuchen. Unter „Geschlechterwissen" werden von den Autorinnen habitualisierte Handlungs- und Wahrnehmungsmuster verstanden, die, wenn man es (anders als Andresen und Dölling) systemtheoretisch fassen will, als implizites Wissen, als unentscheidbare Prämissen des Operierens oder als „blinde Flecke" des Beobachtens den Entscheidungen im Reformprozess zu Grunde liegen, eben deshalb aber eine Analyse wert und – wie die Autorinnen zeigen – zugänglich sind.

Im zweiten Teil des Bandes kommen stärker als im ersten eher spezielle Themenfelder von Wissenssteuerung und Wissensmanagement ins Bild, die von der Kommunalverwaltung in Deutschland bis zur Zusammenarbeit in und zwischen internationalen Organisationen reichen.

Uwe Wilkesmann (Bochum) wirft am Beispiel der Schaffung elektronischer Datenbanken die Frage auf, was einen „rationalen" Akteur veranlassen sollte, sein individuelles Wissen zur kollektiven Nutzung abzutreten und sich über diesen Schritt der exklusiven Nutzung seiner u.U. wichtigsten Ressource zu berauben. Wilkesmann hebt – nicht anders als *Stefan Machura (Bochum)* in seiner Untersuchung zur Bereitstellung und Nutzung von Kennzahlensystemen im interkommunalen Leistungsvergleich – die Bedeutung von Anreizsystemen und intrinsischer Motivation bei der Umsetzung von Wissenssteuerung in praktisches Wissensmanagement hervor.

Ebenfalls der praktischen Seite des Wissensmanagements in öffentlichen Verwaltungen wenden sich *Klaus Lenk und Peter Wengelowski (beide Oldenburg)* zu, wenn sie vor einer Überbetonung der lediglich informationstechnischen Seite des Wissensmanagements warnen. Angesichts der Fragmentierung der öffentlichen Verwaltung in eine Vielzahl von Ressorts besteht für beide Autoren die Herausforderung an ein neues Konzept von Wissensmanagement, das etwas anderes sein will als Informationsmanagement, vor allem darin, die arbeitsteilige Fragmentierung des Wissens der Verwaltung zu überwinden und dabei der Nutzung des Wissens nicht weniger Aufmerksamkeit zu schenken als der Bereitstellung von Wissen in Gestalt von Informationsbanken oder Expertensystemen.

Dass Wissenssteuerung und Wissensmanagement über die Grenzen einer einzelnen Organisation hinaus ein Problem darstellen, veranschaulicht *Wolfgang Gerstlberger (Kassel)* in einer Untersuchung des Wissenstransfers in regionalen Innovationsnetzen und verweist auf die Rolle von Wissen bei der Verknüpfung ökonomischer, technischer, ökologischer und sozialer Ansätze und Strategien für den Erfolg regionaler Innovationssysteme.

Erst recht wird die Entwicklung gemeinsamer Perspektiven in der internationalen Zusammenarbeit zwischen Staaten und Organisationen zum Problem. Beim Abbau globaler Wissensasymmetrien plädieren *Harald Fuhr und Johannes Gabriel (beide Potsdam)* für den Übergang von einem technologielastigen Verständnis zu einem eher personen- und umfeldbezogenen Verständnis von Wissensmanagement. Jüngste Wandlungen im Selbstverständnis der Weltbank resümierend, erkennen die Autoren eine Weiterentwicklung der Weltbank von der „Lending Bank" zur „Knowledge Bank" und zum „Clearing House" für entwicklungspolitisches Erfahrungswissen.

Um die Zusammenarbeit zwischen Organisationen der Entwicklungshilfe in Geber- und Empfängerländern geht es auch *Andreas Obser* (Potsdam) in seiner institutionenökonomisch inspirierten Sicht auf die Anforderungen an Wissensmanagement in der deutschen Entwicklungspolitik. Unvollständige Informationen über die Interessen, Absichten und Handlungen der beteiligten Akteure und Organisationen verweisen in der Sicht Obsers auf ein Prinzipal-Agenten-Problem, dem institutionell über das Setzen von Anreizen ebenso beigekommen werden soll wie über ein Wissensmanagement, das gemeinsame Sichtweisen und Interessen der Akteure – und damit Vertrauen zwischen den Partnern – zu Tage fördert.

Den Abschluss des Bandes bildet ein Bericht *Dieter Wagners* über den Transfer von Wissen aus der Hochschule in die Praxis, in dem Technologietransfer, Weiterbildungsangebote, die Unterstützung von Existenzgründungen und regionale Informationsvernetzungen im Mittelpunkt stehen.

Literatur

Bardmann, Th. M., Groth, T. (Hg.) 2001: Zirkuläre Positionen 3. Wiesbaden
Eberl, P. 2001: Die Generierung des organisationalen Wissens aus konstruktivistischer Perspektive. In: Schreyögg, G. (Hg.), S. 41-66
Groth, T. 2001: Wissen ohne Gewißheit. Ein Gespräch mit Helmut Willke. In: Bardmann, Th. M., Groth, T. (Hg.), S. 145-172
Luhmann, N. 1997: Die Gesellschaft der Gesellschaft. Frankfurt/M.
Luhmann, N. 1999: Funktionen und Folgen formaler Organisation. Berlin
Luhmann, N. 2000: Organisation und Entscheidung. Opladen/Wiesbaden

Nelson, R. A., Winter, S. G. 1996: An Evolutionary Theory of Economic Change. Cambridge/Mass., London
Schreyögg, G. (Hg.) 2001: Wissen in Unternehmen. Berlin
Schreyögg, G., Sydow, J. (Hg.) 1997: Gestaltung von Organisationsgrenzen. Berlin/New York
Tacke, V. 1997: Systemrationalisierung an ihren Grenzen. In: Schreyögg, G., Sydow, J. (Hg.), S. 1-44
Willke, H. 1994: Systemtheorie II. Interventionstheorie. Stuttgart, Jena
Willke, H. 1997: Supervision des Staates. Frankfurt/M.
Willke, H. 1998: Systemisches Wissensmanagement. Stuttgart

Wissen und Wissenssteuerung in Organisationen

Hellmut Wollmann

Verwaltungspolitische Reformdiskurse – zwischen Lernen und Vergessen, Erkenntnis und Irrtum

In diesem Aufsatz geht es darum, Verlauf, Phasen und Wandel der verwaltungspolitischen Reform- und Modernisierungsdebatten in der Bundesrepublik seit ihrem Bestehen unter der Fragestellung nachzuzeichnen, welche Konzepte die Reformdebatten in ihren verschiedenen Phasen prägten und welche Faktoren den Aufschwung, die Dominanz und den Abschwung dieser verwaltungspolitischen Konzepte bestimmten. Hinsichtlich der inhaltlichen Ausprägung der Reformdebatten interessiert hier insbesondere die Frage, ob, in welchem Maße und weshalb diese von bestimmten thematischen Zuspitzungen, Übertreibungen, Irrtümern, Ausblendungen und „Vergesslichkeiten" (*Memory Loss*) markiert (gewesen) sind.

Der Aufsatz gliedert sich in drei Abschnitte:

– Zunächst seien eigene konzeptionelle Überlegungen und Klärungen vorausgeschickt.
– Dann wird eine Skizze zum Verlauf der Reformdebatte gegeben, wobei drei Phasen (unmittelbare Nachkriegsphase, Reformphase der 1960er und 1970er Jahre und jüngste Reformphase seit den frühen 1990er Jahren) unterschieden werden[1].
– Einige zusammenfassende Bemerkungen zu Lernfähigkeit oder „Vergesslichkeit", zu Erkenntnissen und Irrtümern im verwaltungspolitischen Reformdiskurs schließen den Aufsatz ab.

1. Konzeptionelle Vorbemerkungen

1.1 Entstehung und „Karriere" verwaltungspolitischer Reformkonzepte

„Verwaltungsreformpolitik" wird hier, kurz gesagt, als Politik verstanden, die auf eine Veränderung der organisatorischen und personellen Strukturen, Ver-

---

1 In der Verlaufsskizze und „-erzählung" stützt sich dieser Aufsatz weitgehend auf Wollmann (2002a).

fahren, Instrumente, aber auch der „Kultur" der Öffentlichen Verwaltung mit dem Ziel gerichtet ist, ihre administrative Leistungsfähigkeit und (demokratisch-politische) Verantwortlichkeit (*Accountability*) zu erhöhen[2]. Schon auf Grund ihrer Befassung mit Verwaltung und Verwaltungspolitik besitzt die wissenschaftliche Beschäftigung teils eine eher *akademische* Orientierung und teils einen ausgeprägten Anwendungs- und Praxisbezug. Während sich die Erstere vor allem in einer *empirisch-deskriptiv-analytischen* Vorgehensweise, Konzeptbildung und Methodologie zeigt, die in erster Linie auf die Analyse und Erklärung vergangener und gegenwärtiger Gegebenheiten und Prozesse der Verwaltung gerichtet ist, tritt die Letztere insbesondere in einer *präskriptiv-normativen* Orientierung zutage, die sich mit Entwürfen und Empfehlungen zu künftigen Entwicklungen befasst. Ähnlich wird die Unterscheidung zwischen „Cognitive Knowledge" (=„Definition of Problem and the Cause and Effect Relations Defining Effective Solutions") und „Normative" Arguments vorgeschlagen (vgl. Schmidt 2000, S. 230). Die Formulierung von (auch verwaltungspolitischen) *Policy-Designs* (vgl. Jann 2001, S. 322f.) ist der ersteren Kategorie insofern zuzurechnen, als ihnen (zumindest implizit) eine „Handlungstheorie" unterliegt, in der die Erreichung und Erreichbarkeit der angestrebten Politikziele mit Hilfe der vorgesehenen Handlungsschritte, -ressourcen usw. angenommen und postuliert wird (zu den zielgerichtetem politischen Handeln zu Grunde liegenden „impliziten Theorien" vgl. Hoffmann 1993). Unter den ersteren Typus sind meist auch „praxeologische Handlungsempfehlungen" zu subsummieren.

Eher der letzteren Kategorie hingegen ist „Modelldenken" (vgl. König/ Füchtner 1998, S. 13ff.) zuzuordnen, in dem der Entwurf oder die „Vision" einer künftigen Verwaltung im Vordergrund steht, während die (hypothetische) Formulierung der dahin führenden Schritte vielfach vernachlässigt bleibt. Auch die von „Missionaren" und „Gurus" (vgl. Huczynski 1993) beschworenen „Visionen" sind vielfach dem letzteren Typus darin zuzuzählen, dass sie die Brücken zur gegenwärtigen Realität abzubrechen und ganz auf die Herbeiführbarkeit des verheißenen künftigen Zustandes zu setzen sich anheischig machen. Sowohl die eher analytisch-deskriptiven als auch die eher präskriptiv-normativen Wissens- und Argumentationskomponenten sind vielfach in übergreifende Systeme von (analytischen) Annahmen und (normativen) Glaubenssätzen (*Belief Systems*) eingebettet, die ihrerseits mit gesamtgesellschaftlichen und -politischen Grundüberzeugungen verzahnt sein können und nicht zuletzt aus diesen ihre Anerkennung, Geltung und auch politische Absicherung beziehen. Damit erweisen sich die hier (methodisch gesprochen: als abhängige Variable) interessierenden (verwaltungs)wissenschaftlichen Konzepte als komplexe Gebilde. Hinzu kommt, dass, wie die Diskussion um New Public Management zeigt, es sich bei diesem um alles andere als *ein* eindeutiges und stimmiges Konzept, sondern um ein „Shopping Basket" (Pollitt 1995) von zur Auswahl stehenden Konzepten handelt, die,

---

2 Zum Begriff und Konzept der „Verwaltungspolitik" vgl. etwa Böhret (2001).

unterschiedlichen Theoriesträngen entstammend, in sich widersprüchlich sind (vgl. zuletzt Reichard/Röber 2001).

In der hier verfolgten Erörterung der Entstehung und Dominanz, des Auf- und Abschwungs, der Akzente und Blindstellen verwaltungspolitischer Analyse- und Reformkonzepte wird versucht, Ansätze der *Wissens- und Wissenschaftssoziologie* (vgl. Wittrock/Wagner/Wollmann 1991 mit Nachweisen) und der *Diskursanalyse* (vgl. Hall 1993, S. 275ff; Singer 1993; Wollmann 1996a, S. 21ff.; Schmidt 2000, S. 229ff.; Vollmer 2002) zu nutzen.

Aus dem wissens- und wissenschaftssoziologischen Repertoire soll insbesondere zum einen die Einsicht fruchtbar gemacht werden, dass die (scheinbare) Vordergründigkeit von (wissenschaftlichen) Konzepten dadurch zu „hinterfragen" sei, dass ihre kategorialen, normativen und (im analytischen Sinne) „ideologischen" Prämissen und damit ihre Funktion als „Voraussetzungs- und Bezugsrahmen" *(„Frame")* für (wissenschaftliche) Erkenntnis ebenso wie für (praktisches) Handeln auf dem Analysebildschirm erscheinen und sichtbar gemacht werden können[3]. Dieser erkenntnis- und ideologiekritische „Röntgen-Schirm" sucht die Beeinflussung der Konzepte durch ihre Einbettung in übergreifende (gesellschaftstheoretische und -politische, aber auch allgemein- und parteipolitische) „Core Beliefs", durch handfeste persönliche und Organisationsinteressen und auch letztlich durch die ihnen zu Grunde liegenden erkenntnistheoretischen (epistemologischen) Prämissen, Kategorien[4], Filter oder „Brillen" zu erfassen. Zum andern soll eine Konstellation von Faktoren als (hypothetischer) Analyserahmen ins Auge gefasst werden, die in der wissenschaftssoziologischen Diskussion als relevante Erklärungsvariablen gehandelt werden. Darauf ist sogleich zurückzukommen.

Anleihen bei der *Diskursanalyse* sollen hier vor allem dazu dienen, den Blick darauf zu lenken und dafür zu schärfen, dass in den Arenen der jeweiligen (wissenschaftlichen oder politischen Diskussion) die Vertreter unterschiedlicher Auffassungen aufeinander treffen und um die Meinungsführerschaft im betreffenden Diskurs ringen, sei es in der Wissenschaftsgemeinde (S*cientific Community*) um die Durchsetzung und Festigung einer (wie in der juristischen Diskussion und Dogmatik bildhaft gesagt wird) „herrschenden Meinung"[5], sei es im politischen Prozess um Meinungsführerschaft und Mehrheitsentscheidung. In der wissenschaftlichen Debatte lässt sich die Dominanz einer bestimmten Auffassung an der Präsenz ihrer Vertreter in den einschlägigen Fachzeitschriften und Fachtagungen oder auch an ihrer Einbeziehung in die Vorbereitung und Legitimierung verwaltungspolitischer Entschei-

---

3   Vgl. Rein/Schon (1991, S. 263): „Framing Is (...) a Way of Selecting, Organizing, Interpreting and Making Sense of a Complex Reality so as to Provide Guideposts for Knowing, Analyzing, Persuading and Acting". Rein/Schon haben ihr Konzept unter ausdrücklicher Anknüpfung an Karl Mannheims Wissenssoziologie formuliert (vgl. ebenda, S. 264).
4   Durchaus im Sinne der Kant'schen Erkenntnistheorie.
5   Wobei an das vielsagende Sprachspiel erinnert sei, die „herrschende Meinung" sei die „Meinung der Herrschenden".

dungs- und Realisierungsprozesse ablesen. Für die Analyse der Abfolge der „Aufmerksamkeitszyklen" (I*ssue Attention Cycles*) und des Auf- und Abstiegs von Meinungsführerschaften ist es hilfreich, die maßgeblichen (wissenschaftlichen wie politischen) Träger (B*earers*) der Debatte (zum soziologisch inspirierten „Bearer Stratum" Konzept vgl. Derlien 2000, 1996, S. 166) und damit die Rolle ins Auge zu fassen, die bestimmte Fachdisziplinen, Fachwissenschaftler oder (Wissenschafts-)Einrichtungen als Bahnbrecher für bestimmte Meinungen und als Verteidiger und Wächter (*Gatekeeper*) für einmal errungene Meinungsführerschaften spielen. Für die Analyse der Durchsetzung, Verteidigung und Aufrechterhaltung bestimmter „herrschender Meinungen" ist es ferner nützlich, die unterschiedlichen Teil- und Untergruppierungen und „Teilgemeinden" („Sub-Communities"), die in der Diskursarena aufeinander treffen und miteinander rivalisieren[6], sowie die Formation von *Reform- und Diskurskoalitionen* (vgl. Wittrock/Wagner/Wollmann 1991, S. 28ff.; Singer 1993, S. 149ff.) sowie „Advocacy Coalitions" (vgl. *Sabatier* 1988, 1993) zu identifizieren. Deren unterschiedliche Zusammensetzung (aus Wissenschaftlern unterschiedlicher Fachdisziplinen, Politikern, Verwaltungsfachleuten, Vertretern von Interessengruppen, Unternehmensberatern usw.) kann aufschlussreiche Hinweise auf Wissenschafts- bzw. Politiknähe der Diskurskoalition und ihre politisch-praktische Einflussstärke geben (vgl. Singer 1993, S. 157). In Anknüpfung an diese wissens- und wissenschaftssoziologischen und diskursanalytischen Ansätze zur Erklärung der Entstehung bestimmter verwaltungspolitischer Konzepte und Diskurse und ihrer Meinungsführerschaft sollen insbesondere die folgenden Faktoren in den Blick gerückt werden. Hierbei kann – einem gängigen (allerdings groben) Schema folgend – zwischen eher „wissenschafts*internen*" und „*-externen*" Faktoren unterschieden werden.

Fach- und teildisziplinäre Bestimmungsgründe

Innerwissenschaftlich werden das inhaltliche Erkenntnisinteresse, der thematische Fokus, der methodisch-konzeptionelle Zugang und auch die normativen Wertehaltungen in der Befassung der Fach-/Teildisziplinen mit Verwaltung weitgehend von deren jeweiligen eigentümlichen gegenständlichen, theoretischen und methodischen Prämissen gesteuert. Um dies holzschnittartig zu verdeutlichen:

– Für *Juristen* bilden (jedenfalls in der deutschen und kontinental-europäischen Staats- und Rechtstradition) die rechtlich-institutionelle Regelung von Verwaltung und deren verfassungs- und rechtsstaatliche Einbindung den bestimmenden verwaltungspolitischen Bezugsrahmen, was auch eine

---

6 Für ein Beispiel der analytischen Unterscheidung mehrerer „Teilgemeinden" zwischen „NPM-", „traditionellen" und „alternativen" Modernisierern vgl. *Wollmann* (1996a, S. 15ff.).

„strukturkonservative" Skepsis gegenüber „radikalen" verwaltungspolitischen Veränderungen bedingt.
- *Politikwissenschaftler* neigen dazu, im politisch-administrativen System und dessen „politisch-demokratischer Rationalität" einen maßgeblichen Bezugsrahmen für Verwaltung und Verwaltungsreform zu sehen.
- Demgegenüber sind *Wirtschaftswissenschaftler* dazu fachdisziplinär disponiert, den vorrangigen Referenzrahmen für die Modernisierung von Staat und Verwaltung im privatwirtschaftlichen Wirtschafts- und Unternehmensmodell und in dessen „ökonomischer Rationalität" zu sehen. Einer empirischen (oder gar historischen) Befassung mit Verwaltung steht die Neigung zu theoretischem „Modelldenken" entgegen. Davon unterscheiden sich allerdings die *öffentliche Betriebswirtschaftslehre* ebenso wie die neuere *Institutionenökonomie*. Während sich die Erstere ausdrücklich mit dem Öffentlichen Sektor befasst, verfolgt die Letztere explizit eine institutionelle und institutionen*historische* Sichtweise.

Generationsbedingte Prägemuster

Im innerwissenschaftlichen Diskurs kann die Auswahl von gegenständlichen Themen, konzeptionell-methodischen Zugängen usw. von der Generation und Alterskohorte der Wissenschaftler beeinflusst sein. So kann die wissenschaftliche (und politische) Sozialisation der älteren Wissenschaftlergeneration diese verwaltungspolitisch dazu disponieren, zurückliegenden Reformphasen eine besondere Aufmerksamkeit zu geben und verwaltungshistorische Kontinuitäten hervorzuheben, während die jüngere Wissenschaftlergeneration ihren Fokus auf die jüngsten Entwicklungen unter Absehung von möglichen verwaltungshistorischen Zusammenhängen richten mag.

Organisatorisches und betriebliches Eigeninteresse

Bei *Unternehmensberatern,* die seit den frühen 1990er Jahren die Modernisierungsberatung der Öffentlichen Verwaltung zunehmend als lohnenden Geschäftsbereich entdeckt haben, kann die Akzentuierung bestimmter Konzepte und Strategien (und die Ausblendung anderer) von dem *Organisations- und Unternehmensinteresse* beeinflusst sein, den Zugang zu diesem „Beratungsmarkt" zu sichern und zu verteidigen.

Gesellschafts- und allgemein-politische Prämissen und Rahmenbedingungen

Wesentliche (wissenschafts*externe*) Impulse für die Formulierung bestimmter verwaltungswissenschaftlicher und -politischer Konzepte und Positionen und für deren Dominanz im verwaltungspolitischen Diskurs gehen vom politischen System und von der politischen Arena aus, wenn sich die politische Mehrheit und Führung, möglicherweise im Rahmen eines umfassenderen

Politikkonzepts (sei es „aktiver Sozialstaat", sei es „schlanker Staat"), einer durchgreifenden Politik- und Verwaltungsreform verschreiben und bestimmte wissenschaftliche Konzepte und deren Vertreter herangezogen und hervorgehoben werden, sei es zur konzeptionellen Anleitung der Reformen, sei es zu deren Legitimierung.

Internationaler Diskurs

Eine immer stärkere „externe" Beeinflussung des nationalen Diskurses, sowohl in der Entstehung von Themen und Konzepten als auch in der Herausbildung von Diskursdominanz und Meinungsführerschaft, ist in dem international geführten (und dominierenden) Diskurs vor allem dadurch zu vermuten, dass die nationalen Diskursgemeinden („Discourse Communities") immer stärker mit den jeweiligen internationalen Netzwerken verflochten sind und in internationalen *Lern-, Rezeptions-, Imitations- und Austauschprozessen (Policy Learning)*[7] ihren Ausdruck finden. Diese externe Einwirkung dürfte besonders ausgeprägt sein, wenn, wie dies am Beispiel des gegenwärtig international dominierenden NPM-Diskurses zu beobachten ist, einflussreiche internationale Organisationen (in diesem Falle: OECD, Weltbank) als Wortführer auftreten.

2. Verwaltungspolitische Diskursverläufe

In der Entwicklung des verwaltungspolitischen Diskurses in der Bundesrepublik sollen im Folgenden vor allem drei Phasen unterschieden werden.

2.1 Unmittelbare Nachkriegszeit: Traditioneller Diskurs

Staats- und verwaltungsorganisatorisch war die Neubegründung von Staatlichkeit in Deutschland nach 1945 von beispiellosen Veränderungen begleitet. Auf dem Gebiet der drei westlichen Besatzungszonen wurde 1949 die Bundesrepublik, in der Sowjetischen Besatzungszone die DDR gegründet. In den Westzonen wurden die Länder weitgehend neu zugeschnitten. Allein die Territorialstruktur der Kreise und Gemeinden blieb unverändert. Zwar kam anfangs eine Diskussion darüber in Gang, diesen gewaltigen Umbruch der externen Staats- und Verwaltungsorganisation auch für eine durchgreifende *interne* Verwaltungsreform zu nutzen. Für diesen verwaltungspolitischen Diskurs wurde „Verwaltungsvereinfachung" ein zentrales Stich- und Schlüs-

---

7 Vgl. Rose (1993), Dolowitz/Marsh (1996), Sabatier (1993), zum „nachahmenden Lernen" vgl. das Konzept des „M*imeticIisomorphism*" von *DiMaggio/Powell* (1991, S. 63-82).

selwort[8]. Bezeichnenderweise erhielt die Einrichtung, die 1949 zum Zweck der Organisationsberatung der Kommunen begründet wurde (und die in der Folgezeit großen Einfluss auf die Organisationsentwicklung der Kommunen gewinnen sollte), den Namen *Kommunale Gemeinschaftsstelle für Verwaltungsvereinfachung* (KGSt). Indessen verebbte die Reformdiskussion in dieser Frühphase rasch. „Für Innovationen und grundlegende Reformen meinten die Akteure, wie so oft in kritischen Umbruchsituationen, weder Kraft noch Zeit aufbringen zu können" (Jann 1999, S. 2f.). Überdies bewiesen die überkommenen internen Organisationsstrukturen und -muster der Verwaltung in der Auseinandersetzung mit den beispiellosen sozialen und ökonomischen Problemen der unmittelbaren Nachkriegsjahre eine bemerkenswerte Handlungs- und Leistungsfähigkeit. So zeigte der verwaltungspolitische Diskurs in der Bundesrepublik bis in die 1960er Jahre hinein kaum Neuerungen, vermutlich auch Ausdruck und Ergebnis dessen, dass im Bund und in den meisten Ländern bürgerlich-konservative Mehrheiten regierten und ein ordoliberales Politik- und Staatsverständnis dominierte – in deutlichem Gegensatz beispielsweise zu Großbritannien und Schweden, wo seit Kriegsende unter sozialdemokratischer/Labour-Führerschaft der Wohlfahrts- und Interventionsstaat ausgebaut wurde und in diesem Zusammenhang auch Verwaltungsreformen diskutiert und durchgeführt wurden (in Schweden u.a. mit einem ersten Schub von kommunalen Gebietsreformen).

2.2 1960er/1970er Jahre: Verwaltungspolitischer Diskurs im Kontext des Modells von „aktiver Politik" und Planung

Im Verlaufe der 1960er Jahre kam, auf Bundesebene beginnend unter der Großen Koalition von CDU und SPD (1966-1969) und verstärkt nach Bildung der sozialdemokratisch geführten sozialliberalen Koalition (1969), ein verwaltungspolitischer Diskurs in Gang, in dem die Vorstellung vom expansiven Wohlfahrts- und Interventionsstaat bestimmend und mit der Forderung einer umfassenden Modernisierung der Regierungs- und Verwaltungsstrukturen verbunden wurde. Eine wesentliche Stärkung der Fähigkeit des fortgeschrittenen Wohlfahrtsstaats zu „aktiver Politik" (vgl. Mayntz 1997, S. 65ff. mit Nachweisen) wurde insbesondere von der Schaffung institutioneller und personeller Planungs-, Informations- und Evaluierungskapazitäten erwartet. In der Reformwelle der 1960er und frühen 1970er Jahre wurden Reformansätze in beachtlicher thematischer Breite – Verfassung/Recht, Organisation, Personal und Finanzen – und auf allen Ebenen (Bund, Länder und Kommunen) diskutiert.

---

8   In seiner ersten Regierungserklärung führte der neue Kanzler *Adenauer* aus: „Die Hauptsache ist, dass der ministerielle Apparat im demokratischen Staat im Ganzen möglichst klein gehalten wird, dass die Ministerien von all den Verwaltungsaufgaben befreit bleiben, die nicht in die ministerielle Instanz gehören" (zitiert nach *Sachverständigenrat* „Schlanker Staat" 1998, S. 109).

Erstmals in der deutschen Verwaltungsgeschichte wurden diese *verwaltungspolitischen Diskussionen* von *Reform- und Diskurskoalitionen* geführt und getragen, an denen nicht nur reformbereite Politiker, Verwaltungsfachleute sowie Unternehmer- und Gewerkschaftsvertreter, sondern auch (*Hochschul-)Wissenschaftler* mitwirkten, sei es in einer der zahlreichen in dieser Phase gebildeten Reformkommissionen, sei es im Rahmen von reformbezogenen Forschungsaufträgen und Gutachten (vgl. Wollmann 1996a, S. 12f.). Während Hochschulwissenschaftler (Verwaltungsrechtler, Sozial- und Verwaltungswissenschaftler) in einem in der deutschen Politik- und Wissenschaftsgeschichte bis dahin beispiellosen Umfang in den verwaltungspolitischen Diskurs einbezogen wurden (wobei Angehörige der *Hochschule für Verwaltungswissenschaften* Speyer wohl eine herausgehobene Bedeutung hatten), spielten Unternehmensberatungsfirmen in dieser Phase nur eine marginale Rolle (vgl. Derlien 2000, S. 153). Eindrucksvolle Beispiele für diese neuen Diskursarenen und -koalitionen lieferten die *Projektgruppe Regierungs- und Verwaltungsreform*, die *Studienkommission Dienstrechtsreform* sowie die *Kommission zur Erforschung des sozialen und wirtschaftlichen Wandels (Komisowa* – mit über 150 Gutachten) auf der Bundes- sowie die zur Vorbereitung und Begleitung der kommunalen Gebietsreformen gebildeten Sachverständigenkommissionen auf der Landesebene (vgl. König/Füchtner 1998, S. 41ff. mit Nachweisen). Als eine wichtige Diskursarena erwies sich die *Deutsche Sektion* (des *Internationalen Instituts für Verwaltungswissenschaften*), in deren Tagungen und Veröffentlichungen die meisten aktuellen Verwaltungsreformthemen aufgegriffen und begleitet wurden[9].

In der verwaltungspolitischen Diskussion lassen sich insbesondere drei konzeptionelle Schübe unterscheiden:

- Zum einen ging es um die administrative Anpassung des Politik- und Verwaltungssystems an die Planungs- und Steuerungserfordernisse des fortgeschrittenen Wohlfahrts- und Interventionsstaates. Neben der Einführung eines *Planning Programming Budgeting System* (PPBS) auf Ministerialebene wurde (als eher realistische Option) die Anwendung von „Management by Objectives" (MbO) diskutiert – in beiderlei Hinsicht die Diskussion in den USA und auf diesem Wege im privatwirtschaftlichen Managerialismus wurzelnde Ansätze rezipierend[10]. Zugleich wurden *Evaluierung/ Evaluierungsforschung* als konstitutive Phase und Komponente des „Politik- und Managementzyklus" (Planung/Entscheidung, Implementation, Ergebnis-/Wirkungskontrolle/Rückmeldung/Feedback) im deutschen Diskurs intensiv aufgegriffen – wiederum in Anknüpfung an den US-amerikanischen Vorlauf (vgl. Derlien 1976, Hellstern/Wollmann 1984). In der Re-

---

9 Vgl. insbesondere die zunächst im Eigenverlag der Deutschen Sektion, dann beim Nomos-Verlag herausgebrachte Schriftenreihe, beispielsweise Wagener (1976).
10 Vgl. etwa Rürup (1971), Böhret (1982) (zu PPBS), Lüder/Budäus (1976), Reinermann/Reichmann (1978) (zu MbO). Zu der auf der Bundesebene geführten Diskussion vgl. ausführlicher König/Füchtner (1998, S. 30ff.) mit Nachweisen.

zeption und Anwendung von Ansätzen der Evaluierungsforschung war die Bundesrepublik – neben Schweden – Vorreiterin unter den europäischen Ländern (vgl. Levine 1981, S. 46ff.). Dies gilt auch für die Ansätze „experimenteller Politik" (vgl. Hellstern/Wollmann 1983), worin (zumindest vorübergehend) – vergleichbar mit Schweden – eine „rationalistische Revolution" (*Rationalistic Revolution,* Wittrock/ Wagner/Wollmann 1991, S. 46) erblickt werden kann.

– Zum anderen erlebten (sektorale) fachverwaltungs- und politikfeld-/policyspezifische (sozialverwaltungs-, bauverwaltungs-, stadtentwicklungsbezogene) Reformdiskurse in den jeweiligen sektoralen Handlungsfeldern einen starken Auftrieb.

– In den Bundesländern kam eine intensive Debatte über die Notwendigkeit und die Ziele einer umfassenden kommunalen Gebietsreform als Voraussetzung der Schaffung leistungsfähiger kommunaler Politik-, Planungs- und Verwaltungseinheiten in Gang (vgl. Laux 1999).

In der Entstehung der diese Reformphase kennzeichnenden Modernisierungskonzepte und in der (vorübergehenden) Dominanz der „Planungsdiskussion" wirkten wissenschaftsinterne und -externe Bestimmungsfaktoren zusammen. Eine hohe Bestimmungsmacht dürfte dem Vordringen des Politikmodells des „aktiven" Sozialstaats, das eine durchgreifende Staats- und Verwaltungsreform als notwendige Komponente und Voraussetzung einschloss und mit dem die Bundesrepublik den politikkonzeptionellen Einklang mit anderen westlichen Industrieländern herstellte, sowie der (politik- und wissenschaftsgeschichtlich in Deutschland bis dahin beispiellosen) Mitwirkung von Hochschulwissenschaftlern im Reformdiskurs und in den diesen tragenden Reform- und Diskurskoalitionen zugekommen sein. Zwar wurden, wie die Spannweite der Konzepte zeigt, die wissenschaftlichen Fachdisziplinen in erheblicher Bandbreite einbezogen (neben Juristen, Politikwissenschaftlern, Soziologen auch Ökonomen), jedoch blieb – nicht zuletzt durch das dominante Politikmodell bedingt und durch das Überwiegen von Juristen und Sozialwissenschaftlern in der Diskurskoalition bestärkt – das politisch-administrative System und der „aktive Sozialstaat" der bestimmende Referenzrahmen, dem sich die eher ökonomisch und betriebswirtschaftlich inspirierten Konzepte (z.B. MbO) ein- und auch unterordneten.

Zwar gewannen im Reformdiskurs, der anfangs von hohen Erwartungen in die Planbarkeit von Politik und in deren Gestaltungskraft beflügelt wurde („Planungseuphorie"), Ernüchterung und Skepsis rasch die Oberhand, als im Gefolge der vom „Erdölschock" von 1973 ausgelösten weltweiten Wirtschaftskrise die (zumal finanziell-budgetären) Grenzen der politischen Handlungs- und Gestaltungsspielräume deutlich wurden. Der Schwung des verwaltungspolitischen Diskurses schwand, zahlreiche Reformprojekte gerieten in der Mitte der 1970er Jahre ins Stocken oder wurden zurückgenommen (vgl. etwa Müller 1975).
Im jüngeren verwaltungspolitischen Diskurs findet die Reformwelle der 1960er und 1970er Jahre im Rückblick widersprüchliche Einschätzungen.

Auf der einen Seite wird argumentiert, der damalige Reformdiskurs habe nicht nur einen „großen Reichtum an Reformideen" (Lenk 1998, S. 44) hervorgebracht, sondern auch in der Verwaltungswirklichkeit nachhaltige organisatorisch-institutionelle und instrumentelle Anstöße und Spuren (z.B. kommunale Gebietsreformen in allen Flächenländern, Gründung von Fachhochschulen zur „Professionalisierung" des gehobenen Dienstes, Aufbau von Informations- und Evaluierungskapazitäten usw.) hinterlassen. Von den Vertretern dieser Sichtweise wird auf verwaltungsgeschichtliche Kontinuitätslinien – in der Abfolge und Verbindung von „langen Wellen" und „inkrementalistischen" Veränderungsmustern hingewiesen (vgl. Wollmann 2000a mit Nachweisen). Indem die Vertreter dieser Deutung dazu neigen, die Reformfähigkeit und -leistung der bisherigen Verwaltungsentwicklung hoch einzuschätzen (wenn nicht überzubewerten), sind sie versucht, mit Blick auf die aktuellen Modernisierungskonzepte zu meinen und zu behaupten, „im Kern sei dies alles nicht neu" („déjà vu"). Dem steht ein Deutungsmuster gegenüber, dessen Vertreter nachhaltige Wirkungen der Reformwelle der 1960er und 1970er Jahre nicht erkennen können[11]. Dieser Geringschätzung der verwaltungs*geschichtlichen* Entwicklungslinien und Kontinuitäten entspricht denn eine Hoch- (und Über-) schätzung des Innovations- und Originalitätsgehalts der jüngsten und aktuellen (NPM-inspirierten) Modernisierungswelle.

2.3 Verwaltungspolitischer Diskurs in den 1980er Jahren: Weitgehende Abkopplung von der international dominierenden NPM-Diskussion

Mit der Ablösung der sozialliberalen Bundesregierung 1982 durch die konservativ-liberale Koalition unter Kanzler Helmut Kohl wurde der parteipolitisch-ideologische Kontext verändert und schien der Anschluss an den international zunehmend dominierenden neo-liberal und managerialistisch geprägten Modernisierungsdiskurs eröffnet. Proklamierte doch der neue Kanzler Helmut Kohl in seiner ersten Regierungserklärung vom 13.10.1982 einen „historischen Neuanfang" und – mit unverkennbaren Anklängen an den international längst hegemonialen neo-liberal akzentuierten verwaltungspolitischen Diskurs – das „Ziel, den Staat auf seine ursprünglichen und wirklichen Aufgaben zurück(zu)führen, zugleich aber dafür (zu) sorgen, dass er diese zuverlässig erfüllen" kann (zitiert nach Jann/Wewer 1998, S. 229). Überdies geriet die Politik auf Bundes-, Landes- und Kommunalebene zunehmend unter die Fuchtel der Haushaltskonsolidierung und Kosteneinsparung.

Indessen blieb der verwaltungspolitische Diskurs in der Bundesrepublik (zunächst) weiterhin auf eher inkrementale verwaltungspolitische Anpassun-

---

11 Vgl. Reichard (1996, S. 241): „Nahezu alle bisherigen Verwaltungsreformen seit dem Bestehen der Bundesrepublik waren ganz oder teilweise gescheitert"; Naschold (1995, S. 65): „Reformen im öffentlichen Sektor in Deutschland hatten eine große, letztlich jedoch erfolglose Phase in den 70er Jahren".

gen an die veränderten Rahmenbedingungen und Erfordernisse (wie Aufgabenkritik, Deregulierung, Entbürokratisierung) denn auf jene radikale Infragestellung und Neubestimmung des Staates und seiner Organisationsprinzipien gerichtet, die in dieser Phase den verwaltungspolitischen Diskurs in den angelsächsischen Ländern, vorab in Großbritannien und Neuseeland, beherrschten.

Dafür, dass sich der verwaltungspolitische Diskurs hierzulande von dem international dominierenden NPM-Diskurs bis in die späten 1980er Jahre weitgehend abkoppelte, sind mehrere plausible Gründe zu nennen (vgl. Wollmann 1996a, S. 29ff.):

– Als politisch-ideologische Rahmenbedingung war von Bedeutung, dass sich die neue konservativ-liberale Bundesregierung unter Kanzler Kohl zwar rhetorisch zu einer neo-liberalen Politikwende bekannte, jedoch politikpraktisch weitgehend am bisherigen Wohlfahrtsstaatskonzept und -konsens festhielt und einen eher moderaten Umbau des bisherigen Staatsmodells – durch Unternehmensprivatisierung und Kostensenkungen – einleitete.

– Eine Reihe zentraler NPM-Forderungen und Rezepte, die in ihren angelsächsischen Entstehungsländern darauf zielten, dortige eklatante Modernisierungsdefizite (insbesondere Überzentralisierung, Monopolstellung des Öffentlichen Sektors in der Erbringung sozialer Dienste) durch „Agencification" und „Marketizing" zu korrigieren, schienen für Deutschland wenig relevant, da hier insbesondere durch die föderal-dezentrale Verwaltungsstruktur und den Subsidiaritätsgrundsatz den NPM-Forderungen entsprechende Organisationsformen und -verfahren (zumindest funktional äquivalent) längst verwirklicht schienen (vgl. Wollmann 1996a, S. 3ff.; Derlien 2000).

– Auch wenn der verwaltungspolitische Diskurs in den 1960er und 1970er Jahren sich für aus dem privatwirtschaftlichen Managerialismus entlehnte Konzepte (wie MbO) durchaus geöffnet hatte, stieß eine Modernisierungsstrategie, die sich einer umfassenden und grundsätzlichen Übertragung privatwirtschaftlicher Managementprinzipien auf den öffentlichen Sektor verschrieb, auf kognitive und normative Barrieren in einer Verwaltungstradition und -kultur, die nach wie vor vom *Rechtsstaats*prinzip und damit vom Primat der *rechtlichen* Steuerung und Kontrolle des Verwaltungshandelns geprägt ist.

– Hinzu kam, dass die deutsche Verwaltung – wie selbst Verfechter einer dezidierten NPM-Modernisierung einräumten[12] – im internationalen Vergleich durchaus günstig abschnitt, vor allem was die Ordnungsmäßigkeit und Rechtmäßigkeit des Verwaltungshandelns angeht, und zudem über die Jahre ein beträchtliches Maß an Anpassungs- und (inkrementaler) Reformfähigkeit gezeigt hat.

---

12 Vgl. etwa *Reichard* (1996, S. 257): „Die deutsche Verwaltung ist in Bezug auf Rechtmäßigkeit und Verlässlichkeit des Verwaltungshandelns sicherlich auch heute noch ‚Weltspitze'".

– Diese traditionellen Überzeugungen und Deutungen konnten im deutschen verwaltungspolitischen Diskurs (bis Ende der 1980er Jahre) vermutlich auch bestimmend bleiben und sich vom NPM-Diskurs weitgehend abkoppeln, weil sich die relevanten Diskurskoalitionen nach wie vor aus Verwaltungsfachleuten und Verwaltungsjuristen (und vereinzelt Sozialwissenschaftlern) als *traditionellen Modernisierern* zusammensetzten[13], die reformpolitisch eine Mischung aus *Kontinuität* und (überwiegend inkrementaler) *Anpassung* für geboten und ausreichend hielten. Ein anschauliches Beispiel für diese „strukturkonservative" Grundlinie lieferte die *KGSt*, die sich, 1949 als eine von den Kommunen getragene und finanzierte Beratungseinrichtung gegründet, über die Jahre als einflussreiche Meinungsführerin im verwaltungspolitischen Diskurs erwiesen und bis in die späten 1980er Jahre zur inkrementalen Weiterentwicklung des *traditionellen* (Rechtsregel-gesteuerten, hierarchischen) Verwaltungsmodells wesentlich beigetragen hatte.

2.4 Verwaltungspolitischer Diskurs- und Strategiewechsel seit den frühen 1990er Jahren

Den wohl entscheidenden Anstoß für diesen verwaltungspolitischen Diskurs- und Strategiewechsel gaben zweifellos die budgetären Probleme, die bei Bund, Ländern und Kommunen – im Prozess der deutschen Einigung und ihrer enormen finanziellen Folgekosten sowie unter dem Imperativ der Maastricht-Kriterien – immer schärfer hervortragen und die die politischen Akteure bewogen, als Ausweg auf eine durchgreifende Verwaltungsmodernisierung und -rationalisierung unter Zuhilfenahme von NPM-Konzepten zu setzen.

Einen außerordentlichen Einfluss auf den verwaltungspolitischen Diskurs- und Strategiewechsel übten die KGSt und ihr seinerzeitiger Vorstand *Gerhard Banner* aus. Bis in die späten 80er Jahre hatte sich die KGSt (als 1949 von den Kommunen begründete, von ihnen finanzierte und der Organisationsberatung der Kommunen dienende Einrichtung) in ihren Organisationsempfehlungen und -beratungen grundsätzlich dem *traditionellen* Verwaltungsmodell verschrieben und zu dessen Befestigung in der kommunalen Praxis wesentlich beigetragen. Anfang der 1990er Jahre vollzog die KGSt einen radikalen Strategiewechsel (vgl. Wollmann 1996a, S. 22ff.) und kreierte ein *Neues Steuerungsmodell*, für das vor allem das NPM-inspirierte Modernisierungskonzept der holländischen Stadt Tilburg („Tilburger Modell") Pate stand. Vermöge ihrer jahrzehntelangen verdienstvollen Organisationsberatung der Kommunen mit einem enormen fachlichen Vertrauensfundus weit über die kommunale Szene hinaus ausgestattet, war die KGSt wie kaum eine andere Institution geeignet,

---

13 Zur Kennzeichnung der „traditionellen Modernisierer" (und ihrer Abgrenzung zu den NPM-Modernisierern) vgl. *Wollmann* (1996a, S. 15ff.).

eine Diskurs- und Reformkoalition zwischen sich (kommunalen Praktikern) und Wissenschaftlern zu begründen. (vgl. Wollmann 1996a, S. 24).

Des Weiteren erhielt der neue verwaltungspolitische Diskurs dadurch entscheidende Impulse, dass sich insbesondere die *Bertelsmann-Stiftung* und die *Hans-Böckler-Stiftung* engagierten. Der von der *Bertelsmann-Stiftung* 1993 veranstaltete internationale Wettbewerb, in dem weltweit die modernisierungsinnovativsten Städte ermittelt werden sollten, hatte zum Ergebnis, dass die US-amerikanische Stadt *Phoenix* und die neuseeländische Stadt *Christchurch* zu den international innovativsten Städten ausgerufen wurden, während die deutschen Städte weit abgeschlagen endeten; dieses für die deutschen Städte blamable Ergebnis wurde weit über die Fachöffentlichkeit hinaus wahrgenommen und hat wohl wie kein anderes einzelnes Ereignis dazu beigetragen, das bisherige Vertrauen in die traditionelle Verwaltung im verwaltungspolitischen Diskurs zu erschüttern und das traditionelle Verwaltungs- und Reformmodell zu diskreditieren.

Damit gingen entscheidende Anstöße für die Umorientierung und den Strategiewechsel im verwaltungspolitischen Diskurs zunächst mithin von der (kommunalen) Verwaltungspraxis und praxisnahen (Forschungs-)Einrichtungen aus (vgl. Vollmer 2002, S. 4). Auf der kommunalen Ebene, die im Verhältnis zu den staatlichen Politik- und Verwaltungsebenen in Deutschland eine im internationalen Vergleich singuläre verwaltungspolitische Anstoß- und Pilotrolle spielte (vgl. Banner 2001, S. 295), waren es denn vor allem die Verwaltungschefs und -generalisten (auf der kommunalen Ebene: Stadtdirektoren, Bürgermeister, Kämmerer), die sich an die Spitze der neuen Reformbewegung setzten, weshalb die Einführung des NSM (Neues Steuerungsmodell) geradezu als „Revolution der Verwaltungschefs" apostrophiert worden ist (Jann 2001a, S. 83).

In der verwaltungspolitischen Diskursarena wurde die bisherige Meinungsführerschaft der „traditionellen Modernisierer" von einer neuen Diskurskoalition und -trägerschaft der „NPM-Modernisierer" abgelöst[14]. War der Reformdiskurs seit den 1960er bis in die 1980er Jahre weitgehend von Verwaltungsjuristen und Sozialwissenschaftlern getragen worden, so hatten nunmehr verstärkt Betriebswirte (z.B. *Dieter Budäus, Christoph Reichard*) und der NPM-Modernisierung gewogene Politikwissenschaftler (insbesondere *Frieder Naschold*) das Wort. Ein anschauliches Beispiel für diesen Wechsel in der verwaltungspolitischen Meinungsführerschaft liefert die *Hochschule für Verwaltungswissenschaften* in Speyer. Hatten bis in die späten 1980er Jahre eher „traditionelle Modernisierer" (*Frido Wagener, Carl Böhret, Klaus König* usw.) das verwaltungspolitische Wirkungsprofil der Hochschule bestimmt, so traten seit den frühen 1990er Jahren in der Außenwirkung und -wahr-

---

14 Zur konzeptionellen Unterscheidung und Profilierung von „NPM"-, „traditionellen" und „alternativen" Modernisierern und ihren Diskurs(teil)gemeinden vgl. *Wollmann* (1996a, S. 24ff.), zum (soziologisch inspirierten) Konzept der „Trägerschicht" („Bearer Stratum") der Diskurse vgl. *Derlien* (1996, S. 166).

nehmung zunehmend „NPM-Modernisierer" in den Vordergrund (vgl. Derlien 2000, S. 153ff.), wozu die von *Hermann Hill* und *Helmut Klages* initiierten Speyerer „Qualitätswettbewerbe" („Spitzenverwaltungen im Wettbewerb") wesentlich beitrugen (vgl. etwa Hill/Klages 1993).

Waren *Unternehmensberater/Consultants* im verwaltungspolitischen Diskurs der 1960er und 1970er Jahre kaum präsent, so entdeckten sie nunmehr in der Modernisierung von Staat und Verwaltung zunehmend einen lohnenden Beratungsmarkt, den sie durch das Angebot von Managementkonzepten und NPM-Rezepten zu erweitern und zu behaupten trachteten.

Zumindest anfangs zeigten die Argumente der „NPM-Modernisierer" vielfach bezeichnende Überspitzungen und Einseitigkeiten – mit „schrillen Tönen der betriebswirtschaftlichen Modernisierungseiferer" (Röber 1996, S. 101).

– So waren die Verfechter von NPM und NSM geneigt, die Ausgangssituation der deutschen Verwaltung am Ende der 1980er Jahre in ganz und gar düsteren Farben zu malen. Zum Beispiel geißelte Gerhard Banner den Zustand der deutschen Kommunalverwaltung als „organisierte Unverantwortlichkeit" und „bürokratischen Zentralismus" (Banner 1991, S. 6) – vermutlich in der kampagnen-strategischen und gewissermaßen „missionarischen" Absicht, die Ausgangssituation als zutiefst reformbedürftig und das Neue Steuerungsmodell als umso unwiderstehlichere Heilsbotschaft erscheinen zu lassen.

– Gleichermaßen wurde der deutschen Verwaltung der späten 1980er Jahre verschiedentlich ein „10-jähriger Modernisierungsrückstand" (vgl. Reichard 1994, S. 23f.) nachgesagt. Mochte darin teilweise ebenfalls eine „modernisierungseifernde" und -strategische Übertreibung stecken, so ist zugleich eine analytische Wahrnehmungsschwäche in doppelter Hinsicht zu vermuten. Zum einen gilt dies für die Einschätzung der verwaltungs*historischen* Entwicklung in Deutschland in den letzten 40 Jahren. Wie bereits erwähnt, neigten diese dazu, die konzeptionellen Ansätze und realen Folgenwirkungen zurückliegender Reformansätze und -anstrengungen weitgehend zu ignorieren[15] und ihren Augenmerk zuvörderst auf NPM und NSM zu lenken. Diesen verwaltungs*geschichtlichen* „Blackout" teilen die „NPM-Modernisierer" in Deutschland mit dem auch in der NPM- Modernisierungsdiskussion in anderen Ländern beobachteten (verwaltungspolitischen) „Gedächtnisverlust" (*Memory Loss,* Pollitt/Bouckaert 2000, S. 150*).* Sieht man von der Möglichkeit einer strategischen „Verdrängung" früherer Reformansätze (in der Absicht, damit die Innovativität der neueren Ansätze um so leuchtender hervortreten zu lassen) ab, so kommt in solcher verwaltungspolitischer „Vergesslichkeit" („Memory Loss") wohl in erster Linie die vielfach „a-historische" und „a-institutionelle" Optik der wirtschaftswissenschaftlichen (Teil-) Diziplin zum Ausdruck.

---

15 Vgl. oben FN 11.

Verwaltungspolitische Reformdiskurse 31

- Wenn in der Rede vom „zehnjährigen Modernisierungsrückstand" der Verwaltungswelt der Bundesrepublik Maß genommen wird an dem NPM-inspirierten Modernisierungsschub insbesondere in den angelsächsischen Ländern, vorab Neuseeland und Großbritannien, so werden hierbei in auffälliger Weise die höchst unterschiedlichen Ausgangsbedingungen der Länder ignoriert oder verkannt. Die der neuen NPM-Lehre eigentümlichen Kernbotschaften (insbesondere „Agencification" durch Dekonzentration der zentralstaatlichen Verwaltung und „Outsourcing" und „Marketization" von öffentlichen Dienstleistungen) haben darin ihren Ursprung (und auch ihre verwaltungspolitische Notwendigkeit und Rechtfertigung), dass die Verwaltungsstrukturen in Neuseeland und Großbritannien in ungewöhnlichem Maße zentralisiert waren[16] und die öffentlichen Dienstleistungen fast ausschließlich von staatlichem bzw. kommunalem Personal erbracht wurden. Demgegenüber scheinen in der Bundesrepublik – aufgrund ihrer föderativ-dezentralen[17] und „subsidiären"[18] Verwaltungsstrukturen – zentrale Reformziele der NPM-Lehre seit langem (funktional äquivalent) verwirklicht, so dass insoweit sogar pointiert von einem „langjährigen Modernisierungsvorsprung" der deutschen Verwaltung gesprochen werden könnte (zu den „modernitätsfördernden Basisinstitutionen" der deutschen Verwaltungswelt vgl. Wollmann 1996a, S. 3ff.).
- Eine ähnliche Fehlanalyse und „optische Täuschung" kann in der Bereitschaft und Absicht von „NPM-Modernisierern" gesehen werden, auf die Einführung und Übertragung von NPM-Komponenten („Agencification", „Compulsory Competitive Tendering" usw.) zur Modernisierung der deutschen Verwaltung und damit auf den Beispiel- und Vorbildcharakter der Entwicklung insbesondere in den angelsächsischen Ländern zu setzen. Hierzu trug vermutlich die suggestive Wucht des bereits erwähnten internationalen Wettbewerbs der Bertelsmann-Stiftung wesentlich bei, als dessen Ergebnis – auf der Grundlage der (NPM-lastig?) gewählten Kriterien – die deutschen Städte auf abgeschlagenen Plätzen endeten, während die US-amerikanische Stadt Phoenix und das neuseeländische Christchurch die Spitzenränge erreichten. Phoenix und Christchurch avancierten denn (vorübergehend) zu wahren Kult-Städten und zu sozusagen Mekka-ähnlichen Besuchsstätten vieler deutscher NPM-Anhänger. Die (sei es strategische, sei es analytische) Fehldeutung liegt vor allem darin begründet, dass – mit Blick auf die Kommunalverwaltungen – die höchst unterschiedlichen Rahmenbedingungen der Kommunalverwaltung in diesen Ländern (insbesondere im hochzentralisierten Neuseeland haben die Kommunen nur sehr geringe Funktionen, während die deutschen

---

16 In Neuseeland waren knapp 90 Prozent des öffentlichen Personals Bedienstete der Zentralregierung!
17 In der Bundesrepublik stehen weniger als 10 Prozent des öffentlichen Personals im Dienste des Bundes.
18 Der größte Teil der sozialen Dienstleistungen wird von „freien Wohlfahrtsverbänden", also nicht-staatlichen Organisationen erbracht.

Kommunen traditionell einen auch im internationalen Vergleich ungewöhnlich großen Aufgabenbestand haben) übersehen oder ignoriert wurden. Die Gefahr einer „fehlerhaften Übertragung" (*Ecological Falacy*) von Reformkonzepten liegt damit auf der Hand (vgl. Wollmann 1998, S. 433).

Schien die Schnelligkeit, mit der die „NPM-Modernisierer" in den frühen 1990er Jahren die Oberhand im verwaltungspolitischen Diskurs errangen, den „traditionellen Modernisierern" zunächst regelrecht die Sprache zu verschlagen, so wurden dann, vor allem von Politikwissenschaftlern, Gegenpositionen und Kritik formuliert, die ihrerseits nicht frei von Überspitzungen und Einseitigkeiten waren. So wurde dem Neuen Steuerungsmodell vorgehalten, es sei kaum anderes als ein „falschen Etikett" für „Haushaltskonsolidierung durch Stellenabbau ... und Leistungsabbau" (Grunow 1996, S. 65), wie auch die Formel vom „Dienstleistungsunternehmen Stadt" insgesamt untauglich und irreführend sei (vgl. Laux 1993a, S. 524; Wollmann 1996, S. 27 zum „kritischen" Diskussionsstand). Nicht selten wurde auch argumentiert, hinter den Neologismen von NPM und NSM stecken kaum verwaltungspolitisch Neues, „alles sei schon mal dagewesen", „déjà", worin eine Überbewertung der verwaltungsgeschichtlichen Vergangenheit und eine Unterschätzung der substanziellen Innovationen der neueren Modernisierungsdebatte zu erkennen ist.

3. Schlussbemerkungen

Die Fehldeutungen und Ausblendungen, die insbesondere die erste Phase des NPM- und NSM-dominierten Diskurses kennzeichneten und in „missionarisch-strategischem" Übertreibungen, „Gedächtnisverlust" (*Memory Loss*) und „Fehlübertragungen" (*Ecological Falacies*) zum Ausdruck kamen, haben nicht nur den verwaltungspolitischen Erkenntnisfundus, sondern auch die *Verwendbarkeit* relevanten Wissens und das Potential verwaltungspolitischer *Lernprozesse* gemindert und beschädigt. Infolge solcher (bewussten oder unbewussten) Vergesslichkeit wird auf die Nutzung zurückliegender Erfahrungen aus verwaltungspolitischen Erfolgen wie Misserfolgen verzichtet. Zudem sind durch „Fehlübertragungen" verwaltungspolitische Fehler und Misserfolge geradezu programmiert. Schließlich leistet die „a-historische" Ausblendung und Verkennung von verwaltungsgeschichtlichen Entwicklungen und Zusammenhängen dem Vorschub, dass nicht nur die „Anschlussfähigkeit" und Nutzbarkeit früherer Konzepte und Erfahrungen, sondern auch deren unterschiedliche Akteursgruppen übersehen und damit möglicherweise tragfähige Reformkoalitionen verspielt werden (vgl. Wollmann 1994, S. 104f.).

In der Zwischenzeit scheinen im verwaltungspolitischen Diskurs die früheren Überspitzungen und Einseitigkeiten sowohl der „NPM-Modernisierer" (à la „Modellfall Neuseeland und Christchurch") als auch der traditionellen Modernisierer (à la „Etikettenschwindel", alles schon mal dagewesen, déjà vue") weitgehend aufgegeben und begradigt worden zu sein. So sind „NPM-

Modernisierer" inzwischen von konzeptionellen Zuspitzungen (vgl. etwa die jüngsten – auch selbstkritischen – Äußerungen von Banner 1991, insbesondere S. 293ff.) und von der Übertragung unpassender NPM-Konzepte auf die deutschen Verhältnisse (zum „Agencification"-Konzept vgl. Naschold/Jann/ Reichard 1999, S. 23; Jann 2001b, S. 258) abgerückt. Umgekehrt haben auch traditionelle Modernisierer längst erkannt und akzeptiert, dass eine (moderate) Rezeption und Umsetzung von NPM-Konzepten und deren „ökonomischer Rationalität" in der deutschen Verwaltungswelt nicht allein dem finanziell-budgetären Zwang gehorchen, sondern als eine notwendige, konzeptionell wie normativ gebotene Reform des traditionellen (übermäßig legalistischen und hierarchischen) Verwaltungsmodells zu sehen und zu begrüßen ist.

Literatur

Banner, G. 1975: Ziel- und ergebnisorientierte Führung in der Kommunalverwaltung. Erfahrungen mit „Management by Objectives" in Duisburg. In: Archiv für Kommunalwissenschaften 14 (1975)2, S. 300-315
Banner, G. 1991: Von der Behörde zum Dienstleistungsunternehmen. Die Kommunen brauchen ein neues Steuerungsmodell. In: VOP 13 (1991)1, S. 6
Banner, G. 2001: Kommunale Verwaltungsmodernisierung: Wie erfolgreich waren die letzten zehn Jahre? In: Schröter, E. (Hg.) 2001, S. 279-304
Benz, A., Goetz, K.H. (Eds.) 1996: A New German Public Sector? Aldershot etc.
Benz, A., Goetz, K.H. 1996: The German Public Sector: National Priorities and the International Reform Agenda. In: Benz, A., Goetz, K.H. (Eds.) 1996, S. 1-26
Blanke, B., Bandemer, S.v., Nullmeier, F., Wewer, G. (Hg.) 2001: Handbuch zur Verwaltungsreform. Opladen
Blanke, B., Bandemer, S. von, Nullmeier, F., Wewer, G., Plaß, S., Spitzer, M. (Hg.) 1998: Handbuch zur Verwaltungsreform. Opladen
Böhret, C. 2001: Verwaltungspolitik als Führungsauftrag. In: Blanke, B., Bandemer, S. von, Nullmeier, F., Wewer, G. (Hg.) 2001, S. 43-48
Böhret, C.1970: Entscheidungshilfen für die Regierung. Opladen
Budäus, D. 1994: Public Management. Berlin
Derlien, H.-U. 1976: Die Erfolgskontrolle staatlicher Planung. Baden-Baden
Derlien, H.-U. 1996: Patterns of Postwar Administrative Development in Germany. In: Benz, A., Goetz, K.H. (Eds.) 1996 S. 27-44
Derlien, H.-U. 2000: Actor Constellation, Opportunity Structure and Concept Feasibility in German and British Public Sector Reforms. In: Wollmann, H., Schröter, E. (Eds.) 2000: Comparing Public Sector Reform in Britain and Germany. Aldershot, S. 150-170
DiMaggio, P.J., Powell W.W. 1991: The Iron Cage Revisited: Institutional Isomorphism and Collective Rationality in Organisational Fields. In: DiMaggio, P.J., Powell W.W. (Eds.) 1991: The New Institutionalism in Organisational Analysis. Chicago, S. 63-82
Dolowitz, D., Marsh, D. 1996: "Who learns What from Whom?" A Review of the Policy Transfer Literature. In: Political Studies 44 (1996), pp. 343-357
Grunow, D. 1996: Qualitätsforderungen für die Verwaltungsmodernisierung: Anspruchsvolle Ziele oder leere Versprechungen? In: Reichard, C., Wollmann, H. (Hg.) 1996, S. 50-77
Grunow, D., Wollmann, H. (Hg.) 1998: Lokale Verwaltungsreform in Aktion. Fortschritte und Fallstricke. Basel, Berlin, Boston
Hall, P.A. 1993: Policy Paradigms, Social Learning, and the State: The Case of Economic Policy Making in Britain. In: Comparative Politics 25 (1993), S. 275-296

Hellstern, M., Wollmann, H. (Hg.) 1983: Experimentelle Politik. Opladen
Hellstern, M., Wollmann, H. (Hg.) 1984: Handbuch zur Evaluationsforschung, Bd. 1. Opladen
Héritier, A. (Hg.) 1993: Policy-Analyse. Opladen
Hill, H., Klages, H. (Hg.) 1993: Spitzenverwaltungen im Wettbewerb. Eine Dokumentation des 1. Speyerer Qualitätswettbewerbs. Baden-Baden
Hofmann, J. 1993: Implizite Theorien in der Politik. Opladen
Huczynski, A.A. 1993: Management Gurus. London, New York
Jann, W. 1998a: Neues Steuerungsmodell. In: Blanke, B., Bandemer, S.v., Nullmeier, F., Wewer, G., Plaß, S., Spitzer, M. (Hg.) 1998, S. 70-79
Jann, W. 1998b: Verwaltungswissenschaft und Managementlehre. In: Blanke, B., Bandemer, S. von, Nullmeier, F., Wewer, G., Plaß, S., Spitzer, M. (Hg.) 1998, S. 47-52
Jann, W. 1999: Zur Entwicklung der öffentlichen Verwaltung. In: Ellwein, T., Holtmann, E. (Hg.) 1999: 50 Jahre Bundesrepublik Deutschland. Opladen, S. 520-543
Jann, W. 2001a: Neues Steuerungsmodell. In: Blanke, B., Bandemer, S. von, Nullmeier, F., Wewer, G. (Hg.) 2001, S. 82-91
Jann, W. 2001b: Hierarchieabbau und Dezentralisierung. In: : Blanke, B., Bandemer, S. von, Nullmeier, F., Wewer, G. (Hg.) 2001, S. 253-262
Jann, W. 2001c: Verwaltungsreform als Verwaltungspolitik. In: Schröter , E. (Hg.) 2001, S. 321-344
Jann, W., Wewer, G. 1998: Helmut Kohl und der „schlanke Staat". Eine verwaltungspolitische Bilanz. In: Wewer, G. (Hg.) 1998: Bilanz der Ära Kohl. Opladen, S. 229-266
König, K. 1996: Unternehmerisches oder exekutives Management – die Perspektive der klassischen öffentlichen Verwaltung. In: Verwaltungsarchiv 87 (1996)1, S. 19-25
König, K., Füchtner, N. 1998: „Schlanker Staat" – Verwaltungsmodernisierung im Bund. Speyer
Laux, E. 1993: Unternehmen Stadt? In: Die Öffentliche Verwaltung 46 (1993), S. 523-524
Laux, E. 1999: Erfahrungen und Perspektiven der kommunalen Gebiets- und Funktionalreformen. In: Wollmann, H., Roth, R. (Hg.) 1999: Kommunalpolitik. Opladen, S. 168-185
Lenk, K. 1998: New Public Management und kommunale Innovation. In: Grunow, D., Wollmann, H. (Hg.) 1998, S. 44-59
Levine, R.A. 1981: Program Evaluation and Policy Analysis in Western Nations. In: Levine, R.A., Solomon, M.A., Hellstern, G.-M., Wollmann, H. (Eds.)1981: Evaluation Research and Practice. Beverly Hills etc., S. 27-41
Lüder, K., Budäus, D. 1976: Effizienzorientierte Haushaltsplanung und Mittelbewirtschaftung. Göttingen
Mayntz, R. 1997: Verwaltungsreform und gesellschaftlicher Wandel. In: Grande, E., Prätorius, R. (Hg.) 1997: Modernisierung des Staates? Baden-Baden, S. 65-72
Müller, E. 1977: 7 Jahre Regierungs- und Verwaltungsreform des Bundes. Unfähigkeit zur Reform? In: Die Öffentliche Verwaltung 30 (1977), S. 15-23
Naschold, F. 1995: Ergebnissteuerung, Wettbewerb, Qualitätspolitik. Entwicklungspfade des öffentlichen Sektors in Europa. Berlin
Naschold, F., Jann, W., Reichard, C. 1999: Innovation, Effektivität, Nachhaltigkeit. Internationale Erfahrungen zentralstaatlicher Verwaltungsreform. Berlin
Osborne, D., Gaebler, T. 1992: Reinventing Government: How the Entrepreneurial Spirit is Transforming the Public Sector. Reading, Mass., Adison Wesley
Pollitt, C. 1995: Justification by Works or by Faith? Evaluating the New Public Management. In: Evaluation 1 (1995)2, S. 133-154
Pollitt, C., Bouckaert, G. 2000: Public Management Reform. Oxford
Reichard, C. 1994: Umdenken im Rathaus. Berlin
Reichard, C. 1996: Die „New Public Management"-Debatte im internationalen Vergleich. In: Reichard, C., Wollmann, H. (Hg.) 1996, S. 241-274

Reichard, C., Röber, M. 2001: Konzept und Kritik des New Public Management. In: Schröter, E. (Hg.) 2001, S. 371-392
Reichard, C., Wollmann, H. (Hg.) 1996: Kommunalverwaltung im Modernisierungsschub? Basel, Boston, Berlin
Rein, M., Schon, D. 1991: Frame-Reflective Policy Discourse. In: Wagner, P., Weiss, C., Wittrock, B., Wollmann, H. (Eds.) 1991, S. 262 –289
Reinermann, H., Reichmann, G. 1978: Verwaltung und Führungskonzepte. Management by Objectives und seine Anwendungsvoraussetzungen. Berlin
Röber, M. 1996: Über einige Mißverständnisse in der verwaltungswissenschaftlichen Modernisierungsdebatte: Ein Zwischenruf. In: Reichard, C., Wollmann, H. (Hg.) 1996, S. 98-111
Rose, R. 1993: Lesson Drawing in Public Policy. New Jersey
Ruck, M. 1997: Beharrung im Wandel: Neuere Forschungen zur deutschen Verwaltung im 20. Jahrhundert (I). In: Neue Politische Literatur 42 (1971), S. 200-207
Rurüp, B. 1971: Die Programmfunktion des Bundeshaushaltsplanes. Eine deutsche Haushaltsreform im Lichte der amerikanischen Erfahrungen mit dem Planning-Programming-Budgeting-System. Berlin
Sabatier, P. 1988: An Advocacy Coalition Framework of Policy Change and the Role of Policy-Oriented Learning Therein. In: Policy Sciences 21 (1988), S. 129-168
Sabatier, P. 1993: Advocacy-Koalitionen, Policy-Wandel und Policy-Lernen. In: Héritier, A. (Hg.) 1993, S. 116-129
Sachverständigenrat „Schlanker Staat" 1998: Abschlussbericht. Bonn
Schmidt, V.A. 2000: Values and Discourse in the Politics of Adjustment of Advanced Welfare States: Does Discourse Matter? Paper APSA (August 2000)
Schmidt, V.A. 2000: Values and Discourse in the Politics of Adjustment. In; Scharpf, F.W., Schmidt, V. (Eds.) 2000: Welfare and Work in the Open Economy. Vol. 1. Oxford, S. 229-243
Schröter, E. (Hg.) 2001: Empirische Policy- und Verwaltungsforschung. Opladen
Schröter, E., Wollmann, H. 1997: Public Sector Reforms in Germany: Whence and Where? A Case of Ambivalence? In: Administrative Studies/Hallinnon Tutkimus 3 (1997), S. 184-200
Singer, O. 1993: Policy Communities und Diskurs-Koalitionen. Experten und Expertisen in der Wirtschaftspolitik. In: Héritier, A. (Hg.) 1993, S. 149-160
Vollmer, H. 2002: Ansprüche und Wirklichkeiten des Verwaltens im Reformdiskurs der 90er Jahre. In: Zeitschrift für Soziologie 31 (2002)1, S. 44-65
Wagener, F. (Hg.) 1976: Regierbarkeit? Dezentralisation? Entstaatlichung? Bonn
Wagner, P., Weiss, C., Wittrock, B., Wollmann, H. (Eds.) 1991: Social Science and Modern States. Cambridge
Wittrock, B., Wagner, P., Wollmann, H. 1991: Social Science and the Modern State: Policy Knowledge and the Political Institutions in Western Europe and the United States. In: Wagner, P., Weiss, C., Wittrock, B., Wollmann, H. (Eds.) 1991, S. 28-85
Wollmann, H. 1996: Verwaltungsmodernisierung. Ausgangsbedingungen, Reformanläufe und aktuelle Modernisierungsdiskurse. In: Reichard, C., Wollmann, H. (Hg.) 1996, S. 1-46
Wollmann, H. 1997: Modernization of the Public Sector and Public Administration in the Federal Republic of Germany – (Mostly) a Story of Fragmented Incrementalism. In: Muramatsu, M., Naschold, F. (Eds.) 1997: State and Administration in Japan and Germany. Berlin, S. 79-103
Wollmann, H. 1998: Modernisierung der kommunalen Politik- und Verwaltungswelt – zwischen Demokratie und Managementschub. In: Grunow, D., Wollmann, H. (Hg.) 1998, S. 400-420

Wollmann, H. 2000a: Staat und Verwaltung in den 90er Jahren. Kontinuität oder Veränderungswelle? In: Czada, R., Wollmann, H. (Hg.) 2000: Von der Bonner zur Berliner Republik. Opladen, S. 694-710

Wollmann, H. 2000b: Evaluierung und Evaluierungsforschung von Verwaltungspolitik und -modernisierung – zwischen Analysepotential und -defizit. In: Stockmann, R. (Hg.) 2000: Evaluationsforschung. Opladen, S. 196-232

Wollmann, H. 2001: Germany's Trajectory of Public Sector Modernisation: Continuities and Discontinuities. In: Policy & Politics 29 (2001), S. 151-169

Wollmann, H. 2002: Verwaltungspolitische Diskurse und Verläufe im internationalen Kontext. In: König, K. (Hg.) 2002: Verwaltungswissenschaft, Baden-Baden (im Erscheinen)

Wollmann, Hellmut 1994: Evaluierungsansätze und -institutionen in der Kommunalpolitik und -verwaltung. Stationen der Planungs- und Steuerungsdiskussion. In: Schulze-Böing, M., Johrendt, N. (Hg.) 1994: Wirkungen kommunaler Beschäftigungsprogramme. Basel, Berlin, Boston, S. 79-92

Pietro Morandi

Der Wille zum Risiko in modernen Gesellschaften.
Oder: Woher stammt der Steuerungsoptimismus der 90er Jahre? Ein kommunikationswissenschaftlicher Beitrag zur Erforschung der Genese von kollektiver Risikoorientierung in modernen Gesellschaften[1]

Einleitung

Anliegen dieses Aufsatzes ist es, der Frage nach den zentralen Ursachen nachzugehen, die in modernen Gesellschaften kollektive Risikobereitschaft und Risikoorientierung ermöglichen und fördern.

Der Versuch, dieses Problem zu bearbeiten, mag auf den ersten Blick ungewöhnlich erscheinen: In einem ersten Schritt soll eine knappe Skizze der Geschichte gesellschaftlicher (Selbst-) Beschreibungsformeln der Nachkriegszeit vorgestellt werden. Darunter werden Bezeichnungen und Denominationen wie ‚Industriegesellschaft', ‚kapitalistische Gesellschaft', ‚postindustrielle Gesellschaft', ‚postmoderne Gesellschaft', ‚Arbeitsgesellschaft', ‚Kommunikationsgesellschaft', ‚Informationsgesellschaft' und schließlich auch die in den 90er Jahren aufgetauchte ‚Wissensgesellschaft' verstanden. Dabei handelt es sich nicht nur um Selbstbeschreibungs-, sondern auch um Selbstwahrnehmungsformeln, deren historische Rekonstruktion Hinweise und Daten für die Analyse kollektiver Risikoorientierung in modernen Gesellschaften liefert. In einem zweiten Schritt wird der Versuch unternommen, diese Geschichte mit Hilfe einer geeigneten Theorie der Periodisierung zu gliedern.

In einem dritten und letzten Schritt wird schließlich genauer herausgearbeitet, welchen Erkenntnisbeitrag dieses Vorgehen für die Erforschung der Genese kollektiver Risikobereitschaft in modernen Gesellschaften liefern kann und wie die im Untertitel dieses Aufsatzes aufgeworfene Frage nach der Herkunft des Steuerungsoptimismus der 90er Jahre beantwortet werden könnte.

Doch ist einleitend zunächst der Begriff „Risiko", wie er in diesem Aufsatz verstanden wird, näher zu definieren. Gefolgt wird dem Vorschlag Niklas Luhmanns, der den Begriff ‚Risiko' von einem Gegenbegriff her zu bestimmen versuchte und dabei den Begriff der ‚Gefahr' wählte (Luhmann 1990, 1991). Luhmann erläutert den Unterschied zwischen Risiko und Gefahr am Beispiel des Autofahrers, der sich dazu entschließt, ein Überholmanöver

---

[1] Dieser Aufsatz entspringt einem Forschungsprojekt über Determinanten der Entwicklung und Diffusionsdynamik von Informations- und Kommunikationstechnologien, das vom Schweizerischen Nationalfond gefördert wird (Forschungsprogramm 43: Bildung und Beschäftigung).

durchzuführen. Während er selbst dabei ein Risiko eingeht, das ihn im Erfolgsfalle früher an sein Ziel bringt, verursacht er dem entgegenkommenden Fahrzeug eine Gefahr, deren Überstehen keinen zusätzlichen Gewinn abwirft, sondern lediglich einen Verlust vermeidet.

Damit ist gesagt, dass jedem Risiko eine Chance zu korrespondieren hat, aber auch, dass das Eingehen von Risiken zumindest in gewissem Umfang Wahl- und Entscheidungsfreiheit voraussetzt. Luhmanns Begriffsbestimmungen umfassen auch noch eine historische Dimension, wenn er unterstellt, dass in modernen Gesellschaften erhöhte Risikoorientierung, das aktive Aufspüren von Risiken bzw. der mit ihnen verbundenen Chancen und Gewinnmöglichkeiten, zu einer verbreiteten Praxis avanciert ist, die in vormodernen Gesellschaften höchstens in marginalen Bereichen, etwa bei professionellen Pilzsammlern oder Fernhändlern, eine größere Rolle gespielt hat.

Sich mit dem Thema ‚Risiko' zu beschäftigen, bedeutet letztlich auch, sich die Frage vorzulegen, weshalb die Tendenz, Risiken aktiv aufzusuchen, sich über die Zeit verstärken konnte, und weshalb dieses Vorgehen, zunächst nur in einigen Weltgegenden, vorwiegend der westlichen Hemisphäre, eine immer stärkere Ausbreitung erfahren hat.

Gesellschaftliche Selbstbeschreibungsformeln

Seit der Nachkriegszeit, seit der Mitte des 20. Jahrhunderts, wurde es, wie bereits angesprochen, innerhalb wie auch außerhalb sozialwissenschaftlicher Disziplinen offenbar üblich, in, so scheint es zumindest, immer rascherer Abfolge Selbstbeschreibungsformeln und Denominationen zu kreieren, die für das gesellschaftliche Ganze stehen können sollten. Es ist möglich, diese Benennungspraxis bis ins 19. Jahrhundert zurückzuverfolgen. So steht ja der Terminus ‚Industriegesellschaft' im 19. Jahrhundert in Opposition zur ‚militärischen Gesellschaft', dies zumindest bei den Gründungsvätern der Soziologie und des Positivismus Henri de Saint-Simon und Auguste Comte. Diese stellten dem „ordre militaire" den „ordre industriel" gegenüber, in dem Fleiß und Arbeit und nicht Krieg und Plünderung den gesellschaftlichen Wohlstand vermehren sollten.

Doch wurde, wie im zwanzigsten Jahrhundert oft üblich, die ‚Industriegesellschaft' auch der ‚Agrargesellschaft' gegenüber gestellt. In Anlehnung an diese Benennungspraxis wurde nach dem Ende des Zweiten Weltkriegs die ‚Industriegesellschaft' dann später oft auch als Gegenpol zur neu sich herausbildenden ‚Dienstleistungsgesellschaft' definiert, wodurch faktisch eine Art historischer Stadienfolge entstand: Agrargesellschaft – Industriegesellschaft – Dienstleistungsgesellschaft; wobei die Industriegesellschaft, zumindest im deutschsprachigen Raum, nun nicht mehr unterschiedslos die gewerbliche Produktion von Gütern und Dienstleistungen schlechthin zusammenfasste, sondern vor allem die ‚industriell'-großbetriebliche Güterproduktion meinte.

Hier wird deutlicher fassbar, was solche Selbstbeschreibungsformeln auszeichnet: Sie umfassen, erstens, eine deskriptiv-analytische Komponente, in dem sie eine Aussage darüber machen, was in der gesellschaftlichen Wirklichkeit der Fall *ist*. Sodann aber enthalten sie auch eine normative, handlungsleitende Komponente, die auch noch besagt, *was der Fall sein sollte*. Wer die Denomination ‚Industriegesellschaft' im frühen 19. Jahrhundert in normativer Absicht anwandte, wollte damit oft auch erreichen, dass sich der Fokus der öffentlichen Aufmerksamkeit verschob: Nicht Politik, nicht Militär oder Religion, sondern die Sphäre der *Wirtschaft* sollte die wichtigsten sozialen und politischen Gestaltungs- und Selbstverwirklichungsenergien auf sich ziehen. Die Wirtschaft hat, so die zumindest implizite Forderung, in modernen Gesellschaften eine dominante Lebenssphäre zu sein.

Erst als die ökonomische Sphäre in gesellschaftliche Selbstbeschreibungsformeln Eingang gefunden und sich durchgesetzt hatte, konnte auch ein Begriff wie derjenige der ‚Agrargesellschaft' kreiert und auf vor-industrielle Gesellschaftsformationen zurückprojiziert werden (genauso wie auch der Begriff ‚Gesellschaft' auf vor-moderne soziale Formationen). Als normativ geladene Selbstbeschreibungsformel hat der Begriff der ‚Agrargesellschaft' freilich nicht viel taugen können, wohl aber als analytisch-deskriptive Kategorie. Auch der Begriff der ‚Dienstleistungsgesellschaft' weist in erster Linie analytisch-deskriptiven Charakter auf. Er zeichnet sich in normativer Hinsicht höchstens dadurch aus, dass er den Bezug zur ökonomischen Sphäre nicht in Frage stellt, sondern gewissermaßen kritiklos beibehält und damit implizit fortschreibt, ohne freilich seine Neutralität aufzugeben und darüber hinaus über die ‚Dienstleistungsgesellschaft' irgendein normatives Urteil zu fällen.

Anders verhält es sich mit dem Begriff des ‚Kapitalismus' und der ‚kapitalistischen Gesellschaft'. Die ebenfalls auf die wirtschaftliche Sphäre sich beziehende Selbstbeschreibung wird beibehalten, aber polemisch akzentuiert. Die Sphäre der wirtschaftlichen Beziehungen wurde auch von den oppositionellen gesellschaftlichen Selbstbeschreibungsformeln wie Sozialismus und Kommunismus, die ihren Ausgangspunkt in der Kritik des ‚Kapitalismus' nahmen, nicht verlassen, wenngleich sie vor allem gesellschaftliche und juristische Eigentumsverhältnisse thematisieren. Damit machten sie die Akzentverschiebung von den vormodernen politisch-religiösen ‚Willensgesellschaften' zur modernen, von der wirtschaftlichen Sphäre bestimmten Gesellschaft zwar mit, freilich nur unter dem Vorbehalt der Forderung nach mehr oder weniger radikaler Revolutionierung ihrer Wirtschaftsstruktur. Damit akzeptieren aber auch sozialistische und kommunistische Gesellschaftsformationen genauso wie ihre kapitalistischen Gegentücke zumindest in ihren Selbstbeschreibungsformeln ein Primat des Ökonomischen. Auch aus diesem Grund kann der Begriff Industriegesellschaft als Oberbegriff für Gesellschaftsformationen dienen, die in ihrer Selbstwahrnehmung ‚Wirtschaftsgesellschaften' sind.

Der Terminus der ‚postindustriellen Gesellschaft', der in den 60er Jahren vor allem durch die Schriften von Daniel Bell (1964) größere Bekanntheit erworben hat, befand sich, wie insbesondere Nico Stehr herausgearbeitet hat, von Anfang an in Konkurrenz zu anderen möglichen Denominationen, darunter auch derjenigen der heute gebräuchlichen ‚Wissensgesellschaft'. Bell selbst hat schon in den 70er Jahren den Begriff der ‚Wissensgesellschaft' als mögliche Alternative zur Bezeichung ‚postindustrielle Gesellschaft' erwogen (Stehr 1994, S. 28f.). Deutlich wird, dass sich sowohl Bell wie auch Stehr, der dessen Benennungsentscheidung zu rekonstruieren versucht, in erster Linie darum bemühen, die analytische Kraft solcher Namensgebungen zu klären und deren Fähigkeit, angemessene Aussagen darüber zu machen, was in modernen Gesellschaften tatsächlich der Fall ist, zu testen. Reflexionen über die normativen Implikationen dieser Namensgebungen finden sich weder bei Bell noch bei Stehr, die sich beide in erster Linie als Gesellschaftsanalytiker und nicht als Gesellschaftsveränderer verstehen.

Gleichwohl ist es natürlich durchaus möglich, solche Überlegungen anzustellen, ohne den Boden der Wissenschaftlichkeit zu verlassen. Wer etwa in den späten 60er oder in den 70er Jahren den Begriff der ‚postindustriellen Gesellschaft' verwendet hat, der betonte damit nicht selten, dass die Bemühungen aller älteren sozialwissenschaftlichen Paradigmen, noch verbindliche Anerkennung für ihre Wirklichkeitsannahmen zu finden, immer erfolgloser wurden. In normativer Hinsicht handelt es sich damit zumindest implizit oft auch um einen Appell, eine neue Gesellschaftsbeschreibung auszuhandeln, ohne auf überholte, kontroverse oder polemisch verbrauchte Formeln zurückzugreifen.

Es scheint nun, dass Sozialwissenschaftler und Sozialwissenschaftlerinnen in aller Regel diese normativen Implikationen – zumindest in wissenschaftlichen Arbeiten – eher selten thematisieren. So erklärte etwa Nico Stehr (1994, S. 28): „Herrschende Theorien der Gesellschaft (...) haben als ihr zentrales, namensgebendes Moment diejenigen Eigenschaften betont, die ihre Autoren für die Entstehung und Ausprägung dieser Gesellschaftsformationen verantwortlich machen und deren Spiegel diese Theorien der Gesellschaft sein wollen." Stehr verwendet die neutrale, positivistische Metapher des Spiegels, der nur zeigt, was schon da ist und nicht, was vielleicht noch kommen sollte. „Die Gesellschaftsformation, von der an dieser Stelle in erster Linie in kritisch-distanzierender Weise die Rede sein wird", so Stehr (1994, S. 28) weiter, „fand ihren berechtigten Niederschlag in der Theorie der industriellen oder kapitalistischen Gesellschaft. Aus vergleichbaren formellen Gründen schlage ich deshalb vor, die sich jetzt herausbildende und in Zukunft wahrscheinlich dominante Gesellschaft ‚Wissensgesellschaft' zu nennen." Deutlich wird auch hier, dass Stehr auf keinen Fall normative Elemente in die Namensgebung einführen will, was freilich noch keine wirksame Garantie dafür bieten muss, dass sich normative Assoziationen nicht doch noch einstellen.

Vor, nach und zwischen der ‚postindustriellen Gesellschaft' Daniel Bells und Nico Stehrs ‚Wissensgesellschaft' lassen sich einige weitere Entwicklungsetappen ausmachen, die im Rahmen dieses kurzen Aufsatzes zwar nicht umfassend rekonstruiert, aber doch wenigstens kurz angesprochen werden sollen. So darf wohl insbesondere an Galbraiths (1984) ‚Affluent Society' von 1957 erinnert werden, die die Kritik an der Wohlstands- und Wegwerfgesellschaft der 70er Jahre bereits anzukündigen scheint: Die ‚Wohlstands-, und vollends die ‚Wegwerfgesellschaft' charakterisiert weniger die Ausbeutung des Menschen und menschlicher Arbeitskraft durch Unternehmer und ‚Kapitalisten' als vielmehr die Ausbeutung natürlicher Ressourcen. Der wirtschaftliche Unterbau ist auch in diesen Gesellschaftsbeschreibungen noch immer ein dominantes Element, doch zeigt sich nun auch eine kritische Einstellung gegenüber der Konsumkultur der ‚Naturausbeuter', die sich bereits in den 60er Jahren herausgebildet hat. Ins neue ‚post-kapitalistische' gesellschaftliche Anklageprofil passen daher nicht nur die Unternehmer und Ausbeuter menschlicher Arbeitskraft, sondern auch die Nachkriegs-Figur des ökologisch uninformierten, nur in quantitativen statt in qualitativen Maßstäben denkenden, verschwenderischen ‚Konsumenten'.

Damit fällt nicht nur Licht auf die normativen Komponenten gesellschaftlicher Selbstbeschreibungsformeln, sondern auch auf die Tatsache, dass sich diese offenbar notwendigerweise kontingent zur beschriebenen Gesellschaft verhalten müssen.

In den 80er Jahren treten noch weitere gesellschaftliche Selbstbeschreibungsformeln auf, die mehr oder weniger große öffentliche Resonanz zu erzeugen vermochten. So etwa Mitte der 80er Jahre die ‚Arbeitsgesellschaft', der infolge neu erwachter Massenarbeitslosigkeit die Arbeit auszugehen drohte (Offe 1984, Kocka/Offe 2000). Ebenfalls in den 80er Jahren tauchte aber auch die ‚Risikogesellschaft' (Beck 1996) auf, deren Aufstieg und Karriere in öffentlichen wie wissenschaftlichen Diskursen ebenfalls mit spektakulären Phänomenen verbunden war, so insbesondere die Unfälle und Katastrophen in den Atomkraftwerken von Harrisburg und Tschernobyl.

Sowohl die Denomination ‚Risikogesellschaft' wie auch die in den 80er Jahren bereits präsente ‚Informationsgesellschaft' (Wagner 1996) weisen beide einen deutlichen Bezug zur Sphäre der *Technologie* auf. Während die ‚Risikogesellschaft' auf die Erfahrung mit den Risiken von Großtechnologien anspielt, bezieht sich die ‚Informationsgesellschaft' in erster Linie auf die wachsende Bedeutung moderner Informations- und Kommunikationsmedien, für die der Siegeszug des ‚Personal Computers' in den 80er Jahren exemplarisch steht. Neben einer deskriptiv-analytischen Seite weisen beide Begriffe auch gewisse normative Bezüge auf. Während die Denomination ‚Risikogesellschaft' in Erinnerung zu rufen scheint, dass moderne Großtechnologien nicht nur Chancen, sondern vor allem auch sehr unterschätzte Risiken bergen, liegen die Dinge im Falle der ‚Informationsgesellschaft' etwas weniger offen zutage. Diskursanalytisch lässt sich zeigen, dass der Begriff der ‚Informationsgesellschaft' in den 80er und 90er Jahre einen gewissen Wandlungsprozess durchgemacht hat:[2] In den 80er Jahren war er noch stärker mit pessimistischen Erwartungen ver-

---

2   Dies wurde untersucht in einem Forschungsseminar zur Wissensgesellschaft, das im WS 2001/02 an der Universität Potsdam durchgeführt worden ist. Vgl. hierzu eine Untersuchung, die auch einige bibliometrische Analysen enthält insbesondere: Billerbeck/Herold/Oelbracht/Tymnik (2002), Internetseite http://www.uni-potsdam.de/u/ls _poltheorie „Forschungsseminar Wissensgesellschaft".

knüpft, die sich auf befürchtete negative Auswirkungen moderner Informations- und Kommunikationstechnologien auf Arbeitsverhältnisse, den Arbeitsmarkt sowie die soziale und politische Gesamtverfassung der Gesellschaft bezogen. Insbesondere in der Zeit der Massenarbeitslosigkeit, ab Mitte der 80er Jahre, schienen einige Beobachter zu befürchten, die Rationalisierung der Gesellschaft mit ‚Informations- und Kommunikationstechnologien' könne zu einer ‚Zwei-Drittel-Gesellschaft' führen, in welcher eine privilegierte und hochqualifizierte Minderheit von Beschäftigten einer längst aus allen sozialstaatlichen Auffangnetzen gefallenen Mehrheit Un- oder Unterbeschäftigter und unzureichend Qualifzierter gegenüberstehe.

Dies änderte sich dann aber ausgeprägt im Verlauf der 90er Jahre. Spätestens seit Mitte der 90er Jahre war Informations- und Kommunikationstechnologie mit eher optimistischen Erwartungen verknüpft, ja es schien, zumindest während der Hochphase des Börsenbooms der späten 90er Jahre, geradezu ein neues Zeitalter der Prosperität und der vielfältigsten Lebenschancen anbrechen zu wollen.

Der Begriff der ‚Risikogesellschaft' thematisiert die negativen Auswirkungen auf die natürlichen Umweltressourcen und ökologischen Gleichgewichte, während der Begriff der ‚Informationsgesellschaft' zumindest in den 80er Jahren oft die Befürchtungen eines unerbittlichen technischen Rationalisierungsprozesses spiegelte, der sich im Bereich der Arbeitswelt und des Arbeitsmarktes negativ niederzuschlagen drohte. In den 90er Jahren etabliert sich hingegen der positiv besetzte Begriff der ‚Umwelttechnologie', der deutlich machte, dass Investitionen in ‚gute' Technologien ökologisch wünschenswert sind, während die Begriffe Informationstechnologien und Informationsgesellschaft nun vermehrt unter dem Gesichtspunkt von möglicherweise förderlichen Wirkungen auf Arbeitszeitautonomie, Selbstbestimmung und geschlechtlicher Gleichstellung am Arbeitsplatz erörtert wurden.

Damit wird deutlich, dass sich eine normative Prägung von gesellschaftlichen Selbstbeschreibungsformeln auch dadurch ergeben kann, dass ihnen eine implizite Erwartungsqualität zuwächst. Während der ursprüngliche Terminus ‚Industriegesellschaft' forsch optimistisch und der Begriff ‚Kapitalismus' harsch anklagend und kritisch waren und sein wollten, versuchten andere Denominationen anscheinend aller Polemik und Emphase zu entgehen und lediglich Aussagen darüber zu machen, was der Fall war – freilich nicht ohne eine ebenfalls handlungsleitend wirkende Erwartungsdimension in sich aufzunehmen. Die Denominationen ‚Dienstleistungsgesellschaft', ‚Informationsgesellschaft' oder auch ‚Wissensgesellschaft' implizieren ja, dass der von ihnen bezeichnete Gesellschaftstyp im Entstehen begriffen ist und ohnehin kommen wird, ob sich dies die Beobachter nun wünschen oder nicht. Das Empfinden aber, dass ohnehin kommt, was kommen muss, stellt sich ein, wenn von der Erfahrung ausgegangen wird, dass die Entwicklung gesellschaftlicher Verhältnisse wie auch der Prozess des sozialen Wandels insgesamt zwar beeinflussbar, nicht jedoch im Ganzen einer systematischen Planung und Leitung zugänglich seien. Diese Erfahrung mag dann zur Erwartung führen, eine Gratwanderung zwischen Passivität, Fatalismus, Anpassung und Unterwerfung einerseits und selbstbewusster Gestaltungs- und Handlungsambition andererseits wäre die angemessene Einstellung, um die Zukunft erfolgreich bewältigen zu können. Gestaltungsenergien werden auf diese Weise dosiert freigesetzt oder zumindest zugelassen, ohne das Risiko des Scheiterns aller Pläne aus den Augen zu verlieren. Dies ermöglicht einen Prozess beschränkter Anverwandlung der Zukunft, mit der sich die Handelnden in unterschiedlichem Masse identifizieren können.

Zu anderen Einstellungen würden nur gesellschaftliche Selbstbeschreibungsformeln führen, die entweder explizit a-normativ wären oder aber dezidiert normativ. Im ersten Falle würde auf handlungsleitende Wirkung bewusst verzichtet werden; die Möglichkeit, dass Zukunft wenigstens teilweise auch Verwirklichung von Intentionen planender Subjekte sei, würde damit verworfen. Im zweiten Falle hingegen würde davon ausgegangen, dass Zukunft vollständig in den Griff der Intentionen eines planenden Verstandes zu bekommen sei, dass Normen sich niemals an Erfahrung korrigieren, sondern sich diese vollständig unterwerfen könnten. So ließe sich denn ein Kontinuum darstellen, auf welchem sich gesellschaftliche Selbstbeschreibungsformeln mit unterschiedlich starker normativer bzw. mehr oder weniger stark deskriptiver Tendenz auftragen ließen.

Zur Periodisierung der Geschichte gesellschaftlicher Selbstbeschreibungsformeln

Nach dieser kurzen Analyse der deskriptiv-analytischen und normativen Komponenten gesellschaftlicher Selbstbeschreibungsformeln soll nun der Versuch einer angemessenen Periodisierung ihrer historischen Abfolge unternommen werden. Wie in der Einleitung betont, besteht die eigentliche Herausforderung darin, die Handlungsanleitungen, die in gesellschaftlichen Selbstbeschreibungsformeln enthalten sind, historisch zu analysieren.

Um diese Aufgabe in Angriff nehmen zu können, ist freilich zuerst eine dem Gegenstand angemessene Theorie der Periodisierung ausfindig zu machen. Es gilt, zuerst genauer zu klären, wovon denn nun eigentlich die Geschichte gesellschaftlicher Selbstbeschreibungsformeln handelt. Einfacher ist es zunächst zu sagen, wovon sie jedenfalls *nicht* handelt: nämlich von den Entwicklungen dessen zu berichten, was sich in der Welt der Tatsachen, der Realgeschichte schlechthin, zugetragen und laufend verändert haben mag. Die regelmäßigen Neu- und Umbenennungen der Gesellschaft werden nicht einfach deshalb fällig, so lautet hier die These, weil sich die Welt offensichtlich andauernd ändert und damit ihre faktischen Zustandsbeschreibungen ständig überholt, sondern in erster Linie deshalb, weil sich die Welt den Intentionen, die in ihren Benennungen wirken, immer wieder entziehen kann oder, anders formuliert, weil der Geschichte ihre Fähigkeit, stets überraschen und damit auch Gestaltungsabsichten durchkreuzen und kränken zu können, eben nicht zu nehmen ist. Damit ist auch gesagt, dass für die Periodisierbarkeit gesellschaftlicher Selbstbeschreibungsformeln nicht deren deskriptivanalytische Komponenten relevant sind, sondern vor allem deren normativhandlungsleitende.

Die Ursachen für die Veränderung der Denominationen der Gesellschaft wird also nicht im Zustand der Welt, sondern gewissermaßen in der Verfassung der Weltbenenner und Namensstifter gesucht. Daher soll auch der Versuch unternommen werden, die historische Ordnung gesellschaftlicher Selbstbeschreibungsformeln in der Abfolge von *Beobachtungen von Beobachtungen* oder, um es mit Luhmann zu formulieren, in den Beobachtungen zweiter Ordnung nachzuweisen (Luhmann 1993).

Diese analytische Ebene der Beobachtungen zweiter Ordnung ist bereits vor Luhmann und den Anhängern konstruktivistischer Erklärungsmodelle von Karl Mannheim in den 20er Jahren präzise herausgearbeitet worden. Während der Gegenstandsbereich der Beobachter 1. Ordnung ganz und gar im positivistischen Universum natürlicher und ‚sozialer' Tatsachen aufgeht (Ebene der „1. Sinnschicht" in untenstehender Tabelle), betätigt sich das handelnde und sich in der Welt orientierende Subjekt in oft ununterscheidbarer Weise sowohl als Beobachter 1. Ordnung wie auch 2. Ordnung, d.h. es glaubt, sowohl darüber Bescheid zu wissen, was in der Wirklichkeit der objektiven Tatsachen der Fall ist als auch darüber, was andere Leute und Beobachter über die Welt wissen (bzw. zu wissen glauben). Dieser Ebene hat Mannheim den ‚Ausdruckssinn' zugeordnet, dessen Rekonstruktion Rückschlüsse auf den Zustand von handelnd sich selbst behauptenden Akteuren erlaubt.

Die Beobachtung zweiter Ordnung hingegen birgt den ‚Dokumentsinn', um den von Mannheim geprägten Terminus technicus zu verwenden. Der ‚Dokumentsinn' wird einer Epoche zugeordnet und nicht einzelnen Akteuren, weil er sich auf diejenigen Orientierungsmerkmale bezieht, die nicht charakteristisch sind für die Wahrnehmungsweise einzelner Individuen, sondern für ganze Gruppen, beispielsweise für eine Nation, deren Angehörige in einer gemeinsamen, durch Kommunikation erzeugten Wirklichkeit leben und sich orientieren (vgl. auch Bohnsack 1997).

Abb. 1: Sinnkontinuum

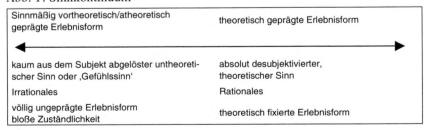

Abb. 2: Sinnschichten im Interpretationsprozess

1. Sinnschicht:	2. Sinnschicht:	3. Sinnschicht:
‚Objektiver Sinn':	‚Ausdruckssinn'	‚Dokumentsinn'
‚Es selbst'	‚Motive'	‚Epoche'
‚Monade'	Zustand/Verfassung des han-	Zustand/Verfassung des erken-
Psyche/"Gefühlssinn"	delnden Subjekts	nenden Subjekts
Erklären	Deuten (I)	Deuten (II)

Eine prägnante Charakterisierung des Dokumentsinns einer Epoche und die historische Rekonstruktion seiner Veränderungen ist nur deshalb möglich, weil sich, entgegen der positivistischen Intuition, Deutungen zu den ihnen zugrundeliegenden Gegenständen eben in erheblichem Maße kontingent verhalten. Dadurch wird es überhaupt erst möglich, die Beobachtungsebenen erster und zweiter Ordnung systematisch zu unterscheiden.[3] Aus orthodox positivistischer Sicht ist die Existenz dieser Kontingenz gewissermaßen ein Skandalon und Ausdruck eines Defizits von Wissenschaftlichkeit. Die Wandlungen des „Zeitgeistes" mit irgend einer wissenschaftlichen Methode näher zu analysieren, kann kein Vorhaben positivistischer Forschung sein. Dementsprechend fehlt orthodoxen Positivisten jede Neigung, mit der Normalität des Vorgangs der Veränderung des ‚Dokumentsinns' zu rechnen. Selbst zahlreiche Historiker und Historikerinnen, die tagtäglich mit dem Epochenbegriff arbeiten und Periodisierungsentscheidungen treffen, legen sich keine volle Rechenschaft über diese Kontingenz ab. Sie sehen oft nicht, dass sich selbst ihr eigenes Geschichtsbild nicht infolge von Nachentdeckungen ändert, sondern von Wahrnehmungsveränderungen.

In Mannheims Schema taucht auch das ‚Reich' des ‚objektiven Sinns' auf, ein Bereich des wissenschaftlichen ‚Erklärens' in einem ‚strengen' kausalen Sinne. Ein zentraler, in diesem Zusammenhang wichtiger Begriff Mannheims ist derjenige des seinsverbundenen Denkens: „beim seinsverbundenen Denken", so bemerkte Mannheim (1970, S. 569f.), „ragt das denkende Subjekt konstitutiv in das Denkergebnis hinein", dies gilt auch für die spezifischen Zeitumstände, unter denen das Subjekt denkt. Die „Ergebnisse der exakten Naturwissenschaften" hingegen „denkt der Idee nach ein Bewusstsein überhaupt in uns, die Ergebnisse des seinesverbundenen Denkens denkt, wie Dilthey es ausgedrückt hat, der ‚ganze Mensch'". Bleibt noch anzumerken, wenn auch nicht weiter auszuführen, dass die neuere, seit den 60er Jahren explosiv angewachsene Naturwissenschafts- und Technikgeschichtsschreibung selbst diese letzte Bastion positivistischer Weltgewissheit inzwi-

---

3 Nun muss freilich aber auch auffallen, dass jeder Versuch, die Abfolge solcher ‚Wanderungsbewegungen' zu rekonstruieren, zumindest auf den ersten Blick geradezu fatal an geschichtsphilosophische Bemühungen längst vergangener Epochen erinnert. Dem lässt sich nun entgegenhalten, dass es gleichwohl einen sehr großen Unterschied macht, ob realhistorische Prozesse einer geschichtsphilosophischen Doktrin und Periodisierungstheorie entsprechend rekonstruiert werden oder ob lediglich der Versuch unternommen wird, öffentliche Perzeptionsveränderungen und die Pfadabhängigkeit ihrer Entwicklung zu rekonstruieren.

schen ins Wanken gebracht hat, indem sie die Kontextabhängigkeit und damit die Kontingenz auch der naturwissenschaftlichen Erkenntnisresultate in zahlreichen Fallstudien längst dargelegt hat (z.b. Hoyningen-Huene 2001).

Doch soll nun dieser kurze methodologische Exkurs nur überleiten zur Frage, wie sich die Geschichte gesellschaftlicher Selbstbeschreibungsformeln denn angemessen *periodisieren* ließe. Mit Eric Voegelin (1988) lässt sich zunächst festhalten, dass die „Ordnung der Geschichte" eben „die Geschichte ihrer Ordnung" ist. Wenn es sich dabei, wie eben dargelegt, nicht um die Ordnung der Realgeschichte handelt, sondern lediglich um die Ordnung der Wahrnehmung ihrer Ordnung, dann stellt sich nun die Frage, welche Erkenntnis ihre Analyse bringen kann, außer eben der, dass sie kontingent und daher auch mehr oder weniger zufällig zu sein scheint.

Zur Beantwortung dieser Frage kann die Beobachtung beitragen, dass gesellschaftliche Selbstbeschreibungsformeln sich stets auf Charakteristika beziehen, die im Grunde genommen in jeder Gesellschaft ubiquitär sind: wirtschaftlicher Unterbau und wirtschaftliche Beziehungen (‚Industriegesellschaft', ‚Kapitalistische Gesellschaft', ‚Konsumgesellschaft' etc.), das Verhältnis von Mensch und Technik (z.B. ‚Risikogesellschaft', ‚Informationsgesellschaft') oder auch die Bedeutung von Wissenschaft und Bildung für die Gesellschaft (‚Wissensgesellschaft', ‚Informationsgesellschaft') usw. Aus vor-moderner Zeit – bzw. außerhalb des Kreises westlicher Gesellschaftsordnungen – spielen aber noch immer die traditionellen politischen oder religiösen Beziehungen der Gesellschaft eine zentrale Rolle, etwa dann, wenn sich ein Staatswesen selbst als ‚Heiliges Römisches Reich Deutscher Nation' oder ‚Islamische Republik' bezeichnet. Bemerkenswert ist aber, dass die Foci der Aufmerksamkeit von Gebiet zu Gebiet zu wandern scheinen, einmal dieses, dann wieder jenes Feld elementarer gesellschaftlicher Beziehungen erfassend. Nun wäre es aber gleichwohl verfehlt zu behaupten, dass etwa Technik und das Verhältnis zur Technik für eine vor-moderne, wissenschaftliche oder gar prä-agrarische Gesellschaft weniger wichtig und zentral gewesen wären als für eine moderne Gesellschaft. Seit das Überleben der menschlichen Gattung von Technik, z.B. Werkzeuggebrauch, abhängig geworden ist, ist menschliche Gesellschaft immer auch ‚Technikgesellschaft'. Weiter wäre es auch absurd zu behaupten, dass das Aufkommen einer modernen liberalen Verkehrswirtschaft und die Entwicklung einer marktwirtschaftlichen Ordnung politische und soziale Beziehungen insgesamt ihre Bedeutung hätten verlieren lassen (obwohl es die Befürchtung von vollkommen a-politischen, technokratischen Gesellschaften bzw. der ‚Kolonialisierung' von ‚Lebenswelten' in der Geschichte des 19. und vor allem 20. Jahrhunderts durchaus gegeben hat). Entscheidend ist vielmehr, dass nicht in jeder Zeit alle im Prinzip ubiquitären Aspekte jeder Gesellschaft in gleichem Maße sowohl öffentliche Aufmerksamkeit gefunden haben als auch als namensgebende Elemente in Selbstbeschreibungsformeln fungiert haben.

Die Frage ist nun weiter zu klären, welche Vorgänge für eine Veränderung des Fokus' gesellschaftlicher Aufmerksamkeit verantwortlich gemacht werden könnten. Diese Frage zu stellen, bedeutet zugleich auch die These zu vertreten, dass gesellschaftliche Selbstbeschreibungsformeln Ausdruck eines bestimmten, über längere Zeit existierenden Schwerpunkts öffentlicher Aufmerksamkeit darstellen. Handelt es sich um Selbstbeschreibungsformeln, die, wie etwa der Begriff der ‚Wissensgesellschaft‘, sowohl in der breiteren Öffentlichkeit als auch in Expertenkreisen zirkulieren, dann gilt zudem, dass es sich dabei um eine Schwerpunktbildung öffentlicher Aufmerksamkeit handelt, die sowohl die *Scientific Communities* der Expertenschaft als auch die Gesellschaft der ‚Laien‘ betrifft. Eine weitere These wird damit ebenfalls aufgestellt: Es wird nicht nur ein Schwerpunkt an öffentlicher Aufmerksamkeit gebildet, sondern, damit unlöslich verbunden, werden auch Gestaltungsenergien mobilisiert und auf bestimmte, in gewissen Epochen offenbar vordringlich zu bewältigende Aufgaben gelenkt.

Diese Thesen und Folgerungen scheinen sich recht gut mit den Beobachtungen und Schlussfolgerungen des ‚Steuerungstheoretikers‘ Helmut Willke in Einklang bringen zu lassen. So formulierte Willke (1997, S. 11): „Tatsächlich lassen sich historische Epochen durch die Unterschiede ihrer Steuerungsregimes bezeichnen". Damit schneidet Willke ein zentrales und umstrittenes Thema sozialwissenschaftlicher und historischer Debatten an, ohne diese Tatsache näher zu kommentieren.

Abb. 3: Regimes und ihre sozietalen Problemlagen

Historische Epoche	Steuerungsregime	Dominantes Problem
Bildung des Nationalstaates	Machtregime	Souveränität
Bildung des Sozialstaates	Versicherungsregime	soziale Sicherheit
Bildung der technologischen Gesellschaft	Risikoregime	technologische Risiken
Bildung der Wissensgesellschaft	Supervisionsregime	kognitive Dissonanz der Systeme

(Quelle: Willke 1997, S. 13)

Willkes forsch generalisierendes Schema wird zwar manchen Historikern und Historikerinnen kalte Schauer über den Rücken jagen, lässt aber gleichwohl deutlich erkennen, welche Periodisierungstheorie ihm vorzuschweben scheint, wenn er jeweils dominante Probleme einer Epoche hervorhebt, die besondere Gestaltungsbemühungen und entsprechende Gestaltungsambitionen mobilisieren zu können scheinen. So kann denn, um eines seiner Beispiele herauszugreifen, aus historischer Sicht wohl durchaus bestätigt werden, dass die Bildung des Sozialstaates gewissermaßen eine Verarbeitung des Traumas sozialer Unsicherheit darstellt, das mit der Erfahrung der sozialen Unsicherheit im Gefolge des ersten Weltkriegs, vor allem aber auch des Krisensturms der 30er Jahre, verbunden war, nicht aber eine unmittelbare Reaktion auf den Zweiten Weltkrieg als kriegerisches Ereignis darstellt (obwohl der moderne Wohlfahrtstaat zeitlich meist erst nach dem Zweiten Weltkrieg seine uns heute vertraute Gestalt angenommen hat). Sozialpolitik, so lässt sich in der Tat argumentieren, ist Ausdruck der Tatsache, dass soziale Unsicherheit (und Ungleichheit in bezug auf sie) heute meist als Skandal und nicht als selbstverständliches Schicksal erlebt wird, der folglich auch mit (sozial-) politischen Mitteln bekämpft werden muss. Damit ist aber auch die Frage aufgeworfen, was wann und weshalb als dominantes gesellschaftliches Problem erlebt werden kann oder muss. Willkes Schema macht zudem deutlich, dass neben politischen Erfahrungen (etwa die Bildung der Nationalstaaten im 19. Jahrhundert) auch Erfahrungskomplexe im Bereich der Wirtschaft, der sozialen, aber auch der technischen und technologischen Beziehungen, als vordringliche gesellschaftliche Aufgaben begriffen werden können.[4]

Wie bereits angesprochen, soll die Antwort auf diese Frage in erster Linie aus der Analyse der normativ-handlungsleitenden und nicht der deskriptiv-analytischen Komponente gesellschaftlicher Selbstbeschreibungsformeln hergeleitet werden. Aufschlussreich und in gewissem Sinne das Vorgehen Willkes untersetzend, scheinen in diesem Zusammenhang die periodisierungstheoretischen Überlegungen zu sein, die der Historiker Frank R. Ankersmit (1999) in einem Aufsatz über „Trauma und Leiden" als einer vergessenen Quelle des „westlichen historischen Bewusstseins" präsentiert hat. Ankersmit hebt die Tatsache hervor, dass die historische Periodisierungspraxis bzw. das Zäsurenbewusstsein westlicher und moderner Gesellschaften sich in erheblichem Maße unterscheidet von derjenigen vor-moderner bzw. östlicher Gesellschaften. Er spricht vom „Trauma" als einem Ursprung des westlichen historischen Bewusstseins (Ankersmit 1999, S. 131) und bemerkt, wie seltsam es sei, „dass keine Relation zwischen dem von einer Zivilisation erduldeten Ausmaß des Leidens und ihrer Tendenz, das Schreckliche traumatisch zu erleben" (Ankersmit 1999, S. 134), zu bestehen scheint. Die Erfahrung des massenhaften Todes und des Leidens schlechthin, wie ihn etwa die Schwarze Pest im Europäischen Mittelalter oder auch die leidvolle Erfahrung des 100jährigen Krieges mit sich brachten, haben in früheren Epochen kein Bewusstsein historischer Zäsuren bewirkt. Dergleichen ist vielmehr erst seit dem Ende des Mittelalters, vorzugsweise bei den Historikern und Politikern der Renaissance, z.B. Guiccardini oder Ludovico il Moro, zu beobachten. So wurde der Florentinische Historiker und Politiker Guiccardini „von äußerster Verzweiflung ergriffen", als „ihm bewusst wurde, was er seinem Land trotz all seiner lobenswerten Absichten angetan hatte" (Ankersmit 1999, S. 145) als er Papst Klemens VII. den Rat erteilte, eine Allianzpolitik mit Frankreich

---

4   An dieser Stelle wird freilich auch ein Problem sichtbar, das nicht nur für orthodoxe Positivisten, sondern auch für viele andere Sozialwissenschaftler zu einem erheblichen Problem werden kann. Wird nämlich die Beobachtung zweiter Ordnung von derjenigen 1. Ordnung rigoros genug abgekoppelt, wird die Rekonstruktion der Eigendynamik der Veränderung von Beobachtungen zweiter Ordnung als eigenständiges Forschungsthema konstituiert, werden nachgerade alle Versuche, Entwicklungen, wie z.B. jene des Wohlfahrtsstaates, auf Veränderungen in der objektiven Welt der Tatsache zurückzuführen (z.B. die Entstehung der Arbeiterbewegung als Folge der Zunahme sozialer Ungleichheit etc.) kompromittiert; auf dieses Problem kann hier nicht weiter eingegangen werden.

zu beginnen. Für den noch mittelalterlich denken König Philipp den Guten hingegen blieb ohne tiefere Bedeutung, dass er sein eigenes Land ebenfalls durch eine opportunistische Bündnispolitik mit Frankreich zerstört hatte. Während Guiccardini bereits eine Verantwortung „gegenüber der *Welt*" (Ankersmit 1999, S. 140) empfunden zu haben scheint, empfand Philipp der Gute allenfalls eine Verantwortung vor Gott, ein Umstand, der, Ankersmit zufolge, dazu berechtigen könnte, den von Ruth Benedict (1935) bereits in den 30er Jahren herausgearbeiteten Unterschied zwischen ‚Schuldkulturen' und ‚Schamkulturen' hervorzuheben.

Im mittelalterlichen, von einer ‚Schamkultur' geprägten Verständnis Philipps des Guten war das Feld der internationalen Beziehungen bzw. der politischen Weltordnung (noch) kein Ort, an dem sich menschlicher Gestaltungswillen wirklich bewähren konnte. Ihre Gestaltung blieb, in letzter Instanz, göttlichem Willen vorbehalten. „Sich *schuldig* zu fühlen, verantwortlich gegenüber der Welt" zu sein, wäre für Philipp den Guten „eine vermessene, ja widersinnige Gotteslästerung gewesen. Das wäre so, als ob sich eine Ameise als Ursache für den Tod einer ganzen Zivilisation betrachten würde." (Ankersmit 1999, S. 140)

Anders verhält es sich mit den *Schuldkulturen*, wie sie auch für moderne Experten-Gesellschaften maßgeblich sind. Angestrebt wird hier eine Handlungstiefe, ein Maß an Kontrolle über Handlungsfolgen, das zuvor unbekannt gewesen war und das, so scheint es zumindest, im Verlauf der letzten zweihundert Jahre trotz teilweise gewaltiger Rückschläge noch weiter zugenommen hat.

Doch zunächst sind die Auswirkungen der Rückschläge zu analysieren, die von (zu) hohen Handlungsambitionen erzeugt werden. Ankersmit zufolge liegt die Erfahrung gekränkter Handlungsambition und nicht die Erfahrung von Leid schlechthin dem Bewusstsein historischer Zäsuren zugrunde. Traditionell ist es natürlich die politische Geschichte, die regelmäßig für Kränkungen von Weltordnungsoptimismus sorgt. Die insbesondere in Deutschland noch immer lebhaft erinnerte und kommemorierte Zäsur des Zweiten Weltkriegs erinnert nicht nur an Leid und Elend, sondern immer wieder auch an die Tatsache, dass es nicht gelungen ist, diesen Krieg zu verhindern. Diese Tatsache wurde auch von den späteren Siegermächten als ‚Trauma' und schuldhaftes Versagen von ‚Appeasement-Politikern' erfahren. Die Zäsur des 1. Weltkriegs wird von vielen Historikern und Historikerinnen diesbezüglich oft für noch wichtiger gehalten, ja für die ‚Urkatastrophe' der Moderne, als Anfang des Versagens internationaler Politik, das schließlich zur Katastrophe des Zweiten Weltkriegs führen musste.

In älteren Schulbüchern wimmelt es zudem nur so von Daten und Periodeneinteilungen, die von kriegerischen Ereignissen her bestimmt werden. Selbst in einem orthodox marxistisch-leninistischen Geschichtswerk über „Genese und Gültigkeit von Epochenbegriffen" findet sich noch eine zentrale Konzession an die politische Geschichte: „Naturgemäß werden für die Periodisierung Entwicklungen und Ereignisse des *politischen* Klassenkampfes –

nie zu übersehen: stets auf der Basis der Entwicklung der Produktionsverhältnisse – vorrangig Berücksichtigung finden müssen." (Engelberg 1974, S. 5)

Die von Willke angeführten Beispiele zeigen nun indessen deutlich, dass seit dem 19. Jahrhundert neben dem Feld politischer Beziehungen auch neue wichtige Gestaltungsgebiete aufgetaucht sind, die dem politisch-religiösen Komplex vor-moderner und nicht-westlicher Gesellschaften große Konkurrenz machen. Gestaltungserwartungen entwickeln sich nun längst auch auf wirtschafts-, sozial- und technologiepolitischem Gebiet und können auch dort Rückschläge und sogar Traumata begründen, wie etwa die noch immer oft kommemorierte Weltwirtschaftskrise von 1929, und auf diese Weise Anhaltspunkte für Periodisierungsentscheidungen liefern.

Doch selbst wenn nun deutlicher geworden sein sollte, woran sich Periodisierungsentscheidungen festmachen, ist noch immer nicht zu erkennen, weshalb es zu einer Verschiebung und Wanderung der Foci öffentlicher Aufmerksamkeit (und der besonderen Gebiete öffentlich profilierter Gestaltungsambitionen) kommt.

Zumindest ein Element zu einer Antwort auf diese Frage findet sich wiederum bei einem Autor der 20er Jahre, und zwar handelt es sich diesmal um den politischen Theoretiker Carl Schmitt, der offenbar die Tatsache als kränkend empfand, dass Politiker, Juristen und Priester in modernen Gesellschaften nicht länger die unbestrittenen Führungsfiguren sein konnten. Ein langer Weg führe, so Schmitt (1963, S. 90), von den „aussichtslosen theologischen Disputationen und Streitigkeiten des 16. Jahrhunderts" bis zur „Evidenz des heute verbreiteten Glaubens an die Technik", der nur darauf beruhe, „dass man glauben konnte, in der Technik den absolut und endgültigen neutralen Boden gefunden zu haben. (...) Aller Streit und Verwirrung des konfessionellen, nationalen und sozialen Haders wird hier auf einem völlig neutralen Gebiet nivelliert. Die Sphäre der Technik schien eine Sphäre des Friedens, der Verständigung und der Versöhnung zu sein. Der sonst unerklärliche Zusammenhang pazifistischen und technizistischen Glaubens erklärt sich aus jener Richtung zur Neutralisierung". Die auf die erfolgreiche Gestaltung religiöser und politischer Beziehungen gerichteten Hoffnungen und Erwartungen versagten, statt dessen wurden menschlicher Gestaltungsambition neue Gebiete erschlossen (auf denen sie dann freilich später ebenfalls ausreichend Gelegenheit fand, in mehr oder weniger ausgeprägtem Ausmaß zu versagen).

Der von Willke präsentierte Rückblick auf die deutsche Steuerungsdiskussion zeugt ebenfalls von einer langen Kette von ‚Paradigmenwechseln' und einer Geschichte der Ablösung verschiedener Steuerungserwartungen. In der Nachkriegszeit beginnt diese Geschichte bei der Planungseuphorie der unmittelbaren Nachkriegszeit, verfällt dann der steuerungspessimistischen Fundamentalkritik von Luhmann in den späten 70er und in den 80er Jahren, um sich dann an der von Willke ausgerufenen Selbststeuerung im Supervisionsstaat in den 90er Jahren wieder aufzurichten. Und an diesem Punkt scheint sich nun auch ein Kreis zu schließen, wenn Willke die Periodisierung von Steuerungsregimes an die Periodisierung der Geschichte zurückbindet. Offenbar ist auch für Willke die Geschichte in erster Linie eine Geschichte gekränkter Steuerungsambitionen, und zumindest für diese Geschichte scheint sich das Periodisierungskonzept von Ankersmit besonders gut zu eignen. Anders mag sich die Sache verhalten, wenn primär die Beobachtungen 1. Ordnung erfasst werden sollen: Dann, so ließe sich argumentieren, richtet sich die Aufmerksamkeit vor allem auf die Veränderungen, die von bestimmten Gestaltungsabsichten und Handlungen gesellschaftlicher Akteure faktisch bewirkt worden sind. Diese Veränderungen lassen sich selbstverständlich auch dann registrieren und analysieren, wenn die Absichten und Intentionen, die dem Handeln zugrunde liegen, die sie bewirkt haben, unanalysiert bleiben. Von dieser Warte aus betrachtet, mögen denn auch ganz andere, ‚positivistischere' Periodisierungstheorien naheliegender erscheinen.

Die Risikoorientierung moderner Gesellschaften

Es bleibt bis jetzt die Frage unbeantwortet, welche Richtung die von Schmitt eher beschriebene denn wirklich analysierte Wanderung der ‚Zentralgebiete' einschlägt. Auf dem Hintergrund der hier präsentierten Überlegungen müsste sich eigentlich ergeben, dass eine Art Selektionsprozess stattfindet: Gesellschaftliche Gestaltungsambitionen mögen, zumindest theoretisch, irgendwo beginnen, um sich dann, von verschiedenen Misserfolgen frustriert, auf jenen ‚Zentralgebieten' gleichsam einzupendeln, auf denen ihnen noch die geringsten Enttäuschungen bereitet werden – wenn es denn solche Gebiete überhaupt gibt und geben kann.

An dieser Stelle soll zuerst die Frage aufgeworfen werden, ob sich im Zuge dieser ‚Wanderung' nicht eine gerichtete Bewegungstendenz ergibt, die zu einer allmählichen Verdrängung von eher fatalistischen durch eher risikoorientierte Einstellungen führt. Sollte eine solche Bewegungstendenz tatsächlich existieren, müsste sie sich auch in der Entwicklung gesellschaftlicher Selbstbeschreibungsformeln niedergeschlagen haben. Wie bereits angesprochen, handelt es sich dabei ja in der Regel nicht um reine Beschreibungen oder rein analytische Werkzeuge, sondern vielmehr ganz offensichtlich auch um Formeln mit normativem *Leitbildcharakter*. Sie machen auf sich aufmerksam, lenken Gestaltungsenergien in bestimmte Handlungsfelder und setzen sich damit dem Risiko des Scheiterns aus, erschließen aber dabei zugleich auch entsprechende neue Chancen.

Wenngleich diese Leitbilder seit dem Ende des Zweiten Weltkriegs früher oder später gescheitert sind, scheinen sie insgesamt doch keinesfalls für eine erfolglose historische Praxis zu stehen. Vielmehr entsteht der Eindruck, sie hätten der gesellschaftlichen Entwicklung immer wieder neue Chancen eröffnet und insgesamt ihre ambitiöse Ausrichtung eher bestätigt denn widerlegt. Dieser Eindruck stellt sich zumindest vor allem dann ein, wenn zum Vergleich, erfolge er nun implizit oder explizit, vor-modern gebliebene oder sozialistisch-kommunistische Gesellschaftsformationen herangezogen werden. Während in den vor-modernen Gesellschaften vergleichsweise eher fatalistische Einstellungen dominant geblieben zu sein scheinen, zeugen die Gesellschaften des ehemals real existent gewesenen Sozialismus eher von einer Hybris der Handlungsambition. Claus Offe (1994, S. 11) hat mit Blick auf die im Realsozialismus herrschende Willenskultur einmal formuliert: „Verhält es sich demnach so, dass man einerseits, je mehr man weiß, desto weniger tun kann, und man sich andererseits bei hoher Handlungsambition zuverlässige Informationen tunlichst vom Leibe hält?". Die historischen Stadien, die bis zur Vollendung in der entwickelten kommunistischen Gesellschaft noch hätten durchschritten werden müssen, absolvierte die realsozialistische Führung nur rhetorisch, nicht aber praktisch.

Die rasche Abfolge von Selbstbeschreibungsformeln mit Leitbildcharakter in modernen westlichen Gesellschaften zeugt nicht nur von Verschleiß, sondern auch von der Bereitschaft, das Scheitern eigener Erwartungen eingestehen zu können; die Fähigkeit der Akteure, die Grenzen ihrer Möglichkeit immer wieder zu erkennen und sich in ihnen einzurichten, scheint in der Nachkriegszeit nicht nachhaltig kompromittiert worden zu sein.

Wie bereits angesprochen, wurden erst in der Renaissance nicht intendierte Handlungsfolgen als zentrales Thema politischer und philosophischer Reflexion entdeckt. In den proto-ökonomischen und proto-soziologischen Gesellschaftsanalysen von Vico, Mandeville und Smith tritt zuweilen eine Ordnung der Vorsehung in Erscheinung, die gleichsam als Quelle verborgener göttlicher Intentionen imaginiert wird, die jene von Menschen nicht intendierten Handlungsfolgen hervorbringen, die segensreiche, gleichsam göttlich begründete, Institutionen hervorzubringen vermögen. Als Beispiel kann nicht nur die *Invisble Hand* des Marktes dienen, sondern auch jene offenbar geheimnisvolle Kraft, die z.B. den Geschlechtstrieb in die Institution der Ehe transformiert, die aus den zerstörerischen Instinkten des Menschen die Institution der Landesverteidigung hervorgehen lässt oder individuelle Habgier in gesellschaftsbereichernden Handel verwandelt.

Dieser Vorsehungsglaube sorgt gewissermaßen für ein Fatalismus-Surrogat in der entstehenden modernen Expertengesellschaft. Er führt dazu, dass sich diejenigen, die diesen Glauben pflegen, nicht mehr nur instrumentell zu den Institutionen verhalten, die ihr Zusammenleben regulieren und ordnen. Diese nicht-instrumentelle Haltung, die eher zur mäßigenden Anpassung und Angleichung als zur prometheischen Gestaltung und Prägung herausfordert, fungiert ganz offensichtlich als Korrektiv gegen wachsende gesellschaftliche Handlungsambition und Individualisierung, sie reguliert, so scheint es, die Risikobereitschaft, indem sie deren Explosion wie Vernichtung zu verhindern versteht.

Insgesamt scheint es sich aber selbst dann noch durchaus gelohnt zu haben, sich ein erhebliches Maß an Handlungsambition zu bewahren und weiterzuentwickeln, auch wenn klar erkannt wurde, dass es ganz offensichtlich unmöglich war, den sozialen, politischen oder sogar den technischen Wandel

Der Wille zum Risiko in modernen Gesellschaften 53

im Ganzen intentional zu planen und zu steuern. Die von Luhmann beschriebene zunehmende Tendenz moderner Gesellschaften, Gefahren in Risiken zu transformieren, stellt, so gesehen, gewissermaßen einen Prozess der Landnahme dar, der insgesamt zu Lasten fatalistischer Einstellungen zu gehen scheint, ohne indessen notwendigerweise in die Hybris eines voluntaristischen ‚Willensstaates' (nach real sozialistischem oder nationalsozialistischem Muster) führen zu müssen. Fatalismus wurde nicht liquidiert, sondern immer wieder transformiert und ‚modernisiert'. Das kommt exemplarisch auch in Willkes Vorstellung eines ‚Supervisionsstaates' zum Ausdruck, der nur auf die „kognitiven Dissonanzen" (Willke 1997, S. 13) der sich im Wesentlichen selbst steuernden ‚Subsysteme' reagiert. Damit wäre dann der Staatenlenker modernster Prägung gleichsam erneut im Mittelalter angelangt, scheinbar auf dem Niveau der Ambitionen eines Philipps des Guten, der sich wohl ebenfalls bestenfalls als Heger und Wächter einer Ordnung betrachtet hat, die sich selbst trägt bzw. von Gott getragen wird, was hier nahezu auf dasselbe hinausläuft.

Trotzdem verhält sich beim bewusst bescheiden auftretenden, ‚tiefstapelnden' ‚Supervisionsstaat' Willkes alles anders: Dieser stützt sich längst auf eine radikale Schuldkultur, in welcher für jedes Versagen und für jeden Misserfolg meist so lange nach juristischen wie auch kausalen Verantwortlichkeiten gefahndet wird, bis ein Angeklagter auf der Anklagebank sitzt oder befriedigende Hinweise auf mögliche Ursachen gefunden wurden, wie fragwürdig dieses Vorgehen auch in vielen Fällen sein mag. Die Vorstellung einer ‚Supervision' zeugt vielleicht von Bescheidenheit, freilich von einer Bescheidenheit auf höchstem Niveau der Risikobereitschaft.

Der Steuerungsoptimismus der 90er Jahre

Wenn es nun aber zutreffen sollte, dass sich Niveaus gesellschaftlicher Risikobereitschaft und Risikoorientierung in westlichen Gesellschaften über die Zeit trotz aller Rückschläge im einzelnen insgesamt erhöht haben, dann sollte sich, wie bereits angesprochen, dieser Vorgang auch in ihren Selbstbeschreibungsformeln niedergeschlagen haben. Dies soll nun abschließend an einem konkreten Beispiel wenigstens skizzenhaft illustriert werden, und zwar am Übergang von der ‚Risikogesellschaft' sowie der ‚Informationsgesellschaft' der 80er Jahre zur ‚Wissensgesellschaft' der 90er Jahre.

Wie bereits angesprochen, standen die eher deskriptive Selbstbeschreibungsformel ‚Informationsgesellschaft' und die stark normativ anklagende der ‚Zwei-Drittel-Gesellschaft' im deutschsprachigen Raum vor allem für die öffentliche Befürchtung, der technologische Wandel könnte insgesamt die Gesellschaft und Wirtschaft überfordern und unter einen zu hohen und daher systemgefährdenden Anpassungsdruck setzen. Normativ geladen war auch der Begriff der ‚Risikogesellschaft', der oft in warnender Absicht angeführt wurde. Diesen Begriff prägte ebenso wie jenen der ‚Informationsgesellschaft' eine enge Verbindung zu spezifischen Technologien, im ersten Falle zu Großtechnologien. Während nun Großtechnologien ökologischen Systemen sowie der physischen menschlichen Existenz gefährlich werden konnten, scheinen die Informationstechnologien in erster Linie die Welt der Arbeit im weitesten Sinne gefährden zu können, sei es durch Rationalisierungsprozesse, die zu Arbeitslosigkeit führen oder zu neuen Qualifikationsstrukturen, die die Arbeitsorganisation umwälzen (zuweilen wurde auch eine Herrschaft der Informierten über die Uninformierten gefürchtet). Diese Ängste und Befürchtungen wurden nun aber im Verlauf der 90er Jahre nahezu vollständig aufgelöst, vor allem nach der Erfahrung des Börsenbooms der späten 90er Jahre, als plötzlich das Potential der neuen Technologien entdeckt wurde, neue Arbeitsplätze schaffen zu können.

Insbesondere die gewerkschaftliche Gesellschafts- und Weltsicht brach zeitweise vollständig in sich zusammen, insbesondere als in vielen Betrieben der sogenannten ‚New Economy' sogar die traditionelle Juxtaposition von autonom bestimmter ‚Freizeit' und heteronom bestimmter ‚Arbeitszeit' aufgehoben schien. Die neuen Technologien schienen zeitweise die Selbstverwirklichung des ganzen – produzierenden wie konsumierenden – Menschen zu ermöglichen. Diese Blütenträume haben nach dem Zusammenbruch des Börsenbooms und der Schließung vieler Betriebe der ‚New Economy' allerdings viel von ihrem rosigen Schein verloren. Was zuvor vielfach als umfassende Selbstverwirklichung empfunden wurde, erschien später vielen nach wie vor lohnabhängigen Eigentümern wertloser Aktienoptionen von Start-Up-Unternehmen nur noch als totale Vereinnahmung ihrer beruflichen wie privaten Existenz. Nun konnte die Entdeckung erneut gemacht werden, dass Unternehmertum eben oft mit Selbstausbeutung verbunden ist, und dass nicht nur totales politisches, sondern auch totales ökonomisches Engagement wie eine Sucht wirken, der dann zuweilen ein böses Erwachen folgen kann.

Gleichwohl muss festgestellt werden, dass die enge Bindung an spezifische Techniken und Technologien, die sich bezüglich der Selbstbeschreibungsformeln ‚Risikogesellschaft' und ‚Informationsgesellschaft' in den 80er Jahren noch nachweisen lässt, dem seit Mitte der 90er Jahre sich rasch ausbreitenden Begriff der ‚Wissensgesellschaft' nicht mehr im selben Maße anhaftet. Dies bedeutet freilich nicht, dass der Begriff der ‚Wissensgesellschaft' seine Bindung zur technologischen Sphäre der Gesellschaft gänzlich verloren hätte, doch bezieht er sich auf ein deutlich breiteres Assoziationsfeld, in welchem Bildung, Wissenschaft, gesellschaftlich-kulturelles wie wissenschaftlich-technisches Wissen vorkommen. In den 90er Jahren scheint sich zudem auch die Vorstellung zunehmend aufgelöst zu haben, dass Gesellschaft, Wirtschaft und Politik in regelmäßigen Abständen Anpassungsleistungen zu vollziehen hätten, um den stets vorauseilenden technologischen Wandel einholen zu können, entsprechend der von William Ogburn (1969) bereits in den 20er Jahren klassisch formulierten These des *Cultural Lag*. Zwar hat sich die Möglichkeit einer unmittelbaren politischen ‚Steuerung' des technologischen Wandels durch den Gesetzgeber, ein ursprüngliches Anliegen der sogenannten ‚Technikfolgenabschätzung' in Deutschland, durchaus als Illusion herausgestellt; nichtsdestotrotz bedeutete dies deshalb noch lange nicht, wie insbesondere die neuere Techniksoziologie herausgearbeitet hat (Rammert 1998), dass der technologische Prozess autonom, eigengesetzlich, kontextunabhängig und damit auch irgendwie außerhalb der Gesellschaft und der sozialen und kulturellen Sphäre verläuft. Es lässt sich vielmehr beobachten, dass nicht nur der Begriff der ‚Wissensgesellschaft', sondern auch derjenige der *Innovation* seit den 90er Jahren mehr Distanz zum Feld der Technik und der Technologie und dafür mehr Affinität zum Feld der *Kultur* gewonnen hat (Rammert 2000). Innovation, früher meist noch ‚technischer Fortschritt' geheißen, erscheint oft auch als Umfeldbegriff der ‚Wissensgesellschaft', die auch eine Gesellschaft der Innovation, eine *neues Wissen* generierende und nutzende Gesellschaft sein möchte. In diesem Sinne ließe sich mit Heinrich Popitz (1989, S. 9f.) sagen, dass sich einmal mehr erweist, dass Menschen mit neuen Technologien die Wirklichkeit anthropozentrisch zu verwandeln suchen, dass nicht nur „etwas Neues gemacht" wird, sondern auch, „eine neue Ebene der Machbarkeit erschlossen" wird, dass eine neue Möglichkeit der „Umwandlung des Gegebenen in Verwendbares" erfolgt. Zwar geht es nicht mehr um Versuche, technologische Prozesse mit juristisch-politischen Mitteln direkt zu ‚steuern', wohl aber zunehmend darum, so etwas wie eine *passende Kultur der Innovation* zu schaffen, die, wenngleich nur indirekt, auch den Prozess des technologischen Wandels lenken soll.

Die Einstellung gegenüber dem technologischen Wandel ist in der ‚Wissensgesellschaft' nicht mehr fatalistisch. Das, worauf es anzukommen scheint, ist nun das nicht mehr politische, wohl aber kulturelle Beeinflussenkönnen der *Innovationsfähigkeit* einer Gesellschaft, die grundsätzlich bejaht wird. Der Innovationsprozess selbst wird weniger denn je als einfache Konsequenz eines technologischen Fortschritts betrachtet, der in schöner immanenter Stetigkeit voranschreitet, sondern er wird nun als kulturelle Leistung im weiteren Sinne verstanden und verantwortet. Wer den technologischen Wandel beeinflussen will, hat daher, so scheint es zumindest, die *Kultur* zu verstehen und zu gestalten, die ihn ermöglicht und hervorbringt. „Die politische Steuerung ist tot – es lebe die kulturelle" so ließe sich daher der in der zweiten Hälfte der 90er Jahren neu erwachte Steuerungsoptimismus möglicherweise charakterisieren. Dies kann – bis zur nächsten Enttäuschung – die Kränkung wettmachen, die insbesondere die frustrierende Unmöglichkeit der ‚Technikfolgenabschätzung' und der politischen Steuerung gezeigt haben.

Die insgesamt ebenso bejahende wie offenbar kaum noch instrumentelle Einstellung zur Innovation, die umfassend, ‚kulturell' eben, verstanden wird, zeigt zudem deutlich an, dass an die Stärkung bzw. Erhöhung gesellschaftlicher Risikoorientierung nun mit neuem Vertrauen in die eigenen Möglichkeiten, Zukunft zu gestalten, geglaubt werden kann. Dabei wird eine Innovationsbejahung, die von der sozialen und kulturellen Determination und der sozialen und kulturellen Kontingenz technologischer Entwicklungen ausgeht, zwar sicher oft auch zu Technikbejahung führen. Doch braucht diese Bejahung um so weniger undifferenziert zu sein, je schärfer ins Bewusstsein tritt, dass es qualitativ sehr unterschiedliche Technologien und Innovationsprozesse geben kann, die einer mehr oder weniger klaren Wahlentscheidung bedürfen und damit einen besonderen Gestaltungsbedarf schaffen. Somit scheint es sich im Falle der Wissensgesellschaft auch um eine Innovationsgesellschaft zu handeln, die öffentliche Aufmerksamkeit und Ressourcen auf einen umfassend verstandene Begriff von ‚Innovation' zieht, den sie erfolgreich handhaben und gestalten will.

Literatur

Ankersmit, F.R. 1999: Trauma und Leiden. Eine vergessene Quelle des westlichen historischen Bewusstseins. In: Rüsen, J. (Hg.) 1999: Westliches Geschichtsdenken. Eine interkulturelle Debatte. Göttingen, S. 127-146
Beck, U. 1996: Risikogesellschaft: Auf dem Weg in eine andere Moderne. Frankfurt am Main
Bell, D. 1964: The Post-Industrial Society. In: Ginzberg, E. (Hg.) 1964: Technology and Social Change. New York, S. 44-59
Benedict, R. 1935: Patterns of Culture. London
Billerbeck, G.v., Herold, M., Oelbracht, V., Tymnik, M. 2002: Die Informationsgesellschaft – Karriere eines Begriffs. Potsdam
Bohnsack, R. 1997: Dokumentarische Methode. In: Hitzler, R., Honer, A. (Hg.) 1997: Sozialwissenschaftliche Hermeneutik. Eine Einführung. Opladen, S. 191-212
Engelberg, E. 1974: Theoretisch-methodologische Prinzipien der Periodisierung. In: Genese und Gültigkeit von Epochenbegriffen. Sitzungsberichte des Plenums und der Klassen der Akademie der Wissenschaften der DDR, Nr. 1, 1973, S. 5-23
Galbraith, J.K. 1984: The Affluent Society. London
Hoyningen-Huene, P. 2001: Thomas Kuhn und die Wissenschaftsgeschichte. In: Berichte zur Wissenschaftsgeschichte 24 (2001), S. 1-12
Kocka, J., Offe, C. (Hg.) 2000: Geschichte und Zukunft der Arbeit. Frankfurt am Main
Luhmann, N. 1990: Risiko und Gefahr. St. Gallen
Luhmann, N. 1991: Soziologie des Risikos. Berlin u.a.
Luhmann, N. 1993: Soziologische Aufklärung 5. Konstruktivistische Perspektiven. Opladen
Mannheim, K. 1970: Die Bedeutung der Konkurrenz im Gebiete des Geistigen. In: Mannheim, K. 1970: Wissenssoziologie. Neuwied, Berlin, S. 566-613
Offe, C. 1984: ‚Arbeitsgesellschaft': Strukturprobleme und Zukunftsperspektiven. Frankfurt am Main
Offe, C. 1994: Der Tunnel am Ende des Lichts. Erkundungen der politischen Transformation im neuen Osten. Frankfurt am Main
Ogburn, W.F. 1969: Kultur und sozialer Wandel. Neuwied
Popitz, H. 1989: Epochen der Technikgeschichte. Tübingen
Rammert, W. 2000: Technik aus soziologischer Perspektive. Kultur – Innovation – Virtualität. Opladen
Rammert, W. (Hg.) 1998: Technik und Sozialtheorie. Frankfurt am Main u.a.
Schmitt, C. 1929: Das Zeitalter der Neutralisierungen und Entpolitisierungen (1929). In: Schmitt, C. 1963: Der Begriff des Politischen. Berlin, S. 79-95
Stehr, N. 1994: Arbeit, Eigentum und Wissen. Zur Theorie von Wissensgesellschaften. Frankfurt am Main
Voegelin, E. 1988: Ordnung, Bewusstsein, Geschichte. Stuttgart
Wagner, R. 1996: Die Informationsgesellschaft: Chancen für eine neue Lebensqualität am Beginn des dritten Jahrtausends. München u.a.
Willke, H. 1997: Supervision des Staates. Frankfurt am Main

Holger Strassheim

Wissensgenerierung und Wissenstransfer in Netzwerken der lokalen Beschäftigungspolitik

1. Einleitung

Hinter der zunehmend interaktiven Generierung sozialpolitischen Wissens zeichnen sich die Konturen einer neuen, experimentellen Wohlfahrtsstaatlichkeit ab (Schmid 2002, Heinze/Schmid/Strünck 1999). Dabei erproben sozialpolitische Organisationen und Akteure – oft jenseits tradierter Pfade – unterschiedliche Infrastrukturen der Wissens- und Orientierungsproduktion (Naschold/Oppen 1996), um den grenzüberschreitenden Krisendynamiken und Risiken des globalisierten Wohlfahrtsstaates durch gleichermaßen grenzüberschreitende Innovationsprozesse zu begegnen. Auf diese Weise soll das zeitaufwändige Nacheinander individueller Erfahrungsbildung in ein räumliches Nebeneinander kooperativer Lernprozesse transformiert werden. Interkommunale Netzwerke mit beschäftigungspolitischer Ausrichtung sind ein mittlerweile äußerst vielfältiger und dynamischer Ausdruck dieser Entwicklung. Insbesondere die Beschäftigungspolitik auf lokaler Ebene sieht sich seit Anfang der neunziger Jahre nämlich mit einem multiplen Problem- und Erwartungsdruck konfrontiert (Evers/Schulze-Böing 1999), auf den sie durch die Bildung von interkommunalen Bündnissen, Netzwerkverbünden und Städtekooperationen reagiert. An diesen Allianzen administrativer Wissensschöpfung lassen sich genau jene Prozesse und Strukturen, Potentiale und Probleme beobachten, die sowohl für die wissenschaftliche Analyse als auch für die Gestaltung des organisierten Wissenstransfers im öffentlichen Sektor von Interesse sind. Allerdings hat sich die Forschung bisher überwiegend auf *regionale* Vernetzungen beschäftigungspolitisch relevanter Akteure aus Wirtschaft, Politik, Gesellschaft und Verwaltung konzentriert, also auf regionale Koordinierungsstellen, Arbeitsmarktkonferenzen oder lokale Bündnisse für Arbeit (Neumann 2000). Demgegenüber ist es das Ziel der vorliegenden Ausführungen, Befunde zu *interkommunalen* Netzwerken mit aktuellen Ansätzen der Wissensgenerierung und des Wissenstransfers (Dierkes/Antal/Child/Nonaka 2001) zu verbinden und so letztlich Aufschlüsse über Potentiale und Barrieren in öffentlichen Wissens- beziehungsweise Innovationsnetzwerken gewinnen zu können. Dahinter steht die These, dass der erfolg- und erkenntnisversprechende Weg der Netzwerkforschung nach einer zunächst stark struktur- und typenbezogenen Diskussion nun eher bei Transferprozessen und Kopplungsverhältnissen, kurz: bei den Austauschbeziehungen zur (inneren und äußeren) Umwelt zu suchen ist. Die Argumentation verfolgt daher drei Stoßrichtungen: In empirischer Hinsicht geht es um die Erfassung und Beschreibung interkommunaler Netzwerke der lokalen Beschäftigungspolitik in Deutschland und die Identifizierung von Entwicklungstrends; in theoretisch-konzeptioneller Hinsicht geht es um die Disposition und wechselseitige Anschlussfähigkeit von Netzwerkansätzen und Theorien der Wissenskonversion und des Wissenstransfers sowie deren Anwendung auf den Untersuchungsgegenstand; in forschungsstrategischer Hinsicht geht es um mögliche Konsequenzen für die Ausgestaltung weiterführender Studien in diesem Feld.[1] Folgende fünf Schritte dienen der Entfaltung der Argumente: Abschnitt 2 gibt einen Überblick über zentrale Tendenzen der lokalen Beschäftigungspolitik. Im Zentrum steht die These, dass sich dieses Politikfeld durch einen doppelten und interdependenten (lokalen und interkommunalen) Vernetzungsprozess auszeichnet. Abschnitt 3 liefert mit der an Überlegungen Ikujiro Nonakas orientierten Unterscheidung von implizitem und explizitem Wissen sowie einem basalen, politikwissenschaftlich anschlussfähigen Organisationsmodell der Wissensgenerierung die Voraussetzungen für Abschnitt 4. Hier werden die bisherigen Überlegungen in Form eines Modells interkommunaler Netzwerke zusammengeführt. Netzwerke sind symbiotische Metaprozesse der Wissensgenerierung, die auf eben jenen doppelten Vernetzungsdruck reagieren – eine Überlegung, die besondere Anforderungen an weitergehende Forschungsstrategien stellt. Abschnitt 5 verbindet diese Erkenntnisse mit unterschiedlichen Formen und Phasen von Wissenstransfers in Netzwerken. Schließlich fasst Abschnitt 6 die Ergebnisse zusammen.

---

1   Die hier vorgestellten Analysen sind Ergebnisse einer von der Hans-Böckler-Stiftung geförderten und 2001 unter der Leitung von Maria Oppen sowie unter der Mitarbeit von Jochen Lang und Alexander Wegener durchgeführten Projektentwicklungsstudie zum Thema „Lernen in Netzwerken und kommunale Problemlösungsfähigkeit. Organisierter Wissenstransfer im Bereich lokaler Beschäftigungspolitik". Ich danke meinen Kollegen und insbesondere Maria Oppen. Seit Anfang 2002 fördert die Hans-Böckler-Stiftung ein gleichnamiges, auf zwei Jahre angelegtes Forschungsprojekt. Dem von der Hans-Böckler-Stiftung, der Bertelsmann-Stiftung und der KGSt getragenen interkommunalen Netzwerk ‚Kommunen der Zukunft' sowie dem zugehörigen Netzknoten ‚Kommunen und lokale Beschäftigungsförderung' sei für die freundliche Unterstützung bei den Recherchen gedankt. Des weiteren danke ich den Teilnehmern des 6. Potsdamer Organisationswissenschaftlichen Seminars für eine anregende Diskussion, den Herausgebern für ihre enorme Geduld sowie Ariane Berthoin Antal, Kathrin Böhling, Wolfgang Gerstlberger und Kristine Kern für Anregungen und kritische Kommentare. Die Verantwortung für den Text und seine Schwächen trägt selbstverständlich allein der Autor.

2. Doppelte Vernetzung in der lokalen Beschäftigungspolitik

Der Begriff der lokalen Beschäftigungspolitik hat in den vergangenen Jahrzehnten eine semantische Karriere durchlaufen und sich dabei kontinuierlich vom administrativen Vollzugs- und Regulationsmodell der sechziger und siebziger Jahre abgelöst (Bullmann 1991). Seit Anfang der neunziger Jahre wird darunter ein umfassendes ‚Policy-Prinzip' (Nullmeier 1993) begriffen, dem die Betonung lokalspezifischer Problemlösungskompetenzen und regionaler Kooperationsstrukturen zugrunde liegt (Jaedicke/Wegener/Wollmann 1995). Lokale Beschäftigungspolitik bezeichnet in diesem Sinne all jene Aktivitäten, die der Schaffung beziehungsweise Vermittlung von Beschäftigungs- und Qualifizierungsmöglichkeiten dienen, sowie alle Maßnahmen, die durch Sicherung und Schaffung von Arbeitsplätzen im privaten und öffentlichen Sektor Arbeitslosigkeit vermeiden sollen. Folgt man dieser Definition, so bildet die Beschäftigungspolitik eine Reihe von Schnittstellen zur kommunalen Wirtschafts-, Arbeitsmarkt- und Sozialpolitik. Ihr Handlungsprofil reicht von der Förderung innovativer Wirtschaftsmilieus bis zur Entwicklung einzelfallsensitiver Vermittlungs- und Qualifizierungssysteme (Empter/Frick 1999). Kommunen sind im selben Zuge mehr und mehr auf die Beteiligung von Unternehmen, Bürgerinitiativen, Projektträgern, Vereinen, Bildungsinitiativen und anderen wirtschaftlichen, gesellschaftlichen und politischen Akteuren angewiesen (Damm/Lang 2001). Diese Wohlfahrtspluralisierung (Evers/ Olk 1996) steht zum einen im Zeichen des globalisierten Wohlfahrtsstaates mit seinen generellen Krisenphänomenen (Sesselmeier 2000). Zum anderen haben sich ortsspezifische Problemkonstellationen herausgebildet: Das Ausmaß wirtschaftlicher Aktivitäten im suburbanen Raum, die Tertiarisierung des industriellen Sektors, die Wirkung lokaler Innovationsmilieus auf die Standortattraktivität und die langfristigen Folgelasten sozialer und wirtschaftlicher Desintegration sind je nach urbanem Strukturprofil, Entwicklungspfad und regionaler Akteurskonstellation von Kommune zu Kommune unterschiedlich und bedürfen entsprechend unterschiedlicher Lösungsstrategien (Henckel/ Eberling/Grabow 1999). Darüber hinaus erhält die Neuausrichtung der lokalen Beschäftigungspolitik weiteren Antrieb durch einen erheblichen Anspruchs- und Erwartungsdruck von Seiten nationaler und transnationaler Akteure. In ihrer Initiative „Die Beschäftigung vor Ort fördern. Eine lokale Dimension für die europäische Beschäftigungsstrategie" (KOM 2000) erklärt die EU-Kommission lokale Gebietskörperschaften zu Schlüsselpartnern der europäischen Beschäftigungsstrategie. Sie befindet sich dabei im Einklang mit einer in verschiedenen Politikfeldern ablaufenden Lokalisierungs- und Dezentralisierungswelle (OECD 1999, Evers/Schulze-Böing 1999). Die Folgen dieser regionalen Fokussierung schlagen sich unmittelbar bei der Ausgestaltung von Förderprogrammen nieder. Eine Ausschreibung der Generaldirektion für Beschäftigung und Soziale Angelegenheiten zugunsten des „Local

Commitment for Employment" (KOM 2001) formuliert folgende Förderungsschwerpunkte:

- „fostering experimentation and learning from results;
- promoting a culture of evaluation;
- developing collective learning through benchmarking and cooperation;
- facilitating access to relevant information between actors at all territorial levels."

Bei Förderprogrammen wie ‚Soziale Stadt' und ‚Urban' konnten ähnliche Anforderungs- und Förderungsstrukturen identifiziert werden – es erscheint nicht zu gewagt, daraus einen grundsätzlichen Wandel der Förderungsphilosophie zugunsten der dauerhaften Institutionalisierung von Policy-Lernprozessen abzuleiten (Schridde 2001). Jenes experimentelle Wohlfahrtsstaatsverständnis, in dem „Vergleichen, Lernen und das Wissen um Optionen" die zentrale Variable bildet (Lamping 2000, S. 4), gewinnt in der lokalen Beschäftigungspolitik demnach also seine spezifische Gestalt und Eigendynamik durch die Interaktion dreier Faktoren: erstens dem kontinuierlichen Wandel von Policy-Prinzipien in Richtung lokaler Kooperations- und Kompetenzerweiterung, zweitens der Pluralisierung regionalspezifischer Krisenkonstellationen sowie drittens einer stark auf Vernetzung fokussierten nationalen und transnationalen Förderungsphilosophie. Kommunen in Deutschland, Frankreich, Italien und der Schweiz – so zeigt eine aktuelle Studie (Evers 2001) – haben unter diesen Bedingungen differenzierte und teilweise völlig neue Kooperations- und Partnerschaftsformen entwickelt:

> "All country reports underline unanimously that the concepts of social integration around labour market policies are understood differently, and this has clear repercussions on the way and the degree to which the need for collective action and cooperation is felt. [...] It is the local context, its history, and the degree to which a political and social culture has developed, that holds the potentials for some of the most central prerequisites for developing a cooperative approach for social integration policies: trust and social capital, qualification of the administrations, the existence of a differentiated landscape of organizations, experience with cooperation and coping with conflicts." (Evers 2001, S. 103f.)

Dieser Befund bestätigt andere Analysen, die sich auf Strukturen und Entwicklungsverläufe regionaler Netzwerke (Kohlmeyer/Mauruszat/Seyfried 2000) oder – wie Wolfgang Gerstlbergers Beitrag in diesem Band – auf Erfolgsfaktoren regionaler Innovationssysteme konzentrieren: Regionale Vernetzung ist ein sehr voraussetzungsreicher und mehrdimensionaler Vorgang. In der lokalen Beschäftigungspolitik hat dies zwar einerseits zu einer gewissen Professionalisierung kommunaler Akteure im Rahmen sogenannter neuer Steuerungsmodelle (Brülle 1998) und integrierter Beratungs- und Vermittlungskonzepte (Schulze-Böing/Simon 1998) geführt. Andererseits drohen jedoch angesichts der Komplexität und Mehrzielorientierung regionaler Kooperationen erhebliche Risiken, Unsicherheiten und gerade in jüngster Zeit die Gefahr einer administrativen Selbstüberforderung (Evers/Schulze-Böing

1999, Schönig 2001, Schridde 2001). Vor diesem Hintergrund muss die zweite, nicht *lokale* sondern *interkommunale* Vernetzungswelle gesehen werden. Seit Ende der neunziger Jahre treten Kommunen verstärkt untereinander in Kontakt, um in regionalen, transregionalen und transnationalen Netzwerken Problemlösungsstrategien zu diskutieren, Instrumente und Lösungskonzepte zu vergleichen oder verschiedene Umsetzungsstrategien auf lokaler Ebene zu erproben. Die Übersicht im Anhang präsentiert eine Auswahl interkommunaler Netzwerke mit teils sehr spezifischem, teils politikfeldübergreifendem Bezug. Letztere verstehen die Beschäftigungspolitik als Element von Stadtentwicklung, Quartiersmanagement und Weiterbildung (NRW-Städtenetzwerk für ‚Stadtteile mit besonderem Erneuerungsbedarf', ‚Soziale Stadt', ‚URBAN', ‚Lernende Region', ‚Forum Städtenetze'), als Teilthema der kommunalen Verwaltungsmodernisierung (‚Kommunen der Zukunft') oder als ein Bereich des interkommunalen Leistungswettbewerbs (‚IKO-Netz'). Gründungsimpulse gehen sowohl auf einzelne Stiftungen (‚BiK – Beschäftigungsförderung in Kommunen'), auf Gemeinschaftsinitiativen unterschiedlicher Träger (‚Kommunen der Zukunft') als auch auf die Aktivitäten von Promotoren aus Wirtschaft und Industrie zurück, denen es um die gezielte regionale Inkubation mit innovativen Ideen geht (‚Initiative für Beschäftigung'). Auch die EU gewährt in steigendem Maße solchen Bündnissen Fördermittel, die unter Beteiligung von Experten den beschäftigungspolitischen Erfahrungsaustausch zwischen Kommunen betreiben und so ihre transregionale Vernetzungsfähigkeit unter Beweis stellen (Gerlach/Ziegler 2000). Insgesamt existieren – gemessen an den in der Literatur verbreiteten Typologien und Ausprägungen interorganisationaler Netzwerkgovernance (Kickert 1994, Kappelhoff 2000) – erhebliche Unterschiede zwischen interkommunalen Netzwerken hinsichtlich der Entwicklungsgeschichte, der Anzahl und Art der Träger, der Akteurszusammensetzung, der Anreizstrukturen und Zielformulierung, der internen Prozesssteuerung, der Partizipations- und Entscheidungsstrukturen, der Ressourcenverteilung sowie der Positionierung gegenüber externen Organisationen und Netzwerken. Neben diesen strukturellen Unterschieden lassen sich jedoch auch drei übergreifende Tendenzen beobachten, die durch die neuere Forschung zu Städtenetzwerken (Kern 2001) bestätigt werden: Erstens weisen interkommunale Netzwerke gerade im Hinblick auf lokale Beschäftigungspolitik eine Tendenz zur Spezialisierung und Projektorientierung auf. Dies hat einerseits zur Bildung von Spezialnetzwerken mit klarer thematischer Fokussierung geführt (‚Initiative für Beschäftigung', ‚BiK – Beschäftigungsförderung in Kommunen'). Zum anderen hat das Thema als Projekt beziehungsweise Netzwerkknoten Eingang in eher breiter angelegte Netzwerke gefunden. Der Netzknoten ‚Kommunen und lokale Beschäftigungsförderung' ist im Jahr 2001 entstanden und bildet innerhalb des Netzwerks „Kommunen der Zukunft" mit seinen überwiegend modernisierungsstrategisch angelegten Themen einen eigenen politikfeldorientierten Arbeitsschwerpunkt. Spitzenverbände und Mitgliederorganisationen wie der Deutsche Städtetag oder auch das auf EU-Ebene aktive Städtenetzwerk „EUROCITIES" haben die Tendenz zur Projektierung inzwischen durch einschlägige Arbeitskreise, Committees oder eigenständige Netzwerke internalisiert. Hier kommt ein Funktionswandel zum Ausdruck, der letztlich die Verschiebung traditioneller Repräsentations- und Interessenvertretungsstrukturen zugunsten einer flexiblen Architektur horizontaler und problemlösungsbezogener Arbeitseinheiten bedeutet. Damit eng verbunden ist zweitens ein Wechsel in den Temporalstrukturen interkommunaler Netzwerke: Befristung und Beschleunigung kennzeichnen inzwischen auch nach häufig geäußerter Ansicht von Praktikern die Netzwerkarbeit. Projektzyklen verkürzen sich proportional zum Grad der Spezialisierung und Spezifizierung des anvisierten Produktes. Statt in regelmäßigen und aufeinanderfolgenden Netzwerktreffen findet der Austausch eher in parallelen, bedarfsweise entstehenden Arbeitsgruppen, Workshops oder Teams statt, die sich danach auch wieder auflösen. Gleichzeitig weisen viele Netzwerke ein bemerkenswertes Wachstum auf: In dem 1996 von der Kommunalen Gemeinschaftsstelle für Verwaltungsvereinfachung (KGSt) gegründeten ‚Iko-Netz' treten inzwischen etwa 400 Kommunen in einen durch 70 thematische und regionale Vergleichsringe organisierten Wettbewerb. Derartige Prozesssprünge von Vernetzungsdynamiken werden auch in der Forschung zu Unternehmensnetzwerken beschrieben – hier liegt ein ganz wesentliches und bisher unterschätztes Element für die Analyse der Konstitutions- und Funktionsbedingungen von Netzwerken (Hirsch-Kreinsen 2002). Der wahrscheinlich wichtigste Aspekt jedoch ist die gestiegene Bedeutung von Wissenstransfers. In den Zielbeschreibungen interkommunaler Netzwerke der lokalen Beschäftigungspolitik findet sich durchgehend ein Verweis auf die zentrale Bedeutung wechselseitigen Lernens, des Erfahrungsaustauschs und der kooperativen Generierung von Problemlösungswissen. So heißt es in einer für die meisten anderen Netzwerke repräsentativen Formulierung des Leitfadens zur Bund-Länder-Gemeinschaftsinitiative ‚Soziale Stadt': „ Der Erfolg [...] hängt auch und gerade davon ab, dass zwischen den beteiligten Städten/Gemeinden und Ländern ein kontinuierlicher Erfahrungsaustausch und Wissenstransfer stattfindet." (Soziale Stadt 2000) Wichtig ist dieser Aspekt vor allem deswegen, weil er einen weiteren Unterschied zwischen *lokalen* und *interkommunalen* Netzwerken deutlich macht. Während einige *lokale* Netzwerke der korporatistischen Entscheidung über politische Strategien und Aktionspläne dienen, andere sich dagegen in Form partnerschaftlicher Regionalverbünde auf die Produktion von Dienstleistungen (beispielsweise Anpassungsqualifizierung, Existenzgründung oder Wiedereingliederung) spezialisiert haben, ist für den Großteil *interkommunaler* Netzwerke der gemeinsame Austausch und die kollektive Generierung von Wissen ein mittlerweile identitätsstiftendes und handlungsleitendes Element. Interkommunale Netzwerke scheinen sich insofern trotz struktureller Unterschiede dem Typus des Innovations- oder Wissensnetzwerks (Kowol 1998) anzunähern. Bei lokalen Netzwerken dominieren demgegenüber weiterhin je nach regionaler Einbindung, Akteurskonstellation und Zielsetzung neben der Innovationsförderung auch die Logik von

Produktionsnetzwerken oder Entscheidungsnetzwerken (Mayntz 1993). Eine plausible Erklärung für diese Typendifferenzierung kann die Analyse von Interdependenzen zwischen beiden Ebenen liefern. Dann wird deutlich, dass lokale Beschäftigungspolitik durch einen doppelten Vernetzungsprozess mit wechselseitigen, arbeitsteiligen Kompensationsfunktionen gekennzeichnet ist. Kommunen, die gemeinsam mit anderen Akteuren eine integrierte, kooperative und regional vernetzte Beschäftigungspolitik betreiben, streben mit Hilfe interkommunaler Netzwerke vor allem die externe Erweiterung ihrer Problemlösungsfähigkeiten an. Gerade vor dem Hintergrund des oben skizzierten voraussetzungs- und risikoreichen Policy-Wandels suchen die Kommunen auf diese Weise nach Chancen für eine kognitive Herauslösung aus ihrer regionalen Kontextbindung und Räume für zusätzliche Lernkapazitäten. Interkommunale Netzwerke wiederum verwenden die auf lokaler Ebene entstandenen heterogenen Erfahrungswerte zur fortlaufenden Bildung neuen Wissens und zum rekursiven Aufbau interorganisationaler Strukturen. Sie sind, wie die Kritik des Europäischen Rechnungshofes an der EU-Gemeinschaftsinitiative URBAN offenbart (Europäischer Rechnungshof 2001), selbst bei der Entwicklung finanzieller Förderstrukturen in erheblichem Maße von lokalem Wissen, seiner Umwandlung in interkommunales Wissen und seiner Rückübersetzung auf lokaler Ebene abhängig. Solche Doppelbindungen zwischen Wissensnetzen und ihren Bezugsorganisationen hat vereinzelt bereits die neuere Technikgeneseforschung (Kowol/Krohn 2000) beschrieben. Um auch für die lokale Beschäftigungspolitik entsprechende Aussagen über Ursachen, Formen, Potentiale und Probleme interorganisationaler Wissenstransfers ableiten zu können, wird im Folgenden zunächst der Anschluss an die Grundlagen intraorganisationaler Wissensgenerierung gesucht. Damit rückt gleichzeitig ein differenzierter Wissensbegriff in den Vordergrund, welcher unterschiedliche Wissensformen einbettet in Wissenskonversionsprozesse innerhalb und außerhalb von Organisationen.

3. Zur Theorie der Wissensgenerierung in Organisationen

Wenn weiter oben von einer semantischen Karriere der Beschäftigungspolitik die Rede war, so ist damit schon eine zentraler Aspekt von Wissen angesprochen. Wissen entsteht durch Bedeutungszuschreibungen (Nullmeier 1993). Es verleiht im Sinne der klassischen Definition des Sozialkonstruktivismus die „Gewissheit, dass Phänomene wirklich sind und bestimmbare Eigenschaften haben" (Berger/Luckmann 1969, S. 1). Mehr noch, Wissen erfährt einen permanenten Wandel im zeitlichen, sachlichen und räumlichen Kontext sozialer Selbst- und Fremdbeobachtung (Luhmann 1995). In der Literatur zum Wissensmanagement wird – ausführlicher dazu der Beitrag von Uwe Wilkesmann und Ingolf Rascher in diesem Band – häufig die Unterscheidung zwischen Daten, Informationen und Wissen gemacht. Diese Unterscheidung reflektiert letztlich auch den Paradigmenwandel der Organisationsforschung im Umgang mit diesem Thema. Die frühe Sozialkybernetik rekurrierte noch auf quantifizierbare Daten als Basiseinheiten der Kommunikation (Deutsch 1969). Eine Wende markierte Gregory Batesons Grundlegung zu einer neuen kybernetischen Epistemologie: „A ‚bit' of information is definable as a difference which makes a difference." (Bateson 1972, S. 315). Bei Prozessen der Informationsverarbeitung musste somit immer von einer Systemreferenz ausgegangen werden – eine Erkenntnis, welche die verhaltenswissenschaftliche Schule in Form der ‚Bounded Rationality'- und ‚Garbage-Can'-Modelle mehrfach und auf fruchtbare Weise variierte (Simon 1982, Cohen/March/Olsen 1972). Mit dem Interesse an organisationsinternen Deutungsprozessen (Weick 1979) sowie an Fragen des Organisations- und Interorganisationslernens (Argyris/Schön 1978, Cohen/Levinthal 1990) wuchs schließlich auch die Relevanz des Wissensbegriffs in der Organisationsforschung. Dieser Trend erhielt dabei Unterstützung durch äquivalente Konzepte der Systemtheorie (Luhmann 1994) und des soziologischen Neoinstitutionalismus (Powell/DiMaggio 1991). In jüngster Zeit sind diese verschiedenen Überlegungen durch Arbeiten von Organisations- und Managementforschern um Ikujiro Nonaka verknüpft und in Richtung einer Theorie der organisationsinternen Wissensgenerierung zugespitzt worden:

> "Instead of merely solving problems, organizations create and define problems, develop and apply new knowledge in order to solve these problems and then further develop new knowledge through problem-solving activities. An organization is nor a mere information-processing machine, but an entity that creates knowledge through action and interaction." (Nonaka/Toyama/Byosière 2001, S. 492)

Dabei prägen zwei zentrale Dimensionen den Wissensbegriff bei Nonaka (Nonaka/Takeuchi 1995). Es handelt sich einerseits um die implizite vs. explizite Qualität von Wissen und andererseits um dessen soziale Aggregation auf Individual-, Gruppen-, Organisations- oder Interorganisationsebene. Beide Dimensionen sind eng miteinander verschränkt. Ausgehend von Michael Polanyis (1976, S. 4) Beobachtung „that we can know more than we can tell", unterscheidet Nonaka zwischen einem leicht transferierbaren und tendenziell abstrakten Wissen, das zum Beispiel in Form von Tabellen oder Listen, mathematischen Ausdrücken, Modellen, Algorithmen und Standards vorliegt (‚explicit knowledge') und einem kontext- und situationsabhängigen, schwer kommunizierbaren Hintergrundwissen (‚tacit knowledge') in Form von Erfahrungen, Routinen und latenten Praktiken. Ihre Popularität in der neueren Management- und Organisationsforschung (Schreyögg 2001) verdankt diese Unterscheidung einem Umstand, der viel zu ihrer Verbreitung, aber manchmal auch zu begrifflichen Unschärfen beigetragen hat: Sie ist eingängig, weil sie Analogien zu ebenso populären Unterteilungen wie bewusst/unbewusst, rational/irrational, rational/emotional oder objektiv/subjektiv aufzuweisen scheint (Maasdorp 2001). Jedoch wird die Existenz eines bewussten, rationalen und objektiven Wissens gegenüber einem unbewussten, irrationalen und emotionalen Wissen bereits aus einer ganz bestimmten, auf die Überlegenheit expliziten Wissens fixierten Perspektive behauptet – einer Perspektive, die ihre eigene Objektivität rational nicht begründen kann und diesen Rückschluss auf sich selbst nicht explizit machen darf. In der Geschichte des Rationalitätsbegriffs finden sich seit der kartesianischen Wende verschiedenste implizite Strategien der Verdrängung dieses Rückschlusses. Dazu gehört vor allem der pauschale Vorwurf gegenüber offenen (explizites und implizites Wissen verbindenden) Rationalitätskonzepten (wie beispielsweise bei Platon und Aristoteles), sie seien erkenntnistheoretisch naiv[2] (Schmitt 1994). Solche historischen Ausprägungen einer „Second-Order-Ignorance" (Tsoukas 1996, S. 18) können durch die Unterscheidung von implizitem/explizitem Wissen beobachtet werden, und genau darin liegt ein zentrales Analysepotential. Im Sinne Niklas Luhmanns spricht man von einer Beobachtung zweiter Ordnung, die sich mit den Latenzbereichen und Legitimationsformeln eines Beobachters erster Ordnung beschäftigt (Luhmann 1991). Nonaka und Takeuchi (1994) beginnen ihre Ausführungen zur „Knowledge Creating Company" nicht ohne Grund mit einer historischen Erörterung. Sie machen in der Geschichte der westlichen Philosophie von Platon bis Wittgenstein und James jene zwei epistemologischen Traditionen aus – Rationalismus und Empirismus –, die sich in der Reflexion über explizite und implizite Formen von Wissen unterscheiden und sich dabei natürlich je nach Sichtweise in ganz charakteristische (explizite und implizite) Begründungszwänge begeben. Ein ähnlicher Dualismus findet sich auch in der Geschichte der Sozialstaatsidee wieder (Müller 1999, Rüdiger 1999). Mitte des 18. Jahrhunderts bestimmt der Gedanke einer möglichst exakten ‚Aufrechnung' des Verhältnisses zwischen Individuum und Staat die paternalistische Wohlfahrtsförderung. Einflussreiche Kameralisten betonen die Bedeutung von Leistungswettbewerben für die Produktivität von Wirtschaft und Wohlfahrt und sehen in der mathematisch unterstützten Systemsteuerung die Hauptfunktion der Staatsmaschinerie. Diesem technisch-mechanistischen Politikverständnis steht seinerzeit eine andere, auf experimentelle Erfahrung und soziales Handeln gerichtete Staatspraxeologie gegenüber. Der Sozialstaat erschöpft sich diesem zweiten Verständnis zufolge nicht in den Steuerungsprogrammen einer kameralistischen Staatsmaschinerie – er ist angewiesen auf das implizite Wissen seiner Bürger. Bis in die Gegenwart lässt sich diese Konkurrenz zwischen einer ‚arithmetischen' (auf explizites Wissen setzenden) und einer ‚explorativen' (auf implizites Wissen gerichteten) Variante der Sozialpolitik (Strassheim 2002) verfolgen. Für die lokale Beschäftigungspolitik beschreiben Evers/Schulze-Böing eine entsprechende Dialektik zwischen einerseits einer „Produktionslogik, die an quantifizierbaren Ergebnissen orientiert ist und auf einem darauf zielenden kontinuierlichen Verbesserungs- und Ökonomisierungsprozess beruht" (1999, S. 949), und andererseits einer Praxis, die „aufgrund ihrer vielfältigen regionalen und lokalen Ausprägung ein Feld von Entwicklungen, Experimenten und Innovationen [bildet]" (ebenda, S.

---

2   Ich verdanke Jan Strassheim diesen Hinweis.

942). Im Ergebnis konstatieren die Verfasser jedoch, dass „kleinteilige experimentelle Arrangements von sozialen und wirtschaftlichen Zielsetzungen mit einem ‚weiten' Horizont und unscharfen Erfolgskriterien offensichtlich weniger Attraktivität [haben] als kompakte Problemlösungskonzepte mit leicht operationalisierbaren Zielen." (ebenda, S. 952) Es bleibt ein noch weitgehend unerledigtes Unterfangen, etwa in Anlehnung an den historischen Institutionalismus die Wirkungen, Ausprägungen und Latenzbereiche implizit beziehungsweise explizit orientierter Epistemologien und Paradigmen in der Wohlfahrtsstaatsentwicklung, der Sozialpolitik und insbesondere des Sozialmanagements nachzuzeichnen und auf diese Weise auch jener semantischen Karriere der lokalen Beschäftigungspolitik nachzugehen (Hall 1993, Gebhardt 1998). An dieser Stelle muss jedoch der Hinweis auf ein entsprechendes Forschungspotential genügen, um die historisch-strukturbildende Bedeutung der beiden Wissenstypen hervorzuheben. Im Folgenden soll dagegen eher die Mesomotorik impliziten und expliziten Wissens (gewissermaßen im Vorfeld der paradigmatischen Entzweiung) beleuchtet werden. Hier liegt das erhebliche Innovationspotential und die Fruchtbarkeit des Nonaka-Ansatzes gerade für die Analyse von Wissensnetzwerken. In Organisationen – gewissermaßen den Epizentren der Wissensgenerierung – reagieren implizites und explizites Wissen direkt miteinander und treiben dadurch die Wissensschöpfung auf Interaktions-, Gruppen-, Organisations- und eben auch Interorganisationsebene an. Es ist dieser dialektische Prozess der Generalisierung von praktischem Kontextwissen und dessen Rückübersetzung in kontextgebundene Praktiken, welcher auf jeder sozialen Emergenzebene kollektive Wissensbestände freisetzt und für weitere Umwandlungen verfügbar macht. Abbildung 1 zeigt den Konversionsprozess zwischen der epistemischen und der sozialen Dimension in Form vertikaler und horizontaler Kommunikationen.

Abb. 1: Interaktion von epistemischer und sozialer Dimension

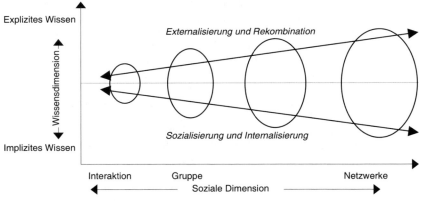

Quelle: Nonaka/Takeuchi 1995 (ergänzt)

Dabei wird dreierlei deutlich: Zum einen geht es hier um soziales, nicht individuelles Wissen. Die vereinzelte Kritik an einer zu sehr auf das Individuum fixierten und beim Individuum ansetzenden Wissenskonzeption oder gar einer subjektivistischen Epistemologie fußt auch auf stellenweise widersprüchlichen Formulierungen bei Nonaka selbst (Schreyögg/Noss 1997, Essers/Schreinemakers 1997). Stattdessen verweist der oben skizzierte Wissensbegriff bei konsequenter Auslegung auf Prozesse der kollektiven Zuschreibung von Bedeutung, der Strukturierung von Sinnzusammenhängen und der Umwandlung von Semantiken, welche immer in organisationsinterne und –externe Interaktionen eingebettet sind:

> "Our dynamic model of knowledge creation is anchored to a critical assumption that human knowledge is created and expanded through social interaction between tacit knowledge and explicit knowledge. We call this interaction 'knowledge conversion'. It should be noted that this conversion is a 'social' process *between* individuals and not confined *within* an individual." (Nonaka/Takeuchi 1995, S. 61)

Zum zweiten ergeben sich aus der bivariaten, Wissens- und Sozialdimension verbindenden Konzeption zwei Wissenstransferbegriffe, die eng miteinander verknüpft werden müssen. ‚Knowledge Conversion' bezeichnet einen endogenen Wissenstransferprozess, der gleichzeitig aber auch zwischen sozialen Ebenen – zwischen Gruppe und Organisation, zwischen Organisation und Netzwerk – mobilisiert wird. Man muss also von einer Interdependenz oder besser Interpenetration zwischen intraorganisationalen und transorganisationalen Wissenszyklen ausgehen. Nonaka benutzt deswegen auch das Bild einer Wissensspirale, deren kreisläufige Transformation sich über verschiedene Ebenen erstreckt. Hier zeigt sich eine deutliche Analogie zu aktuellen Forschungen im Bereich der Governance des EU-Mehrebenensystems[3] (Kohler-Koch 1999) und zu neuesten Konzepten des Policy-Transfers (Stone 2000). Die entsprechenden Folgen für eine Analyse von Wissensnetzwerken – in Abschnitt 2 bereits anhand doppelter Vernetzungsprozesse in der lokalen Beschäftigungspolitik angedeutet – werden in Abschnitt 4 behandelt.

Zum dritten kennzeichnen vier Modi die Wissenskonversion, welche je nach Transferrichtung und epistemischem Charakter als Sozialisation (von implizitem zu implizitem Wissen), als Externalisierung (von implizitem zu explizitem), als Kombination (von explizitem zu explizitem) oder als Internalisierung (von explizitem zu implizitem Wissen) bezeichnet werden (Nonaka/Takeuchi 1995, Pawlowsky 2001):

---

3 Ich danke Jochen Lang für diesbezügliche Anregungen.

Abb. 2: Der SECI-Prozess

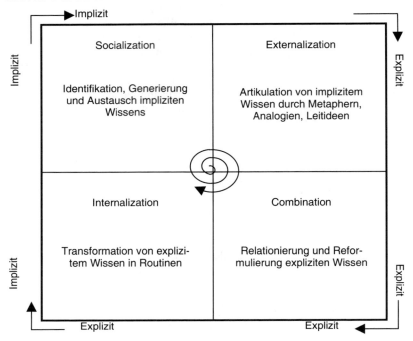

Quelle: Nonaka/Takeuchi 1995, Nonaka/Toyama/Byosière 2001 (ergänzt)

Sozialisation: Der Austausch von ausschließlich implizitem Wissen, die Weitergabe von Erfahrungen, die Entwicklung von Routinen, Organisationskulturen oder Subkulturen ist ein äußerst kontextsensibler und organisationsspezifischer Vorgang. Hier entstehen jene informellen Tiefenstrukturen, Mythen und ‚Mental Models', welche insbesondere durch den soziologischen Institutionalismus nachgezeichnet worden sind und damit ein ganz zentrales Argument gegen Rational Choice-Ansätze darstellen (Hall/Taylor 1996). An dieser Stelle zeigt sich nämlich deutlich, wie sehr Präferenzen und Interessen innerhalb eines sozialen Umfeldes geprägt und verändert werden, also nicht einfach exogen modellierbar sind. Gleichzeitig wird externes wie internes Wissen auf der Basis bestehender Deutungsstrukturen einer Relevanzprüfung unterzogen.

Externalisierung: Mit der Artikulation impliziten Wissens in Form von Metaphern, Szenarien, Leitideen oder Analogien entwickelt sich ein kreativer Prozess, den Richard Rorty (2001) als „Imaginative Redescription" bezeichnet hat. Solche Wissensbestände lassen sich auch zwischen verschiedenen sozialen Ebenen austauschen und bieten sich dort als Anknüpfungspunkte für eine Reformulierung von Zielen, Problemen oder Krisensituationen an.

Kombination: Durch die systematisierende Verknüpfung, Relationierung und Konfigurierung expliziter Wissensbestände entstehen Regeln, Programme und Datensätze bis hin zu komplexen Steuerungs- und Vergleichssystemen. In diese Phase lassen sich auch jene Benchmarkingtechniken oder Balanced Scorecards einordnen, die beispielsweise im Bereich der Arbeitsmarkt- und Beschäftigungspolitik derzeit eine starke Verbreitung finden (Schütz 2001). Grundsätzlich geht es hier um die Modifikation und Erweiterung von Wissensbeständen, welche quantifizierbar, formalisierbar und standardisierbar sind und ihre außerordentliche Transferfähigkeit und Attraktivität einem stetig vorangetriebenen Prozess der Dekontextualisierung verdanken.

Internalisierung: Die Transformation expliziten Wissens in Routinen, seine Operationalisierung und Umsetzung für die tägliche Anwendung schließt (zumindest analytisch) den Kreislauf zwischen implizitem und explizitem Wissen. Was dabei verschiedentlich in Form von Implementationsproblemen auftaucht, bedeutet nichts anderes als die Rekontextualisierung expliziten Wissens und seine Kollision mit der Binnenkomplexität von Organisationen, Gruppen oder Interaktionen. Dieses Problem ist von der Managementforschung lange unterschätzt worden (Schreyögg 1991). Es hat sich inzwischen in der Gestalt des Governancebegriffs ausgeweitet (Rhodes 1997). Steuerung wird damit grundsätzlich zu einem an Organisationsgrenzen vielfach gebrochenen Übersetzungsprozess, der die impliziten Relevanzkriterien sozialer Systeme – ihre kognitiven Routinen, kulturellen Prämissen und Modelle – nicht direkt beeinflussen kann, sondern auf eine systeminterne Translation des Wissens angewiesen ist.

Mit diesem sozialkonstruktivistischen Modell der Generierung, des Transfers und der Umwandlung von implizitem und explizitem Wissen über unterschiedliche soziale Ebenen hinweg wird es möglich, die Entstehung und Entwicklung von epistemischen Strukturen, von Ideen, Leitbildern, Semantiken oder Paradigmen als Teil eines differenzierten, organisationsinterne und -externe Wissensbestände vernetzenden Konversionsprozesses zu begreifen. Allerdings fragt sich, welche Rolle jene anderen „üblichen Verdächtigen" der Organisationstheorie, wie Macht, Entscheidungsprozesse, institutionelle Binnenstrukturen, kurz: Mikropolitiken (Bogumil/Schmid 2001), in diesem Geschehen spielen. Eine reine Fixierung auf Wissensdynamiken hieße, Blockaden, Beschränkungen und Pfadabhängigkeiten zu ignorieren und damit die Anschlussfähigkeit des Modells für den öffentlichen Sektor (und nicht nur dafür) zu gefährden. Denn mit der Einbettung politischer Organisationen in ein Beziehungsgefüge aus privaten und zivilgesellschaftlichen Akteuren – hierfür sind regionale Verflechtungen in der lokalen Beschäftigungspolitik ein ausgezeichnetes Beispiel – eröffnet sich ein erheblicher Spielraum für Konflikte, Unsicherheiten, Machtasymmetrien und natürlich auch gezieltes Nichtlernen:

"... the organizations found in politics involve a complex, dizzying network of relationships and interactions, that call for carefully tailored conceptual schemes as well as analytical tools that take such matters into account." (LaPalombara 2001, S. 151)

Bei Nonaka selbst finden sich erst in neueren Arbeiten rudimentäre Hinweise auf eine Verbindungen des SECI-Prozesses zu organisatorischen Strukturen und Entscheidungsprozessen (Nonaka/Toyama/Nagata 2000). Weiter geht Chun Wei Choo (1998), der den organisationalen Wissenszyklus um Elemente der Entscheidungsproduktion ergänzt und auf diese Weise Lern- und Selektionsprozesse in einem evolutionären Modell der Organisation verbindet. Anarchische, rationale und politische Entscheidungsstile bestimmen dabei den Umgang mit Risiken, Zielkonflikten und Interessendivergenzen. Auch Niklas Luhmann (2000) hat auf die Bedeutung von Entscheidungen bei der Bewältigung von Unsicherheit und der Konstituierung von Organisationsgrenzen hingewiesen. Entscheidungsprozesse garantieren die operative Geschlossenheit des Organisationssystems bei zunehmender politischer Verflechtung und Vernetzung, indem gegenwärtige Entscheidungen rekursiv an vergangene Entscheidungen anknüpfen (ebenda, S. 70ff.). Die Internalisierung externen Wissens kann in diesem Sinne nur gelingen, indem Organisationen sich nicht völlig an die Umwelt verlieren, sondern selbstreferentiell zeitliche, soziale und sachliche Verweisungsstrukturen ausbilden: „Nur so ist es möglich, bei operativer Schließung Umweltoffenheit zu reproduzieren" (ebenda, S. 65). Durch die Verknüpfung von Wissenskonversion und Entscheidungsprozess oszilliert die Organisation zwischen bestehenden Sinnzusammenhängen und neuem Wissen, zwischen Selbst- und Fremdreferenz, „a dynamic configuration [...] whose boundary is both open and closed ..." (Nonaka/Toyama/Nagata 2000, S. 10). Einen Versuch, die SECI-Spirale in ein entsprechendes Organisationsmodell zu integrieren, stellt Abbildung 3 dar.

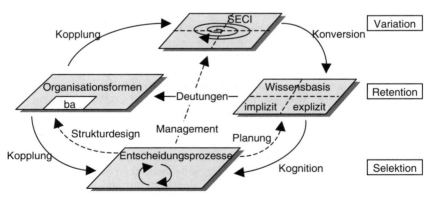

Abb. 3: Integriertes Modell eines Organisationssystems

Hier stehen sich SECI-Spirale und Entscheidungsprozess auf der vertikalen Achse als zwei Pole gegenüber, wobei SECI für die Konversion internen und externen Umweltwissens (kognitive Offenheit) sorgt, während gleichzeitig in der rekursiven Kommunikation von Entscheidungen die operative Geschlossenheit des Organisationssystems gewährleistet bleibt. Das organisationale Gedächtnis bildet sich dabei in Form einer impliziten und expliziten Wissensbasis, die durch parallele Variations- und Selektionsprozesse Struktur gewinnt (Eberl 2001, Nonaka/Takeuchi 1995). Eine zweite Dimension dieses Retentionsvorgangs betrifft die Ausprägung des formalen Organisationsdesigns, über das die unterschiedlichen Prozesse im Weickschen Sinne gekoppelt, also durch kausale Zurechnung, durch Regelhaftigkeit, wechselseitige Ableitbarkeit, Abhängigkeit, Weisungsbefugnisse, Funktionszuschreibungen miteinander verbunden werden. Das etwas esoterisch anmutende Konzept des „ba" (Nonaka/Konno 1998) verweist dabei ausdrücklich auch auf räumliche Horizonte, Plattformen, Interaktionsforen, Face-to-Face-Situationen und soziale Kontexte. Grundsätzlich muss diese Verfasstheit der Organisation als deutungsoffen und umstritten, eben als lose Kopplung (Weick 1979) begriffen werden – sie verändert sich im Zuge der Anwendung und diskursiven Erschließung (Nullmeier 1993), der Entscheidungsfindung und der selektiven Wahrnehmungen. Gerade an den Schnittstellen zwischen Kopplung, Kognition und Entscheidung liegen die „Arenen heftiger Kämpfe, heimlicher Mauscheleien und gefährlicher Spiele" (Küpper/Ortmann 1992, S. 7). In der Organisation kommen solche Machiavellismen dann ans Licht, wenn sich in Form von strukturellem Design, Management oder Planung der Entscheidungsprozess auf seine eigenen Prämissen richtet: Organisationales „Self-Design" (Weick 1977) sieht sich mit einem impliziten Wissen konfrontiert, über das wenig geredet, geschweige denn entschieden werden kann. Niklas Luhmann definiert daher die Gesamtheit der mit der impliziten Wissensbasis gleichzusetzenden Organisationskulturen auch als „Komplex der unentscheidbaren Entscheidungsprämissen" (Luhmann 2000, S. 241). Überträgt man diese hier skizzierten Elemente eines Organisationsmodells in eine Entwicklungsperspektive der klassischen Evolutionstrias von Variation, Selektion und Retention (wie in Abbildung 3 vermerkt), so bildet der SECI-Prozess das Variationselement, während im Entscheidungsgang eine selektive und immer nur vorübergehende Stabilisierung stattfindet. Damit ist ein für die Frage nach den Entstehungsbedingungen von Wissensnetzwerken zentraler und grundlegender Punkt erreicht. Das Verhältnis zwischen explizitem und implizitem Wissen ist eines der gegenseitigen Reproduktion und Komplementarität – explizites Wissen braucht zu seiner Umsetzung immer ein unartikuliertes Hintergrundwissen. Darüber hinaus besteht, wie Haridimos Tsoukas (1996) gezeigt hat, zwischen beiden Wissensformen eine starke Asymmetrie, die dafür sorgt, dass jede explizite Kommunikation durch eine Vielzahl von Parallelsemantiken, diskursiven Praktiken und Routinen mehr oder weniger stillschweigend unterlaufen wird:

"... a practitioner's ability to follow rules is grounded on an unarticulated background. Hence the rules an observer is able to postulate in a practice (rules-as-represented) are different from the rules actually operating in the activities of the agents (rules-as-guides-in-practice). [...] There is an important asymmetry between the rules-as-represented and the rules-as-guides-in-practice [...]: a practice is always richer than any formal representation of it. The time related aspects of a stock controller's practice as well as the rich variety of his experiences cannot appear in a formal account, just like the experiences of driving through a place cannot be captured by a map." (Tsoukas 1996, S. 18)

Diese Asymmetrie erzwingt – sieht man von pathologischen Organisationsentwicklungen ab – innerhalb der skizzierten Gesamtorganisation jene Dynamik und Unruhe, die Ashby (1964) als „Requisite Variety" gekennzeichnet hat. Genauer gesagt gewinnt das lose gekoppelte Arrangement aus struktureller Organisationsform und laufender Wissenskonversion von Entscheidung zu Entscheidung eine dynamische Stabilität (Nishiguchi 2001), die es einer stetig sich wandelnden (internen und externen) Umwelt entgegenzusetzen gilt: „only variety can destroy variety" (Ashby 1964, S. 207). Nonaka zielt mit der SECI-Spirale auf diese Problematik, wenn er die Existenz einer Organisation von ihrer Fähigkeit zur Erhöhung der Wissenskonversion gegenüber der Wissenskonversion der Umwelt abhängig macht (Nonaka/Toyama/Nagata 2000, Nonaka/Takeuchi 1995).[4] Ein damit verwandtes Argument ist das der ‚Absorptive Capacity', also der Erhöhung organisationaler Kapazitäten der Wissensverarbeitung durch interne Diversifizierung von Wissen (Cohen/Levinthal 1990, Kim 2001). Mit SECI lassen sich nun präzisere Aussagen über die Erzeugung von ‚Requisite Variety', die zugrunde liegenden Wissenstypen und ihre Konversionsbedingungen innerhalb der Architektur von Organisationen machen. Die Anatomie der organisationsinternen Wissenskonversion liefert – dies ist der Gegenstand des nächsten Abschnittes – zudem einige wichtige Gründe für die Entstehung von interorganisatorischen Wissensnetzwerken.

---

4 Nonaka spricht von der marginalen Grenzrate der Wissenskonversion $\square=d(ek)/d(tk)$, wobei ek für ‚Explicit Knowledge' und tk für ‚Tacit Knowledge' steht. „A firm exists when the knowledge conversion rate of the firm is higher than that of the market in the long run." (Nonaka/Toyama/Nagata 2000, S. 11) Dem ist allerdings – selbst wenn man die Wettbewerbsbedingungen im privaten Sektor in Rechnung stellt – zweierlei entgegenzuhalten: Zum einen hat Niklas Luhmann (1984) darauf hingewiesen, dass die Komplexität der Umwelt die des Systems immer und notwendigerweise übersteigt. Erst in der Kombination von Wissenskonversion mit Entscheidungsprozess konstruiert die Organisation ihre Grenzen. Zum zweiten überzeugt, behält man die sozialkonstruktivistische Definition von Wissen bei, dieser Formalisierungsversuch nicht – er läuft auf die Quantifizierung impliziten Wissens hinaus. Im übrigen ist der Formulierung „in the long run" seit John Maynard Keynes' Diktum nichts mehr hinzuzufügen.

4. Interkommunale Netzwerke als Metaprozesse der Wissensgenerierung

Die Frage nach den Gründen für die Entstehung interorganisatorischer Wissensnetzwerke stellt sich allein schon aus transaktionskostentheoretischer Perspektive. So scheint die organisationsinterne Generierung von Wissen unter ökonomischen Aspekten sehr viel effizienter und effektiver zu sein als eine interorganisatorische Wissensproduktion. Bereits Robert M. Grant (1996, S. 114) hat darauf hingewiesen, dass grenzüberschreitende Innovationen immer eine erhebliche Integrations- und Abstimmungsleistung durch die beteiligten Organisationen erfordern. Wissen ähnelt dem, was Ökonomen als ‚öffentliches Gut' oder ‚Gemeinschaftsgut' (Héritier 2001) bezeichnen. Zwar kann es paradoxerweise durch häufigen Gebrauch in seinem Wert steigen („Learning by Using", Nonaka/Teece 2001, S. 2). Allerdings verliert es diesen Wert manchmal sehr rasch im Zuge von Imitationskonkurrenz oder der Verkürzung von Innovationszyklen. Zudem steigen die Transferkosten überproportional zum Anteil impliziten Wissens. Erfahrungen und Routinen sind stark personengebunden, nur langfristig vermittelbar und extrem kontextabhängig. Einen weiteren, im öffentlichen Sektor bisher noch wenig wahrgenommenen Aspekt bildet die Property-Rights-Problematik. Während die Definition von Eigentum bei sogenannten ‚Tangible Assets' prinzipiell eine Frage der entsprechenden rechtlichen Ausgestaltung ist, gilt dies nicht für ‚Intangible Assets', also Wissen beziehungsweise intellektuelles Kapital (Lev 2001, Nonaka/Teece 2001). Trotz solcher Einrichtungen, wie Patente oder Copyrights, bleibt die Sanktionierung emulativen Verhaltens auf informelle Absprachen, die Institutionalisierung von Vertrauen und die Androhung von Reputationsverlusten beschränkt. Gerade dort, wo die Privatwirtschaft oder private Stiftungen zusammen mit Organisationen des öffentlichen Sektors an der Erarbeitung von Problemlösungsstrategien beteiligt sind – dies ist in interkommunalen Netzwerken insbesondere der lokalen Beschäftigungspolitik nicht selten der Fall – gerät unter Umständen die Frage nach den Verwertungs- und Vermarktungsrechten von Konzepten, Analysen und Instrumenten zu einem drängenden und letztlich ungelösten Problem. Warum also existieren interkommunale Wissensnetzwerke, wenn sie institutionenökonomisch gesehen so unrentabel sind? Die Antwort liegt in jenem oben genannten und wissenstheoretisch gedeuteten Theorem der ‚Requisite Variety'. Wenn Kommunen vor dem Hintergrund gewandelter Policy-Prinzipien, spezifischer Problemlagen und einer stark outputorientierten Förderungsphilosophie eine integrierte und regional vernetzte Beschäftigungspolitik betreiben, stehen sie vor einer mehrdimensionalen Aufgabe. In sozialer Hinsicht arbeiten sie mit äußerst heterogenen Akteuren in regionalen Koordinierungsstellen, lokalen Bündnissen, bei der Branchenentwicklung oder der Existenzgründung; in sachlicher Hinsicht gilt es, verschiedene Einzelkonzepte und Instrumente strategisch zu kombinieren, weil beispielsweise erst durch die Verknüpfung von Sozialhilfe, Qualifizierung und Jugendhilfe eine zielgruppenorientierte

Beschäftigungspolitik betrieben werden kann; in temporaler Hinsicht müssen unterschiedliche Zeithorizonte aufeinander abgestimmt werden, um beispielsweise nachhaltige Flächennutzungskonzepte oder Krisenfrüherkennungsmechanismen etablieren zu können; in räumlicher Hinsicht schließlich werden Probleme der Stadterneuerung, des Quartiersmanagements und der systematischen Förderung lokaler Ökonomien unabweisbar. Vor ein solches Problemcluster gestellt, droht bei vielen Kommunen die Überforderung in zweierlei Hinsicht: Ziele konfligieren miteinander oder sind kaum vereinbar; die rechtlichen Möglichkeiten reichen für eine risikolose Kooperation in Public-Private-Partnerships oder anderen heterogenen Allianzen oft nicht aus; rechtliche Vorgaben erschweren die flexible Reaktion zugunsten einer raschen Kapitalausstattung kleinerer Existenzgründungsvorhaben oder im Falle der Krisenerkennung bei kleinen und mittleren Unternehmen. In der Forschung sind diese Formen der fehlenden ‚Requisite Variety' als konditionale und finale Programmschwächen bekannt geworden (Kämper/Schmidt 2001). Eine zweite, die dynamische Seite der ‚Requisite Variety' betreffende Unzulänglichkeit kann als Prozess- oder Konversionsschwäche bezeichnet werden. Dabei divergieren Erfahrungen und Kenntnisse der jeweiligen ‚Shop-Floor-Ebenen' und sind daher nicht leicht integrierbar; es fehlen Zeit und Möglichkeiten, um neue Instrumente oder Problemlösungsstrategien – Balanced Scorecards zur Zielsteuerung, Casemanagement und integrierte Vermittlungssysteme, Microlending-Verfahren zur Existenzgründungsförderung – zu erproben und der jeweiligen Situation anzupassen. Ganz grundsätzlich mangelt es an dem Potential zur imaginativen Neubeschreibung und Umdefinierung gegebener Problemlagen, gewachsener Strukturen und traditioneller Zielkonstellationen. Für die Behebung von Programm- und Prozessschwächen scheint es demnach sehr viel weniger um die kostengünstige Aneignung eines spezifischen Wissens zu gehen, sondern eher um die Fähigkeit zur Generierung, Erprobung und temporären Integration sehr unterschiedlicher Wissensbestände in sehr spezifischen und schnell wechselnden Entscheidungssituationen. Wissensnetzwerke liefern offensichtlich mehr noch als andere Formen der Wissensgenerierung die Antwort auf diese Beschleunigung von Politik (Eberling 1996). So hat sich mittlerweile auch in der Praxis eine gewisse Skepsis gegenüber der wissenschaftlichen Expertise durchgesetzt, da die Eigenlogik der jeweiligen Systeme im Beratungsgeschäft oft Verzögerungen und Verunsicherungen mit sich bringt und eine schwierige Balance zwischen Öffnung und Grenzerhaltung erfordert (Bosch/Kraetsch/Renn 2001). Bei der Kooperation zwischen zwei Organisationen, also in sogenannten Lerndyaden, kommt es wiederum in ganz entscheidendem Maße auf die relative Absorptions- und Konversionskapazität der beiden Beteiligten an (Lane/Lubatkin 1998). Erst in Wissensnetzwerken mit mindestens drei Organisationen gelingt es, die Wissensgenerierung und Wissenskonversion auf eine emergente, von der Bezugsorganisation unabhängige Ebene zu verlagern. Dieser „kommunikative Ausgriff der Organisation in ihre Umwelt" (Kämper/Schmidt 2000, 231) ermöglicht eine Art ‚Outsourcing' von Varietät. Man muss sich das als wechselseitiges, „selektives Resonanzverhältnis" (ebenda, S. 225) zwischen den SECI-Spiralen der beteiligten Organisationen einerseits und einer Netzwerk-Metaebene andererseits vorstellen. Auf dieser Metaebene kann das Problem der beschleunigten Politik durch die Verkürzung von Distanzverhältnissen wettgemacht werden: Das Nacheinander der zeitaufwändigen Erfahrungsbildung wird in ein Nebeneinander kollektiver Lernprozesse beziehungsweise ein Experimentierfeld synchronisierter Einzelerfahrungen transformiert. Vor diesem Hintergrund empfiehlt es sich, Raum (Nonakas ‚ba') als soziale und politische Kategorie wieder stärker in die Netzwerkforschung einzubeziehen (Löw 2001). Eng damit verbindet sich die Beobachtung von evolutiven Phasen, Eigenzeiten und sogenannten ‚Network-Life-Cycles' (Child 2001, S. 665; Sydow 1992), welche die Emergenz von Netzwerken auch temporal begründen.[5] Von der Initialisierung über Differenzierungs- und Etablierungsphasen bis zur Stagnation oder Neubildung lassen sich ganze Netzwerkbiographien schreiben, die eine deutliche Herausforderung an die in der Netzwerkforschung gängige und beinahe inflationäre Typenbildung darstellen. Die weiter oben (Abschnitt 2) anhand der lokalen Beschäftigungspolitik festgestellten Veränderungen von Netzwerkarchitekturen zugunsten paralleler, projektorientierter Arbeitsgruppen sowie die Terminierung und Beschleunigung von Netzwerkprozessen stehen im Einklang mit diesen theoretischen Überlegungen und verweisen darauf, dass die Geschwindigkeit politischer Prozesse weiterhin zunimmt. Ganz grundsätzlich gilt, dass in Wissensnetzwerken Vertrauen und Macht zentrale Katalysatoren für den Aufbau institutioneller Strukturen bilden (Hirsch-Kreinsen 2002). Sie dienen nicht zuletzt der Überwindung von Situationen doppelter Kontingenz, in denen die symmetrische Verteilung von Risiken und Möglichkeiten den notwendigen ‚ersten Schritt' eines Partners erschwert. Wissensnetzwerke gründen auf Heterarchie und freiwillige, weitgehend gleichberechtigte Reziprozitätsbeziehungen (ebenda, S. 110), differenzieren eigene Entscheidungsinstanzen aus und schaffen sich eine eigene Wissensbasis, welche über die Zeit auch die Generierung eines spezifischen strukturellen beziehungsweise kognitiven Pfades begünstigt. In der Literatur ist mehrfach und mit unterschiedlichen theoretischen Begründungen darauf hingewiesen worden, dass diese heterarchische Strukturierung von Netzwerken überhaupt nur deshalb möglich ist, weil auf Organisationsebene eine Parallelstruktur in Form von organisationalen Entscheidungsregeln, Machtstrukturen und Hierarchien für eine dynamische Absicherung und Stabilisierung des Gesamtzusammenhangs sorgt (Teubner 1992, Nishiguchi 2001). Der zentrale Unterschied zwischen Wissensnetzwerken und anderen Netzwerkformen wie Produktionsnetzen oder Entscheidungsnetzwerken (vgl. Abschnitt 2) liegt jedoch in der Ausgestaltung des SECI-Prozesses: „Networks as Knowledge" (Lane 2001, S. 705) bedeutet, dass Wissensnetzwerke sich über die Koevolution von SECI-Prozessen entwickeln und auf

---

5 Maria Oppen hat meine Aufmerksamkeit auf diesen in der Literatur insgesamt unterbelichteten Aspekt gerichtet. Eine entsprechende Publikation ist derzeit in Vorbereitung.

diese Weise an ihre Bezugsorganisationen operativ gekoppelt bleiben. Befunde der aktuellen Forschung, die Wissensnetzwerke als eine Art semiemergentes Interaktionssystem mit teils abhängigen, teils unabhängigen Qualitäten beschreiben (Kowol/Krohn 2001, Kämper/Schmidt 2000), können hier im Einklang mit den bisherigen Ausführungen folgendermaßen präzisiert werden: Wissensnetzwerke sind emergente Sozialsysteme, die sich durch eine doppelte Kopplung von anderen Netzwerktypen oder Verhandlungssystemen unterscheiden. Dies bedeutet, dass sie einerseits wie andere Netzwerke trotz autopoietischer Geschlossenheit auf strukturelle Kopplungen angewiesen sind, also auf ganz bestimmte Umweltvoraussetzungen in Form von Hierarchien, Entscheidungen sowie Wissensbeständen der Bezugsorganisationen (Kämper/Schmidt 2000). Diese strukturelle Kopplung findet jedoch andererseits – und das macht die spezifische Differenz aus – ihre Ergänzung in einer operativen Kopplung der intraorganisationalen und interorganisationalen, auf Netzwerkebene ablaufenden SECI-Prozesse (Luhmann 1997, S. 788; Gegenmeinung bei Kämper/Schmidt 2000, S. 232). In dieser symbiotischen Beziehung zwischen den unterschiedlichen Konversionszyklen liegt die eigentliche Leistung von Wissensnetzwerken. Indem sie auf ständig sich ändernde organisationale Wissensbestände zurückgreifen können und diese in netzwerkeigenen SECI-Zyklen prozessieren, vermitteln sie gleichzeitig den beteiligten Organisationen jene dynamische ‚Requisite Variety', die diese auf der lokalen Ebene zur Bewältigung von Prozessschwächen bei mehrdimensionalen Ziel- und Problemlagen benötigen. Spricht man von Wissenstransfers, dann ist die Aktualisierung operativer Kopplungen durch grenzüberschreitende Kommunikationen gemeint. Netzwerkbezogene Wissenstransfers erlauben – je nach Form der Kommunikation – die wechselseitige Abstimmung, Irritation und Entlastung durch Etablierung einer transorganisationalen Ebene, einer kollektiven Beobachtungsposition ohne direkte organisationale Zurechnung. Diese Konzeption von Wissensnetzwerken als koevolutionäre, symbiotische Metamodelle der Wissensgenerierung (Nishiguchi 2001) liefert auch einen plausiblen theoretischen Grund für die in Abschnitt 2 dargelegten doppelten Vernetzungen in der lokalen Beschäftigungspolitik. Durch die Kopplung an interorganisationale Prozesse der Wissensschöpfung versuchen Kommunen, die bei lokalen Vernetzungen auftretenden Prozessschwächen und Risiken durch das Outsourcing der Wissensproduktion auszugleichen. Um das Erkenntnispotential solcher Überlegungen auszuschöpfen, müssen sicherlich Konsequenzen für die Ausgestaltung zukünftiger Forschungsstrategien gezogen werden. Statt der ausschließlichen Konzentration auf die Netzwerkebene scheint es vielversprechender, unter Rückgriff auf integrierte Modelle der Wissensgenerierung Wechselwirkungen und Transfers zwischen Wissensnetzwerken und Ursprungsorganisationen zu beobachten, Netzwerke also stärker in Bezug zu ihrer hochspezifizierten Umwelt zu setzen.[6]

---

6   Ein entsprechendes Forschungsdesign wurde auch für das durch die Hans-Böckler-Stiftung geförderte und am Wissenschaftszentrum Berlin derzeit laufende Projekt

Auf diese Weise wäre auch mehr über Differenzierungen von Netzwerkformen, Wege und Formen von Wissenstransfers, pathologische Interferenzen und erfolgskritische Bedingungen zu erfahren. Eine solche Interpenetrationsanalyse würde schließlich auch dem gerecht, was Orton und Weick (1990) in ihrer Neukonzeption lose gekoppelter Systeme mit dem Leitmotiv der „Dialectical Interpretation" gefordert haben – eine Analyse von Wechselwirkungen, Kontrazyklen, Bipolaritäten und gegenseitig kompensatorischen Beziehungen. Im Folgenden sollen einige Überlegungen und Beobachtungen in diese Richtung angedeutet werden.

5. Wissenstransfers in Netzwerken – Formen, Phasen und Pathologien

Für eine analytisch tragfähige Weiterentwicklung bietet es sich an, zunächst die Art der operativen Kopplung zwischen den jeweiligen Konversionsprozessen auf Organisations- und Netzwerkebene zu spezifizieren. Eine solche Spezifikation sollte sich auf die Form des Wissenstransfers, die jeweiligen Schnittstellen im SECI-Zyklus und den Typus des transferierten Wissens beziehen. Zuvor gilt es jedoch, ein Missverständnis auszuräumen, das im Zusammenhang mit der Darstellung des SECI-Zyklus in der Literatur stellenweise (Schreyögg/Noss 1997) auftaucht. Dabei suggeriert die kreislauf- oder eher spiralförmige Konzeption, dass der Konversionsprozess nur bei einem Durchlauf aller vier Modi – Sozialisation, Externalisierung, Kombination, Internalisierung – wirklich vollständig gelingt. Demgegenüber hat bereits Rafael Capurro (1998) die Notwendigkeit einer stets kompletten Konversion zwischen implizitem und explizitem Wissen bezweifelt. Schon die Kritik am Policy-Cycle macht deutlich, wie problematisch die Hypostasierung einer Phasenheuristik sein kann (Sabatier 1993). Plausibler scheint in der Tat die Annahme von drei Reichweiten der Wissenskonversion, nämlich zum einen einer typenbegrenzten Konversion (rein implizite oder rein explizite Wissensgenerierung ohne Phasenübergänge), zum zweiten einer phasenbegrenzten Konversion (die Konversion beschränkt sich auf ausschließlich eine Phase; unterschiedliche Phasen laufen unabhängig voneinander in unterschiedlichen Funktionsbereichen ab) und zum dritten dem sequentiellen Durchlaufen mehrer Phasen. Zudem zeigt die Empirie in ersten Analysen, dass gerade in Wissensnetzwerken die Reichweite der Konversionen mit dem spezifischen Entwicklungsstand des jeweiligen Netzwerks und seiner Teilelemente sowie den Entwicklungen auf Ebene der Bezugsorganisationen zusammenhängt. Grundsätzlich sind drei Formen von Wissenstransfers – Reflexion, Diffusion und Translation – beobachtbar, die in unterschiedlicher Weise die Kopplung zwi-

---

„Lernen in Netzwerken und kommunale Problemlösungsfähigkeit. Organisierter Wissenstransfer im Bereich lokaler Beschäftigungspolitik" gewählt.

schen den SECI-Prozessen auf Organisations- und Netzwerkebene charakterisieren. Abbildung 4 bringt diese Transferformen und ihre jeweils zentralen Eigenschaften mit den entsprechend aktivierten SECI-Modi zusammen und stellt einen Bezug zu unterschiedlichen Stadien des ‚Network-Life-Cycles' (Child 2001, Eisen 2001) her. Sozialisation als Teil von SECI wird allerdings durch Wissenstransfers nur höchst indirekt betroffen – sie ist Teil eines extrem kontextspezifischen, langfristigen Austausches des Systems mit seiner inneren Umwelt.

Abb. 4: Transferformen, SECI-Prozesse und Lebenszyklen in Wissensnetzwerken

Form des Transfers Spezifikation	Reflexion	Diffusion	Translation
Zentrale Transferprozesse	Entwicklung und Reformulierung („Imaginative Rediscription") von Problemkonstellationen und Lösungsstrategien	Aufbau, Diffusion und Operationalisierung von Zielsystemen, Indikatoren und Instrumenten	Austausch über Umsetzungsstrategien, Aktivierung, Beratung und Begleitung von Implementationsprozessen
Dominanter SECI-Modus	Externalization (implizit → explizit)	Combination (explizit → explizit)	Internalization (explizit → implizit)
Wissenstyp (Child 2001)	Strategisches Wissen	Instrumentelles Wissen	Prozesswissen
Netzwerkzyklus	Initialisierungsphase	Differenzierungsphase	Stabilisierungsphase

In Reflexionsprozessen steht die Definition von Krisen und Problemen, Leitideen und Lösungsstrategien im Vordergrund (Kim 2001). Dieser Vorgang kommt dem sehr nahe, was Richard Rorty (2001) als „Imaginative Rediscription" beschrieben hat. Unmittelbare Erfahrungen des organisationalen Arbeitsalltags mit Ablaufproblemen und Friktionen, Krisenwahrnehmungen, informale Praktiken der Problembehebung und der Handhabung von Störungen werden in Netzwerkinteraktionen artikuliert und verschiedenen Beobachtungsperspektiven ausgesetzt. Letztlich wird durch solche Externalisierungen ein strategisches, über Metaphern und Analogien vermitteltes Wissen bereitgestellt, welches wiederum auf Organisationsebene eigene Strategiebildungsprozesse anregt. Reflexionsorientierte Transfers markieren häufig die Initialisierung und den Aufbau von Wissensnetzwerken. Diffusionsprozesse kennzeichnen dagegen eher die Differenzierungsphasen von Netzwerken, wenn es also um den projektorientierten Aufbau von Zielsystemen, die Entwicklung einzelner Indikatoren und deren Verwendung in Form von Instrumenten, Steuerungssystemen oder Evaluationstechniken geht. Ein für diffusionsorientierte Transfers ganz typisches und derzeit in der lokalen Beschäftigungspolitik häufig angewandtes Instrument ist das interkommunale Benchmarking. Auf der Basis von Performanzindikatoren wie Zielgruppenabdeckung, Arbeitsmarktintegration oder Rückfallquoten wird im öffentlichen Sektor die wettbewerbliche Optimierung von Leistungsketten angestrebt (Bertelsmann Stiftung/Hans-Böckler-Stiftung/KGSt 2001). Benchmarking beruht auf expliziten Wissensbeständen und hat vor allem auch international eine rasche Verbreitung gefunden, weil es die Idee dekontextualisierter Leistungsvergleiche und universalisierter Bewertungsmaßstäbe über unterschiedliche Funktionsbereiche hinweg verfolgt (Strassheim 2001). Diffusionsinstrumente dieser Art (kompetitiv, dekontextualisiert, quantifiziert) und dieser epistemischen Orientierung (Kombination rein expliziten Wissens) erzeugen eine relativ hohe Aufmerksamkeit bei den beteiligten Organisationen und scheinen rasch adaptierbar zu sein. Allerdings sei hier ausdrücklich noch auf eine dritte Form des Wissenstransfers hingewiesen, die in Anlehnung an Bruno Latour als Translation bezeichnet werden kann (Czarniawska/Joerges 1995, Tsui-Auch 2001). Spätestens in der Stabilisierungsphase von Wissensnetzwerken, wenn Erfahrungen mit der Umsetzung von Strategien und Instrumenten ausgetauscht werden, treten die kognitiven Divergenzen und Kontextbindungen der Akteure zutage. Translationsprozesse beziehen sich auf das Problem der Parallelität von Offenheit und Geschlossenheit, genauer auf die Notwendigkeit einer organisationsspezifischen Internalisierung expliziten Wissens und dessen Übersetzung in Routinen und ‚Cognitive Maps'. In manchen Wissensnetzwerken werden Diffusions- durch Translationsprozesse ergänzt oder ersetzt, um auf diese Weise Umsetzungs- und Implementationsstrategien anzustoßen. Berichtssysteme oder Feedbacks sollen Netzwerk- und Organisationsebene enger koppeln und die Generierung von Prozesswissen anregen. Reflexion, Diffusion und Translation sind natürlich nicht bei jedem Wissensnetzwerk gleich wahrscheinlich. Zudem lässt sich erst nach umfassenden Auswertungen empirischer Untersuchungen mehr über die Bedeutung unterschiedlicher struktureller Arrangements für die Entwicklung von Transfers, Wissensgenerierungen und Netzwerkzyklen aussagen. Im Übrigen bleibt auch die hier gewählte Einteilung in Initialisierung, Differenzierung und Etablierung solange ein Provisorium, bis eine stärker prozessorientierte Forschung weitere Anhaltspunkte und präzisere Phasenindikatoren ausgearbeitet hat. Die sicherlich interessanteste Herausforderung betrifft jedoch potentielle Probleme, Pathologien und Blockaden der Wissensgenerierung. Vermutlich liegt es an einem noch immer tendenziell euphorischen Netzwerkbegriff, dass die Frage nach Dysfunktionalitäten eigentümlich vernachlässigt erscheint:

> „... jene turbulenten und unkalkulierbaren ökonomischen Anforderungen, die mit der Netzwerkbildung bewältigt werden sollen, können in Form einer ganzen Reihe von Koordinationsproblemen auf diese zurückwirken" (Hirsch-Kreinsen 2002, S. 108, 109).

Damit sind hier zum einen jene Lernblockaden gemeint, für die in der neueren Organisationsforschung bereits einige systematische Untersuchungen existieren: strukturelle, kognitive und kulturelle Barrieren, defensive Routinen und kognitive Dissonanzen (Berthoin Antal/Lenhardt/Rosenbrock 2001). Zum zweiten scheint es angesichts der wachsenden Zahl von Wissensnetzwerken nicht unwichtig, neben der Verbreitung von Innovationen auch die Verbreitung von Pathologien im Auge zu behalten. Gerade dann, wenn die wechselseitige Diffusion expliziten Wissens dominiert, können „Paradoxien der Reorganisation" (Funder 1999) auftreten: widersprüchliche und unvollständige

Adaptionen von Instrumenten und Techniken, die keine Entsprechung im impliziten Hintergrundwissen der Organisationen finden. Brunsson und Olsen (1995) haben eingehend die Mechanismen und Folgen solch symbolischer Reformprozesse beschrieben. Als aktuelle Illustration aus der Arbeitsmarktpolitik mögen die weitreichenden und lange Zeit unerkannten Unregelmäßigkeiten bei Vermittlungsquoten und Eingliederungsbilanzen der Bundesanstalt für Arbeit dienen. Eine phasensensible Diagnostik von Pathologien der Wissensgenerierung und des Wissenstransfers in Netzwerken wäre allein schon vor diesem Hintergrund auch für die lokale Beschäftigungspolitik interessant – im experimentellen Wohlfahrtsstaat gerät das Wissen um „blinde Flecken" (Förster 1993) zu einer wichtigen Ressource für die Bewältigung von Risiken und zum Erfolgskriterium einer Koevolution der Wissensschöpfung.

6. Schlussfolgerungen

In ihrem Buch „The Knowledge Creating Company" beschreiben Nonaka und Takeuchi (1995) den Wandel organisationstheoretischer Erkenntnisinteressen seit Chester Barnard und Herbert Simon:

> "Simon once criticized Barnard for being too preoccupied with strategic factors and thus failing to provide a 'general treatment of the design process'. He continued: 'A major target for research in organizations today is to understand how organizations acquire new products, new methods of manufacture and marketing, and new organizational forms. This is the unfinished business that Chester Barnard has left for us.' Understanding how organizations create new products, new methods, and new organizational forms is important. A more fundamental need is to understand how organizations create new knowledge that makes such creations possible. This is the unfinished business that Herbert Simon has left for us." (Nonaka/Takeuchi 1995, S. 50)

Allerdings muss dieses „Unfinished Business" – das zu zeigen war ein Ziel der vorangegangenen Ausführungen – unvollendet bleiben, wenn Prozesse der organisationalen Wissensgenerierung nicht im Zusammenhang mit ihrer inneren und äußeren Umwelt begriffen werden. Den empirischen Ausgangspunkt für diese These liefert die Beobachtung eines grundlegenden Wandels lokaler Wohlfahrtsstaatlichkeit: Kommunen agieren zunehmend in einem doppelten Vernetzungsprozess. Auf regionaler Ebene betreiben sie eine erweiterte Beschäftigungspolitik durch vielfältige Kooperationen mit wirtschaftlichen, gesellschaftlichen und politischen Akteuren. Auf interkommunaler Ebene suchen sie gleichzeitig in Allianzen und Netzwerken der administrativen Wissensschöpfung nach neuen Problemlösungsstrategien. Um systematisch die Ursachen, Prozesse, Potentiale und Probleme solcher Doppelbindungen analysieren zu können, bietet sich ein erweitertes Konzept organisationaler Wissensgenerierung an. Dabei sind die von Ikujiro Nonaka und anderen beschriebenen Prozesse der organisationsinternen Konversion impliziten und expliziten Wissens (SECI) von ganz entscheidender Bedeutung. In einem integrierten Modell der

Organisation stehen sie für die Erzeugung jener ‚Requisite Variety', welche gegenüber einer komplexen Umwelt die dynamische Stabilität des Systems sichert. Handelt es sich um eine stark überkomplexe Umwelt, wie beispielsweise der mehrdimensionale Kontext beschäftigungspolitisch aktiver Kommunen, dann bieten Wissensnetzwerke die Möglichkeit des Outsourcings von ‚Requisite Variety'. Wissensnetzwerke sind emergente Sozialsysteme, die sich vor allem durch die operative Kopplung zwischen den Konversionsprozessen auf der Ebene der Bezugsorganisationen und den Konversionsprozessen auf der (Meta-)Ebene der Wissensnetzwerke definieren lassen. Wissenstransfers aktualisieren diese operative Kopplung, entlasten im Idealfall die Bezugsorganisationen und treiben gleichzeitig die Wissensgenerierung auf Netzwerkebene an. Als einen indirekten Indikator für die Inanspruchnahme dieses symbiotischen Verhältnisses kann man die deutlich zunehmende Flexibilisierung von Netzwerkarchitekturen im Bereich der lokalen Beschäftigungspolitik betrachten. Vielversprechend erscheint darüber hinaus die analytische Verknüpfung von Netzwerkevolutionen (Life-Cycles) mit unterschiedlichen Formen von Wissenstransfers (Reflexion, Diffusion, Translation) und den dadurch aktivierten Wissensgenerierungsprozessen. Das Erkenntnisinteresse sollte sich dabei – um den häufig noch euphorischen Netzwerkbegriff zu differenzieren – in einem Mehrebenen-Forschungsdesign insbesondere auf die Generierung unterschiedlicher Wissensformen und Problemlösungskompetenzen, die Entstehung von Lernbarrieren und die Verbreitung von Pathologien und Organisationsparadoxien richten.

Literatur

Argyris, C., Schön, D.A. 1978: Organizational Learning: A Theory of Action Perspective. Reading (MA)
Ashby, R. 1964: An Introduction to Cybernetics. London
Bateson, G. 1972: Steps to an Ecology of Mind: A Revolutionary Approach to Man's Understanding of Himself. San Francisco
Berger, P., Luckmann, T. 1969: Die gesellschaftliche Konstruktion der Wirklichkeit. Frankfurt a.M.
Bertelsmann Stiftung, Hans-Böckler-Stiftung, KGSt (Hg.) 2001: Benchmarking in der lokalen Beschäftigungsförderung. Gütersloh
Berthoin Antal, A., Lenhardt, U., Rosenbrock, R. 2001: Barriers to Organizational Learning. In: Dierkes, M., Berthoin Antal, A., Child, J., Nonaka, I. (Ed.) 2001, S. 865-885
Bosch, A., Kraetsch, C., Renn, J. 2001: Paradoxien des Wissenstransfers. Die ‚Neue Liaison' zwischen sozialwissenschaftlichem Wissen und sozialer Praxis durch pragmatische Öffnung und Grenzerhaltung. In: Soziale Welt 52 (2001)2, S. 199-218
Bogumil, J., Schmid, J. 2001: Politik in Organisationen. Opladen
Brietzke, D. 1999: „Hamburg gibt den übrigen Christen das erste Beyspiel ..." – Das Werk- und Zuchthaus als Kerninstanz des Hamburger Armenwesens im 17. und 18. Jahrhundert. In: Müller, H.-P. (Hg.) 1999, S. 48-59
Brülle, H. 1998: Sozialplanung und Verwaltungssteuerung. Dienstleistungsproduktion in der kommunalen Sozialverwaltung. In: Reis, C., Schulze-Böing, M. (Hg.) 1998, S. 83-104
Brunsson, N., Olsen, J.P. 1993: The Reforming Organization. London u.a.

Bullmann, U. 1991: Kommunale Strategien gegen Massenarbeitslosigkeit. Opladen
Capurro, R. 1998: Wissensmanagement in Theorie und Praxis. In: Die Bibliothek 22 (1998)3, S. 346-355
Child, J. 2001: Learning through Strategic Alliances. In: Dierkes, M., Berthoin Antal, A., Child, J., Nonaka, I. (Ed.) 2001, S. 657-680
Choo, C.W. 1998: The Knowing Organization. Oxford
Cohen, M.D., March, J.G., Olsen, J.P. 1972: A Garbage Can Model of Organisational Choice. In: Administration Science Quarterly 17 (1972), S. 1-25
Cohen, W.M., Levinthal, D.A. 1990: Absorptive Capacity: A New Perspective on Learning and Innovation. In: Administrative Science Quarterly 35 (1990), S. 228-252
Czarniawska, B., Joerges, B. 1995: Travels of Ideas – Organizational Change as Translation. Berlin
Damm, D., Lang, R. 2001: Handbuch Unternehmenskooperation – Erfahrungen mit Corporate Citizenship in Deutschland. Bonn, Hamburg
Derlien, H.-U., Gerhardt, U., Scharpf, F.W. 1994: Systemrationalität und Partialinteresse. Festschrift für Renate Mayntz. Baden-Baden
Deutsch, K.W. 1969: Politische Kybernetik. Freiburg i.Br.
Dierkes, M., Alexis, M., Berthoin Antal, A., Hedberg, B., Pawlowsky, P., Stopford, J., Vonderstein, A. (Ed.) 2001: The Annotated Bibliography of Organizational Learning and Knowledge Creation. Berlin
Dierkes, M., Berthoin Antal, A., Child, J., Nonaka, I. (Ed.) 2001: Handbook of Organizational Learning and Knowledge. Oxford
Eberl, P. 2001: Die Generierung des organisationalen Wissens aus konstruktivistischer Perspektive. In: Schreyögg, G. (Hg.) 2001, S. 41-66
Eberling, M. 1996: Beschleunigung und Politik – Zur Wirkung steigender Geschwindigkeiten des ökonomischen, technischen und gesellschaftlichen Wandels auf den demokratischen Staat. Frankfurt a.M. u.a.
Eisen, S. 2001: Der Netpreneur: Handlungs- und Gestaltungsempfehlungen für den Aufbau von Netzwerken. St. Gallen
Empter, S., Frick, F. 1999: Strategien zur Integration von Sozialhilfeempfängern in das Erwerbsleben. Gütersloh
Essers, J., Schreinemakers, J. 1997: Nonaka's Subjectivist Conception of Knowledge. In: Knowledge Organization 24 (1997)1, S. 24-32
Europäischer Rechnungshof 2001: Sonderbericht Nr. 1/2001 über die Gemeinschaftsinitiative URBAN, zusammen mit den Antworten der Kommission. Amtsblatt der Europäischen Gemeinschaften Nr. C 124 vom 25/04/2001
Evers, A. 2001: The Policies of Social Integration in Europe Systems of Collective Action. Brüssel
Evers, A., Schulze-Böing, M. 1999: Öffnung und Eingrenzung. Wandel und Herausforderung lokaler Beschäftigungspolitik. In: Zeitschrift für Sozialreform 45 (1999)11/12, S. 940-959
Evers, A., Olk, T.1996: Wohlfahrtspluralismus – Analytische und normativ-politische Dimensionen eines Leitbegriffs. In: Evers, A., Olk, T. (Hg.) 1996, S. 9-63
Evers, A., Olk, T. (Hg.) 1996: Wohlfahrtspluralismus: vom Wohlfahrtsstaat zur Wohlfahrtsgesellschaft. Opladen
Förster, H.v. 1993: Prinzipien der Selbstorganisation im sozialen und betriebswirtschaftlichen Bereich. In: Schmidt, S.J. (Hg.) 1993, S. 233-268
Freidinger, G., Schulze-Böing, M. (Hg.) 1995: Handbuch der kommunalen Arbeitsmarktpolitik. Marburg
Funder, M. 1999: Paradoxien der Reorganisation. München u.a.
Gebhardt, T. 1998: Arbeit gegen Armut – Die Reform der Sozialhilfe in den USA. Opladen

Gerlach, F., Ziegler A. 2000: Territoriale Beschäftigungspakte in Deutschland – neue Wege der Beschäftigungsförderung? In: WSI Mitteilungen 53 (2000)7, S. 1-8

Grant, R.M. 1996: Toward a Knowledge-Based Theory of the Firm. In: Strategic Management Journal 17 (1996), S. 109-122

Grant, R.M. 2001: Knowledge and Organization. In: Nonaka, I., Teece D. (Hg.) 2001, S.145-169

Hall P.A., Taylor, R.C.R. 1996: Political Science and the Three New Institutionalisms. In: Political Studies 44 (1996), S. 936-954

Hall, P.A. 1993: Policy-Paradigms, Social Learning and the State: The Case of Economic Policy Making in Britain. In: Comparative Politics 25 (1993)3, S. 275-296

Hämäläinen, T.J., Schienstock, G. 2001: The Comparative Advantage of Networks in Economic Organisation: Efficiency and Innovation in Highly Specialised and Uncertain Environments. In: OECD (Ed.) 2001, S. 17-48

Heinze, R.G., Schmid, J., Strünck, C. 1999: Vom Wohlfahrtsstaat zum Wettbewerbsstaat – Arbeitsmarkt- und Sozialpolitik in den 90er Jahren. Opladen

Henckel, D., Eberling, M., Grabow, B. 1999: Zukunft der Arbeit in der Stadt. Stuttgart

Héritier, A. (Hg.) 1993: Policy-Analyse. Kritik und Neuorientierung. Politische Vierteljahresschrift, Sonderheft (1993) 24. Opladen

Héritier, A. 2001: The Provision of Common Goods across Multiple Arenas – Introduction to the Research Program. Forschungsreport der Max-Planck-Projektgruppe „Recht der Gemeinschaftsgüter". Bonn

Hirsch-Kreinsen, H. 2002: Unternehmensnetzwerke – Revisited. In: Zeitschrift für Soziologie 31 (2002)2, S. 106-124

Jädecke, W., Wegener, A., Wollmann, H. 1995: Arbeitsmarktpolitik und kommunale Verwaltung. In: Freidinger, G., Schulze-Böing, M. (Hg.) 1995, S. 29-52

Kämper, E.J., Schmidt, F.K. 2000: Netzwerke als strukturelle Kopplung. Systemtheoretische Überlegungen zum Netzwerkbegriff. In: Weyer J. (Hg.) 2000, S. 211-236

Kappelhoff, P. 2000: Der Netzwerkansatz als konzeptueller Rahmen für eine Theorie interorganisationaler Netzwerke. In: Sydow, J., Windeler, A. (Hg.) 2000, S. 25-57

Kern, K. 2001: Transnationale Städtenetzwerke in Europa. In: Schröter, E. (Hg.) 2001, S. 95-116

Kickert, W. 1994: Complexity, Governance and Dynamics: Conceptual Explorations of Public Network Management. In: Kooiman, J. (Ed.) 1994, S. 191-204

Kim, L. 2001: Absorptive Capacity, Co-opetition and Knowledge Creation. In: Nonaka, I., Nishiguchi T. (Ed.) 2001, S. 270-285

Kohler-Koch, B. 1999: The Evolution and Transformation of European Governance. In: Kohler-Koch, B., Eising, R. (Ed.) 1999, S. 20-59

Kohler-Koch, B., Eising, R. (Ed.) 1999: The Transformation of Governance in the European Union. London

Kohlmeyer, K., Mauruszat, R., Seyfried E. 2000: Lokale und regionale Netzwerke in der GI Beschäftigung. Berlin

Kommission der Europäischen Gemeinschaften (KOM) 2000: Die Beschäftigung vor Ort fördern – Eine lokale Dimension für die europäische Beschäftigungsstrategie (Bundesrats-Ds 272/00). Bonn

Kommission der Europäischen Gemeinschaften (KOM) 2001: Preparatory Measures for a Local Commitment for Employment – Call for Proposals VP/2001/015 (http://europa.eu.int/comm/dgs/employment_social/tender_de.htm#tender2001, 03.05.02)

Kooiman, J. (Ed.) 1994: Modern Governance. New Government-Society Interactions. London u.a.

Kowol, U. 1998: Innovationsnetzwerke. Technikentwicklung zwischen Nutzungsvision und Verwendungspraxis. Wiesbaden

Kowol, U., Krohn, W. 2000: Innovation und Vernetzung. Die Konzeption der Innovationsnetzwerke. In: Weyer, J. u.a. (Hg.) 2000, S. 135-160

Krohn, W., Küppers, G. (Hg.) 1992: Emergenz: Die Entstehung von Ordnung, Organisation und Bedeutung. Frankfurt a.M.

Küpper, W., Ortmann G. (Hg.) 1988: Mikropolitik. Opladen

Lamping, W. 2000: „The Grass Is Always Greener ..." – Die institutionelle Reorganisation von Wohlfahrtsstaatlichkeit, der Blick über die Grenzen und das Lernen aus Vergleichen. Hannover

Lane, C. 2001: Organizational Learning in Supplier Networks. In: Dierkes, M., Berthoin Antal, A., Child, J., Nonaka, I. (Ed.) 2001, S. 461-477

Lane, P.J., Lubatkin, M. 1998: Relative Absorptive Capacity and Interorganizational Learning. In: Strategic Management Journal 19 (1998)5, S. 461-477

LaPalombara, J. 2001: The Underestimated Contributions of Political Science to Organizational Learning. In: Dierkes, M., Berthoin Antal, A., Child, J., Nonaka, I. (Ed.) 2001, S. 137-161

Lev, B. 2001: Intangibles: Management, Measurement, and Reporting. Washington (D.C.)

Löw, M. 2001: Raumsoziologie. Frankfurt a.M.

Luhmann, N. 1984: Soziale Systeme. Frankfurt a.M.

Luhmann, N. 1991: Wie lassen sich latente Strukturen beobachten?. In: Watzlawick, P., Krieg, P. (Hg.) 1991, S. 61-74

Luhmann, N. 1994: Die Gesellschaft und ihre Organisationen. In: Derlien, H.-U., Gerhardt, U., Scharpf, F.W. (Hg.) 1994, S. 189-201

Luhmann, N. 1995: Gesellschaftsstruktur und Semantik – Studien zur Wissenssoziologie der modernen Gesellschaft (Bd. 4). Frankfurt a.M.

Luhmann, N. 1997: Die Gesellschaft der Gesellschaft. 2 Bde. Frankfurt a.M.

Luhmann, N. 2000: Organisation und Entscheidung. Opladen

Maasdorp, C. 2001: Bridging Individual and Organisational Knowledge: The Appeal to Tacit Knowledge in Knowledge Management Theory. http://www.hds.utc.fr/~barthes/ISMICK01/papers/IS01-Maasdorp.pdf, 27.04.02)

Mayntz, R. 1993: Policy-Netzwerke und die Logik von Verhandlungssystemen. In: Heritiér, A. (Hg.) 1993, S. 39-56

Müller, H.-P. (Hg.) 1999: Sozialpolitik der Aufklärung – Johann Beckmann und die Folgen: Ansätze moderner Sozialpolitik im 18. Jahrhundert. Münster u.a.

Müller, M., Raufer, T., Zifonun, D. (Hg.) 2002: Der Sinn der Politik. Beiträge zur politikwissenschaftlichen Kulturanalyse. Konstanz (i.E.)

Naschold, F., Budäus, D., Jann, W., Mezger, E., Oppen, M., Picot. A., Reichard, C., Schanze, E., Simon, N. (Hg.) 1996: Leistungstiefe im öffentlichen Sektor – Erfahrungen, Konzepte, Methoden. Berlin

Naschold, F., Oppen, M. 1996: Leistungsoptimierung im Umsetzungsprozess. In: Naschold, F., Budäus, D., Jann, W., Mezger, E., Oppen, M., Picot. A., Reichard, C., Schanze, E., Simon, N. (Hg.) 1996, S. 141-159

Neumann, G. 2000: Bündnisse für Arbeit in Deutschland – ein Überblick. In: WSI Mitteilungen 53 (2000)7, S. 419-429

Nishiguchi, T. 2001: Coevolution of Interorganizational Relations. In: Nonaka, I., Nishiguchi, T. (Ed.) 2001, S. 197-222

Nonaka, I., Konno, N. 1998: The Concept of 'Ba': Building a Foundation for Knowledge Creation. In: California Management Review 40 (1998)3, S. 40-54

Nonaka, I., Nishiguchi, T. (Ed.) 2001: Knowledge Emergence. Social, Technical, and Evolutionary Dimensions of Knowledge Creation. Oxford

Nonaka, I., Takeuchi, H. 1995: The Knowledge-Creating Company. Oxfor, New York

Nonaka, I., Teece, D. 2001: Introduction. In: Nonaka, I., Teece, D. (Ed.) 2001, S. 1-12

Nonaka, I., Teece, D. (Ed.) 2001: Managing Industrial Knowledge: Creation, Transfer, Utilization. London u.a.

Nonaka, I., Toyama, R., Byosière, P. 2001: A Theory of Organizational Knowledge Creation: Understanding the Dynamic Process of Creating Knowledge. In: Dierkes, M., Berthoin Antal, A., Child, J., Nonaka, I. (Ed.) 2001, S. 491-517

Nonaka, I., Toyama, R., Nagata, A. 2000: The Firm as a Knowledge-Creating Entity: A New Perspective on the Theory of the Firm. In: Industrial and Corporate Change 9 (2000)1, S. 1-20

Nullmeier, F. 1993: Wissen und Policy-Forschung. Wissenspolitologie und rhetorisch-dialektisches Handlungsmodell. In: Héritier, A. (Hg.) 1993, S. 175-189

OECD (Ed.) 1999: Decentralising Employment Policy. Paris

OECD (Ed.) 2001: Innovative Networks. Co-operation in National Innovation Systems. Paris

Orton, D., Weick K. 1990: Loosely Coupled Systems: A Reconceptualization. In: Academy of Management Review 15 (1990)2, S. 203-223

Pawlowsky, P. 2001: The Treatment of Organizational Learning in Management Science. In: Dierkes, M., Berthoin Antal, A., Child, J., Nonaka, I. (Ed.) 2001, S. 61-88

Polanyi, M. 1967: The Tacit Dimension. New York

Powell, W., DiMaggio, P. (Ed.) 1991: The New Institutionalism in Organizational Analysis. Chicago

Reis, C., Schulze-Böing M. (Hg.) 1998: Planung und Produktion sozialer Dienstleistungen: die Herausforderungen neuer Steuerungsmodelle. Berlin

Rhodes, R.A.W. 1997: Understanding Governance. Policy Networks, Governance, Reflexity and Accountability. Buckingham, Philadelphia

Rorty, R. 2001: The Irrelevance of Aesthetics to the Novel (unveröffentlichter Vortrag vom 26.11.01 am Kunsthistorischen Institut der Freien Universität). Berlin

Rüdiger, A. 1999: Protophysik – Sozialpolitik – Staatswissenschaft. In: Müller H.-P. (Hg.) 1999, S. 76-88

Sabatier, P.A. 1993: Advocacy-Koalitionen, Policy-Wandel und Policy Lernen: Eine Alternative zur Phasenheuristik. In: Héritier, A. (Hg.) 1993, S. 116-148

Schmid, J. 2002: Wohlfahrtsstaaten im Vergleich. Soziale Sicherung in Europa: Organisation, Finanzierung, Leistungen und Probleme. Opladen

Schmidt, S. J. (Hg.) 1993: Wissen und Gewissen. Frankfurt a.M.

Schmitt, A. 1994: Das Bewußte und das Unbewußte in der Deutung durch die griechische Philosophie. In: Antike und Abendland 40 (1994), S. 59-85

Schönig, W. 2001: Chancen und Probleme integrierter Regionalförderung. In: Zeitschrift für Sozialreform 47 (2001)2, S.136-158

Schreyögg, G. 1991: Der Managementprozeß – neu gesehen. In: Stähle, W.H., Sydow, J. (Hg.) 1991, S. 255-289

Schreyögg, G. (Hg.) 2001: Wissen in Unternehmen – Konzepte, Maßnahmen, Methoden. Berlin

Schreyögg, G., Noss, C. 1997: Zur Bedeutung des organisationalen Wissens für organisatorische Lernprozesse. In: Wieselhuber & Partner (Hg.) 1997, S. 67-76

Schridde, H. 1997: Lokale Sozialpolitik zwischen Integration und Ausgrenzung. In: Zeitschrift für Sozialreform 43 (1997)11/12, S. 872-890

Schröter, E. (Hg.) 2001: Empirische Policy- und Verwaltungsforschung. Opladen

Schulze-Böing, M., Simon, H. 1998: Arbeitsvermittlung als soziale Wertschöpfung – Elemente eines integrierten Beratungs- und Vermittlungskonzept. Offenbach

Schütz, H. 2001: Zielsteuerung in europäischen Arbeitsverwaltungen. In: Mitteilungen aus der Arbeitsmarkt- und Berufsforschung 34 (2001)2, S. 207-225

Sesselmeier, W. 2000: Nachhaltigkeit in der Sozialpolitik. In: Sozialer Fortschritt 49 (2000)6, S. 138-143

Simon, H.A. 1982: Models of Bounded Rationality (2 Bde.). Cambridge
Soziale Stadt 2000: Leitfaden zur Ausgestaltung der Gemeinschaftsinitiative „Soziale Stadt" – Zweite Fassung vom 01.03.2000. (http://www.sozialestadt.de/veroeffentlichungen/arbeitspapiere/band3/3_argebau.shtml, 05.05.2002)
Stähle, W.H., Sydow, J. (Hg.) 1991: Managementforschung 1. Berlin
Stone, D. 1999: Learning Lessons and Transferring Policy across Time, Space and Disciplines. In: Politics 19 (1999)1, S.51-59
Strassheim, H. 2001: Der Ruf der Sirenen – Zur Dynamik politischen Benchmarkings. Eine Analyse anhand der US-Sozialreformen (WZB-Discussion Paper FS II-201). Berlin
Strassheim, H. 2002: Die Differenzmaschine – Arithmetische und explorative Sozialpolitik im experimentellen Wohlfahrtsstaat. In: Müller, M., Raufer, T., Zifonun, D. (Hg.) 2002 (i.E.)
Sydow, J. 1992: Strategische Netzwerke: Evolution und Organisation. Wiesbaden
Sydow, J., Windeler, A. (Hg.) 2000: Steuerung von Netzwerken. Opladen
Teubner, G. 1992: Die vielköpfige Hydra: Netzwerke als kollektive Akteure zweiter Ordnung. In: Krohn, W., Küppers G. (Hg.) 1999, S. 189-216
Tsoukas, H. 1996: The Firm as Distributed Knowledge System: a Constructionist Approach. In: Strategic Management Journal 17 (1996)1, S. 11-25
Tsui-Auch, L. S. 2001: Learning in Global and Local Networks: Experience of Chinese Firms in Hong Kong, Singapore, and Taiwan. In: Dierkes, M., Berthoin Antal, A., Child, J., Nonaka, I. (Ed.) 2001, S. 717-732
Watzlawick, P., Krieg, P. (Hg.) 1991: Das Auge des Betrachters – Beiträge zum Konstruktivismus: Festschrift Heinz von Foerster. München
Weick, K.E. 1977: Organization Design: Organizations as Self-Designing Systems. In: Organizational Dynamics, 6 (1977)2, S. 31-45
Weick, K.E. 1979: The Social Psychology of Organizing. Reading
Weyer, J. (Hg.) 2000: Soziale Netzwerke. Konzepte und Methoden der sozialwissenschaftlichen Netzwerkforschung. München, Wien
Wieselhuber & Partner (Hg.) 1997: Handbuch Lernende Organisation. Wiesbaden

Anhang: Interkommunale Netzwerke lokaler Beschäftigungspolitik – eine Auswahl

räumlich / sachlich	Regionale Netzwerke	Transregionale Netzwerke	Transnationale Netzwerke
Policy-spezifischer Bezug	**Beschäftigungsbündnis Ruhrgebiet** Regionales Bündnis der TEP-Initiative, 5 Städte, 1997 **Regionalnetzwerke der Initiative für Beschäftigung** jeweils 2 bis 5 Städte, 1999/2000	**Initiative für Beschäftigung** Wirtschaft und Bertelsmann-Stiftung, 19 Regionalnetze, 1998 **BiK – Beschäftigungsförderung in Kommunen** Bertelsmann-Stiftung, 16 Städte und Landkreise, 2000 **Arbeitskreis Beschäftigungsförderung** Deutscher Städtetag, ca. 7 Städte, 1990	**Territoriale Beschäftigungspakte (TEP)** EU-Initiative/Netzwerk, 89 TEPs in 15 Ländern, 1996 **Lokale Aktionspläne für Beschäftigung (LAP)** EU-Förderung lokaler/ transnationaler Vernetzung, min. 5 Kommunalbehörden aus max. 3 Ländern, Ausschreibung 2000 **METRONET** Metropolitan Cities Research and Innovation Network, 8 TEP-Städte, 1998
Policy-übergreifender Bezug	**Städtenetzwerk für Stadtteile mit besonderem Erneuerungsbedarf** NRW-Programm zur Stadtentwicklung, 33 Stadtteile in 25 Städten, 1993 **MAI - Wirtschaftsraum Südbayern** Städtenetzwerk Südbayern (München Augsburg Ingolstadt), 1995 **Weitere** interkommunale Koordinationen im Rahmen von Planungsverbänden, Regionalkonferenzen, Städtepartnerschaften, Arbeitsgemeinschaften u.ä.	**Kommunen der Zukunft** Gemeinschaftsinitiative von HBS, Bertelsmann-Stiftung, KGSt, 80 Kommunen in 15 Projekten, 1998 **Soziale Stadt** Bund-Länder-Programm zur Stadtentwicklung, 157 Gemeinden und 25 Netzwerke, 1998 **URBAN- Deutschland** Nationales Netzwerk der EU-Initiative URBAN, 12 Städte, 1996 **IKO-Netz** KGSt-Netzwerk, über 400 Kommunen in 75 Vergleichsringen, 1996 **Forum Städtenetze** BMVBW, BBR, Spitzenverbände, 19 Städtenetzwerke mit ca. 100 Städten, 1998 **Lernende Region** BMBF-Förderungsnetz, über 54 Regionen, 2001	**EU-Gemeinschaftsinitiativen** (INTERREG III, URBAN II, LEADER+, EQUAL) EU-Initiativen und Förderprogramme mit lokalen Vernetzungszielen, 2000 **European Sustainable Cities & Towns Campaign** Transnationales Netzwerk lokaler Agenda 21-Prozesse, 874 Gebietskörperschaften in 36 Ländern, 1994

Sünne Andresen, Irene Dölling

Geschlechter-Wissen in Organisationen: Einblicke in die Deutungsmuster leitender Fachbeamter einer Berliner Kommunalverwaltung

1. Die Problemstellung

Der Selbstbeschreibung nach gelten Praxen der geschlechtsspezifischen Diskriminierung in modernen Gesellschaften, die sich als aufgeklärt und zivilisiert verstehen, als illegitim. Frauen und Männer werden als grundsätzlich Gleiche angesehen, die mit gleichen Rechten und Pflichten ausgestattet sind und den gleichen Zugang zu Bildungs-, Ausbildungs- und Berufschancen haben. Im Widerspruch hierzu steht allerdings, dass die soziale Welt eine „vergeschlechtlichte Wirklichkeit" (Bourdieu 1997, S. 167) darstellt, in der „die Einteilung der Dinge und der Tätigkeiten nach dem Gegensatz von männlich und weiblich" (ebd., S. 161) erfolgt. Dieses Ordnungsmuster kann auch am Beispiel der kommunalen Verwaltung belegt werden, die auf Grund des mehr als 50%igen Frauenanteils an den Beschäftigten und der im Vergleich mit der freien Wirtschaft größeren Regelungsdichte ein eher ‚weibliches' Segment des Arbeitsmarktes darstellt. Im Innenraum weist sie aber dasselbe Muster der Geschlechterverteilung auf, das aus anderen Feldern bekannt ist: So ergab eine Erhebung des deutschen Städtetags von 1994 einen Frauenanteil bei den Verwaltungsleitungen von niedrigen 3%, bei den Dezernenten- bzw. Stadtratspositionen von nur 7% und bei den Amtsleitungen von nur 6% (vgl. Leutner 1994, zitiert nach Wiechmann/Kißler 1997, S. 28). Auch die Gleichstellungsinstrumentarien, die seit ca. zehn Jahren in diesem Feld wirken, haben diese hierarchische und Frauen benachteiligende Verteilung bislang nur unwesentlich verändern können.

Seit dem Beginn der 90er Jahre sind erhebliche Bemühungen unternommen worden, um die öffentlichen Verwaltungen grundlegend zu modernisieren. Obgleich wesentlich durch den finanziellen Druck motiviert, der auf den öffentlichen Haushalten lastet, knüpft sich an die damit verbundenen Reformprozesse auch die Hoffnung, sie könnten den Abbau oder zumindest eine Abschwächung der benannten Geschlechterhierarchie in den Verwaltungsorganisationen befördern (vgl. z.B. Goldmann 1995). Gestützt wird diese Erwartung durch die inhaltliche Ausrichtung des von der Kommunalen Gemeinschaftsstelle entwickelten Neuen Steuerungsmodells (NSM), das zum Leitbild für die Reformbemühungen geworden ist. Es sieht u.a. vor, Hierarchien abzuflachen und mittels der Dezentralisierung von Aufgaben und Ergebnisverantwortung die Effizienz und Produktivität in den Verwaltungen zu steigern, mehr Bürgernähe zu erzielen und durch die Entwicklung eines neuen Personalmanagements die Motivation und Zufriedenheit der Beschäftigten zu erhöhen.

In unserem Forschungsprojekt gehen wir am Beispiel einer Ostberliner Bezirksverwaltung empirisch der Frage nach, inwieweit sich diese Hoffnung erfüllen und die Reformierung der öffentlichen Verwaltung tatsächlich auch zu einem Abbau der vertikalen Geschlechtersegregation beitragen könnte. Dabei legen wir unserer Untersuchung ein Verständnis von Organisation zu Grunde, das diese nicht als objektive Gegebenheit ansieht, sondern als ein ‚soziales Feld', das im Wesentlichen durch *kulturelle und politische Prozesse* sowie durch *mikropolitische Kämpfe* erhalten und verändert wird. Einen Bestandteil dieser Prozesse und Auseinandersetzungen stellen *Vergeschlechtlichungen* dar, die wiederum zur Folge haben, dass Organisationen eine „Gendered Substructure" (Acker 1990, S. 147) aufweisen, d.h. dass ihrer Logik, ihren Grundannahmen, gängigen Praxisformen usw. ganz selbstverständlich Geschlecht als ein konstitutives Element zu Grunde liegt. Hier wird bereits deutlich, dass wir von einem spezifischen Konzept von Geschlecht ausgehen: Wir verwenden Geschlecht nicht als eine Variable oder feststehende Einordnungskategorie – fragen mit Blick auf die Organisation also nicht vorrangig danach, wo sich Männer bzw. Frauen befinden. Wir verstehen Geschlecht vielmehr als eine analytische Kategorie, mit deren Hilfe die Zuweisungsprozesse selbst untersucht werden können. Wenn wir von Vergeschlechtlichungsprozessen sprechen, fassen wir hierunter Vorgänge der Differenzierung, Normierung und Hierarchisierung von Menschen, Tätigkeiten, Positionen usw. entlang der Unterscheidung in männlich und weiblich, d.h. entlang des Musters der Zweigeschlechtlichkeit, wie es für moderne Gesellschaften und – als Teil hiervon – moderne Organisationen typisch ist.

Vergeschlechtlichungsprozesse in diesem Sinne als *un-bewusst*[1] vollzogene Zuweisungsprozesse zu analysieren, d.h. als Vorgänge, bei denen die im Feld bzw. in der Organisation geltenden Regeln und Prinzipien stillschweigend übernommen und zur Handlungsgrammatik gemacht werden, setzt voraus, dass neben der Organisation als einem hierarchischen und nach Geschlecht strukturierten Gebilde insbesondere auch die Kognitionen und Deutungsmuster der Organisationsmitglieder und hier insbesondere ihr Geschlechter-Wissen zum Untersuchungsgegenstand gemacht werden. Gerade dieses den Träger/inne/n selbst nicht umstandslos zugängliche und daher unbewusste Wissen stellt in seinen verschiedenen Facetten das Material dar, mit dem gearbeitet werden muss, wenn Prozesse des Organisierens so (um)ge-

---

1   Dieses Verständnis lehnt sich an Bourdieu an, der rationalistischen Handlungsmodellen, die von einem Akteur ausgehen, der bewusst Zwecke verfolgt, mit seinem Habitus-Konzept entgegenhält, dass zwischen den Akteur/inn/en und der sozialen Welt ein Verhältnis des vorbewussten, vorsprachlichen Einverständnisses besteht. Die Entstehungsgeschichte dieses Einverständnisses/Habitus wird vergessen; die ‚Evidenz' und Naturhaftigkeit der Wahrnehmungs- und Klassifizierungsschemata lässt sie zum Unbewussten werden (vgl. Dölling 2001a).

staltet werden sollen, dass sie – wie im *Berliner Landesgleichstellungsgesetz* (LGG) gefordert – Frauen und Männer tatsächlich gleichstellen.

Versteht man unter Wissenssteuerung recht allgemein ein Konzept, das darauf abzielt, das in einer Organisation vorhandene Wissen als Produktivkraft zu entfalten, indem die personale und die organisationale Komponente von Wissen, Lernen und Innovationskompetenz intelligent verknüpft und rekombiniert werden (vgl. Willke 1998, S. 17), dann lassen sich weitgehende Parallelen mit unserem Anliegen feststellen: Verschiedene empirische Untersuchungen haben nachgewiesen, dass die selbstverständlich gerechte Behandlung von Frau und Mann eine Produktivkraft darstellt, die es in und durch Organisation(en) herzustellen und zu nutzen gilt. Sie zeigen z.B. den positiven Einfluss, den dies auf die Arbeitszufriedenheit und die Motivation von insbesondere weiblichen Beschäftigten hat und verweisen auf Produktivitätsreserven, die hierdurch mobilisiert werden können (vgl. Gwartney-Gibbs/Lach 1994). In der Personalpolitik wird neuerlich an diese Erkenntnis angeknüpft und unter der Überschrift „Managing Diversity" oder auch „Gender Mainstreaming" die Berücksichtigung der Verschiedenheit von Beschäftigteninteressen in Unternehmen zum Programm erhoben (vgl. Krell 1996).

Deutliche Differenzen zwischen unserem Ansatz und dem der „systemischen Wissenssteuerung" betreffen hingegen die jeweils zu Grunde gelegte Konzeption von Wissen. Wir gehen im Anschluss an Bourdieus Feld-Habitus-Theorie von einem engen Zusammenhang zwischen der Logik der Organisation und dem hier generierten und geltenden Wissen, d.h. den Habitus und hegemonialen Deutungsmustern ihrer Mitglieder aus. Wir nehmen an, dass der jeweiligen Position in der Organisation Verwaltung die Deutungsmuster und als Teil hiervon die darin enthaltenen Vergeschlechtlichungen entsprechen, dass also von der (sozialen) Stellung im Amt auch beeinflusst ist, wie von welchem Wissen Gebrauch gemacht wird. Zentrale Bedeutung erhält in diesem Zusammenhang die Tatsache, dass Felder bzw. Organisationen hierarchische Gefüge darstellen, in denen um Erhalt und Verbesserung der jeweiligen Position gekämpft wird und daher unterschiedliche Interessen vorhanden sind.

Auch das Verständnis von Wissen, das Helmut Willke (1998) entwickelt, basiert auf der Annahme, dass ein enger Zusammenhang zwischen System/Organisation und Wissen besteht. Wissen – so seine Grundannahme – entsteht „durch den Einbau von Informationen in Erfahrungskontexte, die sich in Genese und Geschichte des Systems als bedeutsam für sein Überleben und seine Reproduktion herausgestellt haben" (ebd., S. 11). Die „Pointe" von Wissensmanagement liege darin, „der Organisation als System selbst eine vergemeinschaftete, kollektive Expertise, ein ‚Collective Mind' (Weick/Roberts 1993) und damit Lernfähigkeit und eine spezifische und organisationale Innovationskompetenz zuzutrauen" (Willke 1998, S. 6f.). Die konkreten Vorschläge, die dann unterbreitet werden, offenbaren allerdings, dass Wissen nurmehr als im engen Sinne Produktionswissen thematisiert wird. Die Aufgabe von Wissensmanagement beschränkt sich darauf, Instrumente und Verfahren zu entwickeln, die geeignet sind, die beständige Verbesserung und

Weiterentwicklung dieses Produktionswissen zu befördern. Zentrale Bedeutung kommt hierbei Techniken zu, die den Übergang vom impliziten zum expliziten Wissen befördern, d.h. die dazu führen, dass ein individuell vorhandenes Know-how, über das eine Person verfügt, ohne zu wissen, ‚wie sie kann, was sie kann', artikuliert und durch Zugänglichkeit verbreitet werden kann. Willke schlägt als eine solche Technik „MikroArt" vor, d.h. das Abfassen eines eine halbe bis maximal eine Seite umfassenden Mikroartikels, in dem in standardisierter Form „nach einer Lernerfahrung der Kern dieser Expertise schriftlich" (ebd., S. 102) festgehalten wird. Als zentrale Barriere, die der Routinisierung solcher Verfahren und damit der Vergemeinschaft von Wissen entgegensteht, problematisiert er das Fehlen von Zeit. Erforderlich seien daher „organisationale Unterstützungen und Einbettungen der Arbeit mit Mikroartikeln" (S. 103) z.B. durch deren Aufnahme in Datenbanken, die allen Organisationsmitgliedern zugänglich sind. Über die Erfahrung der Nützlichkeit des Austausches von Wissen könne so ein intrinsischer Anreiz geschaffen werden, sich an der Wissensproduktion zu beteiligen. Außerhalb der Betrachtung bleiben in dieser Perspektive auf Wissensmanagement tieferliegende Gründe für das auch in anderen Untersuchungen konstatierte Zurückhalten von individuellem Wissen (vgl. z.B. Wilkesmann/Rascher in diesem Band). Diese geraten in den Blick, wenn Organisationen als hierarchisch gegliederte soziale Felder betrachtet werden: Die Privatisierung oder Individualisierung von Wissen erscheint dann auch als eine Handlung, die unter Bedingungen allgemeiner Konkurrenz um Stellen, Chancen u.ä. insofern systemrational ist, als sie aus der Sicht de/r/s einzelnen Mitarbeiter/in/s der Verbesserung oder zumindest der Absicherung der eigenen Position dient.

Bevor wir dazu übergehen, zu zeigen, welches Geschlechter-Wissen bei leitenden Fachbeamt/inn/en einer Berliner Kommunalverwaltung vorhanden ist und inwiefern dies als Potential gewertet werden kann für die Herstellung von mehr Geschlechtergerechtigkeit, skizzieren wir den theoretischen Rahmen und führen kurz in das methodische Vorgehen bei unserer Untersuchung ein.

2. Theoretischer Rahmen

2.1 Geschlecht als Strukturmerkmal und Vergeschlechtlichung als Praxis

Unser Erkenntnisinteresse besteht darin, den Zusammenhang von Geschlecht und Organisation aufzuschließen, um Wissen darüber zu erarbeiten, in welchen Dimensionen und mittels welcher Prozeduren und Praxen die ungleiche Verteilung von Positionen zwischen den Geschlechtern zu Stande kommt bzw. reproduziert wird. Für die Bearbeitung dieser Fragestellung kann auf einen mittlerweile beachtlichen Forschungsstand zum Zusammenhang von Geschlecht und Organisation bzw. zur ‚Gendered Organization' zurückgegriffen werden (vgl. Calás/Smircich 1996). In ihrem Überblick zur *Epistemologie der vergeschlechtlichten Organisation* nimmt Dana Britton (2000) eine Unterscheidung zwischen den drei häufigsten Denkmodellen vor, mit denen Organisationen bislang als vergeschlechtlicht konzipiert worden sind. Als erste Variante, die aus den Anfängen der Forschungen zur vergeschlechtlichten Organisation[2] datiert, diskutiert sie die These, dass die idealtypisch bürokratische Form der Organisation deshalb schlechthin männlich sei, weil deren instrumentelle Rationalität, Abstraktheit und Unpersönlichkeit männlichen Praxen und Persönlichkeitsstrukturen entspringe und entspreche. Britton kritisiert hieran wesentlich zweierlei: *erstens* dass Geschlecht einen ontologischen Status erhält, der empirisch nicht mehr überprüft, sondern nur noch bestätigt werden kann, *zweitens* dass die apriorische Setzung des Vergeschlechtlichtseins von Organisationen verhindert, dass überhaupt kurzfristige Lösungen und Wege aufgezeigt werden können, wie diese so zu beeinflussen sind, dass eine weniger bürokratische und damit weniger nach Geschlecht diskriminierende Zukunft die Folge wäre. Insbesondere lassen sich Unterschiede in Art und Grad der Vergeschlechtlichung von Organisationen nicht benennen. Als zweite Variante diskutiert Britton die im Anschluss an Witz/Savage (1992) als „Nominal Approach" (Britton 2000, S. 424) bezeichnete These, wonach Organisationen (und Berufe) in dem Maße als vergeschlechtlicht anzusehen sind, in dem sie von Männern oder Frauen dominiert werden. Mit diesem Ansatz gehe allerdings das Erklärungspotential der Vergeschlechtlichungsansätze verloren, die es ermöglichen, zwischen der „Sex Composition" von Organisationen bzw. Berufen (d.h. der bloßen geschlechtlichen Zusammensetzung) und dem „Gender Typing" (d.h. dem Phänomen der Typisierung von Berufen und Segmenten als männlich oder weiblich) analytisch zu unterscheiden. Nur durch diese Differenzierung ließen sich aber z.B. in Umbruchprozessen, in denen Sex-Composition und Gender-Typing häufig *nicht* mehr übereinstimmen,[3] die Prozesse studieren, wie Organisationen und Berufe vergeschlechtlicht werden, um im Anschluss hieran gegensteuernde Maßnahmen entwickeln zu können.

Als dritte Variante diskutiert Britton die These, die besagt, dass Organisationen oder Berufe in dem Maße vergeschlechtlicht sind, wie sie symbolisch und ideologisch als männlich bzw. weiblich wahrgenommen werden. In diesem Sinne sei die auf Joan Acker (1990) zurückgehende These von der vergeschlechtlichten Organisation am häufigsten aufgegriffen worden. Der Gewinn dieses Ansatzes – so Britton – liege darin, dass die Aufmerksamkeit auf die Handlungen und Wahrnehmungen der Organisationsmitglieder gelenkt wird,

---

2   Wir verwenden im Folgenden den englischen Begriff „Gendered Organization" und dessen deutsche Übersetzung „vergeschlechtlichte Organisation" synonym.
3   Sie verdeutlicht diesen Gedanken am Beispiel der Integration von Frauen in die Industriearbeit während des 2. Weltkrieges. Dieser Vorgang könnte als Prozess der Feminisierung dieser Berufe beschrieben werden. Dabei würde allerdings unberücksichtigt bleiben, dass sich die „Geschlechtstypisierung" der Industriearbeit, dadurch, dass sie zeitweilig von Frauen verrichtet wurde, keinesfalls verändert hat; Industriearbeit gilt weiterhin als „männlich".

sowie auf die Rückwirkungen, die diese Aktivitäten für die Reproduktion von Ungleichheit zwischen den Geschlechtern haben. Allerdings berücksichtige dieser Ansatz die historisch gewachsenen und kontextspezifischen Bedingungen zu wenig, unter denen die Vergeschlechtlichungen vorgenommen werden. Und schließlich werde bislang auch der Tatsache zu wenig Rechnung getragen, dass analytisch zu differenzieren sei zwischen der Bedeutung von Geschlecht, die *interaktiv hergestellt* wird, und der Bedeutung, die der *Identität*, d.h. dem Selbst bzw. der Selbstsicht der Akteur/e/innen, entspringe. Britton schließt hieraus, dass für zukünftige Forschungen ein differenziertes Konzept der vergeschlechtlichten Organisation zu entwickeln sei, dass die Möglichkeit eröffnet, die Dialektik zwischen vergeschlechtlichten Organisationsstrukturen und der situierten Darstellung („Situated Performance", ebd., S. 431) von Geschlecht in den Handlungen und Praxen der Organisationsmitglieder zu untersuchen.

Diese Forderung, Geschlecht sowohl als Strukturmuster von/in Organisationen wie auch als Handlungs- und Wahrnehmungsdimension zu konzipieren und ein differenziertes Organisationsmodell zu entwickeln, das diese doppelte Untersuchungsperspektive einzunehmen erlaubt, greifen wir in unserem Projekt zu „Vergeschlechtlichungsprozessen im Zuge der kommunalen Verwaltungsreform" so auf, dass wir die Verwaltungsorganisation in Anlehnung an Pierre Bourdieu als ein soziales Feld fassen, das u.a. Strukturierungen entlang der Unterscheidung in männlich und weiblich aufweist.

2.2 Die Verwaltungsorganisation als „soziales Feld"

In der „Reflexiven Anthropologie" (Bourdieu/Wacquant 1996, 124ff.) führt Bourdieu aus, was unter einem sozialen Feld zu verstehen ist: Er definiert es als ein historisch gewordenes Ensemble objektiver Relationen zwischen Positionen, die von Akteur/inn/en eingenommen werden, die über unterschiedliche Kapitalien oder Ressourcen verfügen. Dieses Ensemble stellt zwar eine Art objektiver Struktur dar, die in der Lage ist, die Praktiken und Vorstellungen der Handelnden zu leiten und zu begrenzen, als solches wird es aber nur unzureichend erfasst, wenn nicht zugleich einbezogen wird, dass es eine „soziale Genese" hat, die sich sowohl auf die Wahrnehmungs-, Denk- und Handlungsschemata (die Habitus) der Akteur/e/innen wie auch auf die sozialen Strukturen im Feld bezieht.

Eine Analyse in Feldbegriffen impliziert „drei miteinander zusammenhängende, notwendige Momente (...). Erstens muß man die Position des Feldes im Verhältnis zum Feld der Macht[4] analysieren. ... Zweitens muß man die objektive Struktur der Relationen zwischen den Positionen der in diesem Feld

---

4 Mit der Verortung im „Feld der Macht" ist die Positionierung in den gesellschaftlichen Kräfteverhältnissen insgesamt angesprochen. Die Position des Feldes ‚Kommunale Verwaltung' im Feld der Macht zu analysieren, erfordert, die Position zu skizzieren, die sie in der Relation zu anderen gesellschaftlichen Feldern, etwa zur Privatwirtschaft, zu anderen Staatssektoren, Produktionszweigen usw. einnimmt.

miteinander konkurrierenden Akteure oder Institutionen ermitteln. Drittens muß man die Habitus der Akteure analysieren, die Dispositionensysteme, die sie jeweils durch Verinnerlichung eines bestimmten Typs von sozialen und ökonomischen Verhältnissen erworben haben und für deren Aktualisierung ein bestimmter Lebenslauf in dem betreffenden Feld mehr oder weniger günstige Gelegenheiten bietet." (Bourdieu/Wacquant 1996, S. 136) In Anlehnung an die skizzierte Feld-Habitus-Theorie konzipierten wir die Verwaltungsorganisation als ein hierarchisch gegliedertes soziales und nach Geschlecht strukturiertes Feld, durch das die Handlungen der Akteur/e/innen, die hier unterschiedliche Positionen einnehmen, zwar nicht determiniert, aber wesentlich disponiert sind. Die Reform fassen wir als einen Prozess der Umschrift dieses Feldes, d.h. als einen Vorgang der Modifizierung der bisherigen Regularien des Aufstiegs, der Inklusion, des Ausschlusses usw., der zu einer partiellen Um- bzw. Neuordnung der Positionen im Feld und damit zu einer Umverteilung der Handlungsressourcen zwischen den Akteur/inn/en führt bzw. führen kann. Dieser reformbedingte Modifizierungs- oder Umdeutungsprozess erstreckt sich auch auf die Dimension der Vergeschlechtlichung der bislang geltenden Regularien. Wir nehmen daher an, dass Vergeschlechtlichungsprozesse als Prozesse, bei denen die Unterscheidung in männlich und weiblich als ein die Wahrnehmungen und Handlungen von Akteur/inn/en strukturierendes Muster eingesetzt wird und wirkt, gerade in Prozessen des Umbaus besonders deutlich zu Tage treten, weshalb sie in solchen Phasen besonders gut zu beobachten sein müssten.

3. Die feldspezifische Konkretisierung der Untersuchung

Das konkrete Feld unserer Untersuchung stellt die Verwaltungsorganisation eines Ostberliner Stadtbezirks dar. Im Projektantrag[5] hatten wir für die Bearbeitung der Fragestellung folgendes 3-schrittige Vorgehen anvisiert: 1. Die Rekonstruktion des Bezirksamts als einem gesellschaftlich strukturierten und vergeschlechtlichten Feld, 2. die Analyse der Verwaltungsreform im Bezirksamt als konkrete Praxis, 3. die Untersuchung von ‚Leitbildern' der reformierten Verwaltung, d.h. von neuen Richtlinien, Zielvereinbarungen, Anforderungsprofilen, Konzepten zur Personalentwicklung usw., als Indikatoren für das umgeschriebene Feld sowie deren Analyse unter dem Aspekt ihrer rekursiven Wirkung bezüglich Vergeschlechtlichungen (vgl. Ortmann u.a. 2000, S. 19).

Der erste Untersuchungsschritt[6] hatte zur genaueren Kenntnis des Untersuchungsfeldes geführt, so dass die Konkretisierung der Untersuchungskon-

---

5 Das Projekt wird seit dem 1.6.2000 durch die DFG gefördert.
6 Neben umfassenden Dokumentenanalysen wurden im Sommer 1999 sowie von Mitte Mai bis Anfang Oktober des Jahres 2000 Expertengespräche mit der Gleichstellungsbeauftragten, der Frauenvertreterin, der stellvertretenden Personalratsvorsitzenden, dem Leiter des Steuerungsdienstes, dem Personalreferenten sowie dem/der Bürgermeister/in geführt.

zeption eng am Gegenstand vorgenommen werden konnte. Die im Forschungsantrag formulierte Vermutung, dass es im Zuge der vom Berliner Senat im Juni 1998 beschlossenen Bezirksfusion[7] im Untersuchungsbezirk zu einem erneuten Reformschub kommen würde, bestätigte sich nur zum Teil. Tatsächlich standen zum Zeitpunkt der Erhebungsphase die fusionsbedingten Aktivitäten im Vordergrund, d.h. die Schritte, die unternommen werden mussten, um die zwei bislang getrennt und unabhängig voneinander arbeitenden Bezirke/Verwaltungen bis zum 1.1.2001 personell und organisatorisch zusammenzuführen und in eine den Reformanforderungen entsprechende, funktionsfähige Verwaltungsorganisation umzugestalten. Während dies für die Ebene der Sachbearbeitung zunächst noch kaum Konsequenzen hatte, ergaben sich an der Spitze der Verwaltungsorganisation grundlegende Veränderungen und Umstrukturierungen: Im obersten Leitungsgremium, d.h. dem aus Bürgermeister und Stadträt/inn/en bestehenden, nach Parteiproporz zusammengesetzten Bezirksamt waren personelle Umbesetzungen die Folge.[8] Die bisher darunter liegenden *zwei* Führungsebenen der leitenden Fachbeamten und der Amtsleiter/innen wurden pro Abteilung bzw. pro Amt zu einer einzigen neuen Leitungsebene zusammengefasst. Die alte Ämterstruktur wurde durch ein Organisationsmodell ersetzt, dessen zentrale Einheiten nunmehr Leistungs- und Verantwortungzentren (LuV) sowie Serviceeinheiten (SE) darstellen. Die unmittelbare Folge der letztgenannten Veränderungen im hierarchischen Aufbau der Organisation war, dass sich die Anzahl der bisherigen Leitungsstellen auf dieser Ebene halbierte und dass schnellstmöglich das Personal hierfür aus dem Pool der bisherigen Amtsleiter/innen sowie weiterer interner Bewerber/innen ausgewählt werden musste.

Das *Verwaltungsreform-Grundsätze-Gesetz (VGG)*[9], das seinen Namen der Zielstellung verdankt, durch „Organisationsgrundsätze die Einheitlichkeit der reformierten Berliner Verwaltung hinsichtlich ihrer Bürgerorientierung, einschließlich der Ausrichtung auf die besonderen Belange der Wirtschaft, ihrer Führung und Steuerung und ihres Personalmanagements" (VGG §1) zu ge-

---

7 Vgl. das *Gesetz zur Verringerung der Zahl der Bezirke v. 10. Juni 1998* (Gesetz- und Verordnungsblatt f. Berlin, 54. Jg., Nr. 19). Wie die Funktionalreform zielt auch die Bezirksgebietsreform, d.h. die Reduzierung der Anzahl der Berliner Stadtbezirke durch Zusammenlegung von 23 auf 12, auf Einsparungen in relevanter Größenordnung ab, um die „extreme Haushaltsnotlage" der Stadt (Engelniederhamer u.a. 2000, S. 32) zu mildern.
8 Bürgermeister und Stadträte werden von den Bezirksverordnetenversammlungen (BVV) gewählt. Das *Gesetz zur Verringerung der Zahl der Bezirke* sieht als minimalen Ausgleich für den Wegfall von fast der Hälfte der bisherigen Positionen für die neuen größeren 12 Bezirke folgende Aufstockungen der Zahl der Mitglieder vor: Für die BVV einen Anstieg der Zahl der Abgeordneten von 45 auf 55; für das Bezirksamt einen Anstieg der Stadtratsposten von 5 auf 6.
9 Eine Berliner Besonderheit ist, dass die Verwaltung per Gesetz zur Reform verpflichtet worden ist. Mittlerweile liegt mit dem *Verwaltungsreform-Grundsätze-Gesetz (VGG)* vom 17.5.1999 das dritte Gesetz vor; vgl. das erste *Gesetz zur Reform der Berliner Verwaltung (Verwaltungsreformgesetz)* vom 28.7.1994 sowie das zweite *Verwaltungsreformgesetz (2. VerwRefG)* vom 4.7.1998.

währleisten bzw. herzustellen, enthält sowohl Hinweise für die Art der Regulierung (Bezahlung, Dauer der Stellenbesetzung usw.) dieser neuen Leitungspositionen wie auch für den Prozess der personellen Besetzung.[10] Wenngleich sich die Berliner Bezirke zumindest ab dem 1.1.2001 an diese allgemeinen Vorgaben zu halten hatten, war das jeweils konkrete Auswahlverfahren hierdurch lediglich vorstrukturiert, jedoch keineswegs in allen Einzelheiten festgelegt. Es konnte daher angenommen werden, dass die verschiedenen Akteur/e/innen im Untersuchungsbezirk im Zuge dieses Prozesses versuchen würden, ihre jeweils eigenen Vorstellungen vom Verlauf der Reform, von den Anforderungen, vom bestgeeigneten Führungspersonal usw. einzubringen und – ggf. auch gegen die Interessen anderer – durchzusetzen. Die Konzeption und die praktische Durchführung des Auswahlverfahrens versprachen daher, einen günstigen Untersuchungsausschnitt darzustellen, um *mikropolitische Aushandlungs- und Definitionsprozesse* sowie als Bestandteil hiervon *Vergeschlechtlichungsprozesse im sozialen Feld Amt in actu* studieren zu können.

Auch eine spezifische methodische Schwierigkeit konnte hiermit gelöst werden: Vergeschlechtlichungen stellen habitualisierte Handlungs- und Wahrnehmungsmuster dar. D.h. sie laufen im Wesentlichen unbewusst ab und bleiben auch für die Beteiligten in der Regel verborgen. Es ist daher wenig erfolgversprechend, Meinungen und Deutungen hierzu einfach abzufragen. Es muss vielmehr ein Analyseinstrument entwickelt werden, das ausschnitthaft den Zugang zu den Tiefenstrukturen der Handlungsvollzüge im Bezirksamt eröffnet, so dass das selbstverständliche Klassifizieren von Menschen, Handlungen, Eigenschaften, Anforderungen usw. u.a. entlang der Einteilung in männlich und weiblich in konkreten Handlungen und Interaktionen *aufgesucht*[11] werden kann. Unsere Annahme war, dass sich dieses „Aufsuchen" anhand des Verfahrens zur Auswahl der Leiter/innen für die LuVs und die SEs realisieren lassen müsste und dass sich, wie in einem Brennglas gebündelt, hieran folgende Aspekte beobachten und analysieren lassen müssten:

1. die vergeschlechtlichende Interpretation und Übersetzung der Ziele der Verwaltungsreform in konkrete Anforderungsprofile für die Beschäftig-

---

10 In §5 des VGG werden etwa das grundsätzliche Aufgabenprofil (Abteilungsleitung mit Ergebnisverantwortung), die Befristung der Stellenbesetzung auf 5 Jahre – wobei erneute Übertragungen zulässig sind – sowie die Besoldungs- bzw. Bezahlungsgrundsätze festgelegt. §6, Abs.4 enthält Vorgaben zum Vorgehen bei der Personalauswahl. Danach sind Personalentscheidungen für Führungsaufgaben „nach einem gruppenbezogenen Auswahlverfahren (...) oder nach einem anderen geeigneten Auswahlverfahren, wie strukturierten Auswahlgesprächen oder Auswahlinterviews, unter Berücksichtigung der dienstlichen Beurteilungen" zu treffen. Bei den gruppenbezogenen Auswahlverfahren wird die Eignung von Bewerbern „durch eine Gruppe von dafür besonders qualifizierten Fachkräften unterschiedlicher Fachrichtungen in einem ganztägigen Auswahlprozess beurteilt". Mindestens bei der Besetzung der LuV- und SE-Leitungen ist „ein externer Personalberater" hinzuzuziehen.

11 Vgl. zur Charakterisierung der ethnographischen Methode als „aufsuchende Methode" Kelle (1997).

ten, hier für das Führungspersonal als den Personenkreis, der die Fortführung der Reform in den neuen Organisationseinheiten maßgeblich orientieren und gestalten wird;
2. der konkrete Ablauf eines Auswahlverfahrens, in dem männliche und weibliche Führungskräfte um Positionen konkurrieren und deren Fähigkeitsprofile als mehr oder weniger passfähig eingeschätzt und gegeneinander abgewogen werden müssen;
3. die Funktionsweise eines sozialen und vergeschlechtlichten Feldes im Prozess des Umbaus sowie das Resultat dieses Vorgangs, d.h. die umgeschriebene und insbesondere mit Blick auf Vergeschlechtlichungen auf der Leitungsebene, im Organisationsverständnis, in den Anforderungsprofilen usw. neu konfigurierte Organisation.

3.1 Methode: Das verstehende Interview

Für das konkrete methodische Vorgehen haben wir uns an Jean-Claude Kaufmanns „Verstehendem Interview" (1999) orientiert, das er im Anschluss an verschiedene eigene Feldforschungen (vgl. ders. 1994, 1996) entwickelt hat. Diese ethnographische Methode basiert auf folgenden theoretischen Grundannahmen: Das Individuum wird „als eine Art Konzentrat der gesellschaftlichen Welt angesehen", als Einzelnes, das „auf eine besondere Weise strukturiert, die ganze Gesellschaft seiner Epoche in sich (trägt)" (Kaufmann 1999, S. 87f.). Dabei ist es allerdings nicht nur einfacher „Träger von Strukturen", sondern „aktive® Produzent des Gesellschaftlichen (ebd., S. 34). Als solcher verfügt es über ein für Sozialwissenschaftler/innen wichtiges Wissen. Um zum verstehenden Erklären des Gesellschaftlichen zu gelangen, muss dieses Wissen der Einzelnen untersucht und verstanden werden, d.h. es muss „von innen", über das Wertesystem der jeweiligen Person erkundet und rekonstruiert werden. Von diesem „Verstehen der Person" kann dann zum Verstehen des Gesellschaftichen weiter gegangen werden.

Im Anschluss an diese Grundannahmen wurde als zentrales Datenerhebungsinstrument das *leitfaden gestützte, themenzentrierte teilbiographische Interview* herangezogen. Die Interviews konzipierten wir so, dass sich der größte Teil des Gesprächs auf das Erleben und die Bewertung des Auswahlverfahrens bezog. In einem zweiten Teil wurden ausgewählte Aspekte der individuellen Biographie thematisiert. Neben dem beruflichen Werdegang standen hier das individuelle Arrangement von Erwerbs- und Familienarbeit sowie die häusliche Arbeitsteilung im Mittelpunkt. Diese offenen Befragungen wurden ergänzt durch einen *standardisierten Fragebogen* zu einigen biographischen Daten, u.a. zur familiären bzw. sozialen Herkunft, zu Schul- und Berufsbildung, zu den ausgeübten beruflichen Tätigkeiten seit 1985 sowie zur aktuellen privaten Lebensform (Familienstand, Kinderzahl usw.).

Um eine gegenstandsangemessene Konstruktion des Samples sowie der Interviewleitfäden vornehmen zu können, wurden mehrere Expertengespräche geführt – u.a. auch mit dem Leiter des Unternehmensberatungsinstituts, das federführend an Konzeption und Durchführung des Auswahlverfahrens beteiligt war. Diese Gespräche vermittelten ein erstes Basiswissen über die am Verfahren beteiligten Personengruppen, den grundsätzlichen Ablauf sowie über die Ergebnisse.[12] Hieraus ergab sich, dass die Gesamtpopulation der am Auswahlverfahren Beteiligten im untersuchten Amt aus insgesamt 73 Personen bestand, die sich auf folgende Untergruppen verteilten:

Gruppe 1: die Beobachter und Entscheider im Verfahren = 2 Bürgermeister, 7 Stadträt/e/innen (S); darunter 3 Frauen und 6 Männer

Gruppe 2: die Prozessbeobachter = aus jedem Amt 3 Beschäftigtenvertreter/innen, 1 Frauenvertreterin, 1 Behindertenvertreterin (B)

Gruppe 3: die erfolgreichen Bewerber/innen = 9 weibliche, 11 männliche Beschäftigte (L)

Gruppe 4: die nicht erfolgreichen Bewerber/innen = 12 weibliche, 22 männliche Beschäftigte (nL)

Von diesen insgesamt 73 Personen wurden 21 interviewt. Dabei orientierten wir uns bei der Festlegung des Samples an folgenden Kriterien: Aus jeder Gruppe sollten Beteiligte/Beschäftigte interviewt werden; die größte Anzahl an Interviews sollte mit den erfolgreichen und nicht-erfolgreichen Bewerber/inne/n geführt werden; in allen Gruppen sollten die Interviewpartner/innen nach Geschlecht quotiert sein.

Aufgrund der Gegebenheiten[13] musste in einigen Punkten von diesen Auswahlkriterien abgerückt werden, folgendes Sample konnte schließlich realisiert werden:

Tab. 1: Interviewsample der Untersuchung

Status im Auswahlverfahren	männlich	weiblich
Gruppe 1: Beobachter/Entscheider (Bürgermeister u. Stadträt/e/innen)	3	2
Gruppe 2: Beschäftigtenvertreter/in	1	1
Gruppe 3: Bewerber/innen (erfolgreich)	4	4
Gruppe 4: Bewerber/innen (nicht- erfolgreich)	2	4
Gesamt:	10	11

---

12 U.a. erfuhren wir, dass die Geschlechterverteilung der Positionen auf dieser Ebene im Untersuchungsbezirk im Vergleich aller Berliner Bezirke vergleichsweise ‚gerecht' ausgefallen war (vgl. Dölling/Andresen/Kimmerle 2002). Dieses Ergebnis machte unsere Untersuchung allerdings keinesfalls überflüssig. Es stellte sich vielmehr die Frage, was dieses Resultat bewirkt hatte und was hieraus für die Bedeutung von Vergeschlechtlichungsprozessen sowie von Geschlecht als einem Klassifizierungsmerkmal zu schließen ist.

13 In Gruppe 1 war der Anteil der Frauen so gering, dass wir mit allen Stadträtinnen hätten sprechen müssen, es waren aber nicht alle zu einem Interview bereit. Einige der nicht-erfolgreichen Bewerber/innen hatten Konkurrenzklagen eingereicht, was zur Folge hatte, dass einige Stadträte für ihre Bereiche Interviews mit Vertreter/inne/n dieser Personengruppe untersagten.

4. Die Rekonstruktion des Geschlechter-Wissens

4.1 Vorannahmen zum vorhandenen Geschlechter-Wissen

Eine Grundannahme unseres Forschungsprojektes ist, dass das Geschlechter-Wissen der an der Reform beteiligten Akteur/e/innen eine wichtige Ressource dafür darstellt, ob deren praktische Umsetzung mit einem Abbau von Geschlechterhierarchien in der Verwaltungsorganisation einhergehen wird. Bei der Auswertung der Interviews stellt deshalb die Rekonstruktion des Geschlechter-Wissens, über das die Interviewpartner/innen als Reformaktivist/inn/en verfügen, einen ersten wichtigen Analyseschritt dar. Bevor dieser angegangen werden konnte, war es erforderlich, eine Art Ausgangsverständnis darüber zu entwickeln, welche Dimensionen von Wissen der Begriff Geschlechter-Wissen überhaupt umfasst bzw. umfassen kann, sowie einige grundlegende Annahmen darüber zu formulieren, wie das Verhältnis zwischen grundsätzlich vorhandenem gesellschaftlichen Geschlechter-Wissen und dessen individueller Ausprägung/Aneignung zu konzipieren wäre. Anknüpfend an den dargelegten geschlechter- und feldtheoretischen Rahmen sind wir diesbezüglich von folgendem Verständnis bzw. Zusammenhang ausgegangen: Geschlechter-Wissen kann neben habitualisierten Mustern des zweigeschlechtlichen Klassifizierens, Wahrnehmens und Deutens, die in feld- und situationsspezifischen Handlungen unbewusst eingesetzt werden, ebenso eine Art „selbstverständlichen" Alltagswissens darstellen, das hegemoniale Normative und Werte über Männer und Frauen bzw. über Männlichkeit und Weiblichkeit reproduziert, wie auch ein ausgeprägt reflektiertes Wissen, das die Vorstellung der gesellschaftlichen Verfasstheit und Strukturiertheit von Geschlechterverhältnissen und Geschlechterbeziehungen einschließt. Vor dem Hintergrund dieser verschiedenen in der Gesellschaft vorhandenen Wissensformen über Geschlecht entwickelt das Individuum sein je individuelles Muster: Es kann sowohl in nur einer dieser Formen des Geschlechter-Wissens denken und wahrnehmen, wie auch über mehrere gleichzeitig – und in sich widersprüchliche – verfügen. Die konkrete Ausprägung des Geschlechter-Wissens bei dem einzelnen Individuum erfolgt einerseits vermittelt über die Biographie, andererseits über die sozialen Kontexte, in denen es handelt und wahrnimmt, d.h. im Austausch mit den hier geltenden ‚Vorgaben' und dominierenden Denk- und Wissensformen u.a. zu Geschlecht.

Bei dem von uns interviewten Leitungspersonal stellt das Bezirksamt als ein Unterfeld der öffentlichen Verwaltung diesen Kontext dar. Für das in diesem Feld grundsätzlich vorhandene Geschlechter-Wissen haben wir folgende konkretisierende Annahmen formuliert:

1. Es gibt seit ca. 30 Jahren in unserer Gesellschaft einen öffentlichen Diskurs über die Benachteiligung von Frauen bzw. über Geschlecht als einen diskriminierenden, Ungleichheit erzeugenden Faktor. Ein Ergebnis der in Politik wie Wissenschaft geführten und über die Massenmedien popula-

risierten Auseinandersetzungen ist ein stark gewachsenes, durchaus heterogenes kollektives Wissen um die „Frauen-" bzw. Geschlechterfrage sowie über Ursachen und Folgen der Zuordnung jedes Menschen zu einer Genusgruppe. Dieses Wissen ist nicht nur teilweise in den Bestand von Alltagswissen und -kultur eingegangen, es hat auch dazu beigetragen, dass Geschlecht als ein sozialer Unterscheidungs- und Diskriminierungsfaktor delegitimiert worden ist. Als Resultat politischer Aushandlungen wurden – insbesondere im öffentlichen Dienst – Gesetze erlassen und Verfahrensweisen eingeführt, die darauf abzielen, Benachteiligungen und Ungleichheiten qua Geschlecht zu beseitigen. In Berlin gibt es ein für den öffentlichen Dienst gültiges Landesgleichstellungsgesetz.
2. Die Angehörigen unseres Interviewsamples repräsentieren die politische bzw. die Verwaltungsspitze des untersuchten Ostberliner Bezirksamtes. Es handelt sich um eine Personengruppe mit relativ hohem kulturellen Kapital, deren Mitglieder in der Regel einen Hoch- bzw. Fachschulabschluss haben, über ein gutes Allgemeinwissen verfügen und die qua Profession in der Lage sein müssen, in Zusammenhängen zu denken und in der praktischen Arbeit Zusammenhänge herzustellen. Zudem sind diese Akteur/e/innen im Amt explizit (qua Gesetz) mit Forderungen der Geschlechtergleichstellung konfrontiert. Auf Grund dessen könnte vermutet werden, dass diese Akteur/e/innen über ein zumindest in Teilen reflektiertes Geschlechter-Wissen verfügen.

4.2 Fallspezifische und feldspezifische Auswertung der Interviews

Unter Berücksichtigung dieser Annahmen entwickelten wir das methodische Vorgehen für die Auswertung der Interviews. Das beim „verstehenden Interview" nach Kaufmann geforderte doppelte Verstehen übersetzten wir in eine doppelte Lektüre der Interviews: D.h. es wurde zunächst *fallspezifisch* analysiert, wie der/die Interviewte Geschlechterunterschiede konstruiert, welche kollektiv-kulturellen Wahrnehmungs- und Deutungsmuster sich dabei als individuell angeeignet ausmachen lassen und welches Geschlechter-Wissen resümierend festgehalten werden kann. In dieser ersten Auswertungsphase wurden an jedes einzelne Interview u.a. folgende Fragen gestellt: Wird mit dem Geschlechter-Wissen auf der unmittelbaren Beziehungsebene verblieben oder werden Geschlechterbeziehungen als strukturiert, als das Resultat gesellschaftlich geformter Geschlechterverhältnisse (Arbeitsteilungen, Berufssegmentierungen usw.) begriffen? Werden Geschlechterunterschiede als existent behauptet? Wie werden diese beschrieben und begründet? Wird auf Stereotype, Klischees und allgemein kursierende Floskeln zurückgegriffen oder spielen reflektierte Erklärungen eine Rolle?

Im Anschluss an die Annahme, dass die individuelle Aneignung von Geschlechter-Wissen doppelt gebrochen, d.h. biografie- und feldabhängig erfolgt, ergab sich als eine zentrale Voraussetzung für das fallspezifisch richtige Verstehen der Aussagen zu Geschlecht die Berücksichtigung der von uns so genannten *Lebensmaxime*. Wir bezeichnen hiermit das, was als Grundcharakterisierung des habituellen Wahrnehmungs- und Deutungsmusters einer jeden interviewten Person beschrieben werden kann. Mit Bettina Dausien (1998, S. 266) fassen wir Biographie als das „generative ‚Prinzip' (...), mit dem sich Gesellschaftsmitglieder – in vielfältigen wechselseitigen Interaktionen – im Laufe ihrer Lebenszeit in eine sich verändernde konkrete soziale Welt ‚einbauen'". Dieses generative Prinzip, das ebenfalls geschlechtsgebunden ist, haben wir in unserer Studie als *Lebensmaxime* auf der Basis aller vorhandenen biographischen Daten für jedes Interview herausgearbeitet. Diese Lebensmaxime stellt quasi die individuelle ‚Brille' dar, durch die Handlungskontexte wahrgenommen werden, bzw. durch die in unserem Fall, ein jeweils individuell geprägtes Geschlechter-Wissen als Resultat der eigenen Biographie generiert und als solches bei der Konstruktion sozialer Wirklichkeit – wie zum Beispiel der Auslegung der Reformbemühungen in der kommunalen Verwaltung – eingesetzt wird.

Mit der fallspezifischen Rekonstruktion von Lebensmaxime und Geschlechter-Wissen wird also in der Interviewanalyse zunächst ein Einblick in die – auch geschlechtsgebundene – je individuelle Sinn- und Bedeutungsgebung der Interviewten gewonnen. Erst nach Abschluss dieser Einzelfallanalysen können im nächsten Schritt mittels Vergleich der Fälle die Gemeinsamkeiten und Unterschiede im Geschlechter-Wissen der Interviewten aufgewiesen sowie die jeweiligen Ursachen hierfür herausgearbeitet werden. Damit ist auch der Übergang zum zweiten Analyseschritt, d.h. zur *feldspezifischen* Analyse der Vermittlung und Aneignung von Geschlechter-Wissen eingeleitet. Hier geht es darum, aus einer organisationssoziologischen Perspektive das Bezirksamt als soziales Feld, in dem mikropolitische Prozesse ablaufen und die Interviewten bestimmte Positionen einnehmen, zu rekonstruieren und danach zu fragen, wie durch die Logik des Feldes vor-strukturiert wird, ob und welches Geschlechter-Wissen von AkteurInnen bei der Reform ‚ins Spiel' gebracht werden kann. Im Folgenden konzentrieren wir uns auf die Darstellung einiger Ergebnisse der fallspezifischen Rekonstruktion des Geschlechter-Wissens der interviewten AkteurInnen.

4.3 Gemeinsamkeiten im Geschlechter-Wissen bei Akteur/inn/en der Verwaltungsreform

Die fallspezifischen Analysen der Interviews fördern zunächst eine Vielfalt zu Tage, die auf anschauliche Weise verdeutlicht, dass die biographische Herausbildung eines Grundmusters der Welt-Anschauung – und eines in Homologie hierzu stehenden Geschlechter-Wissens – tatsächlich eine individuelle Leistung darstellt, der ein Prozess des Sich-in-Beziehung-Setzens zu komplexen sozialen Bedingungen zu Grunde liegt. Im Vergleich der Einzelfälle werden aber auch Gemeinsamkeiten erkennbar, die die Interviewten als „aktive Produzenten des Gesellschaftlichen" (Kaufmann 1999, S. 34) ausweisen. Hier lässt sich als eine das Gesamtsample übergreifende *Gemeinsamkeit* für das Geschlechter-Wissen festhalten, was wir die *Dominanz des universalistischen Codes*, d.h. die Betrachtung der Dinge vom Standpunkt des allgemeinen Menschseins, gegenüber einer als partikularistisch wahrgenommenen geschlechtsspezifischen oder besser geschlechtersensiblen Perspektive zusammengefasst haben:

1. Alle Interviewten gehen davon aus, dass es (beobachtbare) Unterschiede zwischen den Geschlechtern gibt. Diese Unterschiede werden entweder als so selbstverständlich gegeben angesehen, dass sie überhaupt keiner Begründung bedürfen, oder sie werden mit Hinweisen auf die biologische Differenz bzw. als Ergebnis der Menschheitsgeschichte begründet.
2. Alle stimmen darin überein, dass diese gegebenen Unterschiede zwischen den Geschlechtern keine sozial relevanten Unterschiede sind – grundsätzlich sind alle Menschen gleich:

> „Sie sind da, beide Geschlechter, und sie sind für mich beide gleich" [B012; 30:1497];
> „(...) weder nur Frauen(...) noch nur Männer, sondern (...) einfach Leute" [S014;10:25f.];
> „ (...) aber ich seh's eben immer so zwischen zwei Menschen und ich also mach's nicht so sehr an Mann oder Frau fest" [L004;27:40f.].

Die im Geschlechter-Wissen aller Interviewten feststellbare Dominanz des universalistischen Codes bestimmt auch die Wahrnehmungsmuster, wenn es um die Bedeutung von Geschlecht in der Organisation Verwaltung geht. Auch hier zeigt sich als allgemeines Wissen: Geschlecht spielt in der Organisation keine Rolle, hier gilt – demonstriert konkret am Auswahlverfahren: alle haben die gleichen Chancen, alle werden gleich behandelt, entscheidend ist die individuelle Leistung. Wenn doch Unterschiede zwischen männlichen und weiblichen Bewerbern im Auswahlverfahren beobachtet werden – oft unter expliziter Zurückweisung solch stereotyper Geschlechtszuschreibungen wie etwa: Frauen sind sozial kompetenter als Männer –, werden diese als *individuelle* Unterschiede interpretiert, jedenfalls nicht mit der Genusgruppenzugehörigkeit in Zusammenhang gebracht:

> „ das ist auch von Mensch zu Mensch unterschiedlich, egal ob es Mann oder Frau ist" [L006; 23:21ff.].

Umgekehrt ist allgemein akzeptiert, dass Anforderungsprofile, Aufgabenbeschreibungen etc. objektive Kriterien darstellen, nach denen die am besten geeigneten Personen ausgewählt werden können, und dass eine Einbeziehung von Geschlecht die Objektivität bzw. Neutralität der Organisation in Frage stellen würde:

> „Also ich habe nicht den Eindruck gehabt, dass es eine Rolle spielte, auch bei den Aufgabenstellungen, ob Frauen oder Männer die erfüllen" [nL018; 20:37f.];
> „(...) dass man das möglichst darauf beruhen lässt, dass es sich um Menschen handelt und, na ja, die eben zwei Geschlechter haben und wo man jetzt eigentlich nicht das

Geschäft betreiben sollte, da die Unterschiede in jeglicher Hinsicht hervorzuheben, sondern eher auf das zu beschränken, was eben notwendig ist und was objektiv vorhanden ist" [nL015;1:37- 2:3];

„(...) also ich habe Stellen im öffentlichen Dienst zu besetzen nach Eignung, Leistung, Befähigung und nicht nach Geschlecht" [S013; 17:24ff.].

Dass der Gesamtlebenszusammenhang der Beschäftigten bei der Gestaltung von Organisationsprozessen einbezogen wird, dass etwa familiäre Verantwortlichkeiten und vergleichbare Anforderungen und Belastungen, die in unserer Gesellschaft immer noch überwiegend von Frauen geleistet werden müssen, Berücksichtigung finden, wird mehr oder weniger vehement als organisationsfremd abgelehnt:

„Wer sich diesem Verfahren stellt, will diese Stelle haben. Basta! Was hintenrum passiert (...)" [S011;22:31f.]).

Gemeinsam ist den Interviewten auch, dass sie „Frauen" assoziieren, wenn nach „Geschlecht" gefragt wird. Sie reproduzieren damit implizit das gängige Muster, wonach Frauen das Besondere und die Abweichung von der Norm darstellen und es in erster Linie darum gehe, sie an bestehende Normen anzupassen. Damit verbunden findet sich bei einer Vielzahl der Interviewten ein implizites Wissen um die geringere Wertigkeit des Weiblichen bzw. um die Existenz einer Rangfolge zwischen männlich und weiblich „(...) *obwohl man eine Frau ist (...) hat man durchaus Chancen"* [L004:26:44ff.]). Dieses Wissen wird auch als das Gegenteil, d.h. als *„Hochachtung vor"* [S013] oder Überraschtsein von den Leistungen, die Frauen zeigen, artikuliert. Damit einher geht die stillschweigende Bestätigung der Vorstellung, dass es Orte gibt – in der Gesellschaft allgemein bzw. in der Organisation Verwaltung im Besonderen –, die ‚passend(er)' sind für Männer bzw. Frauen.

Mehrheitlich gilt für das Geschlechter-Wissen der Interviewten, dass es eine Wissensform darstellt, die auf der Ebene der unmittelbaren Wahrnehmung von Beziehungen zwischen Männern und Frauen verbleibt. Dementsprechend erscheint dem Faktum, dass es nun mal zwei Geschlechter gibt, in der Verwaltung dann Genüge getan, wenn korrekte, höfliche Umgangsformen gepflegt und eventuell von den (männlichen) Leitern beachtet wird, dass Frauen ‚anders' sind, d.h. nicht – wie Männer – auch mal angebrüllt werden können u.ä.

Als ein soziales Strukturierungsmerkmal, das die Angehörigen der beiden Genusgruppen in ein hierarchisches und in aller Regel die Chancen von Frauen minderndes Verhältnis setzt, ist Geschlecht bestenfalls ansatzweise ein Bestandteil des in den Interviews auffindbaren Geschlechter-Wissens. Auch in diesen Fällen wird dieses Wissen allerdings nicht auf die Organisation Verwaltung bezogen.

4.4 Unterschiede im Geschlechter-Wissen

Neben den geschilderten Gemeinsamkeiten, die das Geschlechter-Wissen der Interviewten prägen, lassen sich auch einige auffällige Unterschiede und Differenzierungen auffinden. Werden diese in Beziehung gesetzt zur sozialen Positionierung der jeweiligen Interviewpartner/innen, d.h. zum Beispiel zu deren Verortung in der Hierarchie des Amtes, zur Ost-West-Herkunft oder zum Geschlecht, so bestätigt sich, dass ein Zusammenhang zwischen Stellung und Stellungnahme besteht. Zu diesen Unterschieden ist etwa die Bedeutung zu rechnen, die die Stadträt/e/innen einerseits und die erfolgreichen Bewerber/innen für die neue erste Führungsebene in der Verwaltung andererseits gleichstellungspolitischen Aktivitäten und Zielen, konkret: der geschlechtsparitätischen Verteilung von Führungspositionen innerhalb der Verwaltung beimessen. Einig darin, dass Geschlecht in der Organisation keine relevante Größe darstellt bzw. dass die Ursachen für Geschlechterungleichheiten nicht in der Organisation zu finden sind, formulieren die politischen Funktionäre (Stadtratsebene, Personalvertretung), dass es zwar kein explizit formuliertes Ziel gewesen sei, bei der Besetzung der ersten Leitungsebene den Frauenanteil zu erhöhen. Allerdings bewerten sie es als „*schön*" [B021], dass – quasi im Selbstlauf – am Ende doch fast ein „*fifty/fifty*" [S011] erreicht werden konnte:

> „Wir hatten den Wunschtraum irgendwo. Zu sagen: möglichst eine Gleichverteilung" [S011; 20:32f.];

> „Ich hab mich darüber gefreut also; nicht dass ich jetzt daran gedacht hab: hier müssen jetzt genauso viele Frauen wie Männer in diese Positionen" [B012; 30:1531ff.];

> „(...) ich hab in der Frauenversammlung (...) auch noch mal deutlich gesagt, dass ich mich freuen würde, wenn so viel wie möglich auch Frauen teilnehmen.(....) jeder, der sich das zutraut und einigermaßen die formalen Voraussetzungen erfüllt, der ist da herzlich willkommen" [S013; 17:11ff.];

> „Und daraus ist dann was Schönes geworden, also fast eine Hälfte aus (Bezirk A), fast eine Hälfte aus (Bezirk B), fast eine Hälfte aller Führungspositionen sind an Frauen gegangen" [S020; 8:4ff.]).

Im Unterschied hierzu formulieren die erfolgreichen Bewerber/innen die gerechte Verteilung der Positionen nach Geschlecht bzw. Gleichstellung nicht einmal als ein Ziel. Während also die politischen Beamt/inn/en Gleichstellung immerhin noch für „wünschenswert", wenngleich auch nicht für ihre Aufgabe, sondern die der Frauenvertreterin halten, sehen sich die Verwaltungsbeamt/inn/en, die als Repräsentant/inn/en einer neuen Führungskultur auch für Personalentwicklung verantwortlich sind, überhaupt nicht als aktiv Handelnde und Verantwortliche in punkto Gleichstellung. Stärker als die politischen Beamt/inn/en schließen sie Geschlecht als einen Faktor aus, dem in der Organisation Rechnung zu tragen wäre.

Unterschiede anderer Art im Geschlechter-Wissen bzw. in der Bedeutung, die Geschlecht in der Organisation zugeschrieben wird, zeigen sich, wenn das Gesamtsample in Männer und Frauen unterteilt wird. Zwar nicht bei allen, aber bei relativ vielen Frauen weist das Geschlechter-Wissen Elemente auf, die Bourdieu als „Scharfblick der Ausgeschlossenen" (Bourdieu 1997, S. 196) gekennzeichnet hat. Obgleich auch Frauen keine strukturellen Ursachen für Unterschiede bzw. Ungleichheiten qua Geschlecht sehen und ihr Geschlechter-Wissen im Vergleich mit dem der Männer des Samples eher graduelle Unterschiede aufweist, fällt doch auf, dass Frauen oftmals differenzierter über Geschlecht sprechen. Sie leiten z.B. aktuell beobachtbare Geschlechterunterschiede bzw. Geschlechterrollen aus der Geschichte her, haben einen Blick dafür, dass die Verteilung von Männern und Frauen auf die verschiedenen Bereiche innerhalb der Verwaltung nicht zufällig ist, sondern Resultat ungleicher Bedingungen sowie der Wirkung kultureller Normative, bzw. dass eine Diskrepanz zwischen (gleichstellungspolitischen) Proklamationen und der Praxis der Gleichbehandlung in Wirtschaft und Politik besteht:

> „Ja und da kommen wir wieder zu der typischen Rollentrennung, die immer noch da ist: Der Mann ist von vornherein auf den Job fixiert und die Frau hat gefälligst alles unter einen Hut zu bringen, übertreib ich jetzt mal" [L007; 27:50 – 28:2];

> „Auf der Kita-Strecke glaube ich, ist es [der Grund für den geringen Anteil von Männern an den Erzieher/inne/n, d.V.] einfach auch die Bezahlung und das Nicht-Weiterkommen. Ja, denn so viele Leitungsstellen gibt es nicht, und ansonsten hängt der Erzieher dann und kommt, wenn er dann nicht auf sozialarbeiterische Tätigkeit übergeht oder noch einen Sozialarbeiter macht, ist da ja irgendwo so ein Ende. Und ich weiß nicht, ob ich als Familienvater ewig Erzieher sein möchte" [B021; 28:5-12];

> „(...) habe ich, wenn ich so die Zeitung lese oder wenn ich bestimmte Dinge verfolge, schon den Eindruck, dass Frauen in Leitungspositionen nur teilweise gern gesehen werden (...) und dass die Gesellschaft (...),die Politik auch sagt, sie wollen ja Frauen haben, aber so richtig eigentlich auch wieder nicht" [L004; 43:9-17].

Diese gewisse Hellsichtigkeit für strukturell bedingte Unterschiede bzw. Ungleichheiten zwischen den Geschlechtern bleibt allerdings auf die private Wirtschaft oder auf das Feld der Politik beschränkt. Zum Teil explizit wird das Feld Verwaltung hiervon ausgenommen. Wenn die Situation im Bezirksamt oder das Auswahlverfahren in den Blick genommen werden, dominiert auch hier der universalistische Code.[14]

Unterschiede im Geschlechter-Wissen lassen sich auch ausmachen, wenn die Interviews nach der Herkunft der Befragten (neue bzw. alte Bundeslän-

---

14 Nimmt man in der Gruppe der Frauen weitere Differenzierungen vor, so fällt auf, dass diese gewisse Hellsichtigkeit vor allem bei den Frauen zu beobachten ist, die zu den älteren Jahrgängen (Mitte 40 bis Mitte/Ende 50) gehören und in der DDR aufgewachsen sind. Für die jüngeren Frauen (Mitte bis Ende 30), die mehrheitlich aus dem Westen kommen, trifft eher zu, dass Geschlecht als ein Differenzierungsfaktor als irrelevant angesehen wird und dass die individuelle Wahlfreiheit und Leistung als – geschlechtsunabhängige – Voraussetzungen, die über den beruflichen Erfolg entscheiden, gelten. Auch das Problem der Vereinbarkeit von Berufs- und Familienarbeit betrachten sie als rein individuell-private Angelegenheit, die zwischen den Beteiligten auszuhandeln ist.

der) differenziert ausgewertet werden. Tendenziell betonen die Ostdeutschen eher, dass zwischen den Geschlechtern grundsätzlich Gleichheit bestehe. Vor dem Hintergrund des DDR-spezifischen Geschlechtervertrags[15], der die selbstverständliche qualifizierte Vollzeiterwerbsarbeit beider (Ehe-)Partner sowie eine relativ egalitäre familiäre Arbeitsteilung nahelegte, wurde individuellbiographisch offensichtlich ein Geschlechter-Wissen entwickelt, in dem Differenzen zwischen Männern und Frauen kaum mehr gedacht, geschweige denn betont werden. Die Kehrseite hiervon ist, dass auch angesichts veränderter Bedingungen, die stärker von Hierarchien zwischen den Geschlechtern und von Ungleichheit geprägt sind, von dieser Egalitätsvorstellung kaum Abstand genommen wird, so dass eine Sensibilität für geschlechtsspezifische Diskriminierung kaum entwickelt wird.

5. Vorläufiges Fazit

Ob mit der praktischen Umsetzung der Reformziele in der kommunalen Verwaltung auch ein Abbau bisheriger Geschlechterhierarchien einhergehen wird, das hängt – so eine der Ausgangsthesen unseres Forschungsprojektes – auch und nicht zuletzt davon ab, ob sich die beteiligten Akteur/e/innen aktiv hierfür einsetzen, weil sie Geschlechtergleichstellung als ein relevantes Ziel und als eine ihrer Aufgaben ansehen. Mit der Rekonstruktion des bei den Vertreter/inne/n der politischen und der Verwaltungsspitze eines Bezirksamtes vorhandenen Geschlechter-Wissens sind wir empirisch der Frage nachgegangen, mit welchen Potenzialen für eine geschlechtersensible, d.h. für eine am Maßstab der Geschlechtergerechtigkeit ausgerichtete Realisierung der Verwaltungsreform auf Seiten der Akteur/inn/en gerechnet werden kann bzw. muss. Als Ergebnis des Herausarbeitens von Gemeinsamkeiten und Unterschieden im Geschlechter-Wissen der interviewten Führungskräfte kann Folgendes zusammengefasst werden:

---

15 Der Begriff „Geschlechtervertrag" umschreibt, dass es „in allen modernen Gesellschaften einen historisch gewachsenen sozio-kulturellen Konsens über die jeweilige Ausprägung der Verkehrsformen der Geschlechter, ein gemeinsam von Männern und Frauen getragenes Leitbild und Lebensmuster über die ‚richtige' Form der geschlechtsspezifischen Arbeitsteilung, die Familienform und die Art und Weise der Integration der beiden Geschlechter in die Gesellschaft über den Arbeitsmarkt und/ oder über die Familie gibt" (Schenk 1995, S. 478). Der Geschlechtervertrag der DDR, der in den neuen Bundesländern bis heute teilweise noch wirksam ist, war gekennzeichnet durch die Integration beider Geschlechter in die Gesellschaft primär über die Beteiligung am Erwerbssystem, bei gleichzeitiger Aufrechterhaltung der praktischen wie normativen Verantwortung der Frauen für den reproduktiven Bereich. Dieser Geschlechtervertrag hat zu Geschlechterarrangements geführt, die u.a. durch das tendenzielle Verschwinden der männlichen „Ernährerrolle", ökonomische Selbständigkeit von Frauen und ihre entsprechend starke Position in der Familie charakterisiert sind (vgl. auch Dölling 2001a).

1. Ein Wissen darum, dass in unserer Gesellschaft die Zuordnung aller Menschen zur Genusgruppe der Männer oder der Frauen einen vielfältig wirksamen, oftmals Frauen benachteiligenden sozialen Differenzierungsfaktor darstellt, gibt es bei den interviewten Akteur/inn/en kaum. Geschlechterunterschiede werden, wenn überhaupt, auf der Ebene der unmittelbaren Beziehungen wahrgenommen, strukturelle Ursachen und Reproduktionsweisen kommen nicht in den Blick. Vielmehr dominieren die allgemein gängigen Wahrnehmungs- und Deutungsmuster des universalistischen Codes: Alle haben die gleichen Chancen, jeder ist seines Glückes Schmied, entscheidend ist die individuelle Leistung usw.
2. Homolog hierzu wird auch die Organisation Verwaltung als geschlechtsneutral gesehen; Gleichstellungspolitik, Frauenförderung, Quotenregelungen u.ä. kommen in der Sicht der Mehrzahl der Interviewten durch Politik und Gesetzgebung, d.h. von außen' in die Organisation, bleiben den Zielen und Aufgaben aber ‚wesensfremd'. Gleichstellung gilt bestenfalls als „schönes" oder auch „wünschenswertes" Ergebnis, wird aber so gut wie gar nicht als Dimension des eigenen Handelns in der Organisation Verwaltung aufgefasst. Ein geschlechtersensibler Blick auf die Organisation ist so gut wie nicht vorhanden.

Diese Gemeinsamkeiten im Geschlechter-Wissen bei Akteur/inn/en der Verwaltungsreform verweisen darauf, dass auf Seiten der Subjekte Potenziale für einen Abbau von Geschlechterhierarchien eher nicht bzw. nur rudimentär vorhanden sind. Zwar geben die festgestellten Unterschiede im Geschlechter-Wissen Hinweise darauf, dass ein Teil der Akteur/inn/en unter bestimmten Bedingungen für eine geschlechtergerechte Umsetzung der Reformziele sensibilisiert werden könnte – angesichts der dominierenden Sichtweise, dass Organisation und Geschlecht nichts miteinander zu tun haben, sind die Chancen für das Eintreten solcher Bedingungen aber eher gering.

Die Rekonstruktion des Geschlechterwissens stellt lediglich einen Teilschritt unserer Untersuchung dar. Dieser vermittelt einen – wenig optimistisch stimmenden – Einblick in die subjektiven Potenziale, die dafür vorhanden sind, dass die in den Zielen der Verwaltungsreform angelegten grundsätzlichen Möglichkeiten für den Abbau von Differenzierungen und Hierarchisierungen von wichtigen Akteur/inn/en auch genutzt werden, um bewusst Trennungen entlang der Geschlechterlinie abzubauen. Unbeantwortet und weiter zu untersuchen bleibt die Frage, ob und inwiefern die mit Fortschreiten der Reform eingeführten Veränderungen etwa in der Arbeitsorganisation, bei der Personalentwicklung usw. sukzessive dazu beitragen, dass sich im Feld eine Handlungslogik durchzusetzen beginnt, die neben anderen Hierarchisierungen – quasi als Nebeneffekt – auch die entlang der Unterscheidung in männlich und weiblich obsolet werden lässt.

Literatur

Acker, J. 1990: Hierarchies, Jobs, Bodies: A Theory of Gendered Organizations. In: GENDER & SOCIETY 4 (1990)2, S. 139-158
Aulenbacher, B., Siegel, T. (Hg.) 1995: Diese Welt wird völlig anders sein. Denkmuster der Rationalisierung. Pfaffenweiler
Bourdieu, P. 1997: Die männliche Herrschaft. In: Dölling, I., Krais, B. (Hg.) 1997, S. 153-217
Bourdieu, P. 1992: Rede und Antwort. Frankfurt a.M.
Bourdieu, P., Wacquant, L., J. 1996: Reflexive Anthropologie. Frankfurt a.M.
Britton, D. 2000: The Epistemology of the Gendered Organization. In: GENDER & SOCIETY 14 (2000)3, S. 418-434
Calás, M.B., Smircich, L. 1996: Form ‚The Women's' Point of View: Feminist Approaches to Organization Studies. In: Clegg, S.R., Hardy, C., Nord, W.R. (Ed.) 1996, S. 218-257
Clegg, S.R., Hardy, C., Nord, W.R. (Ed.) 1996: Handbook of Organization Studies. London u.a.
Dausien, B. 1998: Die biographische Konstruktion von Geschlecht. In: Schneider, N., Mall, R.A. (Hg.) 1998, S.257-277
Dölling, I. 2001a: 10 Jahre danach: Geschlechterverhältnisse in Veränderung. In: Berliner Journal für Soziologie 11 (2001)1, S. 19-30
Dölling, I. 2001b: Habitus. In: Haug, W.F. (Hg.) 2001, S. 1105- 1114
Dölling, I., Andresen, S., Kimmerle, C. 2002: Vergeschlechtlichungsprozesse. In: direkt. Zeitschrift für die Beschäftigten der Berliner Verwaltung, Nr. 74, Januar 2002, S. 13
Dölling, I., Krais, B. (Hg.) 1997: Ein alltägliches Spiel. Geschlechterkonstruktion in der sozialen Praxis. Frankfurt a.M.
Engelniederhammer, S., Köpp, B., Reichard, C., Röber, M., Wollmann, H. 2000: Hauptweg und Nebenwege. Eine Zwischenbilanz zur Verwaltungsreform Berlin. Berlin
Goldmann, M. 1995: Industrielle Rationalisierung als Geschlechterpolitik. In: Aulenbacher, B., Siegel, T. (Hg.) 1995, S. 115-137
Gwartney-Gibbs, P.A., Lach, D.H. 1994: Gender Differences in Clerical Workers' Disputes over Task, Interpersonal Treatment, and Emotion. In: Human Relations 47 (1994)6, S. 611-639
Haug, W.F. (Hg.) 2001: Historisch-Kritisches Wörterbuch des Marxismus. Bd. 5: Gegenöffentlichkeit bis Hegemonialapparat. Hamburg
Kaufmann, J.-C. 1994: Schmutzige Wäsche: Zur ehelichen Konstruktion von Alltag. Konstanz
Kaufmann, J.-C. 1996: Frauenkörper – Männerblicke. Konstanz
Kaufmann, J.-C. 1999: Das verstehende Interview. Theorie und Praxis. Konstanz
Kelle, H. 1997: Mädchenkultur – Jungenkultur oder *eine* Kultur der Zweigeschlechtlichkeit? Zur Methodologie ethnographischer Kindheits- und Geschlechterforschung. In: Feministische Studien 15 (1997)2, S. 131-142
Kieser, A. (Hg.) 1999: Organisationstheorien. Stuttgart
Krell, G. 1996: Mono- oder multikulturelle Organisationen? „Managing Diversity" auf dem Prüfstand. In: Industrielle Beziehungen 3 (1996)4, S. 334-350
Ortmann, G., Sydow, J., Türk, K. (Hg.) 2000: Theorien der Organisation. Die Rückkehr der Gesellschaft. Wiesbaden
Ortmann, G., Sydow, J., Türk, K. 2000: Organisation, Strukturation, Gesellschaft. Die Rückkehr der Gesellschaft in die Organisationstheorie. In: Ortmann, G., Sydow, J., Türk, K. (Hg.) 2000, S. 15-34

Schenk, S. 1995: Neu- oder Restrukturierung des Geschlechterverhältnisses in Ostdeutschland? In: Berliner Journal für Soziologie 5 (1995)5, S. 475-488

Schneider, N., Mall, R.A. (Hg.) 1998: Einheit und Vielfalt. Das Verstehen der Kultur. Amsterdam

Wiechmann, E., Kißler, L. 1997: Frauenförderung zwischen Integration und Isolation. Berlin

Wilkesmann, U., Rascher, I. 2003: Lässt sich Wissen durch Datenbanken managen? Motivationale und organisationale Voraussetzungen beim Einsatz elektronischer Datenbanken. (im vorliegenden Band)

Willke, H. 1998: Systemisches Wissensmanagement. Stuttgart

Witz, A., Savage, M. 1992: The Gender of Organizations. In: Witz, A., Savage, M. (Ed.) 1992, S. 3-64

Witz, A., Savage, M. (Ed.) 1992: Gender and Bureaucracy. Oxford

Anwendungsfelder von Wissensmanagement

Uwe Wilkesmann, Ingolf Rascher

Lässt sich Wissen durch Datenbanken managen? Motivationale und organisationale Voraussetzungen beim Einsatz elektronischer Datenbanken

In diesem Aufsatz soll die Frage beantwortet werden, ob sich Wissen durch elektronische Datenbanken managen lässt. Dabei werden motivationale und organisationale Voraussetzungen diskutiert, die für das Funktionieren von Datenbanken notwendig sind. Verschiedene Formen von Datenbanktypen sind zu differenzieren, da sie jeweils unterschiedlicher motivationaler Voraussetzungen bedürfen. Zuerst wird das Thema jedoch in den Kontext des populären Diskurses „Wissensmanagement" eingeordnet, die Begriffe Wissen und Datenbank werden definiert, dann werden Probleme bei der Dateneingabe in Datenbanken sowie deren Überwindungsmöglichkeiten diskutiert, um diese dann anschließend an Fallbeispielen zu illustrieren[1].

In den letzten Jahren ist das Thema Wissensmanagement durch viele Veröffentlichungen populär geworden (vgl. Davenport/Prusak 1998, Probst 1996, Schreyögg 2001). Dabei wird Wissensmanagement häufig im Kontext der Einrichtung von Intranets und Datenbanken diskutiert (vgl. Lehner 2000). Dies gründet sich auf der Tatsache, dass Unternehmen nicht mehr allein an einem Standort beheimatet sind, virtuelle Teams weltweit zusammenarbeiten müssen und das Wissen von Personen unabhängig gespeichert werden soll. Aus diesem Grunde haben viele Unternehmen Datenbanken aufgebaut, die Mitarbeiter im firmeneigenen Intranet über so genannte „Wissensportale" nutzen sollen. Häufig begnügen sich die Unternehmen damit, lediglich die technischen Voraussetzungen zur Verfügung zu stellen, dies führt dann oft zu Datenfriedhöfen.

1. Probleme des Wissensbegriffs

Das Managen von Wissen wird in der gegenwärtigen Theoriediskussion als entscheidende Größe angeführt, um den gestiegenen Wettbewerbsanforde-

---

1   Das im Folgenden analysierte Konzept des Wissensmanagements bezieht sich auf Großunternehmen. Die Fallbeispiele stammen aus dem von den Autoren durchgeführten und von der Hans-Böckler-Stiftung finanzierten Projekt „Betriebsräte und Wissensmanagement" – Probleme bei der Einführung von Wissensdatenbanken in Intranets.

rungen gerecht zu werden. Wissen gilt bei vielen Unternehmen als die wichtigste Ressource, bei manchen als vierter Produktionsfaktor. Im Zusammenhang dieses Managementdiskurses ist hier jedoch zu fragen, ob sich Wissen wie andere Produktionsfaktoren managen lässt. Dazu müssen zuerst ein paar begriffliche Definitionen vorgenommen werden.

Daten, Information und Wissen sind Schlüsselbegriffe des Wissensmanagements, deshalb ist eine klare Definition und Abgrenzung der Termini Voraussetzung zur eindeutigen Verwendung der Konzepte und Modelle. Für die weiteren Überlegungen wird folgende Definition zu Grunde gelegt (vgl. Weggemann 1999):

Daten sind symbolische Reproduktionen von Zahlen, Quantitäten, Variablen oder Fakten. Dabei werden Daten allgemein als „hart" angesehen, wenn die Vertrauenswürdigkeit des Messinstrumentes und die Gültigkeit der Messung über jeden Zweifel erhaben sind. Als Beispiel können die Zahlen in einer Bilanz genannt werden.

Information stellt die Daten in einen Sinnzusammenhang. Der Leser der Bilanz muss wissen, was die einzelnen Zahlen bedeuten. Information besteht also aus stochastischen oder heuristischen Regeln oder Aussagen. Information kann unpersönlich gemacht werden, indem sie als Daten an eine Person weitergegeben wird. So kann Information in einer Datensammlung kommuniziert werden.

Wissen ist die persönliche Fähigkeit, durch die ein Individuum eine bestimmte Aufgabe ausführen kann. Wissen kann nicht außerhalb des Individuums existieren, wohl aber in der Interaktion generiert werden, dieser Prozess kann sowohl Face-to-face als auch durch kodifizierte Medien vermittelt werden. Wissen ist also verstandene Information. Der Leser der Bilanz muss wissen, ob die Information „gut" oder „schlecht" ist, d.h. was der Umsatzrückgang um 2% für das Unternehmen bedeutet. Dabei differenziert sich Wissen in die beiden von Polanyi (1985) unterschiedenen Typen: Explizites Wissen (kodiertes Wissen; Informationen, die in Theorien, Formeln, Handbüchern, Plänen usw. niedergelegt sind; Übertragung durch Unterweisung) und implizites Wissen (Erfahrungen, erworben durch Kopieren oder Imitieren im Sozialisationsprozess).

In der Literatur wird Wissen als Ressource dargestellt, die sich nicht verbraucht (u.a. Willke 1998). Das Teilen von Wissen – oder genauer Information – wird damit als unproblematisch unterstellt. Der betriebliche Alltag widerspricht aber gerade dieser Grundannahme. Information ist eine knappe Ressource, sie kann nicht marktmäßig gehandelt werden. Die Weitergabe von Information kann zu Machtverlust oder Wettbewerbsnachteilen führen. Wissen beinhaltet darüber hinaus auch praktische Tätigkeit und wird durch gemeinsamen Handlungsvollzug realisiert.

Bei den untersuchten Unternehmen wird Wissensmanagement eher im Sinne eines produktionstheoretisch-naturwissenschaftlichen Ansatzes gesehen[2].

---

2 Vgl. zu anderen Ansätzen Walger/Schencking (2001).

Im Zentrum dieses Ansatzes steht die Sichtweise, dass Wissen wie Werkstoffe und Betriebsmittel vom Unternehmen zu stellen ist. Dabei wird in einer technikdeterministischen Sichtweise unterstellt, dass durch den Aufbau entsprechender elektronischer Medien Wissen erzeugt, gesammelt und verteilt wird. Die Technik soll die Probleme des internen Kommunikationsflusses regulieren. Dabei wird fälschlicherweise Wissen häufig mit Information gleichgesetzt. Aus dieser produktionstechnischen Sichtweise bestimmt sich Wissen über den Zweck, für den es verwendet wird. Im Kontext des produktionstheoretisch-naturwissenschaftlichen Ansatzes den Begriff Wissensmanagement zu benutzen, ist jedoch ein Etikettenschwindel, da in diesem Falle nur die bessere Organisation von arbeitsteiliger Datenproduktion und deren Verarbeitung gemeint ist. Die elektronische Verknüpfung verschiedener Wissensbereiche und Personen alleine führt jedoch noch nicht zur Generierung neuen Wissens. Vielmehr ist zu fragen, ob man Wissen überhaupt managen kann. Der hohe Verbreitungsgrad des produktionstheoretisch-naturwissenschaftlichen Ansatzes verwundert nicht, wenn man bedenkt, dass in aller Regel die IT-Abteilung mit der Thematik der Einführung und Begleitung von Informationsdatenbanken betraut wird (vgl. KPMG 2001)[3].

Wissen als solches gibt es also nicht, es kann immer nur Menschen geben, die interaktiv Wissen generieren und aktualisieren. Aus diesem Grunde kann es auch keine Software geben, die Wissen generiert, gleich was die einzelnen Hersteller auch versprechen. Software kann die Kommunikation im Wissensumfeld unterstützen und den Kontakt zwischen Wissenden herstellen. Viele Probleme entstehen dadurch, dass in vielen Unternehmen die Meinung verbreitet ist, mit der Software ihre Probleme – z.B. in der internen Kommunikation – lösen zu können. Die entsprechende Enttäuschung wird dann nicht lange auf sich warten lassen, denn die vorhandenen Probleme werden nur reproduziert.

In der Begriffsdifferenzierung zwischen implizitem und explizitem Wissen von Polanyi (1985), die Nonaka und Takeuchi (1997) wieder aufgegriffen haben, wird der Bedeutungsinhalt von Wissen deutlich: Wissen ist hier gerade kein Objekt, das einfach über eine Expertenhotline weitergegeben werden kann. Dabei ist auch die Differenz zwischen Kodifizierung (elektronisch gespeichertes Wissen) und Personalisierung (Wissen im Besitz von Individuen, die eine institutionalisierte Interaktion pflegen) zu berücksichtigen (Hansen/Nohria/Tierney 1999). Da Wissen erst gemeinsam generiert werden muss, greift eine reine Kodifizierungsstrategie zu kurz. Implizites Wissen, alle non-verbale Kommunikation und Vertrauen zwischen den Interaktionspartnern lässt sich nur in der Face-to-face-Situation herstellen. Diese kann teilweise oder unterstützend auch technisch vermittelt sein, wie z.B. in Videokonferenzen. Bei einem Fallbeispiel wird deswegen auch neben der reinen technischen Lösung eine erweiterte Face-to-face-Lösung angestrebt:

---

3   Die Autoren führen momentan eine Umfrage durch, in der diese Aussage der KPMG-Studie nochmals überprüft wird.

Akteure, die viel über das Intranet miteinander zu einem Sachthema kommunizieren, werden für einen Workshop zusammengebracht, damit sie sich persönlich kennen lernen und engere Bindungen aufbauen können.

Trotz der genannten Probleme wird in den Unternehmen viel Geld in den Aufbau von Datenbanken investiert. Häufig ist damit auch die Hoffnung verbunden, die teure professionelle Arbeit von Experten ganz oder zumindest teilweise durch weniger qualifizierte Arbeitskräfte zu ersetzen: Diese soll dann in Anlehnung an das tayloristische Model organisiert und standardisiert werden. Dem liegt ein Wissensverständnis zu Grunde, in dem Information einfach mit Erfahrung, Kontext, Interpretation und Reflexion angereichert werden kann, um dann Arbeitshandeln und Entscheidungen anzuleiten.

2. Probleme bei der Datensammlung

In vielen Unternehmen (so auch bei den hier dargestellten Fallbeispielen) sind Intranets und Datenbanken auf- oder ausgebaut worden. Häufig ist dafür jedoch nur die technische Infrastruktur bereitgestellt worden, die organisationalen und personalen Voraussetzungen werden zumeist nicht geklärt. Wichtige Sachverhalte werden nicht oder nicht umfangreich genug berücksichtigt:

- Warum soll ein Mitarbeiter seine wichtigste Ressource (sein Wissen) abgeben? Was bekommt er dafür zurück?
- Welche Anreize sind notwendig, damit überhaupt Wissen in die Datenbank eingegeben wird, und zwar für andere Nutzer relevantes Wissen?

Zentrale Fragen bei der Einführung von Datenbanken zielen deshalb auf Anreize und Strukturen, die notwendig sind, damit Datenbanken funktionieren.

In Intranets gibt es sowohl Lurker, d.h. Personen, die sich verstecken und nur beobachten, was andere Personen im Netz machen bzw. welche Daten sie miteinander austauschen, als auch Free-Rider. Letztere haben kein Interesse, ihr Wissen abzugeben, d.h. Daten in eine Datenbank einzugeben. Sie warten nur darauf, dass dies die Kollegen machen. Aus ihrer Sicht stellt sich der Gebrauch einer Datenbank als Gefangenendilemma-Situation dar, in der sich die Kooperationsstrategie als „Daten eingeben" und die Defektionsstrategie als „Daten nicht eingeben" darstellt (vgl. Abb. 1). Die Strategie „Daten eingeben" beinhaltet, dass die Qualität der Daten ein solches Niveau erreicht, dass die anderen Nutzer auch etwas mit den Daten anfangen können. Entsprechend beinhaltet die Strategie „Daten nicht eingeben" auch die Handlung, Daten unvollständig oder in einer Form einzugeben, mit der andere Nutzer nichts anfangen können.

Lässt sich Wissen durch Datenbanken managen?

Abb. 1: Gefangenendilemma der Dateneingabe bei einer Datenbank

		Daten eingeben	Akteur II Daten nicht eingeben
Akteur I	Daten eingeben	R /R	S /T
	Daten nicht eingeben	T /S	P /P

Die Auszahlungsreihenfolge ist dabei: T > R > P > S und R > T+S/2

Geben beide Akteure ihre Daten und damit ihr Wissen in die Datenbank ein, dann können sie es beide wechselseitig gebrauchen, sie erzielen die Nutzenauszahlung R. Gibt Akteur I jedoch seine Daten nicht ein, Akteur II aber schon, dann erzielt Akteur I den höchsten Nutzen (T): Er gibt sein Wissen nicht preis, kann es also in strategisch wichtigen Aushandlungssituationen noch in die Waagschale werfen und macht sich nicht die zusätzliche Arbeit der Dateneingabe. Außerdem kann er die von Akteur II zur Verfügung gestellten Daten nutzen. Akteur II erreicht dagegen die niedrigste Auszahlung (S), da er sich die Mühe der Dateneingabe gemacht hat, Akteur I sein Wissen nutzen kann (z.b. um damit eine Präsentation vor dem Vorstand vorzubereiten), beraubt sich selbst jedoch seiner wichtigsten Machtressource. Geben beide keine Daten ein, dann haben sie sich zwar beide die Mühe der Dateneingabe gespart und behalten beide ihre Machtressource, können aber auch nicht voneinander lernen (P).

Individuell ist es für jeden Akteur in dieser Situation vorteilhaft, wenn er die Strategie „Daten nicht eingeben" wählt. Damit erzielen beide aber die zweitniedrigste Auszahlung. Gemeinsam erzielt die Strategie „Daten eingeben" für beide den höchsten Nutzen. Es ist sicherzustellen, dass auch beide diese Strategie wählen und nicht den anderen ausbeuten. Dies kann u.a. durch selektive Anreize oder intrinsische Motivation sichergestellt werden. Auch ein Moderator oder Manager kann von außen die Einhaltung kooperativen Verhaltens überwachen und sanktionieren (Kollock/Smith 1996). Informelle Sanktionen sind dagegen auf Grund der Gruppengröße in der Regel nicht möglich: Wie sollte ich den Kollegen in Japan sanktionieren können, wenn er nichts zur Datenbank beiträgt. Ich weiß nicht einmal, ob er überhaupt etwas beitragen könnte und somit bewusst Wissen zurückhält.

Dieses Dilemma tritt aber nicht bei allen Datenbanktypen auf, deshalb müssen zuerst verschiedene Formen von Datenbanken differenziert werden. Anschließend werden drei verschiedene Überwindungsmöglichkeiten des Gefangenendilemmas diskutiert, die die kooperative Strategie der Dateneingabe stabilisieren.

2.1 Datenbanktypen

Es lassen sich folgende Typen differenzieren:

1. *Technische Datenbank:* Hier werden für den Produktionsablauf wichtige Daten eingegeben, ohne deren Hilfe die eigentliche Tätigkeit nicht (oder nicht vollständig) ausgeführt werden könnte. Dieser Typ wird durch das

erste Fallbeispiel repräsentiert. Obwohl die Datenbank für die eigentliche Tätigkeit notwendig ist, treten Probleme bei der Pflege der Daten auf. Das geschilderte Dilemma tritt aber nur in sehr abgemilderter Form auf, da die Datenpflege in die Arbeitsroutine integriert und für weitere Arbeitsschritte notwendig ist.

2. *Dienstleistungsdatenbank:* In dieser Datenbank werden Daten *freiwillig* zu vordefinierten Themen abgelegt. Untersuchungsergebnisse, Erfahrungen aus anderen Unternehmen, Hilfen für die Akquisition neuer Kunden etc. sind dort zu finden. Bei diesem Typ können aber auch Fragen zu bestimmten Themen gestellt werden, die Kollegen innerhalb kürzester Zeit beantworten. Wenn z.B. der Außendienstmitarbeiter einen Auftrag beim Kunden bespricht und nicht weiß, ob die geforderten Spezifikationen überhaupt entwickelbar sind, dann kann er eine dringende Frage ins Netz stellen, die dann von den entsprechenden Experten weltweit beantwortet wird (vielleicht ist dieser Auftrag in anderer Form schon in einem anderen Land von dem Unternehmen bearbeitet worden). Auch der Austausch in Newsgroups zu bestimmten Themen findet in diesem Datenbanktyp statt. Bei diesem Typ kommt das beschriebene Dilemma voll zur Geltung. Dieser Typ findet sich in den Fallbeispielen zwei und drei wieder.

3. *Prozessdatenbank*: Dieser Typ wird häufig in der Forschung und Entwicklung verwendet. Hier werden nach einem vorgegebenen Ablaufschema Dokumente über den Fortschritt eines Projektes eingegeben. Die Dateneingabe ist dabei *nicht freiwillig*, sondern dient zur Arbeitsstrukturierung und zum Controlling. Die gesamte Projektplanung und -abwicklung wird über die Datenbank bearbeitet. Allerdings haben andere Akteure, die nicht an dem Projekt beteiligt sind, nur sehr selten Zugriff auf diese Datenbank, d.h. der User-Kreis ist sehr begrenzt. Aus diesem Grunde tritt das oben beschriebene Dilemma nicht auf. Gegenseitige Kontrolle ist auf Grund der Gruppengröße möglich. Allerdings kann die Qualität leiden, da nur der Akt der Dateneingabe überwacht wird.

4. *Metadatenbank/Suchmaschine*: Dieser Typ dient nur zur Verknüpfung vorhandener Datenbanken. Somit tritt das beschriebene Problem nicht auf.

5. *Yellow Pages/Skill-Datenbank*: Bei diesem Typ handelt es sich um eine Vorform des zweiten Datenbanktyps, in dem „nur" personengebundene Daten gespeichert werden. Auf Grund der Brisanz dieses Typs aus der Sicht der Arbeitnehmer wird er hier als eigene Kategorie erwähnt. Wenn die Daten von der Personalabteilung zentral verwaltet werden, existiert zwar nicht das Dilemma der Dateneingabe, aber es existieren rechtliche Probleme bei der Nutzung. Darf jede Person freiwillig Daten zur eigenen Person ablegen, besteht zumindest die Frage, welche persönlichen Daten öffentlich gemacht werden sollen. Jeder möchte sich als Experte für ein bestimmtes Gebiet ausweisen, darf aber auch nicht zu viel versprechen, da die Angaben im Arbeitsvollzug überprüft werden können.

6. *Knowledge-Based Datenbank*: Bei diesem Typ geben fest angestellte Redakteure Daten zu einem bestimmten Sachgebiet ein, oder es wird ex-

ternes Wissen eingekauft, das dann dort abgelegt wird. Da hier eine klare Aufgaben- und Anreizstruktur vorliegt, existiert das Dilemma nicht.

Das Dilemma der Dateneingabe lässt sich durch verschiedene Formen der Motivation (intrinsische und extrinsische) sowie z.T. durch Routinen überwinden.

2.2 Intrinsische Motivation

Nach Heckhausen (1989, S. 459) gilt eine Handlung dann als intrinsisch motiviert, „wenn Mittel (Handlung) und Zweck (Handlungsziel) thematisch übereinstimmen; mit anderen Worten, wenn das Ziel gleichthematisch mit dem Handeln ist, so dass dieses um seiner eigenen Thematik willen erfolgt. So ist z.B. Leistungshandeln intrinsisch, wenn es nur um des zu erzielenden Leistungsergebnisses willen unternommen wird, weil damit die Aufgabe gelöst ist oder die eigene Tüchtigkeit einer Selbstbewertung unterzogen werden kann". Damit definiert Heckhausen den Begriff intrinsische Motivation über die Gleichsetzung von Weg und Ziel. Ein Akteur ist intrinsisch motiviert, wenn ihm etwas Spaß macht. Diese Definition soll auch hier den weiteren Betrachtungen zu Grunde liegen[4].

Im Falle der intrinsischen Motivation tritt das Gefangenendilemma nicht auf. Die kooperative Strategie ist immer dominant, da es Spaß macht, Daten einzugeben. Die Arbeit wird nicht auf Grund eines erst später zu erwartenden Nutzens unternommen, sondern als Selbstwert. Der Nutzen besteht in der Arbeit selbst, nicht in später erwarteten Belohnungen.

Intrinsische Motivation lässt sich aber nicht bei Mitarbeitern induzieren. Sie ist nur indirekt über entsprechend weite Handlungsspielräume zu steuern[5]. In Personengruppen und -netzwerken, in denen Wissen gemeinsam generiert wird, spielt die intrinsische Motivation eine wichtige Rolle. Solche Wissensgemeinschaften sind Personengruppen, die über einen längeren Zeitraum Interesse an einem gemeinsamen Thema haben und Wissen gemeinsam aufbauen und austauschen wollen. Die Teilnahme ist freiwillig und persönlich. Dabei sind Wissensgemeinschaften immer um spezifische Inhalte (Technologien, Prozesse, Methoden, Produkte, persönliche Erfahrungsfelder etc.) gruppiert. Wissensgemeinschaften gelten gemeinhin als zentrale Stellen für den Austausch und die anwenderorientierte Interpretation von Informationen, da die Mitglieder ein gemeinsames Verständnis für das gleiche Thema haben. Die Wissensgemeinschaft zeichnet sich durch ein gemeinsames Grundwissen aus, das nicht ständig in Frage gestellt wird. In der Interaktion

---

4 Mit dieser Definition baut Heckhausen auf den attributionstheoretischen Konzepten der intrinsischen Motivation nach Deci auf. Danach ist für die intrinsische Motivation entscheidend, dass der Akteur sein Handeln als selbstbestimmt empfindet.

5 Je größer der Handlungsspielraum, desto wahrscheinlicher ist das Auftreten von intrinsischer Motivation. So lässt sich sehr grob die arbeitspsychologische Forschung zu diesem Punkt zusammenfassen, vgl. u.a. Hackman/Oldham (1980), Ulich (1990).

der Wissensgemeinschaft können implizite Elemente von Wissen am Leben erhalten und gegebenenfalls den lokalen Nutzungsbedingungen angepasst werden. Aus diesem Grunde eignen sie sich auch gut, um neue Mitarbeiter einzuführen und um Erfahrungen weiterzugeben. Ein weiterer Vorteil liegt in der Weiterentwicklung von Kompetenzen, die später neue Entwicklungen in der Organisation auslösen können[6].

Aber warum soll der Mitarbeiter sich in solche Wissensgemeinschaften einbringen? In einer Zeit, in der Projekte und Teams eine immer kürzere Lebensdauer haben und sich ständig wandeln, bieten Wissensgemeinschaften eine Heimat, schaffen eine längerfristige Identität für ihre Mitglieder und bieten ein Experimentier- und Lernfeld, in dem Mitglieder sich offen austauschen können.

Idealtypisch sind Wissensgemeinschaften also dadurch gekennzeichnet, dass sie sich einem Thema ganz öffnen, mit ihrem Wissen nicht in wirtschaftlichen Wettbewerb treten wollen und genügend Raum und Zeit haben, um Informationen auch zu teilen. Wissensgemeinschaften sind jedoch nicht losgelöst von den Werten und der Kultur der jeweiligen Organisation, in die sie eingebettet sind (North/Romhardt/Probst 2000). Sie sind somit notwendige, aber keine hinreichende Voraussetzung für die Generierung neuen Wissens.

Entwickeln Mitarbeiter in solchen Handlungskontexten intrinsische Motivation, so ist damit jedoch nicht sichergestellt, dass deren Motivation in Übereinstimmung mit den Unternehmenszielen ist (Frey 2000). Aus diesem Grunde versuchen viele Unternehmen, das Dilemma durch extrinsische Anreize zu überwinden.

Ob die Dateneingabe intrinsisch motiviert ist und welche Anreize sich User wünschen, ist Gegenstand einer umfangreichen Online-Befragung, die die Autoren gerade in mehreren großen Unternehmen durchführen.

2.3 Extrinsische Anreize

Das Unternehmen kann als dritter Akteur in das Gefangenendilemma der Dateneingabe eingreifen und durch die Vergabe von externen Anreizen die kooperative Strategie der Dateneingabe auch individuell rational gestalten. Die Nutzenauszahlungen im Gefangenendilemma verändern sich im Zwei-Personenfall dann wie folgt:

Abb. 2: Gefangenendilemma der Dateneingabe bei einer Datenbank mit extrinsischen Anreizen

		Akteur II	
		Daten eingeben	Daten nicht eingeben
Akteur I	Daten eingeben	R + X/R + X	S + X/T
	Daten nicht eingeben	T /S + X	P /P

---

6 Vgl. dazu auch die Bestimmung von Lernen in Projektgruppen (Wilkesmann 2000a).

X ist der extrinsische Anreiz, den das Unternehmen den individuellen Akteuren gibt. Damit für die einzelnen Akteure auch die „Dateneingabe-Strategie" dominant wird, muss $X \geq T - R$ sein. Wird X jeweils mit dem Wert von R und S addiert, dann verändert sich die Auszahlungsreihenfolge: $R > T > S > P$. Es entsteht also ein Mix aus Assurance und Chicken Game.

Aus der Sicht des dritten Akteurs, des Unternehmens, der die Anreize aufbringen muss, rechnet sich der Eingriff zur Überwindung des Dilemmas auch. Wählen alle Akteure die Defektionsstrategie, dann entsteht dem Unternehmen ein Verlust, da sich die Investitionskosten nicht amortisieren und das Rad in dem Unternehmen möglicherweise zweimal erfunden wird, also Information doppelt generiert wird. Wählen alle Akteure jedoch die Kooperationsstrategie, erwartet das Unternehmen einen Gewinn, wobei die Gewinnerwartungen aber größer als die Investitionskosten zuzüglich der eingesetzten Anreize sein müssen. Häufig sind die Gewinne für das Unternehmen aber nicht eindeutig der Datenbank zuzurechnen. Die Information, die zum erfolgreichen Geschäftsabschluss geführt hat, stammt möglicherweise nicht aus der Datenbank, sondern ist über ein persönliches Netzwerk vermittelt worden.

Im Falle der Datenbanken können extrinsische Anreize in Form von Geldprämien, Handys oder Reisen bestehen (vgl. das zweite Fallbeispiel). Derartige extrinsische Anreize haben drei Nachteile:

1. Sie können eine Anspruchspirale erzeugen. Über die Zeit erwarte ich immer mehr Anreize für den gleichen Beitrag, damit weiterhin Motivation erzeugt wird.
2. Es wird nur die Handlung ausgeführt, die belohnt wird, andere werden vernachlässigt. Dies ist bei Multiple Tasks Aufgaben dysfunktional (vgl. Frey 2000). Wird z.B. die Anzahl der eingegebenen Daten belohnt, so wird das Verhalten der Akteure nur auf die Quantität, ohne Kontrolle der Qualität, gelenkt. Es kann aber dazu dienen, eine kritische Masse an Daten in der Datenbank zu erzeugen.
3. Die Anreize können die bei Mitarbeitern vorhandene intrinsische Motivation verdrängen. Die Diskussion um diesen Verdrängungseffekt ist zu einem vorläufigen Abschluss gelangt und lässt sich in folgender Aussage zusammenfassen (vgl. Frey 1997): Externe Eingriffe verdrängen die intrinsische Motivation, wenn das Individuum sie als kontrollierend wahrnimmt. Die externen Anreize können jedoch auch die intrinsische Motivation verstärken, nämlich dann, wenn sie als unterstützend wahrgenommen werden[7].

---

7 Der Verdrängungseffekt lässt sich auf folgende Faktoren zurückführen (vgl. Frey 1997): (1) Eingeschränkte Selbstbestimmung: Wird der äußere Anreiz als Einschränkung des eigenen Handlungsraums wahrgenommen, so wird die internale Kontrolle zu Gunsten einer externalen Kontrolle abgebaut. Handlungen, die früher intrinsisch motiviert waren, werden jetzt nur noch auf Grund äußerer Eingriffe vorgenommen.
(2) Verminderte Selbsteinschätzung: Wird die äußere Intervention als Missachtung der intrinsischen Beweggründe wahrgenommen, so reduziert die Person ihren Einsatz.

Bei qualitativen Interviews mit Datenbanknutzern stellten sich folgende externe Anreize als wichtig heraus:

- *Sozialer Status*: Ich gebe Daten ein, weil ich im Unternehmen als Experte zu dem Thema anerkannt werde möchte.
- Der *erfahrene Nutzen*: Kann ich selbst die Datenbank für meine Arbeit benutzen, dann bin ich auch eher bereit, etwas dort hineinzustellen. Hier greift die *Norm* der *Reziprozität*. Habe ich die Datenbank als nützlich für mich erlebt, bekommt sie auch einen anderen Stellenwert (Tit For Tat).

Neben diesen Anreizen ergaben die Interviews weitere allgemeine Funktionsvoraussetzungen von Datenbanken, ohne die diese nicht funktionieren:

- Sowohl eine *kritische Masse* an Informationen[8],
- als auch *qualitativ hochwertige Informationen* sind notwendig: Mich interessiert z.B. nicht, was Kollegen in den USA unter ganz anderen Bedingungen empfehlen, sondern Informationen, die hier und jetzt für mich interessant sind.
- Eine Suche in der Datenbank darf aber auch nicht zu viele *Treffer* ergeben. Bei einer Suchanfrage mit ca. 200 Treffern brauche ich einen Arbeitstag, um sie alle durchzusehen und womöglich am Ende festzustellen, dass ich alle nicht gebrauchen kann. Die Suche darf deshalb *nicht zu viel Zeit* in Anspruch nehmen.
- Es wird *extra Zeit* benötigt, um etwas in eine Datenbank einzugeben. Diese Extraarbeit wird in vielen Firmen gerade bestraft, wenn z.B. die Mitarbeiter nur nach der Anwesenheitszeit beim Kunden bezahlt werden.

Alle oben angesprochenen Punkte werden meistens dann berücksichtigt, wenn die Nutzer als Wissensgemeinschaft in die Planung und Implementierung einbezogen sind.

Aus der Sicht des Unternehmens haben extrinsische Anreize aber den Vorteil der guten Steuerbar- und Planbarkeit. Außerdem können sie Handlungsroutinen bei den Akteuren induzieren.

2.4 Handlungsroutinen

Eine weitere Lösung des Gefangenendilemmas kann in der Etablierung von Handlungsroutinen bestehen[9]. Sie lassen sich als generelle Entscheidung für

---

(3) Überveranlassung: Die gleichzeitige intrinsische und extrinsische Motivierung führen zur Überveranlassung. Da die Personen nur den intrinsischen Anreiz selbst kontrollieren, bauen sie ihn entsprechend ab.

(4) Reduzierte Ausdrucksmöglichkeit: Externe Eingriffe können einer Person die Möglichkeit rauben, ihre intrinsische Motivation auszuleben und nach außen hin zu dokumentieren. Auch hier findet ein Umschalten auf die extrinsische Motivation statt.

8 In Anlehnung an die Informationsökonomik gelten allgemein ca. 25% aller Daten der angestrebten Zielgruppe als gut.

die Kooperationsstrategie verstehen, die eine alltägliche Kalkulation überflüssig macht. So wie ich mich generell dafür entscheiden kann, nach dem Essen die Zähne zu putzen, welches mir die jeweils neue Entscheidung nach dem Essen abnimmt, so kann ich mich grundsätzlich dafür entscheiden, immer meine Daten einzugeben, entweder weil ich eingesehen habe, dass dies auf Dauer auch für mich nützlich ist (Selbstbindung), oder weil ich dazu – mehr oder minder – gezwungen werde. Routinen können also aus Einsicht oder durch externe Anreize erzeugt werden. Routinen in diesem Sinne sind habitualisierte Handlungen und beziehen sich nur auf einzelne, bestimmte Handlungen[10]. Sie entlasten den Akteur von alltäglichen Choices durch Bildung neuer Constraints und schaffen Sicherheit. Anthropologisch lassen sich Routinen somit als „Mängelwesenkompensation" (Marquard 2000) bezeichnen.

Ob sich jedoch Routinen bei der Dateneingabe etablieren können, hängt von der Art der Daten ab: Technische Daten in vorgegebene Kategorien einzutragen, kann und sollte zur Routine werden (vgl. das erste Fallbeispiel). Wenn also bei technischen Datenbanken schon Probleme mit der Dateneingabe auftreten, dann ist dies ein Zeichen dafür, wie wichtig die motivationalen Voraussetzungen sind. Bei Dienstleistungsdatenbanken können Routinen aber nur in der Regelmäßigkeit der Handlungen bestehen, wie z.b. jeden Tag 15 Minuten Daten einzugeben. Dies sagt aber nichts über die Qualität der Daten aus. Da es sich hier nicht um einfache technische Kategorien handelt, die nur „gefüllt" werden müssen, sondern um neu generierte Ideen, stellen solche Routinen nicht unbedingt schon die Qualität der Datenbank sicher, garantieren aber Erwartungssicherheit im Hinblick auf die kooperative Strategie.

3. Fallbeispiele von Datenbanken

In diesem Kapitel sollen exemplarisch drei Datenbanken aus dem von den Autoren untersuchten Sample vorgestellt werden. An ihnen lassen sich die einzelnen Probleme und mögliche Lösungen verdeutlichen.

3.1 Eine technische Datenbank

Das erste Fallbeispiel stellt eine technische Datenbank dar, in der alle Fahrzeuge des Personenverkehrs eines der größten europäischen Verkehrsbetriebe erfasst sind. Zu jedem Fahrzeug werden Informationen über seine Beheimatung, seine technische Ausstattung sowie seine betriebliche Verwendbarkeit vorgehalten. Durch zusätzliche Anwendungen können individuelle Auswertungen über den Fahrzeugbestand erfolgen sowie die Planung und Überwa-

---

9   Vgl. die Differenzierung von Innovations- und Routinespielen in Wilkesmann (1999).
10 Im Gegensatz zu Routinespielen, die sich auf Handlungspfade beziehen; vgl. Wilkesmann (1999).

chung von Instandhaltungsmaßnahmen und Sonderarbeiten. Über eine Reihe von Schnittstellen liefert die Datenbank Fahrzeugdaten an weitere Systeme, die diese Informationen für verschiedene Planungs-, Durchführungs- oder Controllingaufgaben benötigen. Die Datenbank wurde 1995/96 eingeführt. Die eigentliche Nutzung der Datenbank erfolgt seit der Vernetzung und der Ausbildung der Mitarbeiter seit März 1999. Angeschlossen sind die Instandhaltungswerke und einige zentrale Stellen im Controlling. 1996 waren etwa 150 Nutzer (Arbeitsplätze) angeschlossen, 2000 betrug die Zahl etwa 350.

Über die Datenbank wird die gesamte Pflege und Instandhaltung abgewickelt. Sobald ein Fahrzeug in die Instandhaltung kommt, muss dort nachgesehen werden, ob spezielle Vorgaben von der Zentrale gemacht wurden (z.B. alle Trittbretter sind zu verstärken) und die durchgeführten Reparaturmaßnahmen sind einzutragen (z.B. neue Tür eingesetzt). Theoretisch ist damit der genaue Pflegestand jedes Wagens abrufbar. Die Instandhalter werden jedoch nicht konkret angewiesen, immer alle Daten zu aktualisieren. Da zu jedem Fahrzeug in der Datenbank ca. 200 technische und betriebliche Merkmale angegeben sind, ist die Pflege der Daten zeitaufwendig. Die Instandhalter sehen häufig nicht ein, warum so viele Daten zu aktualisieren sind. Sie geben meistens nur die von ihnen durchgeführten Tätigkeiten an. Viele Vorgesetzte überwachen die Datenpflege nicht. Auch wenn sie wissen, dass in diesem Bereich nicht ordentlich gearbeitet wird, findet keine Sanktionierung statt. Da dies aber eine technische Datenbank ist, d.h. die Daten sind für den Arbeitsablauf vieler Menschen in dem Unternehmen notwendig, hat sich neben dieser Datenbank eine inoffizielle Nebendatenbank entwickelt. Hier werden wenigstens die wichtigen Daten (weit weniger als 200 pro Fahrzeug) ständig aktualisiert, um einen Überblick über die einsetzbaren Fahrzeuge zu haben.

3.2 Eine Dienstleistungsdatenbank aus dem Sales-Bereich

Im Rahmen eines umfangreichen Organisationsentwicklungskonzeptes wurde im Sommer 1998 in dem Unternehmen, in dem diese Datenbank angesiedelt ist, die Frage diskutiert, wie Teams effektiver arbeiten können und wie der Austausch der Informationen hinsichtlich Sammlung und Verbesserung der Qualität organisiert werden soll. Aufgenommen wurde insbesondere die Frage: Wo hätte man voneinander lernen können, wenn man nur voneinander gewusst hätte. Mit der Entwicklung eines entsprechenden Konzepts wurde die Firma The Boston Consulting Group beauftragt. Die Ergebnisse führten zum Aufbau einer umfangreichen Datenbank.

Die untersuchte Datenbank ist ein interaktives Knowledge Management Tool, welches die global verfügbare Information aus den Schwerpunkten Marketing und Verkauf aufzeigen soll. In einem ersten Schritt war das Entwicklungsteam damit beauftragt, „Maps" der benötigten Verkaufslösungen zu erstellen und wichtige Kategorien über Geschäftsprozesse zu identifizieren. Dabei lag der Schwerpunkt auf den lokalen Aktivitäten innerhalb eines gemeinsamen Marktes. Es wurden in einem ersten Schritt die Lösungselemente von lokalen Projektteams evaluiert, um diese dann in einem zweiten Schritt den Mitarbeitern zur Verfügung zu stellen. Die lokale Orientierung ist deshalb so wichtig, weil Aktivitäten innerhalb einer Branche, z.b. des Telekommunikationssektors, innerhalb verschiedener Länder auch verschiedene Anforderungen und Lösungen beinhalten.

Zum einen sollen in der Datenbank „Best-Practice" Lösungen gespeichert und allen anderen zur Verfügung gestellt werden. Die Datenbank ist aber mehr als nur ein Dokumentenmanagementsystem. Sie soll ein interaktives Medium sein für die aktuelle, tägliche Arbeit. Hier werden den Mitarbeitern in einem funktionalen, technischen System alle Informationen über Märkte, Kunden, Mitbewerber, Technologien, Partnerwissen und strategische Allianzen zur Verfügung gestellt. Die analysierte Datenbank dient auch dazu, weltweit die benötigten Experten zu finden und durch entsprechende Informationen kontextgebundene Handlungsempfehlungen zu geben. Genutzt werden kann das System weltweit von ca. 12.000 Mitarbeitern. Außerdem existierten zum Befragungszeitpunkt 58 unterschiedliche Diskussionsforen zu speziellen Problemen aus dem Unternehmensbereich. Die am meisten genutzte Funktion in der Datenbank ist die dringende Nachfrage. Hier können alle Mitarbeiter, insbesondere die Verkäufer beim Kunden, dringende Anfragen stellen, die ihnen von Kollegen innerhalb kürzester Zeit beantwortet werden. Es kann z.B. ein Verkäufer anfragen, ob eine technische Spezifikation, die ein Kunde wünscht, überhaupt entwickelbar oder ob diese in einem anderen Land schon entwickelt worden ist.

Im Hinblick auf die hier diskutierte Fragestellung existieren bei dieser Datenbank drei Besonderheiten:

1. Ein spezielles Anreizsystem belohnt die Eingabe von Dokumenten und Fragen in die Datenbank.
2. Neben der computervermittelten Kommunikation wird ergänzend die Wissensgemeinschaft in der Form der Face-to-Face Kommunikation gezielt gefördert.
3. Über ein Controllinginstrument wird die Effizienz der Datenbank überwacht.

(1) Damit genügend Daten, Information und Anfragen in die Datenbank eingegeben und genügend Fragen beantwortet sowie Daten genutzt werden, ist ein Anreizsystem entwickelt worden. Mit diesem Anreizsystem soll aber nicht nur die Benutzung der Datenbank belohnt, sondern auch eine Qualitätsbewertung der abgelegten Dokumente sowie der Antworten auf die dringenden Anfragen durchgeführt werden[11]. Hierzu erfolgt eine Vergabe von Punk-

---

11 Der Informationsbedarf steigt in komplexen und dynamischen Wettbewerbswelten ständig an, Informationen müssen deshalb aktuell, vollständig und relevant sein. Gerade die neu entstehende Informationsökonomie beschäftigt sich besonders mit diesem Thema hinsichtlich der Aufgabenrelevanz und Zweckorientierung von Informa-

ten nach einer festgelegten Richtlinie. Grundsätzlich erhält derjenige, der eine dringende Anfrage beantwortet, drei Punkte. In einer inhaltlichen Bewertung kann der Fragesteller die Qualität der Antwort noch einmal mit bis zu weiteren fünf Punkten versehen, die zum Zeitpunkt der vorliegenden Untersuchung noch mit zwei multipliziert wurden, um die Bedeutung der Qualitätsbewertung hervorzuheben. Bei der Beurteilung von eingestellten Dokumenten wird die Punktzahl sogar mit dem Faktor 10 multipliziert. Wenn ein Objekt zweimal mit null Punkten bewertet wurde, wird es aus dem aktuellen Bestand der Datenbank entfernt und in ein Archiv verschoben. Dort ist es aber weiterhin verfügbar. Der Autor wird über diese Maßnahme informiert. Zu einem bestimmten Zeitpunkt werden die gesammelten Punkte eines Mitarbeiters in Preise umgerechnet. Mit steigender Punktzahl werden folgende Preise vergeben: technische bzw. wirtschaftliche Literatur, verschiedene neue Handys, Weiterbildungsangebote und ein Besuch bei einem Kollegen/Niederlassung, mit dem man viele Daten ausgetauscht hat. Neben dem Anreiz eines Urlaubs soll damit die Face-to-Face Kommunikation gefördert werden. Mit den extrinsischen Anreizen soll vor allem die kritische Masse an Daten in der Datenbank erreicht und ein wechselseitiges Qualitätscontrolling etabliert werden.

(2) Der Stärkung der Face-to-Face Kommunikation dient auch ein zweites Instrument: Die 10 bis 15 Mitarbeiter, die viel in einem Diskussionsforum miteinander kommuniziert haben, sollen in naher Zukunft zu einem dreitägigen Workshop eingeladen werden. Dort können sie ihre Sachthemen weiter diskutieren, sollen sich aber hauptsächlich persönlich begegnen, um noch mehr Vertrauen aufzubauen und die Interaktionsbeziehungen noch stabiler zu gestalten. So können relevante Fragestellungen vorangetrieben und Wissensgemeinschaften gefestigt werden.

(3) Außerdem existiert ein Controllinginstrument für die Datenbank. Es wird aufgelistet, wie hoch der Umsatz mit Produkten/Projekten ist, die über die Datenbank zu Stande kommen. In Zielvereinbarungen wird die angestrebte Umsatzmenge jedes Jahr neu festgelegt.

3.3 Eine Dienstleistungsdatenbank aus dem Unternehmensberatungsbereich

Die untersuchte Unternehmensberatung suchte nach einem Weg, ihre Informationen allen Mitarbeitern zur Verfügung zu stellen. Der Firmengründer startete daraufhin ein Projekt, in dem nach Lösungen gesucht wurde. Als Ergebnis entstand die untersuchte Datenbank. In der ersten Phase des Projektes wurden alle Daten im Unternehmen in der Datenbank gesammelt. In der zweiten Phase soll nun die Datenbank fortlaufend verbessert werden. Ziel ist es, das Unternehmen in eine lernende Organisation zu verwandeln. Ein weite-

---

tionen, dem Grad der Sicherheit, der Glaubwürdigkeit, der Überprüfbarkeit und der Aktualität.

res Produkt der Knowledge Management Initiative war die Verpflichtung, stärker nach den Regeln der Projekt-Management-Methode zu arbeiten. Integraler Bestandteil von Projektarbeit ist es nun, dass Dokumente aus dem Projekt in die Datenbank eingegeben werden. Die weitere Entwicklung der Datenbank im Rahmen der Knowledge Management Initiative sieht wie folgt aus: Die einzelnen Bereiche müssen selbstverantwortlich alte Daten in die Datenbank eingeben. Dafür sind Verantwortliche zu benennen.

Da die Datenbank eine Eigenentwicklung des Unternehmens ist und auf der Client Seite nur einen Browser benötigt, entstanden dem Unternehmen nur geringe Softwarekosten. Die Datenbank wird bereits seit mehreren Jahren genutzt und fortlaufend verbessert[12]. Um die Datenbank für das deutsche Tochterunternehmen sinnvoll nutzen zu können, waren mehrfach Anpassungen notwendig. Ein Ergebnis unserer Befragung war, dass es für die Mitarbeiter in Deutschland ein Problem darstellte, ihre Daten in die von Mitarbeitern aus anderen Ländern vorgegebene Struktur einzuordnen. Die Struktur war sehr auf amerikanische Verhältnisse zugeschnitten. Auch die Mehrzahl aller Dokumente war von Amerikanern eingegeben worden. Dabei interessieren einen deutschen Berater die speziellen Probleme einer Beratung eines Unternehmens in Texas wenig. Vielmehr suchen deutsche Mitarbeiter übertragbare Konzepte aus ähnlich gelagerten ökonomischen und rechtlichen Kontexten, die nur mit geringen Veränderungen auch auf deutsche Unternehmen angewendet werden können.

Bereits die alte Version der Datenbank ist in Amerika mehrfach preisgekrönt worden. Unsere Expertengespräche und Interviews mit den Nutzern zeigten jedoch, dass die Mitarbeiter in Deutschland (Herbst 2000) das System trotzdem nicht nutzten, da sie sich in der Struktur nicht wiederfanden. Die umfangreichen Neuerungen, die z.Z. noch nicht vollständig umgesetzt sind, lassen jedoch schon erkennen, dass hier nun auch für die deutschen Mitarbeiter eine Informationsdatenbank zur Verfügung gestellt wird, die auch ihre Bedürfnisse befriedigt. Auch bei diesem Unternehmen wird Wissensmanagement aus einer eher produktionstechnischen Sichtweise gesehen. Der Zweck, für den das „Wissen" benötigt wird, steht im Vordergrund. Die Funktionen der Datenbank verkörpern diese Sichtweise: Erfassen der Dispositionen, Beschaffung der für die Produktion benötigten Daten, Ordnen und Speichern der Daten, Organisation der Einsätze der Information sowie die Übertragung der Daten auf die Mitarbeiter.

Spezielle Anreize werden bisher für die Eingabe und Nutzung der Datenbank nicht vergeben. Es sind auch kaum Daten oder Dokumente von deutschen Beratern in der Datenbank zu finden. Selbst bei den abgelegten Dokumenten handelt es sich zum Teil um die Defektionsstrategie, da die Daten bzw. Dokumente nur unvollständig gespeichert sind. So finden sich häufig unkommentierte PowerPoint-Folien in der Datenbank, die aus sich heraus

---

12 Unsere ersten Untersuchungen und die Interviews bezogen sich noch auf die mittlerweile abgelöste Version vom Herbst 2000.

nicht verständlich sind. Zum Verständnis des Dokuments ist immer eine Nachfrage beim Verfasser notwendig.

4. Zusammenfassung

Die Ausgangsfrage lässt sich mit einem klaren nein beantworten: Wissen lässt sich nicht managen. Aber es lassen sich Kontextbedingungen schaffen, die den Austausch von Information ermöglichen und fördern. Datenbanken erfüllen in diesem Kontext eine Assistentenfunktion, sie sind Tools der Informationsübermittlung und -sammlung. Damit jedoch diese Funktion erfüllt werden kann, müssen organisationale und motivationale Voraussetzungen erfüllt werden. Nur so kann das Dilemma der Dateneingabe überwunden werden. Intrinsische Motivation und Routinen können vorgängige Lösungen des Dilemmas sein. Extrinsische Anreize ermöglichen z.T., eine kritische Masse von Daten zu erzeugen.

Obwohl in der technischen Datenbank das Dilemma der Dateneingabe nicht auftreten sollte, existiert es, wenn auch in abgemilderter Form. Die Instandhalter aus Beispiel 1 sehen nur den nicht vergüteten Zeitaufwand der Datenpflege. Entsprechende Anreize, die den Mehraufwand kompensieren, oder klare Verantwortlichkeiten sind nicht vorhanden. Die Mitarbeiter aber, für die die Daten zur Auftragserfüllung absolut notwendig sind, nehmen die Doppelarbeit in Kauf, eine eigene Datenbank zu führen, deren Datenqualität zuverlässiger ist.

Bei der Dienstleistungsdatenbank aus dem Sales-Bereich wird mit externen Anreizen operiert. Die Anreize dienen jedoch vor allem dazu, die Datenbank mit einer kritischen Masse von Daten zu füllen, damit die Nutzer auch bei ihrer Suche etwas finden. Daneben wird mit den Anreizen die Qualitätsbeurteilung unterstützt. Nur so kann sichergestellt werden, dass nicht Dokumente ohne Inhalt abgelegt werden.

Das letzte Fallbeispiel macht deutlich, dass die Struktur der Datenbank den Rezeptionsgewohnheiten der Nutzer entsprechen muss. Die Ansammlung von Daten hilft einem Nutzer nicht unbedingt weiter. Er will auch Daten zielgerichtet auf den Verwendungszweck hin finden, die ihm weiterhelfen.

Die Struktur der Datenbank und Anreize für die Dateneingabe müssen aber von den Nutzern mitbestimmt werden, andernfalls können sie nichts mit den Daten anfangen, oder die ausgelobten Anreize haben keine Wirkung. Es sind demnach immer Strukturen bei der Implementierung zu schaffen, die die Bildung von Wissensgemeinschaften ermöglichen. Nur über diese Strukturbildung ist eine Kontextsteuerung von Wissen qua Datenbanken möglich. Andernfalls – auch bei der besten technischen Ausstattung – bleiben Datenbanken nur Datenfriedhöfe.

Literatur

Davenport, T., Prusak, L. 1998: Working Knowledge. Boston
Devlin, K. 2001: Infosense- Turning Information into Knowledge. New York
Frey, B.S. 1997: Markt und Motivation. Wie ökonomische Anreize die (Arbeits-) Moral verdrängen. München
Hansen, M.T., Nohria, N., Tierney, T. 1999: Wie managen Sie das Wissen in Ihrem Unternehmen? In: Harvard Business Manager 21 (1999)5, S. 85-96
Heckhausen, H. 1989: Motivation und Handeln. Berlin
Kollok, P.E., Smith, M. 1996: Managing the Virtual Commons: Cooperation and Conflict in Computer Communities; in: Herring, S.C. (Ed.): Computer Mediated Communication: Linguistic, Social and Cross-Cultural Perspectives. Amsterdam, Philadelphia, S. 109-128
KPMG Consulting AG International 2001: Studie Knowledge Management. Berlin
Lehner, F. 2000: Organisational Memory. München
Marquard, O. 2000: Philosophie des Stattdessen. Stuttgart
Nonaka, I., Takeuchi, H. 1997: Die Organisation des Wissens. Wie japanische Unternehmen eine brachliegende Ressource nutzbar machen. Frankfurt am Main
North, K., Romhardt, K., Probst, G. 2000: Wissensgemeinschaften. In: Iomanagement 69 (1997)7/8, S. 52-62
Polanyi, M. 1985: Implizites Wissen. Frankfurt am Main
Probst, G.J.B. 1996: Bausteine des Wissensmanagements. Genf
Schreyögg, G. (Hg.) 2001: Wissen in Unternehmen. Berlin
Walger, G., Schencking, F. 2001: Wissensmanagement, das Wissen schafft. In: Schreyögg, G. (Hg.) 2001, S. 21-40
Weggemann, M. 1999: Wissensmanagement. Bonn
Wilkesmann, U. 1999: Lernen in Organisationen. Die Inszenierung von kollektiven Lernprozessen. Frankfurt am Main
Wilkesmann, U. 2000a: Kollektives Lernen in Organisationen – am Beispiel von Projektgruppen. In: Schmeisser, W., Clermont, A., Krimphove, D. (Hg.): Personalführung und Organisation. München, S. 295-312
Wilkesmann, U. 2000b: Die Anforderungen an die interne Unternehmenskommunikation in neuen Organisationskonzepten. In: Publizistik – Vierteljahreshefte für Kommunikationsforschung 45 (2000)4, S. 476-495
Willke, H. 1998: Systemisches Wissensmanagement. Stuttgart

Stefan Machura

Erfolgsermittlung in öffentlichen Betrieben: Ein Baustein des „Wissensmanagements"

1. Wissensmanagement und Erfolgsermittlung

„Wissensmanagement" ist eines der großen Themen der Betriebswirtschaftslehre, der Organisationssoziologie und Verwaltungswissenschaft der letzten Jahre gewesen. Der gemeinsame Bibliothekskatalog der Ruhr-Universität Bochum und benachbarter Hochschulen verzeichnet 100 Monografien, deren Titel das Stichwort „Wissensmanagement" enthält. Sie alle sind innerhalb der letzten fünf Jahre veröffentlicht worden.

Relativ früh in dieser Diskussion hat Helmut Willke (1996) darauf hingewiesen, dass es eine gesellschaftliche Dimension des Wissensmanagements gibt und eine Dimension des Wissensmanagements in Organisationen.[1] Das Wissensmanagement auf gesellschaftlicher Ebene hängt eng mit organisationalem Wissensmanagement zusammen. „Wissen erzeugt", schreibt Willke (1996, S. 264), „geltende Definitionen für Realität und geltende Definitionen für die Bedeutung dieser Realität". Die „in der Wohlfahrtsgesellschaft dramatischer werdende Wissensabhängigkeit der Politik" erzwinge „auch ein aktives Management politikrelevanten Wissens" (Willke 1996, S. 268). Je mehr „Wissen zur Grundlage von Produkten, Verfahren und intendierten Wirkungen wird, desto gravierender wirkt sich der entsprechende Mangel an Wissen (Gegen-Wissen, Kontroll-Wissen, Steuerungs-Wissen) aus" (Willke 1996, S. 269).

Zu den bemerkenswertesten Phänomenen im öffentlichen Sektor gehört, dass eine systematische Erfolgsermittlung selten durchgeführt wird. Man verlässt sich in der Regel darauf, dass eine verwaltungsinterne Kontrolle das Schlimmste verhütet, dass Betroffene sich mit Beschwerden bemerkbar machen und Klage bei Gericht erheben, oder dass aufsichtsführende Stellen Fehlentwicklungen schließlich bemerken. Dabei sind Ziele im öffentlichen Bereich oft sehr unscharf vorgegeben und sogar widersprüchlich. Die beteiligten Ebenen und Organisationen verfolgen teilweise Sonderinteressen ne-

---

1 Die Frage, ob sich „Wissen" managen lässt, wird von Wilkesmann/Rascher (2003) verneint, Wissen wird individuell erworben und verwandt, die Organisation kann allenfalls Kontextbedingungen erstellen. Auch bei Willke (1996, S. 285, 287) findet sich die Vorstellung, „nur Menschen schaffen neues Wissen", und wird weiter davon ausgegangen, dass Organisationen sich zu ihrem Funktionieren Menschen bedienen.

ben solchen, denen sie dienen sollten, oder sie legen sie abweichend aus und setzen eine Politik auf andere Weise um als geplant.

Eine systematische Erfolgsermittlung für öffentliche Betriebe wurde schon in den 60er Jahren diskutiert. Es ging zunächst um gemeinwirtschaftliche Betriebe und Unternehmen, die die Umsetzung ihrer gesellschaftlichen Zielvorstellungen dokumentieren wollten. Der Gedanke ist seitdem öfter wieder aufgenommen worden. In den 70er Jahren z.B. verband er sich mit einer breiteren Diskussion um Sozialindikatoren für Unternehmen. Eine praktische Umsetzung wurde selten versucht. Das „Neue Steuerungsmodell" der Verwaltung (KGSt 1993), dem sich in den 90ern immer mehr Kommunen wenigstens programmatisch verschrieben, löst beim Beobachter die Erinnerung an den Gedanken einer systematischen Erfolgsermittlung aus. Im Zusammenhang mit dem Neuen Steuerungsmodell werden auch Erkenntnisse einer breiteren Diskussion über Wissensmanagement in Organisationen bedacht.

Öffentliche Betriebe selbst sollten ein Interesse daran haben, ihren Erfolg näher zu analysieren und auf diese Informationen reagieren zu können, wie auch die übergeordneten öffentlichen Ebenen, die Eigentümer öffentlicher Betriebe sind oder Aufgaben an sie delegiert haben, ein Interesse an steuerungsrelevanter Information haben sollten. Die Betriebe können so ihre Mittel effektiver einsetzen, ihre Erfolge auch nach außen dokumentieren und eventuell Forderungen nach Ressourcen (Kompetenzen, Geldmittel, Personal) besser begründen. Die übergeordneten öffentlichen Ebenen können ihre Politik besser auf die Realitäten abstimmen, Implementationshindernisse angehen und selbst auch gegenüber einer oft skeptischen Öffentlichkeit und gegenüber anderen staatlichen Akteuren die Effektivität ihrer Arbeit darstellen. Im Neuen Steuerungsmodell sollen Kompetenzen an die Leistungseinheiten der Verwaltung delegiert werden. Damit sich diese bei dezentraler Ressourcenverantwortung nicht gegenüber der kommunalen Führungsebene und dem Rat verselbständigen, wird eine systematischere Erfolgsermittlung unabdingbar. Außerdem ist daran gedacht, durch Wettbewerb mit privaten Leistungserbringern oder Wettbewerbssurrogate (wie z.B. interkommunale Leistungsvergleiche) Wirtschaftlichkeitsreserven zu erschließen. Wie kann in diesem Umfeld eine nicht nur sparsame, sondern auch wirkungsvolle und rechtlich einwandfreie Aufgabenerfüllung abgesichert werden, mit der auch die politischen Entscheidungsträger vor die Wähler treten können? Wie wird den Erfordernissen politischer Kontrolle durch Repräsentationsorgane und Öffentlichkeit Rechnung getragen? Es werden ganz neue Anstrengungen erforderlich, die Leistung der Verwaltung abzubilden, die über das hinausgehen, was ein monetär ausgerichtetes traditionelles Controlling sammelt und verarbeitet.

2. Gemeinwirtschaftliche Erfolgsermittlung[2]

Die Ziele öffentlicher Einrichtungen sind allgemein so unklar formuliert, dass sie zur Anleitung der Aktivitäten kaum brauchbar sind. Auch eine gemeinwirtschaftliche Erfolgsermittlung setzt zunächst voraus, die Ziele zu umreißen, denen gedient werden soll. Zur Zielvorgabe für öffentliche Verwaltungen und öffentliche Unternehmen gibt es bereits eine breite Literatur, so dass auf die Notwendigkeit und Vorgehensweise hier nicht näher eingegangen werden muss (Ball 1998, Machura 1993, Machura 2001b). Es wäre schon ein Gewinn, wenn Bestrebungen zur Einführung eines Systems der Erfolgskontrolle dazu führten, dass die öffentliche Einrichtung eine klarere Zielkonzeption erhielte. Um eine Ziel-Konzeption aber, die auch das Verhältnis der Ziele zueinander bedenkt, muss es sich handeln. Sonst tappt man zu leicht in die „Selektivitäten-Falle". Einseitigkeiten können drastische Konsequenzen haben: „(...) what gets measured focusses activity and behavior" (Pfeffer/ Salancik 1978, S. 76). Oder, wie Amitai Etzioni (1967, S. 23) in seiner „Soziologie der Organisationen" schrieb: „Zollt man einigen Indikatoren für den Erfolg der Organisation zu große Aufmerksamkeit und vernachlässigt andere, so kann dies zu einer beträchtlichen Abweichung von den ursprünglichen Organisationszielen führen und eventuell die Leistungsfähigkeit und den Erfolg der Organisation mindern." Werden von außen gegenüber einer Organisation nur bestimmte, inhaltlich begrenzte Kontrollen angewandt, dann kann sich als „innerorganisatorischer Reflex" auch intern eine Dominanz dieser Kontrollen entwickeln (Derlien 1980, S. 210). Gewarnt worden ist insbesondere auch vor dem „Missverhältnis quantitativer Leistungskriterien bei qualitativ formulierten Zielen" (Derlien 1980, S. 204f.). Eine Hauptgefahr ist, dass unter dem Diktat der Kassenlage rein monetäre Indikatoren (vor allem Einsparungsziele) zum alles entscheidenden Maßstab werden. Nach außen hin wird dann möglicherweise noch rechtlichen und politischen Vorgaben entsprochen, die Leistungsqualität aber sinkt unter das den Betroffenen zumutbare Maß. So könnten Kommunen Leistungserbringungen an Private oder an verwaltungseigene Servicecenter delegieren, deren Leistung sie nur nach vordergründiger Kostengünstigkeit bestimmen, die Qualitätskontrolle aber de facto den Gerichten und der Fähigkeit der Leistungsabnehmer, das Recht für sich zu mobilisieren, überlassen.

Es kommt also darauf an, keine einseitigen Kontrollmaßstäbe zu verwenden. Gefordert ist eine sinnvolle Abdeckung der relevantesten Dimensionen. Neben finanzwirtschaftlichen Zielen sind auch leistungswirtschaftliche Ziele zu berücksichtigen.

Schon der Begriff „gemeinwirtschaftliche Erfolgsermittlung" soll klarstellen, das es nicht nur um rechenbare Größen gehen soll. Verzichtet wird

---

2 Die folgenden Kapitel 2 bis 6 verwenden zum Teil Passagen aus Stefan Machura, „Leistungsmessung in der öffentlichen Verwaltung", Die Verwaltung, 32.Jg., 1999, Verlag Duncker & Humblot, Berlin, S. 407-426

auf Anklänge an Rechenhaftigkeit, wie in „soziale Rechnungslegung" oder „Sozialbilanz". Es sollen eben nicht nur quantifizierbare Größen eingehen (Oettle 1976, S. 170-172).

Für die inhaltliche Ausrichtung ist die konkretisierte Zielkonzeption der Organisation zunächst maßgebend. Sie kann jedoch subsidiär ergänzt werden durch weitere Ziele. Eine Grundentscheidung bildet die Festlegung der Erhebungs- und Berichtsgegenstände der gemeinwirtschaftlichen Erfolgsermittlung sowie ihrer Adressaten (Schredelseker 1989, Sp. 517). Sie sollte sowohl als internes Kontrollinstrument konzipiert sein als auch als ein Hilfsmittel für die externe Kontrolle. Der Leitung der Organisation ist sie ein Instrument zur Führung. Kontrolleuren wie Parlamenten und Öffentlichkeit, auch der Betriebsöffentlichkeit, bietet sie Informationen über die Arbeitsqualität der Organisation.

Daraus folgt, dass es nicht Zweck ist, die Organisation nur gut aussehen zu lassen, denn dann wäre die handlungsorientierende Wirkung gleich Null. In der Kommune z.b. sollten die Erhebungs- und Berichtsgegenstände auch mit den Informationsbedürfnissen des Gemeinderates abgestimmt sein. Wenn im Zusammenhang mit dem „Neuen Steuerungsmodell" bereits das Idealbild eines neuen Typs von Gemeindeparlamentarier, des „Steuerungspolitikers", gezeichnet wurde, so wird nicht mehr bezweifelbar sein, dass eine Berücksichtigung der Kontrollbedürfnisse des Rates über eine systematische Erfolgermittlung ins Bild moderner Kommunalverwaltung passt. Konsequenterweise muss das Zustandekommen der Erfolgsberichte auch einer Prüfung und ihr Instrumentarium einer Korrektur durch politische Mandatsträger zugänglich sein.

3. Das Indikatorenmodell

Unterschieden werden die „Sozialsaldokonzeption" und die „Indikatorenlösung" (Haeseler 1976, S. 193; Thiemeyer 1981, S. 422). Gegen die Berechnung eines eindimensionalen monetären „Sozialsaldos" sprechen eine Reihe von Gründen, nämlich Informationsverluste, Probleme der monetären Schätzung sozialer Nutzen und Kosten, Probleme der Gewichtung der Einzelfaktoren und hohe Erhebungskosten (Wysocki 1976; Haeseler 1976, S. 193f.; Schredelseker 1989, Sp. 518). Für die Indikatorenlösung sprechen Praktikabilität, im Vergleich niedrigere Kosten (Haeseler 1976, S. 194; Schredelseker 1989, Sp. 519) und höhere Aussagekraft. „Der Indikatorenansatz geht von Systemen von Erfolgsindikatoren aus, die sich an Zielekatalogen orientieren, wobei auf die Zusammenfassung zu einem einheitlichen Erfolgsindex (...) von vornherein verzichtet wird", definierte Theo Thiemeyer (1981, S. 422).

Die Indikatorenlösung erfordert, dass ein sachzielbezogenes Dokumentationssystem aufgebaut wird, das zu vorhandenen monetären Systemen tritt. Es zeichnet, im Idealfall laufend, was aber durch die EDV wohl oft möglich geworden ist, sachzielbezogene Indikatoren unverdichtet auf (Weber 1988, S.

259). Es sind nicht nur stetig unternommene, sondern auch diskontinuierliche Informationsmaßnahmen notwendig. In der Regel wird man ohne qualitativ-verbale Aussagen nicht auskommen können, neben quantitativen und monetären Indikatoren (Thiemeyer 1975, S. 271f.; Huter/Landerer 1984). Aus der Indikatorengrundaufzeichnung können Informationsverdichtungen zu einzelnen Zwecken vorgenommen werden, wobei aber immer auch Informationsverluste eintreten (Weber 1988, S. 246).

Insbesondere auch *Arnim Goldbach* hat vorbedacht, wie eine gemeinwirtschaftliche Erfolgsermittlung für unterschiedliche öffentliche Einrichtungen aussehen könnte. Während „Input-Indikatoren" Handlungen der Organisation abbilden sollen, die auf gewollte Wirkungen (Nutzen von Leistungsempfängern, Erhalt der Umwelt z.b.) zielen, erfassen „Output-Indikatoren" die Nutzenstiftung, die Personen empfinden, oder die Wirkungen auf die Umwelt. Die Beschränkung auf Input-Indikatoren ist nur angeraten, wenn man „Output-Indikatoren" nicht erheben kann (Goldbach 1985, S. 204, 262). Verwandt werden auch andere Begriffsbestimmungen, z.B. werden „Output"-Indikatoren auf die Verwaltungsprodukte bezogen, „Effektivitäts"-Indikatoren messen die Wirksamkeit.

Man hat seit längerem daran gedacht, Befragungen von Leistungsempfängern, Beschäftigten oder anderen Personen und Gruppen durchzuführen, und im Licht ihrer Ergebnisse die Zielerreichung zu kontrollieren (Thiemeyer 1975, S. 284; Hoppe 1982, S. 18). Wo nötig, wären die Stellungnahmen der Befragten, etwa wenn sich verschiedene Gruppen in ihren Erfahrungen unterscheiden, anhand der Zielkonzeption der öffentlichen Einrichtung zu gewichten (Flohr 1966/67, S. 149f.). Da bei der Erfolgsfeststellung letztlich auch Wertungsgesichtspunkte mitspielen, kann es sinnvoll sein, unterschiedliche Gruppen werten zu lassen oder auch einen Beirat aus Leistungsempfängern oder Experten heranzuziehen (Thiemeyer 1965, S. 259f.). Anwendbar sind zahlreiche Grundsätze der empirischen Sozialforschung (Thiemeyer 1965, Weber 1983).

Nicht unbemerkt blieb, dass ein Erfolg oder Misserfolg auch kausal auf das Handeln der Organisation zurückführbar sein muss, denn sie kann stark von Umwelteinflüssen abhängig sein. Man wird also auch das „Kausalitätsproblem" plausibel lösen und die relevanten begünstigenden und behindernden Umweltveränderungen mit beobachten müssen (Thiemeyer 1975, S. 272f.; Hodel 1976, S. 11).

Eine gemeinwirtschaftliche Erfolgsermittlung sollte sowohl in den einzelnen Verwaltungsbetrieben als auch in der sie überwölbenden Verwaltung insgesamt durchgeführt werden. Wenn im Zusammenhang mit öffentlichen Betrieben von „Konzerncontrolling" gesprochen wird, sollte es nicht bei den in der Privatwirtschaft üblichen, vor allem monetären Indikatoren bleiben. Es kommt auf eine Ergänzung um eine sachleistungsbezogene Erfolgsermittlung an.

Eine leistungsbezogene Erfolgsermittlung geht nicht ohne Wertungen, oft politische Wertungen. Stark bewertungsabhängig ist schließlich auch die kaufmännische Kostenkalkulation, Rechnungslegung und Planung. Es wäre ein Zeichen von Souveränität, wenn die Berichtenden die zur Erfolgsermittlung verwandten Verfahren, die angelegten Maßstäbe und Erfolgskriterien kritisch darstellen und ihre Wertprämissen offen legen (Thiemeyer 1965, S. 259). Eine systematische Erfolgsermittlung als Teil des Wissensmanagements von öffentlichen Betrieben wird ihren Zweck auch darin haben, fachliche und politische Diskussionen über die Leistung der Verwaltung und über Verbesserungen zu ermöglichen.

4. Erfahrungen mit der Erfolgsermittlung in Großbritannien

Aus Großbritannien liegt eine Reihe von Erfahrungen mit der Leistungsmessung im öffentlichen Sektor vor. „Das Kriterium der leichten Messbarkeit von Wirkungen" werde von Praktikern „nicht selten wichtiger als das der eigentlichen Wirksamkeit von Maßnahmen empfunden", schrieb Christoph Reichard (1998, S. 61) über Großbritannien. Leistungsindikatoren würden „relativ orthodox und rigide gehandhabt". Rob Ball (1998) kritisierte: Leistungsindikatoren müssten eine Interpretation im Sinne einer Verbesserung oder Verschlechterung der Situation ermöglichen und sind keinesfalls einfach mit Management-Statistiken gleichzusetzen. Die Indikatoren geben nur eine Beschreibung, sie müssen interpretiert werden. Dabei kommen oft Besonderheiten zum Vorschein, etwa Umweltfaktoren, die von dem Betrieb nicht zu beeinflussen sind. Leistungsindikatoren sollen Überlegungen und Diskussionen anstoßen (Ball 1998).

Ball (1998) legt dar, dass ein Vernachlässigen der lokalen politischen Dimension eine Vorliebe für die Heranziehung externer Leistungsvergleiche zur Folge hat. Besser seien in der Kommune operationalisierte Ziele und Maßstäbe. In der Praxis führte dieser „lokal-politische" Weg eher zu einer Verknüpfung von Zielen und Indikatoren. Man sollte diesen Aspekt im Auge behalten, um ihn in der Beurteilung von Leistungsvergleichsringen, die in Deutschland stark propagiert werden, mit betrachten zu können.

Systeme der Leistungskontrolle stehen und fallen mit der Unterstützung durch die Hauptverwaltungsbeamten (Ball 1998). Jedoch weiß man aus international vergleichenden Analysen, dass Innovationen neben „charismatischen Führungspersönlichkeiten" an der Spitze auch Meinungsführerkoalitionen aus Politik, Verwaltung und gesellschaftlichem Umfeld erfordern, dazu noch eine „Breitenmobilisierung von unten" (Naschold 1997, S. 43f.). In Großbritannien fand man eine ganze Palette von Maßnahmen, mit denen auch zögernde Amtsleiter oder Parlamentarier miteinbezogen werden können: z.B. Training, verschieden zusammengesetzte Arbeitsgruppen und Entscheidungsgremien, Information (Ball 1998).

Nur in wenigen britischen Kommunen wurde ein in Betrieb befindliches Leistungskontrollsystem als Fehlschlag bewertet, wenn dann eher in kleineren (Ball 1998). Der typische Entwicklungspfad verlief so, dass die Kommunen unter Berücksichtigung der eigenen Verhältnisse selbst ein System aufbauten. Häufig waren es Abwandlungen bereits vorher entwickelter Maßnahmen. Externe Einflüsse ergaben sich noch am ehesten aus dem, was andere Kommunen vorzuweisen hatten (Ball 1998). Widerstände resultierten vor allem aus Verhaltensweisen der Beschäftigten und Leiter sowie der Kommunalvertreter, aus technischen Problemen und aus Ressourcenproblemen. Zum Nulltarif ist das neue System in den Lokalverwaltungen nicht zu haben gewesen. So erforderte es vor allem auch zusätzliche Trainingsmaßnahmen (Ball 1998).

Technische Schwierigkeiten ergaben sich bei der Konstruktion der Indikatoren. Wenn im wesentlichen „Managementinformationen", irgendwelche quantitativen Daten ohne Bezug auf politische Ziele oder Planungen, gesammelt werden, ist das Instrument stumpf. Ein anderes Problem war ein unreflektiertes Ersetzen von Effektivitätsindikatoren durch Qualitätseinschätzungen seitens der „Consumer" (Ball 1998). Damit entkoppelt sich nach Ansicht Balls die Leistungskontrolle leicht von politischen Zielen. Z.B. kann es sein, dass die Empfänger einer lokalen Dienstleistung sich zwar höchst zufrieden äußern, aber nicht die Zielgruppe sind, der das Angebot politisch gewidmet wurde.

Gegenüber Versuchen, die Leistungsindikatoren an die individuelle Bezahlung anzuknüpfen, ist Skepsis angebracht. Die Aufwendungen für eine Bezahlung „nach Leistung" können zu Lasten des Budgets für die Verwaltungsdienste gehen (Ball 1998). Aus englischen Ministerien ist die Befürchtung der Betroffenen geschildert worden, dass indikatorengestützte Leistungsvorgaben immer enger werden und für geringe leistungsbezogene Gehaltsbestandteile hart gearbeitet werden muss, in der darauf folgenden Periode sogar mit neu angepassten, erhöhten Leistungsvorgaben. Was als Motivationsinstrument gegenüber den Beschäftigten gedacht war, endete so mit der Demotivierung zahlreicher Mitarbeiter (Carter/Greer 1993). Die Kopplung von Leistungsindikatoren an die Mitarbeiterbeurteilung scheint auch eine Ursache des Skandals um die Statistik der Arbeitsvermittlung zu sein, der im Februar 2002 in der Bundesrepublik großes Aufsehen erregte. Eine Stellungnahme des Bundesarbeitsministers berichtete die Frankfurter Allgemeine Zeitung (16.2.2002) wie folgt: „Nur 30 Prozent der Vermittlungen sei richtig gebucht, bei einem Drittel gebe es Kontroversen über die Zuordnung, der Rest seien Fehlbuchungen. (...) Zudem erhofften sich Arbeitsvermittler offensichtlich auch eine bessere Beurteilung durch ihre Vorgesetzten, wenn sie die Vermittlungszahlen steigerten."

Die Leistungskontrollsysteme erwiesen sich in Großbritannien eher als ein Instrument der politischen Mehrheit denn der Minderheitsfraktionen (Ball 1998). Dass das nicht so sein muss, liegt auf der Hand. Es wurden verschiedene Wege entwickelt, um politische Ziele in die Leistungskontrollsysteme einzuspeisen. Die beste organisatorische Zuordnung liegt bei den Ausschüssen, die für die jeweiligen Leistungen zuständig sind (Ball 1998). Liegt die politische Verknüpfung bei einem Spezialausschuss oder beim Haushaltsausschuss, geht gerade die Rückbindung an sachpolitische Ziele verloren.

Mit der „Citizen's Charter" verbindet sich in Großbritannien eine Politik, die die Stellung des Verbrauchers gegenüber öffentlichen Institutionen verbessern will. Kritik übt Ball (1998) u.a. an den Indikatoren, die den Kommunen vorgegeben wurden. So sage beispielsweise die Gesamtzahl der Verbrechen pro hundert Polizisten nichts aus über die Leistung der Polizei. Die Kommunen sind verpflichtet, die ihnen abverlangten Leistungsbewertungen in Lokalzeitungen zu veröffentlichen, und die Audit bzw. Accounts Commission publizieren jährlich Vergleiche. Jedoch sollen Nachfragen der Öffentlichkeit weitgehend ausgeblieben sein (Ball 1998, Schuster 2001).

5. Kennzahlenbasiertes Benchmarking

Den Erfahrungsaustausch innerhalb eines Netzes von Kommunen verglich ein dänischer Bürgermeister „mit dem Flug der Gänse, die im Verbund voneinander profitieren und so große Flugstrecken überwinden".[3] Was ungesagt blieb, ist, dass der erste Vogel, nachdem er eine Zeit vorangeflogen ist, müde wird, schreit, und sich an das Ende der Gruppe zurückfallen lässt. Wissenschaftler, die Gemeinden in Reformprozessen beobachtet und begleitet haben, wissen die entsprechenden Fälle zu berichten. Möglicherweise liegt ein Nachteil von Leistungsvergleichsringen darin, dass die Vergleichspartner nach Anfangserfolgen ermüden oder jedenfalls nicht schnell genug wieder Innovationen entwickeln. Schuster (2001) kam zum Schluss, dass die von ihm analysierten deutschen Leistungsvergleichsringe zu wenig Anreize für dynamische Veränderungen aufwiesen.

Für die Koordination von Leistungsvergleichen deutscher Kommunen gründete die KGSt mit dem „IKO-Netz" einen neuen Geschäftsbereich. Sie folgte auf diesem Feld der Bertelsmann Stiftung. Die Zahl der am IKO-Netz beteiligten Kommunen wird auf 400 beziffert.[4] Durch den von den beteiligten Gemeinden freiwillig vorgenommenen Kennzahlenvergleich innerhalb von Vergleichsringen sollen Verbesserungsmöglichkeiten entdeckt werden. Der Begriff „Kennzahlen" weist darauf hin, dass es im Gegensatz zur gemeinwirtschaftlichen Erfolgsermittlung nur um in Zahlen ausgedrückte Maße geht.

Dem Muster des „Benchmarking" entsprechend folgt verwaltungsintern nach einer Abweichungsanalyse die Frage, wieso andere in dem betreffenden Punkt besser sind und was geändert werden muss, um den Stand des hier besten Vergleichspartners zu erreichen. Die zu Grunde liegende Idee wurde auch als „sportlicher Wettbewerb" bezeichnet (Adamaschek/Banner o.J.).

Gemessen und verglichen werden sollen Kosten und Qualität kommunaler Leistungen. Da die Gemeinden eine Vielzahl gleicher Aufgaben wahrnehmen, die innerhalb eines Landes auch nach denselben Rechtsvorschriften

---

3   Bericht in: Verwaltung, Organisation, Personal 19 (1997)10, S. 48.
4   Internetinformation unter http://www.IKO-Netz/profil/inhalt_profil.htm, 28.11.2001.

zu erfüllen sind, ergibt sich ein weites Feld für den „Quasi-Wettbewerb". Der produktionsbezogene Grundzug des Messsystems gibt, wie so oft, den beteiligten Verwaltungsfachleuten einen gewissen Vorteil gegenüber anderen Interessenten.

Entsprechend der Idee eines Benchmarkings würde man kleinere Verbesserungen erwarten, die sich dann auch im Bertelsmann-Projekt einstellten (Adamaschek 1997, Schuster 1998b, Schuster 2001). Entscheidend für Verbesserungen war es, wird berichtet, dass die Mitarbeiter sich dafür engagierten. „Ohne ihre freiwillige Mitarbeit und ohne ihr Engagement gäbe es kein Berichtswesen und keine sinnvolle Nutzung der Wettbewerbsdaten für Evolution und Innovation (...)", schreibt Adamaschek (1997, S. 116). Man hofft, dass auf dem Weg über interkommunale Vergleiche und Mitarbeiteraktivität ein kontinuierlicher Verbesserungsprozess erreicht wird.

Mit dem Grundsatz „Selbstkontrolle vor Fremdkontrolle" soll die Aufmerksamkeit auf das Lernen für die Zukunft gezogen und ein bloßes Richten über die Vergangenheit vermieden werden. Qualitätszirkel auf der Arbeitsebene beraten zunächst darüber, wie Rückstände im Kennzahlenvergleich behoben werden können. Die Verwaltungshierarchen und der Rat erhalten die Analyse der Stärken und Schwächen ihrer Behörde also zusammen mit erarbeiteten Verbesserungsvorschlägen (Adamaschek/Banner o.J.).

Wie groß die Gefahr ist, dass die Beschäftigten, auch Führungskräfte (Schmidt 1997), aus Angst abblocken, zeigt, dass in den Vergleichsprojekten in der Regel vorweg Beschäftigungssicherheit zugesichert wurde (Schuster 1998a). Dennoch empfanden Mitarbeiter sich bedroht durch den allgemeinen Druck zur Haushaltssanierung, besonders in Verbindung mit den ungewohnten Gedanken des Wettbewerbs (Schuster 1998b). Wenn „Rahmenbedingungen für vernünftiges Verhalten geschaffen waren, war es (...) die Basis der Mitarbeiter, die den Anstoß für die positiven Veränderungen gegeben hat", wird berichtet (Adamaschek/Banner o.J., S. 8). Adamaschek (1997) sieht in der Delegation von Verantwortung ein entscheidendes Angebot an die Mitarbeiter, doch blieb gerade dieses Angebot oft aus (Schuster 2001).

In den Projekten der Bertelsmann Stiftung ist es teilweise zu Problemen wegen der Mehrarbeit gekommen, die durch die Aufzeichnung der Daten notwendig wurde. Nach Schuster (2001) lag hier eine größere Schwierigkeit als in der Definition der Kennzahlen und dem späteren eigentlichen Datenvergleich. In Kommunen mit einer entwickelteren Kostenrechnung wären diese Probleme geringer gewesen. Über die Einbindung der Kennzahlenvergleiche in die Ratsarbeit berichtet Ferdinand Schuster (1998b, Kap. 4 b) cc)):

„Unter nicht wenigen Teilnehmerkommunen an interkommunalen Leistungsvergleichen hat sich (...) das mittlere Verwaltungsmanagement z. T. sogar explizit entschlossen, die Vergleichsarbeit und ihre Ergebnisse als ‚Sache der Verwaltung' zu betrachten. Dem stehen allerdings die rechtlich fixierten weitgehenden Informations- und Mitwirkungsrechte des Rates entgegen. In der Praxis sind daher zwei Wege der Berichterstattung beobachtet worden: In manchen Gemeinden hat die Verwaltung dem Rat nur sehr wenige ausgewählte Informationen, vermutlich meist solche, bei denen die Verwaltung im Vergleich mit anderen gut dastand, geliefert, in anderen Gemeinden wieder wurde eine derart ausführliche Berichterstattung betrieben, dass die Ratsmitglieder in der Folge überfordert wurden. Die Nutzung der Daten für die ratseigene Entscheidungsfindung ist aber in beiden ‚Fällen' kaum erfolgt, vorgekommen ist vielmehr, dass teilweise sehr kleinteilige Details erfragt wurden, wofür die Genauigkeit der verfügbaren Daten wiederum nicht ausreichte."

Letzteres bedeutet nur, dass der Rat sich von den herkömmlichen Arbeitsmustern nicht lösen konnte und dies wahrscheinlich auch gar nicht völlig kann. Bei den Vergleichsringen geht es vor allem um „Kennzahlen", und hier vor allem leicht messbare, wie etwa Kostengrößen oder Produktionskennzahlen. Wenn Verwaltungsführung und Rat bei den Bertelsmann-Projekten teilweise wenig Unterstützung für Veränderungen gewährten oder eine „einseitige Aufmerksamkeit" für Kosteneinsparungen aufwiesen (Schuster 1998b, Kap. 2 b) bb)), dann erklärt sich dies auch daraus.

Das Interesse und die Mitwirkungsfähigkeiten des Rates würden sich steigern, wenn er seine eigenen Informationsinteressen durch Mitwirkung am Definitionsprozess der Indikatoren verfolgen könnte, wenn es mehr Befragungen zur Bürger- und Kundenzufriedenheit gäbe, und wenn mit diesen Kennzahlen qualitative Beschreibungen und Haushaltsdaten verknüpft wären.

Der Einbezug der Räte, hier naturgemäß vor allem der Fachausschüsse, in die Definition der Leistungsindikatoren würde den Zustand beenden, dass deren Entwicklung trotz allem Einbezug von Mitarbeitern hauptsächlich bei den Amtsleitern, Abteilungsleitern und deren Beauftragten liegt und damit wohl eher deren Vorstellungen, inklusive der Eigeninteressen, berücksichtigt (Schuster 1998b). Hinzu kommt, dass die kommunale Öffentlichkeit, vor der ein Gemeinderat agiert, jedenfalls in den von der Bertelsmann Stiftung betreuten Projekten und Kommunen wenig Interesse an den Leistungsvergleichen zeigte. Dies aber auch, weil Verwaltung und Politik die Öffentlichkeit nicht genug einbanden (Schuster 1998b). Die Öffentlichkeit wurde, wie Schuster (2001, S. 218f.) feststellt, als „Menge von ‚Verwaltungskunden'", nicht aber als der eigentliche politische Auftraggeber der Verwaltung verstanden.

Sowohl beim Bertelsmann-Projekt, als auch bei der größeren KGSt-betreuten Gruppe von Kommunen wird von Zielen ausgegangen, für die dann Kennzahlen entwickelt werden (Schuster 1998b). Es besteht also Ähnlichkeit mit dem Indikatorenmodell einer gemeinwirtschaftlichen Erfolgsermittlung. Für die Sozialhilfe z.B. ging die KGSt von den Zieldimensionen Wirkung, Ergebnis, Finanzen, Struktur- und Prozessqualität, hier wird auch die Rechtmäßigkeit von Entscheidungen einbezogen, sowie Kundenzufriedenheit aus (Schuster 1998b). Die Bertelsmann-Leistungsvergleichsringe wollten Kennzahlen entwickeln zu den vier Zieldimensionen „Erfüllung des spezifischen Leistungsauftrags", „Kundenzufriedenheit", „Mitarbeiterzufriedenheit" und „wirtschaftlicher Einsatz von Ressourcen" (Adamaschek 1997, Dumont du Voitel 1999). Für den Außenstehenden ist es schwer, einen Einblick in die Indikatoren zu gewinnen, die bei den Vergleichsringen in Gebrauch sind. Zur Ermittlung der „Kundenzufriedenheit" in hoheitlichen Tätigkeitsfeldern (Finanzämter, Sozialgerichte z.b.) verwendete die Bertelsmann Stiftung aber anscheinend völlig unzureichende Indikatoren. Bürgern, die um Rechte kämpfen, geht es nicht so sehr um Schnelligkeit der Entscheidung, und auch nicht allein um Höflichkeit, das mag für einfache Dienstleistungen reichen, sondern auch und vor allem darum, dass ihre Argumente von den Personen, die den Staat repräsentieren, gehört werden, dass das rechtliche Für und Wider unvoreingenommen abgewägt wurde usw. Allerdings ist zu vermuten, dass die Akzeptanz des Einzelnen als vollberechtigter Bürger, nicht nur vor Gerichten, sondern auch bei anderen Begegnungen mit Behörden, zum Wichtigsten gehört (Machura 2001a).

Die an den Vergleichsringen beteiligten Kommunen fragten vor allem – und besonders zu Beginn – kostenbezogene Kennzahlen nach. Immerhin ergab sich dann öfter durch Mitarbeiter die Forderung nach sachleistungsbezogenen Größen. Daher könnte es mit der Zeit durchaus noch eine Entwicklung zu einer mehrdimensionaleren Ausgestaltung der Kennzahlenvergleiche geben.

Betont wird, dass „Politik, Verwaltungsführung, Organisationseinheiten und einzelne Mitarbeiter bei der Steuerung jeweils unterschiedliche Kennzahlen benötigen und die Entwicklung von wenigen Schlüsselkennzahlen angestrebt wird" (Schuster 1998b, Kap. 2 b) bb)). – Dann wird man der Verwaltungsführung oder dem Rat allerdings auf Nachfrage feinteiligere Indikatoren offen legen müssen. Im Grundsatz ist es aber richtig, dass Verwaltungsspitze und Gemeindevertretung eine Auswahl besonders aussagekräftiger Kennzahlen bekommen. – Die ermittelten Kennzahlen sowie überörtliche Vergleichszahlen sollen nach Vorstellung der KGSt in ein „ganzheitliches Ziel- und Berichtssystem" eingehen.[5]

6. Gesetzliche Verpflichtung zur Leistungsmessung de lege ferenda

Gerhard Banner schlug vor, die Gemeindeordnungen sollten die Kommunen verpflichten, „ihren Bürgern regelmäßig auf der Grundlage interkommunaler Vergleiche öffentlich Rechenschaft über ihre Leistungen zu legen" (Banner 1997, S. 338f.). Die Leistungsberichterstattung solle jährlich erfolgen, die gesamte Leistungspalette umfassen und auch die Beteiligungsunternehmen nicht auslassen (Banner 1998). Eine auf eine gemeinwirtschaftliche Erfolgsermittlung fußende Berichtspflicht wurde schon eher für öffentliche Unternehmen befürwortet. Es wurde auch daran gedacht, Mindestdimensionen einer sachzielbezogenen Erfolgsberichterstattung gesetzlich vorzuschreiben, die dann auch einen Vergleich ermöglichen (Schredelseker 1989, Machura

---

5 Bericht von der sechsten Sitzung des Lenkungsausschusses IKO-Netz am 26.3.1999, TOP 3, http://www.IKO-Netz.de/ziele/lenkungsausschuß%20Proto%202603.htm.

1993). Der seinerzeit geforderten Verpflichtung zur satzungsmäßigen Festschreibung weiterer Dimensionen der Berichte, welche die betriebsindividuellen Ziele des Unternehmens erfassen (Machura 1993), entspräche für die Kommunen die Vorschrift, auch die wesentlichen originär kommunalpolitisch gesetzten Ziele in den Erfolgsberichten abzudecken.

Die Kommunen nehmen zahlreiche Aufgaben im Auftrag von Bund und Ländern wahr. Hier hätte der Staat ein berechtigtes Interesse, en detail informiert zu sein und den Bürgern besser Rechenschaft legen zu können.

Fraglich ist, ob man in jedem Fall kommunale Vergleiche vorschreiben sollte, schon darin läge ja auch ein Eingriff, und zwar ein sehr richtungsweisender, der die Benchmarking-Idee in den Vordergrund stellte. Benchmarking tendiert zur Abkopplung von den lokalen politischen Akteuren. Demgegenüber könnte es wichtiger sein, dass die Kommunen sich um ihre politischen Ziele herum ein System aufbauten. Außerdem ist vorstellbar, dass sich die Anstoßeffekte in einem Vergleichsring mit der Zeit abschwächen, weil die einzelnen Teilnehmer nicht so rasch wieder mit neuen „Pionierleistungen" aufwarten. (Dann wäre über neue externe Quellen für Anregungen nachzudenken, was aber den unpolitischen Grundzug des Benchmarking nicht heilt.)

Die Berichtspflicht für ganze Kommunen wäre umfassender als für öffentliche Unternehmen. Daher kann daran gedacht werden, über einen Kernbereich jährlich zu berichten und andere Bereiche von Zeit zu Zeit zu evaluieren.[6]

7. Freiheit und Rechtszwang, Sekretierung und Nutzung von Informationen

Dass nun schon seit Jahrzehnten über die Erfolgsermittlung in privaten und öffentlichen Betrieben diskutiert wird, dass in Großbritannien und bei den kommunalen Vergleichsringen in Deutschland noch Defizite hinsichtlich einer vollständigeren Berichterstattung und in der Verwertung der Informationen bestehen, verweist auf hartnäckige Widerstände. Ferdinand Schuster (2001) gießt seine Beobachtungen in die Formen der Prinzipal-Agent-Theorie. Dementsprechend besteht eine Informationsungleichheit zwischen den Verwaltungseinheiten (-mitarbeitern) und der Verwaltungsführung, aber auch zwischen Verwaltungsführung und politischem Repräsentativorgan (Parlament, Rat) sowie der Öffentlichkeit. Für die „Agenten" in diesen Beziehungsverhältnissen ist es nicht rational, den „Prinzipalen" eigene Schwächen zu enthüllen.

---

6   Machura (1999). Außerdem gibt es „Gleichlaufbetriebe", die im Wesentlichen von Periode zu Periode gleich arbeiten, und andere Betriebe, deren Arbeit stärkeren Schwankungen unterliegt. Entsprechend kann eine Erfolgsermittlung differieren. Diesen Hinweis verdankt der Autor *Karl Oettles* Diskussionsbeitrag zu seinem Referat auf der Tagung in Potsdam im Dezember 2001, aus der dieser Band hervorgegangen ist.

Die Leistungsvergleichsringe bieten nach Schuster zu wenig Anreize, um über das Aufdecken von Defiziten eine Veränderungsdynamik auszulösen. Eindrucksvoll kann Schuster (2001) darauf verweisen, dass die Initiative zur Teilnahme an den Leistungsvergleichsringen oft von den Verwaltungsleitungen ausging, dass diese aber dann wenig Gebrauch von den Ergebnissen machten. Schon Max Weber (1980) stellte bei seiner Analyse der preußisch-deutschen Bürokratie heraus, dass die Geheimhaltung von Dienstwissen ein Machtmittel der Beamten darstellt, die sich so vor „äußerer", d.h. auch politischer, Kontrolle schützen. In jüngster Zeit stießen auch die auf organisationsinternen Datenbanken aufbauenden Systeme des Wissensmanagements in Organisationen häufiger auf den Widerstand der Mitarbeiter. Die Verknüpfung von Datenbanken des Wissensmanagements, aber auch von Kennzahlenvergleichen, mit der Bezahlung der Mitarbeiter appelliert an deren Phantasie, das System zu unterlaufen und auszunutzen, und führt zu den merkwürdigsten Fehlentwicklungen. Energien werden in die falsche Richtung gelenkt.

Während der Prinzipal-Agenten-Theorie ein zutiefst pessimistisches Menschen- und Weltbild zu Grunde zu liegen scheint, verschließt die Webersche Variante den Blick auf komplexere Motivationen der Verwaltungsmitarbeiter nicht. Als „Professionals in Organization" haben Verwaltungsmitarbeiter oft durch persönliche Sinngebung an ihre Tätigkeit, durch berufliche Sozialisation und durch den Anschluss an fachliche Diskurse sachliche Ziele verinnerlicht, die sie in ihrer Arbeit verfolgen, bei der sie sich möglicherweise auch nicht weniger an betrieblichen Strukturen stoßen als z.B. die „Verwaltungskunden". Vermutlich lassen sich bei diesen Motivationen belastbare Ansatzpunkte für eine Erfolgsermittlung finden. Das setzt allerdings eine radikale Abwendung von der Kostenfixierung bestehender Kennzahlenvergleiche voraus. Diese dürfen nicht in den Vordergrund der Bemühungen rücken. Stattdessen ist primär auf die Sachleistungsdimension abzustellen, die Legitimität solcher Bemühungen kann in der öffentlichen Verwaltung noch am ehesten vorausgesetzt werden.

Aus sich heraus sind Ansätze einer Erfolgsermittlung kaum entstanden, daher ist auch eine gesetzliche Lösung empfohlen worden, allerdings mehr als Vorgabe unabdingbarer Elemente, die dann vor Ort ergänzt werden sollen. Die Partizipation am Zuschneiden auf die örtlichen Informationsbedürfnisse kann dann einen Anreiz für die Implementation und Nutzung darstellen. Wer sich hier verweigert, etwa indem die vorgesetzten Instanzen mit Massen beinahe aussageloser Details überschüttet werden oder indem wichtige Informationen zurückgehalten werden, zahlt dann möglicherweise den Preis, eigene Anliegen eben nicht durchsetzen zu können.

Eine externe Prüfung der Erfolgsberichterstattung ist möglich, wie sie z.B. beim Öko-Audit praktiziert wird. Jedoch können die externen Prüfer die politischen Ziele der Prinzipale bestenfalls unterstellen. Das Schwergewicht der Kontrolle sollte daher bei diesen selbst liegen. In den Kommunen wären die Fachausschüsse der Räte die geeignete Arbeitsebene, um im Kontakt mit Verwaltungsarbeitsgruppen gemeinsam zu entscheiden, wie die gesetzlichen

Mindestvorgaben einer Erfolgsermittlung auszugestalten und zu ergänzen sind.

8. Die Erfolgsermittlung – ein Baustein des Wissensmanagements öffentlicher Betriebe

Gerade am Beispiel der Erfolgsermittlung öffentlicher Betriebe bestätigt sich die Analyse Willkes (1996), dass es eine gesellschaftliche und eine organisationale Dimension des Wissensmanagements gibt. Beide können – und sollten auch – bei öffentlichen Betrieben ineinander greifen. Wenn beklagt wird, dass Wissensmanagement oft zu technizistisch verstanden wird (Weber u.a. 1999, Wilkesmann/Rascher 2003), dann wird mit der Erfolgsermittlung öffentlicher Betriebe die politische, die sozial gestaltende Dimension zurückgewonnen. Es ist bezeichnend, dass etwa beim Leistungsvergleich öffentlicher Bibliotheken sofort die Angst der Verwalter vor den politischen Folgen der Aufdeckung und Veröffentlichung von Kennzahlen und ihres Vergleichs geweckt wurde (Berghaus-Sprengel 2001). Die Möglichkeiten einer systematischen Erfolgsermittlung gehen weit über Informationen für das betriebliche Management und die Entdeckung alternativer Vollzugsabläufe hinaus. Gerade die Führungsebenen der Verwaltungen und die politischen Organe sind berechtigt und gegenüber den Bürgern geradezu verpflichtet, dem nachgeordneten Apparat „Wissensziele" zu setzen, nämlich zu lernen (und zu berichten), was mit dem Einsatz von Recht, materiellen und personellen Ressourcen erreicht wird.

Literatur

Adamaschek, B. 1997: Leistungssteigerung durch Wettbewerb in deutschen Kommunen – der interkommunale Leistungsvergleich. In: Naschold, F., Oppen, M., Wegener, A. (Hg.) 1997, S. 107-123
Adamaschek, B., Banner, G. o. J: Der interkommunale Leistungsvergleich: Eine neue Form des Wettbewerbs zwischen Kommunalverwaltungen, Manuskript, erschien in: Pröhl, M. (Hg.) 1997, S. 205-232
Andersen, U. (Hg.) 1998: Gemeinden im Reformprozeß. Schwalbach/Ts.
Ball, R. 1998: Performance Review in Local Government. Aldershot
Banner, G. 1997: Verwaltungsreform als Staatsdilemma. In: Verwaltung und Management 3 (1997), S. 337-341
Banner, G. 1998: Kommunale Verwaltungsreform und staatlicher Modernisierungsrückstand. In: Andersen, U. (Hg.) 1998, S. 34-46
Berghaus-Sprengel, A. 2001: Der Betriebsvergleich als Instrument der Leistungsmessung in Öffentlichen Bibliotheken. In: Bibliothek 25 (2001), S. 143-191
Carter, N., Greer, P. 1993: Evaluating Agencies: Next Steps and Performance Indicators. In: Public Administration Review 71 (1993), S. 407-416
Chmielewicz, K., Eichhorn, P. (Hg.) 1989: Handwörterbuch der öffentlichen Betriebswirtschaft. Stuttgart

Derlien, H.U. 1980: Zur systemtheoretischen Fassung des Kontrollproblems in der öffentlichen Verwaltung. In: Hauptmann, H., Schenk, K.-E. (Hg.) 1980, S. 195-225

Dumont du Voitel, R. 1999: Mehrdimensionale Steuerung der öffentlichen Verwaltung. In: Verwaltung, Organisation, Personal, 21 (1999)4, S. 12-15

Edeling, T., Jann, W., Wagner, D. (Hg.) 1998: Öffentliches und privates Management. Opladen

Edeling, T., Jann, W., Wagner, D. (Hg.) 2001: Reorganisationsstrategien in Wirtschaft und Verwaltung. Opladen

Edeling, T., Jann, W., Wagner, D., Reichard, C. (Hg.) 2001: Öffentliche Unternehmen. Entstaatlichung und Privatisierung? Opladen

Etzioni, A. 1967: Soziologie der Organisationen. München

Flohr, H. 1966/67: Bemerkungen zur Frage der Erfolgswürdigung bei gemeinwirtschaftlichen Unternehmen. In: Archiv für öffentliche und freigemeinnützige Unternehmen 8 (1966/67), S. 148-153

Goldbach, A. 1985: Die Kontrolle des Erfolges öffentlicher Einzelwirtschaften. Frankfurt a.M.

Haeseler, H. 1976: Gemeinwirtschaftliche Betriebe, öffentliche Verwaltungen und Soziale Rechnungslegung (Diskussionsberichterstattung). In: Haeseler, H. (Hg.) 1976, S. 181-194

Haeseler, H. (Hg.) 1976: Gemeinwirtschaftliche Betriebe und öffentliche Verwaltungen, ZfbF-Sonderheft 5/76. Opladen

Hauptmann, H., Schenk, K.-E. (Hg.) 1980: Anwendungen der Systemtheorie und Kybernetik in Wirtschaft und Verwaltung. Berlin

Hodel, A. 1976: Zielorientierte Erfolgsermittlung für öffentlich-gemeinwirtschaftliche Unternehmen. Diss. Bochum

Hoppe, U. 1982: Öffentliche Unternehmen und private Endverbraucher. Bochum

Huter, O., Landerer, C. 1984: Die Berliner Eigenbetriebe als Instrumente kommunaler Politik. Berlin

KGSt (Kommunale Gemeinschaftsstelle für Verwaltungsvereinfachung) 1993: Das Neue Steuerungsmodell, KGSt-Bericht Nr. 5/1993. Köln

Machura, S. 1993: Die Kontrolle öffentlicher Unternehmen. Wiesbaden

Machura, S. 1999: Leistungsmessung in der öffentlichen Verwaltung. In: Die Verwaltung 32 (1999), S. 403-427

Machura, S. 2001a: Fairneß und Legitimität, Baden-Baden

Machura, S. 2001b: „Was begrenzt, begründet auch": Bedarfswirtschaftlichkeit und Ziele kommunaler Unternehmen. In Edeling, T., Jann, W., Wagner, D., Reichard, C. (Hg.) 2001, S. 95-112

Naschold, F. 1997: Umstrukturierung der Gemeindeverwaltung: eine international vergleichende Zwischenbilanz. In: Naschold, F., Oppen, M., Wegener, A. (Hg.) 1997, S. 15-48

Naschold, F., Oppen, M., Wegener, A. (Hg.) 1997: Innovative Kommunen. Stuttgart

Oettle, K. 1976: Grundfragen öffentlicher Betriebe II. Baden-Baden

Pfeffer, J., Salancik, G. R. 1978: The External Control of Organizations. New York

Pröhl, M. (Hg.)1997: Internationale Strategien und Techniken für die Kommunalverwaltung der Zukunft. Gütersloh

Reichard, C. 1998: Zur Naivität aktueller Konzepttransfers im deutschen Public Management. In: Edeling, T., Jann, W., Wagner, D. (Hg.) 1998, S. 53-70

Schmidt, K. 1997: Vom Zahlenwerk zur Organisationsentwicklung. Qualitätssteigerung durch interkommunale Leistungsvergleiche. In: Verwaltung, Organisation, Personal 19 (1997)10, S. 22-24

Schredelseker, K. 1989: Gesellschaftsbezogene Rechnungslegung. In: Chmielewicz, K., Eichhorn, P. (Hg.) 1989, Sp. 513-522

Schreyögg, G., Conrad, P. (Hg.) 1996: Wissensmanagement. Berlin

Schuster, F. 1998a: Der interkommunale Leistungsvergleich – Ein Wundermittel auch für Brandenburgs Kommunen? In: Kommunalwissenschaftliches Institut der Universität Potsdam (KWI) (Hg.): Modellkommunen Newsletter (1998) 6, S. 9-13

Schuster, F. 1998b: Kennzahlen zur Steuerung der Kommune und zum interkommunalen Leistungsvergleich, unveröffentlichtes Gutachten für die KGSt, 18. Dezember 1998

Schuster, F. 2001: Benchmarking als Ersatz für Wettbewerb: Können interkommunale Leistungsvergleiche ein Motor für Veränderungen sein. In: Edeling, T., Jann, W., Wagner, D. (Hg.) 2001, S. 203-228

Thiemeyer, T. 1965: Erfolgswürdigung bei gemeinwirtschaftlichen Unternehmen. In: Annalen der Gemeindewirtschaft 34 (1965), S. 251-260

Thiemeyer, T. 1975: Wirtschaftslehre öffentlicher Betriebe. Reinbek bei Hamburg

Thiemeyer, T. 1981: Betriebswirtschaftslehre der öffentlichen Betriebe. In: WiSt 10 (1981), S. 367-373, 417-423

Weber, J. 1983: Ausgewählte Aspekte des Controlling in öffentlichen Institutionen. In: Zeitschrift für öffentliche und gemeinwirtschaftliche Unternehmen 6 (1983), S. 438-461

Weber, J. 1988: Einführung in das Controlling. Stuttgart

Weber, J., Grothe M., Schäffer, U. 1999: Wissensmanagement für Controller, Vallendar

Weber, M. 1980: Wirtschaft und Gesellschaft. Tübingen

Wilkesmann, U., Rascher, I. 2003: Lässt sich Wissen durch Datenbanken managen? Motivationale und organisationale Voraussetzungen beim Einsatz elektronischer Datenbanken (im vorliegenden Band).

Willke, H. 1996: Dimensionen des Wissensmanagements – Zum Zusammenhang von gesellschaftlicher und organisationaler Wissensbasierung. In: Schreyögg, G., Conrad, P. (Hg.) 1996, S. 263-304

Wysocki, K. von 1976: Meß- und Bewertungsprobleme in der sozialen Rechnungslegung. In: Haeseler, H.R. (Hg.) 1976, S. 171-180

Klaus Lenk, Peter Wengelowski

Wissensmanagement für das Verwaltungshandeln

1. Fragestellungen

Zum Wissensmanagement im öffentlichen Sektor finden sich ungeachtet der Beliebtheit, der sich das Thema allgemein erfreut, nur wenige Aussagen (Milner 1999, Budäus 2000, KGSt 2001, Wimmer 2000, Traunmüller u.a. 2001, Lenk u.a. 2002). Jedoch versuchen Lösungsanbieter und Berater, in der öffentlichen Verwaltung Fuß zu fassen. Dort erwacht das Interesse allerdings nur zögernd. Eine erste Erklärung dafür, dass Wissensmanagement sich noch nicht breit im öffentlichen Sektor durchsetzt, könnte darin liegen, dass der Wettbewerb als wichtigster Treiber für Wissensmanagement fehlt.

Ein rasch anwachsendes Interesse für die Thematik ist jedoch absehbar aus Gründen, die der Arbeit der öffentlichen Verwaltung immanent sind. Hier finden sich besonders viele hochqualifizierte Kräfte, welche als „Wissensarbeiter" anspruchsvolle Sachbearbeitung in Fachaufgaben wahrnehmen. Während die Produktivität im routinemäßig arbeitenden Bereich auch in der öffentlichen Verwaltung in den letzten Jahren weiter gesteigert werden konnte, scheint dies für komplexe und anspruchsvolle Bearbeitungsprozesse noch nicht der Fall zu sein. Es mag sein, dass die Festanstellung bzw. der Beamtenstatus vieler Mitarbeiter wenig Anreize bietet, die Produktivität von Wissensarbeitern, die „eh da" sind, zu erhöhen. Zu erwarten ist aber mittelfristig, dass Verwaltungen stärker kooperieren, um freie Spitzenkapazitäten von Fachpersonal auszulasten und damit deren Produktivität steigern wollen, um an anderen Stellen Neueinstellungen zu vermeiden (Lenk/Traunmüller 1999). Dann könnte auch Wissensmanagement in diesem Zuge Aufschwung nehmen.

Unter den Besonderheiten des öffentlichen Sektors, die eine rasche Verbreitung von Wissensmanagement begünstigen könnten, findet sich eine eigene Tradition der „geistigen Arbeit": Verwaltung (aber auch Politikvorbereitung und richterliche Arbeit) erschöpft sich weitgehend im menschlichen Umgang mit Informationen. Sie verarbeitet Informationen, und viele ihrer Produkte haben ausschließlich informationellen Charakter. Dabei nutzt sie ihre Wissensbestände, welche im Umgang mit neuen Sachverhalten ständig erweitert werden. Wissen ist mithin ein zentrales Problem für Politik und Verwaltung, welches schon lange, mindestens seit Max Weber, der den Ausdruck „Dienstwissen" prägte, Aufmerksamkeit findet (Menne-Haritz 2001a).

Wie in vielen Fällen, in denen Rückständigkeit der öffentlichen Verwaltung diagnostiziert wird, liegt auch hier eine Übertragung von Ansätzen nahe, welche sich in der Privatwirtschaft (angeblich) bewährt haben. Beim Wissensmanagement kommen hier sowohl stärker personenzentrierte und am organisatorischen Lernen ausgerichtete Ansätze als auch solche in Frage, die von technischen Instrumenten her aufgezogen sind. Es bleibt jedoch unklar, was damit bewirkt werden kann, zumal es auch in den praxisorientierten Projekten der Wirtschaft keine einheitlichen Vorstellungen von Wissensmanagement gibt. So werden Geschäftsprozessveränderungen, Cultural Change Projekte oder ein Datenbankaufbau als Wissensmanagement (der kleinen Schritte) bezeichnet. Im Mittelpunkt steht oft das Instrumentelle, um Daten, Informationen und Wissen zu managen. Eine allgemein gültige Strategie des Wissensmanagement hat sich (noch) nicht herausgebildet. Dies deutet darauf hin, dass Wissen hochgradig systemgebunden ist. Gerade dies spricht aber dafür, nicht einfach fremde Ansätze zu übertragen.

Zudem würde bei einem solchen Vorgehen die Verwaltung über einen Kamm geschoren, ohne auf die Vielfalt der Aufgabenfelder, Leistungsfelder, Typen von Arbeitsprozessen und Handlungskonstellationen Rücksicht zu nehmen. An der empirischen Untersuchung der Arbeitsrealität fehlt es, wie Brinckmann schon 1984 beklagte, nach wie vor (Brinckmann 1984). Hier soll versucht werden, diese Lücke in der Betrachtung durch Herausarbeiten einiger typischer Anwendungsszenarien zu schließen.

Grundlage dafür ist eine Sicht, welche Verwaltung nicht primär als eine Dienstleistungsorganisation begreift, sondern ihre Kernfunktionen ins Auge fasst. Die klassische eingreifende Verwaltung hat durch Prävention und durch Reaktion auf Störungen gesellschaftliche Stabilität und innere Sicherheit immer wieder von neuem zu gewährleisten. Sie hat dafür zu sorgen – nach einem glücklichen Ausdruck von Andrew Dunsire (1990, S. 18)-, dass die gesellschaftliche Turbulenz in akzeptablen Grenzen bleibt. Nach politischen, durchweg in Recht gegossenen Vorgaben, hat die Verwaltung die Gesellschaft zu beobachten und auf sie einzuwirken sowohl verändernd als auch stabilisierend. Das Handeln der Verwaltung ist damit auf Ergebnisse und Wirkungen ausgerichtet, die rechtlich vorausgesetzt oder politisch erwünscht sind. Durch technisches und praktisches Handeln einerseits, Kommunikation von bindenden Entscheidungen oder von anderen Informationen andererseits hat die Verwaltung Dinge zu bewirken, welche die gesellschaftliche Selbstorganisation nicht aus sich heraus leistet. Selbstverständlich hat sie das aber nur insoweit zu tun, als es politisch gewollt ist. Politisch beabsichtigte Anomie und die Anarchie in bestimmten Bereichen hat sie hinzunehmen.

Dem technischen bzw. dem kommunikativen Handeln der Verwaltung vorgelagert ist die Beobachtung der Gesellschaft und die Sammlung und Auswertung von Informationen über sie. Die Beobachtungsergebnisse können zudem dazu benutzt werden, die Handlungsprogramme zu verändern, vor allem also die Gesetze.

Dieser scheinbar einfache Sachverhalt prägt sich aus in Institutionen, Aufgabenzuweisungen und Handlungszusammenhängen, deren Komplexität immens ist. Sie ist wesentlich größer als diejenige, welche von Organisationen zu bearbeiten ist, die nach Zielvorgaben bestimmte Güter oder auch Dienste produzieren sollen. Der Verwaltungskosmos erscheint unüberschaubar. Selbst wenn man von der politischen Seite absieht, vom Regieren, von den Konflikten und der Machtdimension, dann bleibt ein unübersichtliches Geflecht von Institutionen und Beziehungen zurück.

Im Gegensatz zur Privatwirtschaft geht es mithin im öffentlichen Bereich auch und vor allem um das tägliche operative Geschäft, welches in hohem Maße in anspruchsvoller Wissensarbeit besteht. Einem ständigen Innovationsbedarf steht somit ein hoher Rationalisierungs- und Lernbedarf gegenüber.

Verwaltungsarbeit ist Wissensarbeit par excellence. Daher ist der wichtigste Potenzialfaktor der Verwaltung ihr Wissen: Wissen über die Gesellschaft, über das (recht- oder unrechtmäßige) Verhalten von deren Mitgliedern, Wissen über Verwaltungshandeln und seine Wirkungen, über die zu rechtlichen Vorgaben geronnenen politischen Standards des Verwaltungshandelns sowie, nicht zuletzt, das Wissen der Verwaltung über sich selbst. Dieses Wissen ist verteilt in Köpfen, in Akten, in Gesetzen, in Rechenwerken, in Datenbanken. Es hat scharfe und unscharfe Zonen. Vor allem aber steckt es in menschlichen Köpfen.

Als Wissensträger und Entscheider sind die Menschen, die in ihr arbeiten, nach wie vor die wichtigste Ressource der Verwaltung. Das hat man auch schon für Unternehmen erkannt. Aber in Verwaltungen gilt dies in noch viel höherem Maße. Ergänzt wird das menschliche Wissen durch archivierte und schnell wiederauffindbare Information. Die Schriftlichkeit des Verwaltungshandelns ist für die Beschaffenheit des Informationsnetzes der Verwaltung immer noch ausschlaggebend. Inzwischen ergibt sich jedoch die Perspektive einer schnelleren Wiederauffindbarkeit elektronisch gespeicherten Wissens auch über die bislang typischen Datenbankinhalte hinaus.

Sich auf die individuellen Wissensträger und auf die Informationstechnik zu konzentrieren, reicht aber nicht. Der Potenzialfaktor Wissen ist vor allem eine organisatorische Angelegenheit. Die Strukturen der Vernetzung des Wissens, die Möglichkeiten seiner Veränderung durch organisatorisches Lernen und seiner verlässlichen Bereitstellung im Bedarfsfall sind entscheidend. Man könnte in dieser Sicht die Gesamtheit des öffentlichen Sektors als ein großes Wissensnetz betrachten. Diese Sicht ist wichtig, weil sie für ein dem öffentlichen Sektor angemessenes Wissensmanagement Akzente setzt. So ist in diesem Netz die Struktur zwischen den Akteuren von großer Bedeutung. Wissensträger und Akteure fallen oftmals nicht zusammen. Entscheidend ist es gerade in Krisensituationen, dass benötigtes Wissen aus dem Netz schnell und zuverlässig den Handlungsträger erreicht.

Alles in allem sind daher ganz erhebliche Produktivitäts- und wohl auch Qualitätszuwächse im Arbeiten des gesamten öffentlichen Sektors zu erreichen, wenn Wissensmanagement sich stärker durchsetzt. Wir blicken allerdings schon auf eine lange Geschichte technikgetriebener Problemlösungsversuche zurück. Sie sind oft stecken geblieben oder versandet. Zu ihnen gehörte die Vorstellung, die Informationsprobleme nicht nur der Wissenschaft und der industriellen Forschung und Entwicklung, sondern auch die des öffentlichen Sektors mit großen Fachinformationssystemen zu lösen. Eine Ausgeburt dessen war der 1971 veröffentlichte Plan der Bundesregierung für ein allumfassendes „Informationsbankensystem". Zu Recht geriet er schnell wieder in Vergessenheit. Später kam das Konzept der Expertensysteme hinzu. Wissensingenieure sollten das jeweilige Domänenwissen den menschlichen Experten entlocken und in technische Systeme baggern. Es dauerte eine ganze Weile, bis die Verheißungen auf ein realistisches Maß zurückgeführt wurden (Bonin 1990). Auch wurden Management-Informationssysteme, deren Domäne zunächst das im Rechnungswesen abgebildete innere Funktionieren von Unternehmen war, für tauglich gehalten, umfassende Informationen für das Policymaking bereitzustellen, z.B. in Umweltfragen (Lenk 1991).

Dieser Weg des Vorschlagens technischer Lösungsansätze nach Maßgabe des gerade erreichten Standes „modernster" Technik und ohne vorgängige Klärung der zu lösenden Probleme muss verlassen werden, soll Wissensmanagement im öffentlichen Sektor Nutzen stiften. Daher fragen wir, wo sich Ansatzpunkte für Wissensmanagement in der Verwaltungsarbeit finden, welche den Wissensanforderungen dieser Arbeit wirklich gerecht werden. Zu diesem Zweck müssen wir Aktivitäten des öffentlichen Sektors genauer untersuchen. Auf dieser Grundlage kann dann geklärt werden, welche Schritte, Produkte und Entwicklungen zu empfehlen sind.

Zunächst aber setzt dies noch einige Vorklärungen voraus (Abschnitt 2). Bevor wir auf typische Anwendungsszenarien eingehen (Abschnitt 3), müssen wir bestimmen bzw. in Erinnerung rufen, was man unter Wissen, Wissensmanagement (und organisatorischem Lernen) versteht.

2. Vorklärungen: Die „Wissenslandschaft"

Wissen

Gängige Begriffsklärungen gehen von einem dreistufigen Verhältnis aus: Daten, Information und Wissen. Das entspricht der semiotischen Leiter Syntax, Semantik und Pragmatik. Daten sind demnach nicht (was den Begriff ursprünglich in den Computerjargon einführte) das Gegebene, sondern sie sind „syntaktische Informationsruinen" (Steinmueller 1993), Informationen kommt Bedeutung zu, Semantik tritt also auf dieser Stufe zu Syntax hinzu, und Wissen soll sich danach dann durch den pragmatischen Bezug auszeichnen (Krcmar/Rehäuser 1996). Nur eigene Wissensbestände eines Informationssubjekts erlauben es, eingehende Informationen überhaupt als solche wahrzunehmen; sie werden dann in den vorhandenen Wissensbestand eingebaut und verändern diesen. Entscheidend sind in dieser Sicht das menschliche Kontextwissen und die Frage, ob es von konkreten Menschen überhaupt abgelöst werden kann. Hieran knüpfen sich dann unterschiedliche Auffassungen darüber, ob es auch ein organisatorisches oder gesellschaftliches neben dem individuellen Wissen geben kann.

Die Vielzahl der Auffassungen, die sich heute im Regelfall auf die Ausarbeitung des Informationsbegriffs konzentrieren und den Wissensbegriff hiervon ableiten, kann hier nicht weiter dargelegt werden (Machlup 1983, Lenk 2000). Wir müssen nur darauf hinweisen, dass die Forschung zur so genannten Künstlichen Intelligenz Wissen anders bestimmt. Ihr zufolge verarbeiten auch Maschinen Wissen. Für die meisten Zwecke kommt es auf die begrifflichen Feinheiten aber nicht an. Dennoch spricht vieles dafür, mit den heute vorherrschenden Auffassungen den pragmatischen Bezug von Wissen in den Vordergrund zu rücken. Dieser liegt in menschlichen bzw. organisatorischen Handlungen. Wissen sollte als Handlungsvermögen gesehen werden (Stehr 2001). In dieser Blickrichtung müssen wir fragen, wo das Handeln im öffentlichen Sektor und in der Politik, wo insbesondere das Verwaltungshandeln Wissen voraussetzt und wie mit diesem Wissen umgegangen wird.

Wissensarten

Angesichts der Vielfalt dieses Handelns muss aber im öffentlichen Sektor von vornherein genauer als üblich gefragt werden, welches Wissen in welchen Handlungszusammenhängen eine Rolle spielt. Um darauf eine Antwort zu finden, benötigt man zunächst eine Differenzierung nach Wissensarten, die in dieser Intensität in der Wirtschaft selten vorgenommen wird. Hier kann von einer Dreiteilung ausgegangen werden. Arten des Wissens in Bezug auf das Verwaltungshandeln sind danach:

- Prozess- bzw. Verfahrenswissen
- Fall- bzw. Inhaltswissen (umfasst Fakten- und Regelwissen)
- Kontextwissen (Weltwissen)

Das Prozess- bzw. Verfahrenswissen betrifft das Vorgehen in der laufenden Arbeit. Es baut sich zum Teil erst während der Arbeit auf. Dies liegt an einer Besonderheit im Handeln der öffentlichen Verwaltung. Dieses Handeln kennt auf der operativen Ebene nicht nur wohlstrukturierte „Produktionsprozesse", bei denen das Ergebnis schon vorher bekannt ist, sondern auch viele offene Entscheidungsprozesse, die im Verlauf der Bearbeitung ihre eigene Geschichte produzieren. Diese Prozessgeschichte muss fallbezogen allen Bearbeitern gegenwärtig sein (Menne-Haritz 2001b), denn sie knüpfen in der Bearbeitung hieran an. Damit ist ein enger Bezug zum Dokumentenmanagement gegeben (Engel 2001).

Das Inhaltswissen betreffend eine Handlung kann in Fakten- und Regelwissen unterschieden werden. Ein wichtiger Unterfall des Regelwissens ist das rechtliche Wissen. Es wird aus den unterschiedlichsten Quellen (darunter juristische Informationssysteme) (semi-)professionell erarbeitet. Hier liegt eine besondere Herausforderung für Wissensmanagement im öffentlichen Sektor. Das Inhaltswissen bezieht sich zunächst auf den gerade zur Bearbeitung anstehenden Fall und umfasst darüber hinaus Wissen über bereits bearbeitete Fälle. Derartige Fälle spielen im Kollektivgedächtnis einer Organisation eine große Rolle, weil aus ihnen Regelwissen abgeleitet wird für die Arbeit am laufenden Fall (Präzedenzfälle, Simile – woher der Ausdruck Amtsschimmel stammt).

Kontextwissen betrifft die Umgebung, in der ein wissensbasiertes Handeln stattfindet. Es dient damit der Absicherung dieses Handelns und ist nicht trennscharf vom Fallwissen abzugrenzen.

Kollektives Wissen bzw. Lernen

Gewisse Verständnisschwierigkeiten bereitet der Schritt vom individuellen Wissen bzw. Lernen zum kollektiven (in der Organisation, in einem Politiknetzwerk oder einer sonstigen Gruppe, in der Gesellschaft). Es gibt gute Gründe, über eine rein individualbezogene Sicht hinauszugehen. Wir finden uns in eine Gesellschaft gestellt, in der wir von Werkzeugen, sonstigen Artefakten sowie sozialen Strukturen und Handlungsroutinen umgeben sind, in denen sich früheres wissensbasiertes Handeln von Menschen niederschlägt. Das ist unmittelbar einsichtig für physische Werkzeuge, die eine bestimmte Nutzung aufgrund ihrer Beschaffenheit nahe legen. Aber auch Handlungsroutinen und ganze Institutionen wirken nicht anders: Sie legen uns nahe, was wir zu tun haben. Am Beispiel der militärischen Organisation und der Organisation der Kirche wird dies verständlich: Diese Strukturen kommen (oder kamen bislang) mit Menschen aus, die nicht selbst über viel Wissen verfügen mussten, um im Sinne der Organisation kompetent zu handeln. Umgekehrt: Ein Wissensmanagement wird erst dann erforderlich, wenn solche Institutionen nicht mehr entlastend für das menschliche Handeln wirken, etwa deswegen, weil ihre Umgebung sich geändert hat. Auf einzelne Theorieansätze, welche die Verzahnung individuellen und organisatorischen Wissens zu erklären suchen, kann an dieser Stelle nicht eingegangen werden (Eberl 2001, Taylor u.a. 2001, S. 51ff.).

Wissensformen: explizites und implizites Wissen

Das vorhandene Wissen ist uns oftmals nicht bewusst, es muss also – in einer oft gebrauchten Einteilung – als implizites (tacit) Wissen betrachtet werden. Implizites Wissen umfasst den Erkenntniszugang zu Sachverhalten, der vermittelnde Denk- und Betrachtungsschritte voraussetzt, damit ein Zusammenhang in seiner Entstehung und Problematisierung eingesehen und nachvollzogen werden kann. Neben diesem impliziten Wissen kann explizites Wissen angenommen werden, wobei in erster Linie an (vom Menschen aus gesehen) extern gespeichertes und auf dem jeweiligen kulturellen Verständigungshintergrund problemlos kommunizierbares Wissen gedacht wird. Diese beiden Wissensformen sollen der weiteren Erörterung zugrunde gelegt werden. Geht man (nach Nonaka/Takeuchi 1997) von implizitem und explizitem Wissen als den zwei grundlegenden Wissensformen aus, so lassen sich vier „Phasen" des Wissensmanagement unterscheiden:

- Sozialisierung,
- Externalisierung,
- Kombination und
- Internalisierung.

Dabei bedeutet Sozialisierung, dass neues Wissen durch den Austausch impliziten Wissens von Individuen entsteht. Dieses geschieht zum großen Teil durch gemeinsame Erfahrungen und Aktivitäten. Bei der Externalisierung wird implizites Wissen in explizites überführt. Das individuell verfügbare Wissen wird durch Kommunikation dieser Inhalte an andere Organisationsmitglieder weitergegeben und auch zur Diskussion gestellt. Neues und bestehendes Wissen wird in der Phase der Kombination zu neuem Wissen vereint. Die Verknüpfung von unterschiedlichen Wissensbeständen ergibt neue Einsichten. Schließlich führt der Übergang des Wissens von „Know what" zu „Know-how" durch das ständige Anwenden, Erfahren und Verbessern zur Internalisierung des Wissens in der Organisation und zur Weiterentwicklung der gemeinsamen Wissensbasis.

In der Verbindung dieser vier Phasen entstehen neue Problemlösungen und Konzepte auf der Basis der organisationalen Wissensbasis. Grundlegend hierfür sind Prozesse der Kommunikation, verstanden nicht als eine reine Informationsübertragung, sondern als gerichtete, zielorientierte Interaktion. Kommunikation bedeutet die Einheit von Information, Mitteilung und Verstehen. Dabei umfasst Information den Prozess der Auswahl von Mitteilungen, die als absichtliches oder unabsichtliches Verhalten der Informationsweitergabe angesehen werden. Das Verstehen beinhaltet den Empfang von Informationen und Interpretation. Daher erzeugt Kommunikation Übereinstimmung in den Verhaltensweisen (Lehner 2000).

Wissensmanagement

Wissensmanagement schafft Strukturen, die die Generierung, Verbreitung, Bewahrung und Verwertung von Informationen und Wissen ermöglichen, mit dem Ziel der Sicherung der Wettbewerbs- und Lernfähigkeit durch eine Erhöhung der Reaktionsgeschwindigkeit, Effizienz, Kompetenz und Innovationsfähigkeit. Das Wissensmanagement muss unter dieser Maßgabe sowohl individuelle als auch kollektive Lernprozesse unterstützen, die dann explizites und implizites Wissen entstehen lassen.

Im Kontext von Organisationen sind die Mitarbeiter als Basis aller Lernprozesse anzusehen und daher, vor allem bezogen auf ihre Kommunikationsfähigkeiten, zu unterstützen. Die Organisationskultur und die bestehenden

Arbeits- und Organisationsstrukturen bedingen den Handlungsrahmen der Lernprozesse (Wengelowski 2000). Zwischen den Organisationsmitgliedern, der Organisationskultur und der Struktur bestehen Interdependenzen, die sowohl lernfördernd als auch lernverhindernd wirken können. Diese drei Faktoren sind somit als Objekt des Wissensmanagement anzusehen.

Der Kommunikationsprozess in einer Organisation wird durch vielfältige Faktoren beeinflusst. Sie können sowohl unterstützend als auch hemmend auf den Wissenstransfer wirken. Zunächst gelten die Mitarbeiter als Basisfaktor für das Wissensmanagement. Sie bilden mit ihrem Wissensschatz die Grundlage für das kollektive (organisationale) Gedächtnis. Ihre Einstellung und Wertorientierung gegenüber Mitarbeitern, der Arbeit und dem Unternehmen und seinen Prozessen bestimmen die Motive der individuellen Wissensweitergabe. Aber auch deren strukturelle Einbindung in die Institution beeinflusst den Wissenstransfer nachhaltig. Kommunikative Mitarbeiter sind in transferresistenten Strukturen lernunfähig im Sinne der organisationalen Handlungsorientierung. Insofern sind Personal, Struktur und Kultur auf ihren jeweiligen Aggregationsebenen (Individuum – Gruppe – Organisation) für die Entwicklung von Wissen in größeren Systemen verantwortlich. Auf die Implikationen dieser Sicht für die Umsetzung von Wissensmanagement kommen wir zurück.

Schließlich ist zu berücksichtigen, dass verwertbares Wissen zeitabhängig ist. Es veraltet rasch, weil sich die Kontexte ändern. Die Wissensbasis muss daher ständig „aufgefrischt" werden. Wissen „an sich" besitzt keinen stabilen Wert. Es ist nur wertvoll, wenn es ständig in einem neuen Zusammenhang angewandt wird, wenn es also dynamisch bleibt. Die wesentliche Aufgabe des Wissensmanagement ist die Suche nach Wissen mitsamt den Wissensträgern in einer Organisation und deren Strukturierung.

3. Anwendungsszenarien für Wissensmanagement in der öffentlichen Verwaltung

Um die mit Wissensmanagement in der öffentlichen Verwaltung verbundenen Besonderheiten herauszuarbeiten werden im Folgenden einige Anwendungsszenarien für Wissensmanagement gebildet. Diese sind allgemein gehalten, zeigen aber die Unterstützungsmöglichkeiten auf. Träger des Wissens sind in diesen Szenarien nicht nur Verwaltungsmitarbeiter bzw. -manager, sondern auch Bürger (Unternehmer) in unterschiedlichen Rollen, insbesondere auch als Politiker. Zu den möglichen Anwendungsszenarien gehören:

1. Verwaltungs-Sachbearbeitung
2. Außendienste
3. Kundenservice
4. Anliegensverfolgung gegenüber öffentlichen Stellen durch Bürger (Unternehmer)

5. Verwaltungsmanagement (Steuerungsdienste)
6. Innovationen und Änderungsprozesse
7. Politikvorbereitung durch die Ministerialbürokratie und andere öffentliche Stellen
8. Parlamentsarbeit
9. Bürgeraktivierung und Elektronische Demokratie

Im Hinblick auf diese Handlungssituationen können die folgenden Fragen gestellt werden (CSC 2001):

1. Welches Wissen ist kritisch (Kontextwissen, Fallwissen [Fakten und Regeln], Prozesswissen)?
2. Wo fehlt Wissen besonders?
3. Wo führt eine Verbesserung der Wissenslage zu einem hohen Lösungsbeitrag?
4. Wo sind Fortschritte im Wissensmanagement leicht und kostengünstig zu erzielen?

Wir beschränken uns an dieser Stelle auf drei Szenarien, welche besonders verwaltungstypisch sind.

Sachbearbeitung

Eine am individuellen Fall ausgerichtete Sachbearbeitung ist in juristischer Sicht kennzeichnend für die Arbeit der Verwaltung. Sie dient der Erarbeitung einer Entscheidung, welche sich regelmäßig in einem Verwaltungsakt ausdrückt, der Rechte oder Pflichten begründet bzw. die Rechtslage feststellt. Dies geschieht in „Vorgängen", die abgesehen von einigen Regeln des Verwaltungsverfahrensgesetzes und Vorgaben der Geschäftsordnungen, kaum feste Strukturen aufweisen. Nicht nur das Ergebnis ist offen, auch die Abfolge der einzelnen Prozessschritte ist nicht standardisiert. Solche Entscheidungsprozesse sind zu unterscheiden von standardisierten Prozessen, bei denen praktisch keine Entscheidung mehr erforderlich ist, weil das Ergebnis schon feststeht. An solche Prozesse denken Betriebswirte in erster Linie; sie nehmen an, dass Entscheidungen auf der Managementebene fallen, welche die Prozesse standardisieren. Standardisierte Prozesse kommen in der Verwaltung auch häufig vor, vor allem im Rechnungswesen und in der Ressourcenverwaltung. Sie machen aber im Bewusstsein der Mitarbeiter nicht die eigentliche Verwaltungsarbeit aus. Bei ihnen liegt das Einfallstor für Software aus dem Bereich der Wirtschaft.

Unter Sachbearbeitung soll im Gegensatz dazu die rechtlich geregelte, aber Handlungsspielräume unterschiedlicher Art und Breite aufweisende Arbeit an einem zu entscheidenden Fall aufgefasst werden; das Ergebnis dieser Entscheidung bewirkt letztlich eine Gestaltung gesellschaftlicher Beziehungen. Es steht zu Beginn des Prozesses (man nehme als Beispiel etwa einen gerichtlichen Prozess) nicht fest. Die Vorgangsbearbeitung erfolgt oft durch mehrere Bearbeiter, welche sequenziell eine Akte bearbeiten. Kollegiale Teamarbeit findet sich nur ausnahmsweise.

Bei dieser Arbeit benötigen die Bearbeiter unterschiedlich viel Wissen, regelmäßig mit einem hohen Anteil impliziten Wissens. Ein Wissensmangel ist ihnen oft gar nicht bewusst. Aber vielfach suchen sie gezielt Informationen. Aufgrund ihrer Vorbildung erahnen sie, welche Rechtsvorschriften einschlägig sein könnten; diese müssen, wenn es sich nicht um häufig wiederkehrende Fälle handelt, aufgesucht werden. Es sind Rechtsvorschriften aus unterschiedlichen Quellen zu beachten, die im Laufe der Bearbeitung zusammengefügt werden müssen. Juristische Kommentare nehmen den Bearbeitern einen Teil dieser Arbeit ab, und man muss sich fragen, warum IT-gestützte juristische Informationssysteme sich nicht schon längst in diese Richtung weiter entwickelt haben.

Ein anderer Bereich des Wissens ist ebenfalls kritisch: das Prozesswissen, welches sich im Laufe der Bearbeitung aufbaut. Wer einen Fall übernimmt, etwa vertretungsweise, muss dieses Wissen rekonstruieren.

Wichtig ist in vielen Stadien der Bearbeitung der Rekurs auf Präzedenzfälle. Dieser geschieht heute oft über Privatablagen. Je größer das „Dienstwissen" eines Sachbearbeiters ist, um so seltener wird auf solche externen Quellen zurückgegriffen.

Auffallend ist dabei durchweg eine Vereinzelung. Nur selten finden sich Communities of Practice, in denen das Wissen, das die einzelnen Sachbearbeiter bzw. Experten in ihrer Arbeit ansammeln, zu gemeinschaftlichem Wissen gerinnt. Hier liegt ein Bereich der Unterstützung brach, der auch zu tun hat mit dem vielfach erwünschten Übergang zu mehr Teamarbeit in der Verwaltung. Für Wissensmanagement ergibt sich hier ein wichtiger Ansatzpunkt. Insbesondere Techniken des Case Based Reasoning erscheinen vielversprechend.

Insgesamt lassen sich daher mit folgenden Maßnahmen des Wissensmanagement rasche Erfolge erzielen:

1. Dokumentation des Prozesswissens
2. Aufbereitung des Rechtswissens, leichterer Zugang zu diesem
3. Entwicklung von Communities of Practice sowie einer darauf bezogenen Fallbasis (Case Based Reasoning)

Politikvorbereitung durch die Ministerialbürokratie und andere öffentliche Stellen

Besonders in der Ministerialverwaltung, aber auch im Management einzelner Behörden ist eine Arbeitssituation gegeben, in der Politikvorbereitung mit Management- und Kontrolltätigkeiten zusammentrifft. Im Einzelnen geht es um Arbeiten der Gesetzesvorbereitung bzw. der Entwicklung politischer Programme. Es geht ferner um Krisenentscheidungen, um die Beantwortung parlamentarischer Anfragen, um die Aufsicht über nachgeordnete Stellen sowie um komplexe und oft politisch brisante Entscheidungen des Verwaltungsvollzugs.

Hier sind umfangreiche Wissensbestände gefordert, welche zudem in dem relativ häufigen Fall von Krisenentscheidungen schnell aus dem Wissensnetz der betreffenden Organisation den Entscheidern zur Verfügung gestellt werden müssen. Dabei steht die Frage im Mittelpunkt, wie man aus der Fülle der Informationen durch Filterung, Verdichtung und Bewertung zu verlässlichen Handlungsgrundlagen gelangen kann (Lenk 1991). Entscheider verlassen sich sehr oft auf persönlich Vertraute, welche die Informationen so aufbereiten können, dass sie dem Wissenskontext der Entscheider angemessen sind, d.h. dass diese tatsächlich relativ schnell lernen können. So haben Führungskräfte eine deutliche Vorliebe für die Aufbereitung von Informationen durch persönliche Referenten. Alle Versuche, ihre Wissenslage zu verbessern, müssen daher die Stellung dieser Personen mit einkalkulieren. Oft reicht es, diesen „Wasserträgern des Wissens" als Vertrauenspersonen die richtigen Werkzeuge an die Hand zu geben.

Beispielsweise kann das Auswärtige Amt mit seinen Außenvertretungen als ein großes Netz gesehen werden, in dem laufend Informationen erarbeitet, weitergegeben und vor allem für einen zur Zeit der Sammlung noch nicht feststehenden Gebrauch vorgehalten werden. Spezialisten und Generalisten arbeiten zusammen, um die Informationsressourcen zu managen, um eingehende Information auf ihre Zuverlässigkeit zu überprüfen, überholte Information auszusondern und um halbfertige Zwischenprodukte zu schaffen, welche dann gespeichert werden für den Fall, dass ein Akteur eine Information z.B. über ein bestimmtes Land wie Usbekistan benötigt.

Hier zeigt sich besonders deutlich, dass man öffentliche Verwaltung als exekutiven Arm des Staats nicht nur durch ihre unmittelbaren Inputs und Outputs kennzeichnen darf. Neben der Produktion von größtenteils informationellem Output muss sie die Gesellschaft beobachten und eine Wissensbasis pflegen; sie braucht Arbeitskapazität und Wissen, um neue Informationen zu erarbeiten und um auf äußere Anstöße angemessen zu reagieren. Sie muss auf unvorhergesehene Ereignisse vorbereitet sein. Die vorherrschende Betrachtung von Verwaltung als Ansammlung von Produktionsbetrieben, welche nach Maßgabe der rechtlichen Vorgaben sowie der „Steuerung" durch das Verwaltungsmanagement Input in Output transformieren, hat diese Grundeinsicht verstellt. Für das Wissensmanagement ist sie aber zentral.

Inhaltlich gesehen geht es dabei vor allem um Fachinformationen. Hier besteht ein großer, im Einzelnen schwer vorhersehbarer Bedarf. Rechtsinformationen und die Information über Interna spielen demgegenüber eine viel geringere Rolle.

In verschiedenen Wellen wird bereits seit Jahrzehnten versucht, mit Management bzw. Executive Information Systems (MIS, EIS) dieser Entscheidungssituation gerecht zu werden. Solche Führungsinformationssysteme sollen den Zugang zu Informationen erschließen. Dazu halten sie solche Informationen entweder selbst vor oder beschaffen sie aus anderen Quellen. Hinzu kommt die Bereitstellung von Informationsverarbeitungskapazität für die Auswertung von Daten bzw. Informationen, also zur Durchführung von Modellrechnungen, für das Durchspielen von Alternativen und die Bearbeitung von „Was-Wäre-Wenn-Fragen".

Von ihrem Gegenstandsbereich her können solche Systeme zum einen die innerbetriebliche Steuerung im Sinne des Controllings unterstützen, wobei Daten des internen Rechnungswesens einschließlich nichtmonetärer Daten über Verwaltungsleistungen und ihre Wirkungen benutzt werden. Zum anderen gibt es Führungsinformationssysteme, die auf bestimmte Politikfelder bezogen sind, so z.B. Umwelt-Informationssysteme. Ihre Nutzung ist nicht auf Führungsspitzen beschränkt, sondern für alle Leistungsträger von Bedeutung. Nachdem im ersten Anlauf viele solcher Systeme scheiterten, weil sie auf die Informationsnachfrage von Führungskräften nur unzureichend eingestellt waren, wird zunehmend versucht, mit Techniken des Data Warehousing und des Data Mining Systeme aufzubauen, die nachfragegerecht die Suche nach Informationen und ihre Verdichtung in konkreten Handlungssituationen unterstützen.

Der Einbezug von Fachwissen kann daneben durch die Aktivierung des Wissensnetzes sowohl organisationsintern als auch –übergreifend verbessert werden. Hierfür ist von Bedeutung, dass das Fachwissen der zahlreichen Spezialisten schnell erschließbar ist. Dies setzt nicht nur geeignete Zugangsmittel für die Entscheider bzw. ihre Gehilfen voraus (z.B. Gelbe Seiten über Expertenwissen), sondern auch Instanzen im Wissensnetz, welche Ergebnisse aufbereiten. Informationsmittler und Informationsverdichter (etwa nach dem Vorbild von Wissenschaftsjournalisten) sind daher von großer Bedeutung.

Viele Ursachen für einen unvollständigen oder suboptimalen Einbezug von Fachwissen haben weniger mit mangelnden Zugangsgelegenheiten als mit Denkgewohnheiten zu tun. Auch hier stellt sich eine Aufgabe des Wissensmanagement, für die eine technische Unterstützung kaum in Sicht ist. Juristen fragen vor allem juristisches Wissen, Ökonomen ökonomisches Wissen nach. Das geht oft zulasten technischen Fachwissens. Disziplinäre Spezialisierungen sind eine bedeutende Lernbarriere. Sie bremsen die Verbreitung von Wissen. Die andauernde Vorliebe für Fachlichkeit gerade im öffentlichen Sektor führt dazu, dass die überlappenden Flächen des Wissens von Menschen mit verschiedenen fachlichen Hintergründen nicht breit genug sind. Überschlägig lassen sich daher mit folgenden Verbesserungen (rasche) Erfolge erzielen:

1. Erschließung des Zugangs zu Fachinformationen, insbesondere durch Einrichtung von Instanzen der Informationsverdichtung und Wissensvermittlung.
2. Erweiterung des Verständnishorizonts von Mitarbeitern, um zu breiteren Überlappungsflächen hinsichtlich des Verständnisses von Fachwissen zu gelangen.

Verwaltungsmanagement (Steuerungsdienste)

Unter dem Einfluss des New Public Management und (in Deutschland) insbesondere ausgehend von Ansätzen des Controllings finden sich in diesem Bereich die meisten Versuche, ein Informationsmanagement für das Management bzw. Steuerungsdienste aufzubauen. Sämtliche in einem neuen Bericht der KGSt (KGSt 2001) zum Wissensmanagement genannten Beispiele können diesem Bereich zugeordnet werden. Das inzwischen im kommunalen Bereich etablierte Controlling sucht hier insbesondere den Schulterschluss mit der Städtestatistik. Man findet Erweiterungen hin zu einer Einbeziehung anderer Daten als der des monetären Rechnungswesen, so in einem Konzept „Öffentliches Management-Informationssystem (ÖMIS)" (Budäus 2000). Dort werden neben der Information über interne Prozesse, welche das Rechnungswesen traditionell liefert, auch Informationen über die Mitarbeiter, die politische und gesellschaftliche Umwelt u.a. berücksichtigt, worin sich eine gewisse Ausrichtung am Konzept der Balanced Scorecard zeigt.

Wie dem erwähnten Bericht der KGSt zu entnehmen ist, sieht die Verwaltungspraxis hier einen Schwerpunkt des Wissensmanagements. Es fragt sich aber, ob die Wissensprobleme der Steuerungsdienste wirklich aus der Sicht der Akteure behandelt werden. Der Eindruck drängt sich auf, dass ähnlich wie häufig beim kommunalen Controlling angebots- und nicht nachfrageorientiert gedacht wird. Die Erstellung und perfektionierte Verwaltung großer Datenbestände ohne genügendes Eingehen auf die Bedürfnisse bzw. den objektiven Bedarf der potenziellen Nutzer steht weiterhin im Vordergrund, wozu die Verfügbarkeit guter Software für Datengenerierung, Datenverwaltung und Data Mining nicht unerheblich beiträgt.

Die bislang unzureichende Berücksichtigung der Wissensproblematik bei der „Neuen Steuerung" kann jedoch nicht nur durch eine Erweiterung des Datenmaterials im Sinne von Konzepten der Balanced Scorecard aufgefangen werden. Vielmehr muss stärker von den Nutzern her gedacht werden. So bieten sich auch hier Access-Strategien als Lösungsweg an. Die Erleichterung des Zugangs zu relevanter Steuerungsinformation führt über gute Metainformationen und Handreichungen zur Auswertung von Informationsbeständen im Hinblick auf die eigenen Handlungsbedürfnisse.

Ebenso könnte daran gedacht werden, an der Berufsrolle von Controllern anzusetzen und diese zu Informationsmaklern weiter zu entwickeln; interessanterweise zeigt sich eine Parallele zur Berufsauffassung von Bibliothekaren, die sich zunehmend von Hütern ihrer Bestände zu Informationsvermittlern wandeln.

Zusammenfassend lassen sich daher mit folgenden Verbesserungen Erfolge erzielen:

1. Übergang von einer angebotsorientierten Datensammlung hin zu einer nachfrageorientierten Datensammlung und -aufbereitung,
2. Entwicklung geeigneter Zugangshilfen zu Fachinformationen, insbesondere aus der internen und externen Statistik.

4. Umsetzung von Wissensmanagement

Unterstützung der Wissensarbeiter als Ansatzpunkt

Wissensmanagement als Konzept etabliert sich gegenwärtig nur in einer der hier herausgearbeiteten Handlungssituationen, nämlich im Bereich des Verwaltungsmanagements (Steuerungsdienste). Es scheint noch kaum ein Bewusstsein dafür zu geben, dass auch das operative Kerngeschäft, die qualifizierte Sachbearbeitung, erheblich von Wissensmanagement profitieren kann.

Ansatzpunkte für Wissensmanagement im öffentlichen Sektor müssen – wie im privaten Sektor – davon ausgehen, dass Wissensmanagement „50% People, 25% Process, 25% Technology" ist. Von den zwei Grundrichtungen, die sich gegenüber stehen:

1. eine stärker an menschlichen Prozessen des Wissenserwerbs und des Umgangs mit Wissen orientierte Ausrichtung auf Lernen,
2. eine mehr von der IT getriebene Ausrichtung auf Instrumente,

ist daher die erstgenannte die wichtigere. Allerdings sind die Möglichkeiten, Menschen in ihrem Umgang mit Informationen und Wissen technisch zu unterstützen, bei weitem noch nicht ausgeschöpft.

Im Vordergrund der Überlegungen muss immer das menschliche Wissen stehen. Die Erarbeitung von Wissen aus bestimmten Wissensbeständen ist stark abhängig von der Vorbildung der betreffenden Personen. Der Tradition des öffentlichen Sektors wird eine Sicht am besten gerecht, die zunächst die Verantwortung des einzelnen Wissensarbeiters für seine Wissenslage betont. Von hier aus ist zu fragen, was ihm ein zentral verortetes Wissensmanagement zur Verfügung stellen kann. Daher liegen die vordringlichen Ansatzpunkte des Wissensmanagement nicht in der Schaffung zentraler Wissensspeicher, sondern in der Unterstützung der Wissensarbeiter. Nimmt man dies ernst, so muss es dazu führen, die vielfach noch im Vordergrund stehende Betonung zentraler „Knowledge Repositories" abzulösen durch einen am Individuum oder dem Team orientierten Ansatz. Dies kann auf dreierlei Arten geschehen:

(a) Am Arbeitsplatz des einzelnen Wissensarbeiters: Hier geht es um eine geeignete Infrastruktur, die bei ganz trivialen Dingen, wie z.B. leichterer Erreichbarkeit von Spezialisten über „Gelbe Seiten", beginnt. Der Zugang zu Quellen, aus denen Wissen erarbeitet werden kann, ist durch Zugangs-Strategien und Discovery Services möglichst leicht zu machen. Ergänzend muss die Fähigkeit unterstützt werden, aus der Information tatsächlich Wissen zu erarbeiten.
(b) In der kollaborativen Unterstützung von Teams, z.B. durch Gestaltung der Wissensumgebung, der Räume und Kontaktgelegenheiten.
(c) Durch Vorleistungen in der Teilerarbeitung von Wissen, wie dies für Rechtsinformation oben geschildert ist. Hier ist auch an Dienste zu den-

ken, die Wissen gezielt für solche Akteure aufbereiten, die nicht selbst auf dem betreffenden Gebiet Fachleute sind. Vorbild könnte der Wissenschaftsjournalismus sein.

Technisch gesehen bedeutet dies in vielen Fällen ein Ausgehen von Wissensportalen, welche in gemeinsame Arbeits- und Lernumgebungen (im Sinne des Computer Supported Cooperative Work) (Schwabe u.a. 2001) eingebettet sind. Wissensportale stellen einen zentralen Zugang zu im Wesentlichen unstrukturierten Daten dar. Moderne Wissensportale kombinieren Funktionen und Anwendungen wie Dokumentenmanagement, Data Mining, computerunterstütztes kooperatives Lernen, Suchmaschinen, Sitzungsunterstützungssysteme, Experten Newsgroups, Team- und Community-Unterstützung, Yellow Pages und Messaging zu einer Gesamtlösung unter einer Oberfläche – und dies personalisierbar (sprich: anpassbar) durch jeden einzelnen Benutzer gemäß seinen Bedürfnissen an seinem speziellen Arbeitsplatz. Zudem entsprechen Wissensportale aufgrund ihrer Internetbasis mobilen Kommunikationsanforderungen. Insgesamt schaffen Wissensportale die Voraussetzungen, explizites Wissen zu systematisieren und den Mitarbeitern strukturiert zur Verfügung zu stellen und geben Unterstützung beim Austausch des impliziten Wissens.

Auf der Seite des Wissensangebotes wird ein portalbezogener Ansatz ergänzt durch technische Unterstützung zur Erschließung des Inhalts und die Navigation durch Wissensräume. Hier ist das schon hinlänglich bekannte Feld, auf dem sich Dokumentations- und Informationssysteme weiterentwickeln. Informationssysteme fungieren sowohl als Visualisierung und Kombination von Wissensgebieten, unterstützen den Wissensaustausch und bilden die Grundlage für eine regelmäßige Wissensentwicklung expliziten Wissens. Ebenso stellen sie die technische Infrastruktur für den ad hoc Wissenstransfer durch die Mitarbeiter.

Bei den technischen Anteilen aller drei genannten Formen der Unterstützung von Wissensarbeitern muss in Rechnung gestellt werden, dass die Technikunterstützung sich schon bald wandeln wird. Die heutige Vorherrschaft von PC/Server-Strukturen wird anderen Formen der technischen Unterstützung weichen. Ein Beispiel ist die Bereitstellung eines Handbuchs für die Amsterdamer Kriminalpolizei auf Psion Organizer. Mobile Außendienste – bislang eher ein Stiefkind der Technikunterstützung – dürften bald erheblich von den Entwicklungen profitieren. Vor allem bei Teamarbeit ist mit fesselnden Entwicklungen in der so genannten Roomware (Streitz 2001) zu rechnen.

Ein Entwicklungsmodell

Ein Wissensmanagement mit den drei genannten Ausrichtungen lässt sich nur auf Grundlage der vorhandenen Organisationsressourcen aufbauen. Eine aktive Teilnahme der Wissensträger und -nutzer ermöglicht den Aufbau und das Fortbestehen eines wirklich nutzbringenden Wissensmanagement. Die Mitarbeiter im öffentlichen Sektor sind mit ihren Qualifikationen, ihrem individuellen Problemlösungswissen und unterschiedlichen Einstellungen sowohl Adressaten als auch Träger des Managements von Wissen. Bei der jeweiligen Gestaltung von Wissensmanagement sind ihr persönlicher Arbeitsstil und ihre Präferenzen zu berücksichtigen. Die Wissensträger und Wissen Suchenden müssen die Chance besitzen, das Wissensmanagementsystem mitzugestalten und auf ihre Bedürfnisse auszurichten. Vor allem für die Nutzbarmachung von Informationstechnik ist dieses eine Grundvoraussetzung. Die Wissensarbeiter sollten im Sinne ihrer Vorstellungen Wissensmanagement definieren.

Die Organisationsstrukturen bilden durch die Arbeitsorganisation (z.B. Teams) die jeweiligen Ziele und Vorschriften, die Geschäftsvorfälle, die bereitgestellte Informations- und Kommunikationstechnik, durch mögliche Diskussions-Freiräume, aber auch durch Standardisierungen, die formale Umgebung für das Wissensmanagement. Die Organisationskultur gilt als informelle Struktur und beschreibt die Wertschätzung für den Prozess des Wissensaustausches, das Lernen und die Kommunikation und deren Muster bzw. Regeln. Insgesamt bedingen diese Einflussfaktoren sich gegenseitig. Eine Einführung von Wissensmanagement kann nur unter der Berücksichtigung der vorhandenen Bedingungen erfolgreich umgesetzt werden.

Vorgehensweise

Während die oben (Abschnitt 3) angesprochenen Fragen zunächst aussichtsreiche Felder für ein Wissensmanagement herausfinden sollen, müssen in einem darauf folgenden Schritt weitere Fragen zum Aufbau von und zur Sensibilisierung für Wissensmanagement aufgeworfen werden:

– Wie wichtig ist Wissen für unsere erfolgreiche Arbeit?
– Welche Ziele sollen durch ein Wissensmanagement unterstützt werden?
– Welches Wissen besitzen wir, und welches brauchen wir morgen?
– Wie „retten" wir Wissen für die nächste Zeit?
– Wie gehen wir mit Wissen um? Gibt es Förderung oder Barrieren?
– Welche Gestaltungsmöglichkeiten sind vorhanden, um WM zu betreiben?

Sind diese Fragen innerhalb der Organisation beantwortet, sollte die Implementierungsphase mit der Bestimmung der Akteure bzw. Teilnehmer des Wissensmanagements begonnen werden. Es hat sich gezeigt, dass Wissensmanagement am Anfang erst nur in Form von kleineren Gruppen/Teams betrieben werden kann. Zum einen besitzen die Gruppen ähnliche Kulturen und kennen sich untereinander, so dass eine Kommunikationsgrundlage vorhanden ist. Die zu entwickelnden Wissensgebiete haben dann auch noch eine Vielzahl von Überschneidungen und können so von den Nutzern selbständig aufgebaut werden. Dabei ist eine Sensibilisierung hin zur Wissensteilung und parallel dazu die Entwicklung von Kommunikations- und Lernstrategien zu initiieren. In den jeweiligen Gruppen sollten danach Wissensziele bestimmt und daraus relevante Wissensgebiete den Aufgaben gegenüber gestellt werden. Mit Hilfe des Wissensportals kann dann ein virtuelles Wissensnetzwerk aufgebaut werden. Zusätzlich entstehen Themen-Netzwerke, die, wenn sie eine gewisse Intensität erreicht haben, auch zu Wissensgebieten umgewandelt werden können. Auf Grund der Funktionalitäten und der Nutzung des Wissensportals werden Wissensbestände bewertet und das Einstellen von Informationen, bezogen auf ihre Nutzung gekennzeichnet. Nach einer Erprobungs- und Nutzungsphase sollten die Wissensziele überprüft und zusätzlich bzw. nicht genutzte Funktionalitäten des Wissensportals auf- bzw. abgebaut werden.

Übernahme von Best Practice

Die Betrachtung typischer Handlungssituationen hat gezeigt, dass einfache Übernahmen der Wissensmanagement-Konzepte aus dem Privatsektor für den öffentlichen Bereich nicht zu empfehlen sind. Gewiss mag versucht werden, dieses Gebilde von eigenartigen Prozessen, Mitarbeitern und Kultur aufzubrechen, indem man sich ausschließlich an einem vorgegebenem Wissensmanagement-Konzept orientiert. Dieses Vorgehen würde dann zu einer fundamentalen Veränderung führen, so dass völlig neue Prozesse, Funktionen, Kompetenzen und Werte entstehen müssten. Es bedarf keiner weiteren Begründung, dass damit die überkommenen Institutionen des öffentlichen Sektors erheblich verändert würden.

5. Ausblick

Wissensmanagement für das Verwaltungshandeln stellt sich als eine komplexe Materie dar. Zunächst ist eine einheitliche Vorstellung über das Konzept Wissensmanagement nicht zu erlangen. Zudem ist die öffentliche Verwaltung ein heterogenes System mit unterschiedlichen Zielen, Funktionen und Prozessen. Insofern ist ein Wissensmanagement für das Verwaltungshandeln nicht zu entwickeln, ohne die Einzigartigkeit der jeweils ablaufenden Vorgänge zu berücksichtigen. Ein „Rundum-glücklich-Paket" für die gesamte öffentliche Verwaltung kann nicht ohne Identitätsverlust der einzelnen Verwaltungseinheiten umgesetzt werden.

Daher sollte Wissensmanagement in der öffentlichen Verwaltung durch die beteiligten Wissensträger und –nutzer aufgebaut werden. Die Wissensarbeiter sollen selbständig darüber entscheiden können, was sie unter Wissensmanagement verstehen wollen, welcher IT-Support gebraucht wird, wo Freiräume zum Wissensaustausch benötigt werden und vor allem wie ein effizientes Wissensmanagement aussehen könnte. Wissensportale bieten auf Grund ihrer individuellen Konfigurierbarkeit gute Möglichkeiten, die Gewohnheiten der Wissensbereitstellung bzw. -teilung und der Wissensnutzung zu unterstützen. Wissensmanagement ist dabei eng mit den Werten und Normen einer Institution verbunden. Lern- und Wissensprozesse entstehen nicht per Dekret, sondern nur aus der Einsicht heraus, dass sie für den Einzelnen, eine Gruppe oder die ganze Organisation vorteilhaft sind.

Literatur

Bonin, H. (Hg.) 1990: Entmythologisierung von Expertensystemen. Heidelberg
Brinckmann, H. 1984: Informationsverwaltung – Der richtige Umgang mit Information und Kommunikation als Führungsaufgabe und was ihrer Verwirklichung im Wege steht. In: Reinermann, H. (Hg.) 1984, S. 175-206
Budäus, D. 2000: Vom Neuen Kommunalen Rechnungswesen zum Öffentlichen Management-Informationssystem – Grundlage eines Verwaltungscontrolling. In: Verwaltung & Management 6 (2000), S. 68-76
CSC 2001: Wie wird Knowledge Management zu einer lohnenden Geschäftsinvestition? Competence Center Business Knowledge Systems, Computer Sciences Corporation
Dunsire, A. 1990: Holistic Governance. In: Public Policy and Administration 5 (1990), S. 4-19
Eberl, P. 2001: Die Generierung des organisationalen Wissens aus konstruktivistischer Perspektive. In: Schreyögg, G. (Hg.) 2001, S. 41-66
Engel, A. 2001: Prozesswissen als Gegenstand des Wissensmanagements in der öffentlichen Verwaltung. In: Schnurr, H.P. u.a. (Hg.) 2001, S. 426-433
Grönlund, A. (Hg.) 2002: Electronic Government. Design, Applications and Management. Hershey u.a.
Hoffmann-Riem, W., Schmidt-Assmann, E. (Hg.) 2000: Verwaltungsrecht in der Informationsgesellschaft. Baden-Baden
KGSt 2001: Wissensmanagement in Kommunalverwaltungen. Köln: Kommunale Gemeinschaftsstelle für Verwaltungsvereinfachung [=KGSt-Bericht 7/2001]
Krcmar, H., Rehäuser, J. 1996: Wissensmanagement in Unternehmen. In: Schreyögg, G., Conrad, P. (Hg.) 1996, S. 1-40
Lehner, F. 2000: Organisational Memory. Konzepte und Systeme für das organisatorische Lernen und das Wissensmanagement. München, Wien
Lenk, K. 1991: Führungsinformation. Was heute mit technischer Unterstützung möglich ist. In: Reinermann, H. (Hg.) 1991, S. 16-29
Lenk, K. 2000: Außerrechtliche Grundlagen für das Verwaltungsrecht in der Informationsgesellschaft. Zur Bedeutung von Information und Kommunikation in der Verwaltung. In: Hoffmann-Riem, W., Schmidt-Assmann, E. (Hg.) 2000, S. 59-99
Lenk, K., Traunmüller, R. 1999: Öffentliche Verwaltung und Informationstechnik. Perspektiven einer radikalen Neugestaltung der öffentlichen Verwaltung mit Informationstechnik. Heidelberg
Lenk, K., Traunmüller, R., Wimmer, M.A. 2002: The Significance of Law and Knowledge for Electronic Government. In: Grönlund, A. (Hg.) 2002, S. 61-77
Machlup, F. 1983: Semantic Quirks in Studies of Information. In: Machlup, F., Mansfield, U. (Hg.) 1983, S. 641-671
Machlup, F., Mansfield, U. (Hg.) 1983: The Study of Information. Interdisciplinary Messages. New York u.a.
Menne-Haritz, A. 2001a: Das Dienstwissen der öffentlichen Verwaltung. Wissensmanagement für kooperative Entscheidungsprozesse. In Verwaltung & Management 7 (2001), S. 198-204
Menne-Haritz, A. 2001b: Wissensmanagement in kooperativer Entscheidungsfindung. In: Schnurr, H.P. u.a. (Hg.) 2001, S. 393-401

Milner, E.M. 2000: Managing Information and Knowledge in the Public Sector. London
Nonaka, I., Takeuchi, H. 1997: Die Organisation des Wissens. Frankfurt a.M., New York
Reinermann, H. (Hg.) 1984: Öffentliche Verwaltung und Informationstechnik – Neue Möglichkeiten, neue Probleme, neue Perspektiven. Berlin u.a.
Reinermann, H. (Hg.) 1991: Führung und Information. Heidelberg
Reinermann, H. 1999: Führungsunterstützung durch Informationssysteme. In: Lenk, K., Traunmüller, R. 1999, S.193-229
Schnurr, H.P. u.a. (Hg.) 2001: Professionelles Wissensmanagement. Erfahrungen und Visionen. Aachen
Schreyögg, G. (Hg.) 2001: Wissen in Unternehmen. Konzepte, Maßnahmen, Methoden. Berlin
Schreyögg, G., Conrad, P. (Hg.) 1996: Managementforschung 6. Wissensmanagement. Berlin
Schwabe, G., Streitz, N., Unland, R. (Hg.) 2001: CSCW-Kompendium. Lehr- und Handbuch zum computerunterstützten kooperativen Arbeiten. Berlin u.a.
Stehr, N. 2001: Moderne Wissensgesellschaften. In: Aus Politik und Zeitgeschichte, Beilage zur Wochenzeitung Das Parlament. 31. August 2001, B36/2001, S. 7-14
Steinmueller, W. 1993: Informationstechnologie und Gesellschaft. Darmstadt
Streitz, N. 2001: Kooperative Gebäude und Roomware. In: Schwabe, G., Streitz, N., Unland, R. (Hg.) 2001, S. 518-534
Taylor, J.R., Groleau, C., Heaton, L., Van Every, E. 2001: The Computerization of Work. A Communication Perspective. Thousand Oaks u.a.
Traunmüller, R., Lenk, K., Wimmer, M.A. 2001. Wissensmanagement und E-Government. In: Schnurr u.a. (Hg.) 2001, S. 381-392
Wengelowski, P. 2000: Entwicklung des organisationalen Lernens. Ein Lenkungsmodell. Wiesbaden
Wimmer, M.A. 2000: Designing Interactive Systems: Key Issues for a Holistic Approach. Linz

Wolfgang Gerstlberger

Wissenstransfer in Regionalen Innovationssystemen – ausgewählte Beispiele der internationalen Diskussion

1. Ausgangssituation: Nachhaltigkeit und Wissenstransfer als Chance für strukturschwache Regionen und Unternehmen?

Die systematischere Gestaltung regionaler Entwicklungs- und Lernprozesse hat im Verlauf der 1990er Jahre in den Institutionen der nationalen sowie (vor allem) europäischen Forschungs- und Innovationsförderung allmählich an Bedeutung gewonnen (Ash/Thrift 1994).[1] Ein wesentlicher Unterschied gegenüber früheren Förderprogrammen besteht dabei in einem erweiterten Verständnis innovativer Unternehmens- und Regionalentwicklung. Während in den 1980er Jahren die öffentliche Innovationsförderung im engeren Sinne stark technikorientiert war und ökologische bzw. soziale Folgen sowie Wirkungen von (ausgebliebenen) Innovationsprozessen in separaten Programmen bearbeitet wurden, sind seit Beginn der 1990er Jahre diesbezüglich vorsichtige Integrationsversuche festzustellen (Heinelt 1996, Lucas 2000).

Diese Integrationsversuche wurden maßgeblich durch das gesamtgesellschaftliche Leitbild Sustainable Development (SD) angestoßen, das aus dem Bericht der Weltkommission für Umwelt und Entwicklung „Our Common Future" („Brundtland-Bericht", 1987) und der Konferenz der Vereinten Nationen über Umwelt und Entwicklung in Rio de Janeiro (Agenda 21, 1992) hervorgegangen ist (Hauff 1987, UNCED 1992). Die Förderung der betrieblichen und regionalen Innovationsfähigkeit wird ausgehend davon als Möglichkeit der langfristigen Verbindbarkeit ökonomisch(-technisch)er, ökologischer und sozialer Erneuerungsprozesse gewertet (Dybe/Kujath 2000, Dybe/Rogall 2000). Auch und gerade für wirtschaftlich strukturschwache Regionen, die nach wie vor im Zentrum der Innovationsförderung der EU stehen, werden mit dem Leitbild SD (mehrdimensionale Nachhaltigkeit) neue Entwicklungschancen verbunden (Lucas 2000).

---

1 Der Fokus dieses Beitrags liegt auf der regionalen EU-Innovationsförderung, da die dargestellten (ausgewählten) Ergebnisse im Wesentlichen dem seit Ende 2000 abgeschlossenen Forschungsprojekt „Nachhaltige Innovative Unternehmens- und Regionalentwicklung (NIUR)" – Endbericht für den Europäischen Sozialfonds, ESF und das Hessische Ministerium für Wissenschaft und Kunst – sowie darauf aufbauenden EU-Projektskizzen entstammen (Hübner/Gerstlberger/Mathieu 2001, Gerstlberger/ Mathieu 2001).

Ein zweiter wesentlicher Aspekt des erweiterten Verständnisses innovativer Unternehmens- und Regionalentwicklung in einer wachsenden Zahl von EU-Förderprogrammen betrifft die zunehmende Betonung individueller und organisationaler Lernprozesse. Von einer Intensivierung des öffentlich-privaten regionalen Wissenstransfers im Rahmen Regionaler Innovationssysteme (RIS) erhoffen sich die Programmverantwortlichen in den Förderinstitutionen mittel- bis langfristig eine Stärkung der Innovationsfähigkeit einzelner privater, jedoch auch öffentlicher, Unternehmen. Daraus sollen sich zusätzliche neue Impulse für die sozio-ökonomische sowie ökologische Regionalentwicklung ergeben (Braczyk/Cooke/Heidenreich 1998).

Dieser angenommene Zusammenhang zwischen nachhaltiger regionaler bzw. (regional-) wirtschaftlicher Entwicklung, Innovationsfähigkeit und Wissenstransfer findet sich regelmäßig am Beginn von Materialien aus dem Kontext der SD-orientierten Unternehmens- und Regionalentwicklung (z.b. Danielzyk u.a. 1998). Im Originalton ist diese Annahme wie folgt oder ähnlich formuliert (ÖIN 2000, S. 2):

„Was jedoch generell bei [...] wirtschaftlich eher ‚schwachen' Gebieten auffällt ist, dass es einen Teufelskreis gibt, den es zu durchbrechen gilt. Aufgrund der schwachen regionalen Wirtschaft fehlt es der Region an gehobenen Arbeitsplätzen. Nicht nur die fehlende Mobilität der Arbeitnehmer, sondern auch die fehlende Attraktivität der Region gepaart mit den fehlenden Qualifizierungsmöglichkeiten wird zum Problem. Um diesen Kreis zu durchbrechen scheint es wichtig zu sein, sich auf regionale Stärken und Potentiale zu besinnen und nicht ständig Versäumnissen hinterher zu laufen. So gibt oft ein im regionalen Verbund entwickeltes Stärken/Schwächen-Profil gute Auskunft, wo Entwicklungschancen und -potentiale liegen. Diese gilt es z.B. über Akteurskooperationen, Regionale Wirtschaftsverbünde, Lokale Agenda 21 etc. zu stärken und nutzen."

1.1 Ziele und Aufbau des Beitrags

Anliegen dieses Beitrags ist es angesichts derartiger Beobachtungen, ausgewählte Umsetzungserfahrungen mit unterschiedlichen Konzepten für eine nachhaltige regionale Innovationsförderung anhand von drei Fallbeispielen aus der internationalen Diskussion über nachhaltige Innovationssysteme zusammenzufassen.[2] Ausgangspunkt dabei ist die Grundannahme, dass systematische SD-orientierte Innovationsanstöße langfristig zu einer positiven Unternehmens- und Regionalentwicklung beitragen.

Die Darstellung und Auswertung der Fallbeispiele geschieht mit dem Ziel, zukünftige Gestaltungsnotwendigkeiten für (unter-)durchschnittlich entwickelte deutsche RIS aufzuzeigen. Dabei werden folgende konzeptionelle bzw. methodische Überlegungen zugrunde gelegt:

---

2   Diese drei Beispiele wurden aus einem größeren Sample internationaler Fallstudien ausgewählt, wobei besonders anschauliche Ausprägungen von Erfolgskriterien sowie Erfolgsfaktoren bzw. Entwicklungshemmnissen das wichtigste Auswahlkriterium darstellten (Hübner/Gerstlberger/Mathieu 2001, S. 187).

Längerfristig erfolgreiche regionale Lernprozesse – im Sinne eines nachhaltig wirksamen Wissenstransfers – stellen bisher (trotz der in dieser Richtung intensivierten öffentlichen Förderung) Ausnahmefälle in der EU dar. Derartige Ausnahmefälle, hier in der Kurzform als „Erfolgsgeschichten" benannt, sind durch das – seltene – Zusammentreffen verschiedener „Erfolgsfaktoren" (Erklärungsaspekte) gekennzeichnet (was dabei als SD-Erfolg zu werten ist, wird im Detail in Abschnitt 2.2 erörtert).

Demgegenüber bilden „Normalregionen" den weit verbreiteten Regelfall in der EU: Es sind höchstens einzelne SD-Erfolgsfaktoren gegeben und bezüglich eines nachhaltigen Wissenstransfers überwiegen die „Entwicklungshemmnisse" (negative Einflussfaktoren).

Durch die Gegenüberstellung von Erfolgsgeschichten (SD-Erfolgsfaktoren dominieren) und Normalregionen (SD-Entwicklungshemmnisse überwiegen) können zukünftige Notwendigkeiten einer nachhaltigen RIS-Gestaltung für diesen Typus von Region identifiziert werden.

Aus den ermittelten Lernmöglichkeiten ergeben sich (veränderte) Anforderungen an die zukünftige Gestaltung Regionaler Innovationssysteme, wobei hier der Schwerpunkt auf die Gestaltung des unternehmensbezogenen Wissenstransfers gelegt wird.

Bevor – entsprechend diesen methodisch-konzeptionellen Vorüberlegungen – einige ausgewählte Fallbeispiele hinsichtlich der daraus zu ziehenden Lehren zusammengefasst werden, erfolgt eine knappe begriffliche Klärung Regionaler Innovationssysteme. Diese Bezugnahme auf das organisatorische RIS-Konzept erscheint notwendig, da es – neben dem normativen Leitbild SD – in den 1990er Jahren für die (regionale) Innovationsförderung der Europäischen Union ein (weiterer) wichtiger Ausgangspunkt war (Braczyk/Cooke/Heidenreich 1998).

2. Regionale Innovationssysteme als Anwendungsebene für Sustainable Development

2.1 Zentrale RIS-Elemente

Als zentrale Elemente von RIS sind bisher folgende Bereiche ermittelt worden (Abbildung 1, Majer 1997, Braczyk/Cooke/Heidenreich 1998, Fritsch 1999):

– Die regionale Forschungsinfrastruktur: Diese umfasst öffentliche (und vermehrt auch private) Universitäten sowie (Fach-)Hochschulen, öffentlich geförderte Forschungsinstitute, öffentlich-private Gemeinschaftsinstitute (z.B. Technologie- und Gründerzentren), Forschungseinrichtungen von Kammern, Verbänden, Gewerkschaften, Vereinen, Stiftungen und gesellschaftlichen Initiativen, projektbezogene Forschungsverbünde zwi-

schen verschiedenen privaten und (halb-)öffentlichen Organisationen sowie privatwirtschaftliche Forschungsinstitute;
- das regionale Bildungssystem (einschließlich der beruflichen Aus-, Fort- und Weiterbildung), das auch bei zunehmend internationalisierter Unternehmenstätigkeit eine wichtige Säule für die erforderliche (Weiter-)Qualifizierung sowie Gewinnung von Beschäftigten und Führungskräften darstellt;
- die regionale (halb-)öffentliche, intermediäre und private innovationsrelevante Beratungsinfrastruktur in den Feldern Forschung, Wissenstransfer und Bildung; hierzu sind alle Beratungseinrichtungen zu rechnen, die die Entwicklung und Förderung betrieblicher sowie regionaler Innovationen unterstützen (z.b. Patentinformationszentren, Bildungs- und Berufsinformationszentren, Anlauf- oder Koordinierungsstellen für Existenzgründer und nationale oder europäische Förderprogramme);
- abgestimmte Initiativen für den Auf- und Ausbau der für Forschung und Bildung mittelbar förderlichen regionalen Infrastruktur (Verkehrseinrichtungen, Telekommunikation, Tagungs- und Veranstaltungsräume etc.);
- regionalpolitische Maßnahmen, die zur Verbesserung der Rahmenbedingungen von Innovationstätigkeit beitragen (z.B. Aktivierung der Auslandskontakte von Gebietskörperschaften für Unternehmenskooperationen, Unterstützung von Unternehmen bei der Einwerbung nationaler oder europäischer Fördermittel etc.);
- institutionalisierte regionale Foren, die sowohl den Aufbau von Kontaktnetzwerken als auch die Entwicklung erweiterter Innovationsstandards fördern (z.B. in Bereichen wie Umwelt- und Arbeitsschutz, Qualitätssicherung, Kundenorientierung, berufliche Weiterbildung etc.) sowie
- ein innovationsorientiertes Regionalmarketing, in dem spezifische regionale Innovationskompetenzen thematisiert werden.

Wissenstransfer in Regionalen Innovationssystemen

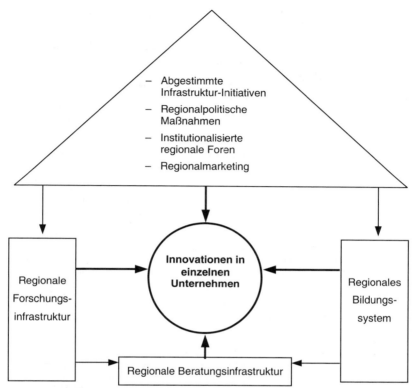

Abb. 1: Schematische Darstellung zentraler RIS-Elemente in Anlehnung an Fritsch (1999)

Kombiniert man diese zentralen RIS-Elemente mit den – gleichgewichtig zu betrachtenden – ökonomischen, ökologischen und sozialen SD-Aspekten, ergibt sich ein breit angelegtes gemeinsames Untersuchungsraster für verschiedene internationale Erfolgsgeschichten und Normalregionen (Abbildung 2). Besonders anschauliche Aspekte aus diesem Gesamtraster werden in Kapitel 3 näher erörtert.

2.2 Erfolgskriterien für nachhaltige Innovationssysteme im Überblick

Einen Überblick möglicher Erfolgskriterien mit Blick auf eine nachhaltige Gestaltung Regionaler Innovationssysteme fasst Abbildung 2 zusammen. Diese Kriterien ergeben sich aufgrund des Versuchs, das unternehmensbezogene RIS-Konzept mit dem gesamtgesellschaftlichen, normativen Leitbild SD zu verbinden.

Abb. 2: Für die regionale EU-Innovationsförderung diskutierte Erfolgskriterien

	Ökonomisch (-technisch)e Innovationen	Ökologische Innovationen	Soziale Innovationen	Nicht-nachhaltige Ausprägung
Forschungsinfrastruktur	Effektivität des „klassischen" Technologie-Transfers	Bedeutung von Vorsorge-Konzepten (kleinräumliche Stoffkreisläufe) Beitrag zur Lebensqualität in ökologischer Hinsicht	Ausgewogenheit der Beschäftigungssituation Effektivität der Daseinsvorsorge Beitrag zur Lebensqualität in sozialer Hinsicht	Fehlende „kritische Masse" (zu geringer Einzugsbereich)[3] Unausgewogenheit des Wissenstransfers
Bildungssystem	Qualität[4] der Vermittlung kaufmännischer sowie naturwissenschaftlich-technischer Kenntnisse und Umsetzungsfähigkeiten	Qualität der Vermittlung Ökologierelevanter Kenntnisse und Umsetzungsfähigkeiten	Qualität der Vermittlung sozialer Kompetenz	Defizite in einzelnen Fähigkeits bzw. Kompetenzbereichen Fehlende Verbindung der einzelnen Kompetenzbereiche
Innovationsrelevante Beratungsinfrastruktur	Dichte der ökonomisch-technischen Infrastruktur Qualität der Beratungsleistungen (aus Kundensicht)	Dichte der ökologisch orientierten Infrastruktur Qualität der Beratungsleistungen (aus Kundensicht)	Dichte der sozial orientierten Infrastruktur Qualität der Beratungsleistungen (aus Kundensicht)	Fehlende „kritische Masse" (zu geringer Einzugsbereich) Fehlende Verbindung der einzelnen Infrastrukturbereiche

---

3   „Fehlende kritische Masse" bezeichnet das Phänomen, das nachhaltigkeitsorientierte Angebote aufgrund zu geringer Ressourcen (Kundeninteresse, unzureichende öffentliche Finanzierung etc.) längerfristig nicht im Wettbewerb mit nicht-nachhaltigen Angeboten bestehen können. Während im Fall von Forschungseinrichtungen zumeist das Fehlen öffentlicher Aufträge bzw. Unterstützung die Ursache für eine „fehlende kritische Masse" ist, verfügen SD-orientierte Beratungseinrichtungen häufig nicht über einen ausreichenden Kundenstamm (z.B. ITAS 1999).

4   Nicht-nachhaltige Qualitätsdefizite im Bildungssystem können in der Regel nur mit zeitlicher Verzögerung und mittelbar festgestellt werden. Indikatoren dafür sind beispielsweise Absolventen-Einschätzungen von Unternehmen oder Absolventen-Befragungen (Teichler 1997; Blume/Fromm 2000, S. 61ff.).

Wissenstransfer in Regionalen Innovationssystemen

	Ökonomisch (-technisch)e Innovationen	Ökologische Innovationen	Soziale Innovationen	Nicht-nachhaltige Ausprägung
Mittelbare Infrastruktur-Initiativen	Leistungsfähigkeit der Kommunikations-Infrastruktur	Leistungsfähigkeit der Kommunikations-Infrastruktur	Leistungsfähigkeit der Kommunikations-Infrastruktur	Fehlende „kritische Masse"
Regionalpolitische Maßnahmen	(Rahmenbedingungen für den ökonomisch-technischen Wissenstransfer) Effektivität der „klassischen" Wirtschafts- und Technologieförderung	(Rahmenbedingungen für den ökologisch orientierten Wissenstransfer) Anreize für Innovationen in den Feldern Ressourcenschonung/Vorsorgekonzepte	(Rahmenbedingungen für den sozial orientierten Wissenstransfer) Anreize für Innovationen in den Feldern Daseinsvorsorge/Lebensqualität in sozialer Hinsicht	Unausgewogene Entwicklung einzelner Infrastrukturbereiche Fehlende „kritische Masse" Fehlende Verbindung ökonomischer, ökologischer und sozialer Maßnahmen
Institutionalisierte Foren	An ökonomisch-technischen Schnittstellen (z.B. Technologieforen)	Formalisierter ökologisch orientierter Wissenstransfer (z.B. Initiativen für den Aufbau von Stoffkreisläufen)	Formalisierter sozial orientierter Wissenstransfer (z.B. regionale Gesundheits- oder Kultur-Netzwerke)	Fehlende (komplett bzw. für einzelne SD-Teilbereiche) oder nicht aufeinander abgestimmte Foren[5]
Regionalmarketing	Für ökonomisch-technische Innovationskompetenz	Für ökologische Innovationskompetenz	Für soziale Innovationskompetenz	Fehlend für Innovationskompetenz in einem, zwei oder allen drei SD-Teilbereichen

Ein derartiger Schematisierungsversuch ist insofern bereits ansatzweise empirisch fundiert, als er auf Zielen und Schwächenanalysen (nicht-nachhaltige Ausprägung) basiert, die

- sowohl in den Ausschreibungen für neuere (EU-)Innovations-Förderprogramme als auch
- in darauf Bezug nehmenden Dokumentationen von Projektnehmern (einzelne administrative Regionen)

explizit oder in vergleichbaren Formulierungen zu finden sind (vgl. als Beispiele Kanatschnig/Fischbacher/Schmutz 1999, Dybe/Kujath 2000, IöW 2000).

Die Problematik der in Abbildung 2 zusammengestellten Erfolgskriterien für nachhaltige Innovationssysteme, die immer wieder bei der Umsetzung regionaler Entwicklungsprojekte zu beobachten ist (Heinelt 1996, Hübner/Gerstlberger/Mathieu 2001), besteht in der häufig fehlenden Eindeutigkeit

---

5 Typische Beispiele – vor allem in Normalregionen – für die Nicht-Abstimmung zwischen unterschiedlichen RIS-Foren sind konkurrierende Aktivitäten lokaler Agenda-21-Initiativen sowie Selbstverwaltungsgremien der Wirtschaft (Kammern) oder von Gebietskörperschaften (Göll 1998).

und Verbindlichkeit für Entscheidungsträger. Um trotz dieser grundsätzlichen Problematik – die in der Offenheit und Interpretationsbedürftigkeit des SD-Leitbildes ihren Ursprung hat – zukünftig notwendig Ansatzpunkte für eine nachhaltige RIS-Gestaltung ableiten zu können, ist eine inhaltliche Eingrenzung notwendig. Theoretisch besonders plausibel begründbare Ansatzpunkte für eine derartige Eingrenzung – in Abbildung 2 fett und kursiv hervorgehoben – lassen sich vor allem aus wirtschafts- bzw. sozialwissenschaftlichen Theorieansätzen gewinnen, die längerfristige betriebliche Innovations- und Umgestaltungsprozesse thematisieren.

Die wesentliche Parallele des SD-Konzeptes zu derartigen Theorieansätzen, die die Einschränkung und Konkretisierung des nachhaltigen RIS-Rasters erleichtert, besteht in der Konzentration auf mögliche „Triebkräfte" für technische, organisatorische und unternehmenspolitische Entwicklungsprozesse. In Bezug auf derartige Triebkräfte können in innovations- und organisationstheoretischer Hinsicht folgende Haupt-Ansatzpunkte unterschieden werden (Holzinger 1999, Hübner/Nill 2001, Hübner 2002):

- Leitbild-getrieben (St. Galler Ansatz),
- Diskurs-getrieben (Münchener Ansatz),
- Promotoren-getrieben (Mikropolitischer Ansatz),
- Austausch-getrieben (Netzwerk-Ansätze) sowie
- Informations-getrieben (Karlsruher Ansatz).

Im Gegensatz zum SD-Konzept, das – je nach Sichtweise – Bezüge zu allen fünf Triebkräften für längerfristige Veränderungen aufweist,[6] stellen die ergänzend herangezogenen innovations- und organisationstheoretischen Ansätze jeweils eine „Haupttriebkraft" in den Mittelpunkt der Betrachtung. Für die – aufgrund des ambitionierten normativen Anspruchs – sehr breit angelegte SD-Perspektive ergeben sich Konkretisierungsmöglichkeiten, wenn man diese Einzelbetrachtungen als Ergänzung heranzieht.

Darüber hinaus erscheint – ausgehend von den ergänzenden theoretischen Ansätzen – die Konzentration auf zentrale Schnittstellen einzelner Unternehmen mit ihren regionalen Umfeldern als besonders relevant für die vergleichende Zusammenfassung internationaler RIS-Fallbeispiele. Hier sind am ehesten Verbindungsmöglichkeiten zwischen (betriebs-)wirtschaftlichen sowie ökologischen und sozialen Innovationsanreizen zu erwarten, aus denen sich Lehren für eine zukünftige nachhaltige RIS-Gestaltung ableiten lassen (Dybe/Kujath 2000, Lucas 2000).

---

6 Zwar überwiegt die Sichtweise als gesamtgesellschaftlich notwendiges Leitbild in der SD-Literatur, aber in einzelnen Interpretationen werden – teilweise in wechselnden Kombinationen – auch Promotoren, Diskurse sowie Vernetzungs- und Informationsaspekte betont (Holzinger 1999, Hübner/Nill 2001).

2.3 Eingrenzung und Umsetzungsmöglichkeiten nachhaltiger RIS-Erfolgskriterien aus Unternehmenssicht

Bezugnehmend auf – theoretisch angenommene – Triebkräfte für betriebliche Innovations-, Lern- und Umgestaltungsprozesse, die in Abbildung 3 mit ihren jeweiligen Schwerpunkten kurz charakterisiert sind, ergeben sich

– zum einen eingrenzbare Erfolgskriterien (was kann überhaupt als zentraler Umsetzungserfolg einer nachhaltigen RIS-Gestaltung in internationalen Fallbeispielen gewertet werden?) und
– zum anderen zentrale Erfolgsfaktoren bzw. Entwicklungshemmnisse (wodurch ist der – durch bestimmte Erfolgskriterien eingegrenzte – Umsetzungserfolg bzw. -misserfolg zu erklären?),

die in Abbildung 4 jeweils detailliert benannt sind. In Abbildung 2 fett und kursiv hervorgehobene Rasterpunkte, die aus Überschneidungen zwischen zentralen SD- und RIS-Aspekten einerseits sowie ergänzenden innovations- und organisationstheoretischen Ansätzen andererseits hervorgehen, umfassen jeweils sowohl bewertende als auch erklärende Anteile. Aufgrund dieser Vermischung, die sich in den 1990er Jahren auch als praktisches Problem durch EU-Entwicklungsprojekte zieht (Heinelt 1996), erscheint eine Unterteilung in abhängige (bewertende Kriterien) und unabhängige (erklärende Faktoren) Untersuchungsdimensionen als notwendig.

Organisations- und innovationstheoretische Ansätze für die Eingrenzung von RIS-Erfolgskriterien

Die Einzelhypothesen,[7] die in den fünf ergänzenden innovations- und organisationstheoretischen Ansätzen (Abbildung 3) in allgemeiner Hinsicht für die Erklärung des langfristigen Erfolgs betrieblicher Erneuerungsprozesse Verwendung finden, können für die notwendige Unterteilung in bewertende (abhängige) und erklärende (unabhängige) RIS-Untersuchungsdimensionen modifiziert werden. Die Gegenüberstellung abhängiger und unabhängiger Untersuchungsdimensionen in Form einer Matrix (Abbildung 4) zeigt die Ergebnisse dieser Modifikation.

---

7 In diesen Einzelhypothesen ist der vermutete Einfluss einzelner Erfolgsfaktoren bzw. Entwicklungshemmnisse auf den regionalen SD-Erfolg insgesamt formuliert. Entsprechend der Gleichgewichtigkeit und gegenseitigen Bedingtheit ökonomischer, ökologischer und sozialer Ziele im SD-Leitbild wird davon ausgegangen, dass die einzelnen Erfolgsfaktoren die unterschiedlichen Erfolgskriterien gleichgerichtet beeinflussen. Dies bedeutet z.B., dass ein intensives Engagement von RIS-Promotoren als Erfolgsfaktor sowohl den Aufbau von Stoffkreisläufen als auch eine ausgewogene Beschäftigungssituation (als Erfolgskriterien) positiv beeinflusst.

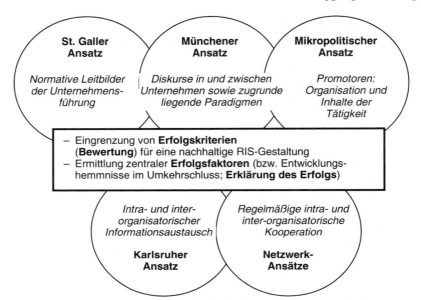

Abb. 3: SD-ergänzende innovations- und organisationstheoretische Ansätze

Die Einzelhypothesen für eine nachhaltige RIS-Gestaltung, die in Abbildung 4 zusammengestellt sind, beziehen sich – als vermutete Erklärungsansätze – unmittelbar auf die vier ebenfalls in dieses Schaubild zusammengefassten Erfolgskriterien. Diese vier zentralen Erfolgskriterien für die Bewertung einer nachhaltigen RIS-Entwicklung lassen sich wie folgt näher beschreiben:

1. Bedeutung kleinräumlicher Stoffkreisläufe für die betriebliche und regionale Wertschöpfung (Inwieweit konnte auf betrieblicher und regionaler Ebene das Prinzip der Kreislaufwirtschaft bereits etabliert werden? Wertschöpfungsanteil, Relevanz für unterschiedliche Branchen und Unternehmenstypen),
2. Ausgewogenheit der Beschäftigungssituation (Inwieweit können Zusammenhänge zwischen RIS-Gestaltung und Beschäftigungsförderung festgestellt werden? Arbeitslosenquote, Personalengpässe, Intensität von Existenzgründungen),
3. Ausgewogene Entwicklung der Infrastruktur-Bereiche mit mittelbarem Innovations-Bezug (Inwieweit wird die betriebliche und regionale Innovationstätigkeit durch Infrastrukturdefizite behindert? Qualität der technischen Kommunikations- und Finanzierungsinfrastruktur, Beschaffungs- und Versorgungsgestaltung der öffentlichen Hand),
4. Qualität des regionalen Wissenstransfers aus Kundensicht (Wie beurteilen Unternehmen als Kunden den regionalen Wissenstransfer in ökonomischer, ökologischer und sozialer Hinsicht? Qualität der Weiterbil-

dungslandschaft als vorgelagerter Innovationsfaktor,[8] Qualität des öffentlich-privaten Technologie-Transfers).[9]

Die Konzentration auf vier zentrale Erfolgskriterien für eine nachhaltige RIS-Gestaltung in diesen – zumindest teilweise – formalisierbaren bzw. quantifizierbaren Ausprägungen erleichtert die Kombination unterschiedlicher empirischer Erhebungsformen und -instrumente:

– Einzelergebnisse teil-strukturierter qualitativer Experteninterviews sowie Leitbildanalysen können durch bestimmte Angaben aus der amtlichen Statistik, die inter-regional vergleichend angelegt sind, ergänzt werden.
– Beschränkt für das Erfolgskriterium „Qualität des regionalen Wissenstransfers aus Kundensicht" und eine Normalregion (Wirtschaftsregion Kassel) lassen sich zusätzlich die Ergebnisse einer repräsentativen Unternehmensbefragung verwerten.[10]
– Betriebliche (Unternehmensbefragung, Experteninterviews in Unternehmen) und regionale (amtliche Statistik, Experteninterviews in RIS-Institutionen) Sichtweisen können durch diese Verwendung verschiedenartiger Erhebungsinstrumente einander gegenübergestellt werden.

Obwohl diese Kombination unterschiedlicher Erhebungsformen nicht für alle drei Fallbeispiele in demselben Ausmaß möglich ist, erhöht sie ihre Vergleichbarkeit. Die darauf aufbauende Ergebnisdiskussion ist – aus Platzgründen – auf die Darstellung besonders herausragender Ausprägungen der angenommenen Erfolgskriterien sowie Erfolgsfaktoren bzw. Entwicklungshemmnisse konzentriert.

Der – zusammenfassenden – Einzelhypothese 6 kommt für diese Diskussion die Funktion eines Fazits zu. In diesem Fazit wird vor allem darauf eingegangen, ob und inwieweit die identifizierten möglichen Erfolgsfaktoren (Entwicklungshemmnisse in der Umkehrung) einander gegenseitig positiv bzw. negativ verstärken oder auch ausgleichen können.

---

8   Der Fokus liegt hier auf dem RIS-Segment der beruflichen Qualifizierung, da eine Veränderung dieses Segments sich rascher auf die regionalen Unternehmen auswirkt als ein Wandel des primären und sekundären (Aus-)Bildungssystems (Dobischat/Husemann 1997).
9   In Hübner/Gerstlberger/Mathieu (2001) werden ergänzende Qualitätskriterien für den regionalen Wissenstransfer entwickelt.
10 Die Ergebnisse dieser repräsentativen Unternehmensbefragung in der Wirtschaftsregion Kassel sind umfassend in Hübner/Gerstlberger/Mathieu (2001) sowie (zusammengefasst) Gerstlberger/Mathieu (2001) dokumentiert. Hier wird darauf nur in sehr komprimierter Form Bezug genommen.

Abb. 4: Einzelhypothesen für eine nachhaltige RIS-Gestaltung

Zentrale Erfolgskriterien (Was kann als SD-Erfolg in RIS bewertet werden?)	(1) Bedeutung kleinräumlicher Stoffkreisläufe für die betriebliche und regionale Wertschöpfung	(2) Ausgewogenheit der Beschäftigungssituation	(3) Ausgewogene Entwicklung der Infrastruktur- Bereiche mit mittelbarem Innovations-Bezug	(4) Qualität des regionalen Wissenstransfers aus Kundensicht (Unternehmen)
Erfolgsfaktoren (Wodurch lässt sich SD-Erfolg in RIS erklären?)	(ökologisch/ ökonomisch)	(ökonomisch/ sozial)	(ökonomisch/ ökologisch/sozial)	(Wissenstransfer: ökonomisch/ ökologisch/sozial)
Bindewirkung expliziter normativer Leitbilder	Positiver Zusammenhang zwischen Leitbild-Bindewirkung und mehrdimensional nachhaltiger RIS-Gestaltung *(Einzelhypothese 1)*			
Dichte von RIS-Diskursen (institutionalisierte Foren)	Positiver Zusammenhang zwischen der Dichte institutionalisierter Foren und mehrdimensional nachhaltiger RIS-Gestaltung *(Einzelhypothese 2)*			
Engagement von RIS-Promotoren (organisatorisch/ inhaltlich)	Positiver Zusammenhang zwischen der Intensität der Promotorentätigkeit und mehrdimensional nachhaltiger RIS-Gestaltung *(Einzelhypothese 3)*			
Intensität des RIS-Informationsaustausches	Positiver Zusammenhang zwischen der Intensität des „klassischen" Technologie-Transfers und mehrdimensional nachhaltiger RIS-Gestaltung *(Einzelhypothese 4)*			
Intensität interorganisatorischer Kooperationen (Grad der Innovations-Vernetzung)	Positiver Zusammenhang zwischen der Intensität inter-organisatorischer Kooperationsnetzwerke und mehrdimensional nachhaltiger RIS-Gestaltung *(Einzelhypothese 5)*			
Zusammenwirken (Einzelhypothesen 1 bis 5)	Die Erfolgsfaktoren für eine nachhaltige RIS-Gestaltung, Leitbilder, Diskurse, Promotoren, Informationsaustausch und Vernetzung verstärken sich gegenseitig positiv. *(Einzelhypothese 6)*			

3. Zentrale Ergebnisse ausgewählter Fallbeispiele

Die drei regionalen Beispiele Oberösterreich, Wirtschaftsregion Kassel und Silicon Valley werden hier exemplarisch für die – mittlerweile – sehr umfangreiche und differenzierte internationale Diskussion über nachhaltige Innovationssysteme erörtert:

Oberösterreich (bzw. die Kernregion Steyr/Kirchdorf) gilt – zumindest für die EU – als „Musterbeispiel" einer dreidimensional ausgewogenen nachhaltigen Entwicklung (Liedtke 2001).

Wissenstransfer in Regionalen Innovationssystemen 179

In der „normalen" Wirtschaftsregion Kassel schließlich existieren sowohl in ökonomischer als auch in ökologischer und sozialer Hinsicht (unter-) durchschnittliche RIS-Erfolge (bezogen auf Deutschland und die EU), die lediglich punktuell miteinander verbunden sind (Blume/Daskalakis/Fromm 2001, Hübner/Gerstlberger/Mathieu 2001).

Silicon Valley ist insofern aus SD-Perspektive besonders interessant, da es in ökonomischer Hinsicht als die globale RIS-Erfolgsgeschichte schlechthin gilt, während die ökologischen und sozialen RIS-Erfolge bisher eher unterdurchschnittlich sind (Benner/Dean 1998).

3.1 Hypothesenbezug der Fallbeispiele Oberösterreich und Wirtschaftsregion Kassel

Oberösterreich bzw. die besonders SD-orientierte Teilregion Steyr/Kirchdorf sowie die nordhessische Wirtschaftsregion Kassel eignen sich vor allem zur Veranschaulichung der Erfolgsfaktoren Leitbild, Promotoren und inter-organisatorische Kooperationsnetzwerke (in zeitlicher Perspektive). Diese Faktoren werden – gerade im Vergleich der beiden Regionen – deutlich, da sich beide zu Beginn der 1980er Jahre in einer sehr ähnlichen sozio-ökonomischen Ausgangssituation befanden (Abbildung 5):

Der wirtschaftliche Strukturwandel (Schließung bzw. Verkleinerung großindustrieller Produktionsbetriebe) begünstigte einen deutlichen Anstieg der Arbeitslosigkeit.

Im Dienstleistungssektor fehlten ausreichende Anreize, um den tendenziellen wirtschaftlichen und sozialen Bedeutungsverlust großindustrieeller Produktion zu kompensieren.

Die – im jeweiligen nationalen Vergleich – nach wie vor überdurchschnittlich starken Anteile an land- und forstwirtschaftlicher Wirtschaftstätigkeit waren aus der öffentlichen Innovationsförderung weitgehend ausgeklammert.

Im Rahmen des öffentlichen Infrastrukturausbaus (speziell im Bereich Verkehr) kam es vermehrt zu – teilweise gewaltsamen – Konflikten zwischen Politik bzw. Verwaltung sowie Bürgerinitiativen und Umweltverbänden aufgrund (befürchteter) ökologischer Probleme (Pro Regio 1998, Liedtke 2001).

Während diese Situation im Jahr 2000 in der Wirtschaftsregion Kassel im Wesentlichen – abgesehen von einigen erfolgversprechenden Ansatzpunkten – immer noch bestand, hatte die Region Steyr/Kirchdorf innerhalb von knapp zwei Jahrzehnten eine mehrdimensional erfolgreiche, SD-orientierte Trendwende vollzogen (Abbildung 5):

Es besteht faktisch Vollbeschäftigung, mit leichten Anzeichen für Personalknappheit im Bereich technischer Qualifikationen (Facharbeiter, Ingenieure); der anhaltende Ausbau der Qualifizierungsinfrastruktur und Investitionen in die regionale „Lebensqualität" (Wohnumfeld, Freizeitangebot etc.) werden daher auch mit dem Ziel der zusätzlichen Personalgewinnung verbunden.

Kleinräumliche Stoffkreisläufe (z.b. für „ortstypische" Lebensmittel, Möbel oder Haushaltsgeräte), Qualifizierungs- und Infrastrukturmaßnahmen sind eng miteinander verzahnt; Beispiele dafür sind die öffentliche Förderung dezentraler Handelssysteme (Agenturen, Nachbarschaftsläden) oder spezielle Qualifizierungsmaßnahmen für Kleinstunternehmen (z.b. Verkaufsschulungen, Internetmarketing etc.).

Durch die beständig gute Auftragslage der Unternehmen – wobei für die 1990er Jahre auch eine steigende Anzahl an Neugründungen zu verzeichnen ist – und daraus resultierenden, steigenden öffentlichen Steuereinnahmen wurde diese Förderung grundsätzlich ermöglicht; darüber hinaus profitierte die Region – aufgrund ihres geschlossenen Auftretens („Regionales Wirtschaftsmanagement", „ARGE Regionalentwicklung") – seit 1996 in hohem Maße von der EU-Regionalförderung für die SD-orientierte Infrastruktur-Entwicklung.

3.2 Regionale Schlüsselereignisse in Oberösterreich und Kassel als Illustration

Abbildung 5 fasst – anhand von „Schlüsselereignissen" – wesentliche Ausprägungen der Faktoren Leitbild, Promotoren und Kooperationsnetzwerke für Oberösterreich sowie die Wirtschaftsregion Kassel zusammen.

Diese verschiedenartigen Ausprägungen machen die (fast) diametral entgegengesetzte Unternehmens- und Regionalentwicklung in den beiden Fallbeispielen zwischen 1980 und 2000 erklärbar. Der Unterschied ist dabei weniger für die durchgeführten RIS-Maßnahmen festzustellen – hier existieren weitgehende Parallelen – als vielmehr für den Faktor Zeit bei der Leitbildentwicklung, der Gewinnung von Promotoren und dem Aufbau von (zumindest teilweise formalisierten) Netzwerken.

Während in der Region Steyr/Kirchdorf bereits im Jahr 1990 ein mehrdimensionales RIS-Leitbild verabschiedet wurde, an dessen Erstellung fast alle Promotoren mit Bezug zur Regionalentwicklung beteiligt waren, spielen explizite (rein wirtschaftliche) Leitbildansätze in der Wirtschaftsregion Kassel erst seit ca. 1995 überhaupt eine Rolle. Seit ca. 1997 kamen – im Rahmen der Lokalen Agenda 21 in der Stadt und vor allem im Landkreis Kassel – einzelne soziale sowie ökologische Leitbildansätze hinzu. Erst im Jahr 2000 sind jedoch konsequente Bündelungsversuche hinsichtlich der unterschiedlichen, zuvor teilweise konkurrierenden, Leitbildansätze zu beobachten. Diese betreffen nicht nur die Leitbildebene, sondern auch die jeweils zuordenbaren Promotoren und neuen Netzwerkansätze.

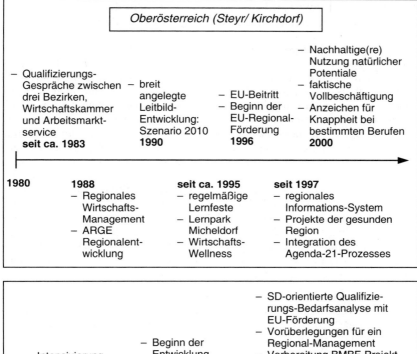

Abb. 5: Ausgewählte Entwicklungspfade regionaler Qualifizierungslandschaften

3.3 Silicon Valley: Eindimensionalität, informelle Techniknetzwerke und langfristige Entwicklungsengpässe

Der dritte Entwicklungsweg in Silicon Valley – im Verhältnis zu den europäischen Beispielen – lässt sich vor allem durch eindimensionalen wirtschaftlichen Innovationserfolg und eine entsprechende Beschäftigungsentwicklung als positive Erfolgskriterien bilanzieren. Private, informelle Kooperationsnetzwerke und – damit zusammenhängend – der technische Informationsaustausch lassen sich als zuordenbare zentrale Erfolgsfaktoren identifizieren. Expliziter Leitbildentwicklung sowie formalisierten RIS-Institutionen (mit zugehörigen Promotoren und Foren) kommt höchstens eine Randbedeutung zu. Negative Konsequenzen dieser spezifischen Konstellation sind eine – zu Lasten ökologischer und sozialer Innovationen – unausgewogene Infrastruktur-Entwicklung sowie ein technisch „verengter" regionaler Wissenstransfer.

Die Abbildungen 6 und 7 illustrieren diese eindimensionale RIS-Gestaltung am Beispiel der quantitativen Einwohner- und Arbeitsplatzentwicklung (zwischen 1980 und 2000 bzw. 2010) sowie der Gegenüberstellung allgemeiner Qualitätskriterien bzw. –ausprägungen für Universitäten sowie Schulen. Abbildung 6 zeigt die sehr dynamische Wirtschafts- und Bevölkerungsentwicklung in diesem Zeitraum als Ausdruck des langanhaltenden ökonomischen Erfolgs:

- Die öffentlichen Infrastruktur-Ausgaben steigen in den Bereichen Wohnen, Verkehr, Energieversorgung und schulische Ausbildung zwischen 1980 und 2010 (ABAG-Hochrechnung) – inflationsbereinigt – zwischen ca. 18 und 25% an, während für den gleichen Zeitraum
- beinahe eine Verdoppelung der Zahl der regionalen Arbeitsplätze (Erhöhung um den Faktor 1,8) und
- ein Wachstum der Einwohnerzahl um ca. 49 Prozentpunkte prognostiziert wird.

Abb. 6: Ausgewählte Kennzahlen für das Bevölkerungs- und Unternehmenswachstum im RIS Silicon Valley

	1980	1990	2000	2010 (Hochrechnung)
Zahl der Arbeitsplätze (absolut in 1000)	900	1.174	1.418	1.601
Einwohnerzahl (absolut in 1000)	1.805	2.105	2.461	2.684
Zahl der Haushalte (absolut in 1000)	646	741	806	875
Verhältnis regionale Arbeitsplätze/berufstätige Einwohner (in %)	0.97	1.02	1.09	1.10
Zahl der Kinder und Jugendlichen im Ausbildungsalter (5 bis 19 Jahre; absolut in 1000)	–	406	515	554

(Quelle: ABAG 2000, diverse Seiten)

Diese ungleichgewichtige Entwicklung privater Wirtschafts- (und Innovations-)Tätigkeit sowie der Bereitstellung öffentlicher Ressourcen für soziale und ökologische Infrastrukturen und Innovationsmöglichkeiten begünstigt vor allem in den genannten Infrastruktur-Feldern langfristige RIS-Entwicklungsdefizite. Diese Defizite – z.B. sehr hohe Mieten und Grundstückspreise, Verkehrs- und Ausbildungsprobleme, nachlassende Zuverlässigkeit der Energieversorgung – bedingen nicht nur ökologische und soziale Fehlentwicklungen, sondern auch Einschränkungen der ökonomischen Leistungs- und Innovationsfähigkeit. Abbildung 7 verdeutlicht diese spezifische RIS-Problematik am Beispiel der öffentlichen schulischen Ausbildung im Verhältnis zur (teilweise privaten) universitären Qualifizierung.

Vor dem Hintergrund, dass in vielen Unternehmen in Silicon Valley Personalengpässe im Bereich mittlerer Qualifikationen bereits bestehen oder für die nächsten Jahre erwartet werden, ergeben sich für die regionalen öffentlichen Schulen mittelfristig zusätzliche Anforderungen. Dass sie diesen Anforderungen entsprechen können, erscheint angesichts der in Abbildung 7 zusammengefassten, verallgemeinerten Qualitätskriterien und -standards derzeit als unwahrscheinlich. Im Gegensatz zu den regionalen (häufig privaten) Universitäten bzw. Hochschulen, die auf die Vermittlung höherer sowie höchster Qualifikationen ausgerichtet sind und ihre Studierenden international auswählen können, weisen die (lokal ausgerichteten) öffentlichen Schulen in Silicon Valley erhebliche bis starke Qualitätsdefizite auf:

– Die Voraussetzungen auf Seiten der zu Unterrichtenden sind in weiten Teilen nicht ausreichend für effektive Lernprozesse (z.B. mittelmäßige Sprachkompetenz, eher große Lerngruppen, häufig keine Auswahlmöglichkeiten bezüglich der zu Unterrichtenden auf Seiten der Schulen).
– Der bauliche Zustand und die technische Ausstattung weisen erhebliche Mängel auf.
– Die Altersstruktur und Qualifikation der Lehrenden sind eher ungünstig bzw. mittelmäßig (verglichen mit den Universitäten/Hochschulen).
– Es besteht eine überwiegende bis vollständige Abhängigkeit von öffentlicher Finanzierung.

Vergleichbare Qualitätsdefizite existieren in den Infrastruktur-Bereichen Wohnen, (öffentlicher) Verkehr und Energieversorgung. Derart unausgewogene Entwicklungen der öffentlichen Infrastruktur – im Vergleich zur weiterhin sehr dynamischen Entwicklung der privaten Unternehmen – geben Anlass zu der Befürchtung, dass mittelbare regionale Innovationshemmnisse innerhalb des nächsten Jahrzehnts zunehmen werden (Benner/Dean 1998, ABAG 2000).

Abb. 7: Gegenüberstellung der Qualifizierungsbedingungen in Silicon Valley: Schulen und Universitäten

Qualitätskriterium	Universitäten/ Hochschulen	Öffentliche Schulen
Sprachkompetenz der Auszubildenden (englisch)	Hoch bis sehr hoch	Mittelmäßig
Baulicher Zustand	Gut	Schlecht bis mittelmäßig
Technische Ausstattung (EDV-Infrastruktur, Labors, Werkstätten etc.)	Gut bis sehr gut	Schlecht
Altersstruktur der Lehrenden	Niedrig bis mittelmäßig	Mittelmäßig bis hoch
Qualifikation der Lehrenden (fachlich und pädagogisch)	Gut bis sehr gut	Schlecht bis mittelmäßig
Größe der zu unterrichtenden Gruppen (Kurse, Klassen, Seminare etc.)	Klein bis sehr klein	Mittelmäßig bis groß
Möglichkeit zur Auswahl der Auszubildenden	Sehr hoch	Sehr niedrig bis niedrig
Ausmaß der privaten (Zusatz-)Finanzierung	Hoch bis sehr hoch	Sehr niedrig bis niedrig

(Quelle: ABAG 2000, S. 19ff.)

Die befürchtete Zunahme mittelbarer Innovationshemmnisse könnte, über die bereits derzeit deutlich sichtbaren Folgen vernachlässigter ökologischer und sozialer Neuerungen hinaus, mittel- und langfristig auch die ökonomische Innovationsfähigkeit der Unternehmen negativ beeinflussen. Diesbezüglich gibt es bereits aktuell gewisse „Warnzeichen":

– Vergleichsweise finanzschwache Existenzgründer sowie Kleinunternehmen haben – angesichts hoher Lebenshaltungskosten und der dargestellten schulischen Ausbildungsstandards – zunehmend Probleme, ausreichend qualifiziertes und „bezahlbares" (technisches) Personal für F & E-Tätigkeiten sowie die Produktentwicklung zu gewinnen.
– Die Energiekosten sind – in ganz Kalifornien – seit der (Teil-)Privatisierung der meisten Kraftwerke Ende der 1990er Jahre überdurchschnittlich (verglichen mit der allgemeinen Preisentwicklung) gestiegen, während zugleich die Versorgungssicherheit deutlich abgenommen hat; damit sind, gerade für die energieintensive Chip-Produktion in Silicon Valley, relevante Kostenprobleme verbunden; auf diese Weise werden auch F & E-Ressourcen verknappt.
– Ein wichtiges Spezifikum aus den Gründungsphasen des RIS Silicon Valley – eine gewisse räumliche Nähe zwischen Forschungsinstituten, Produzenten und Dienstleistern – wird durch die starke Zersiedelung in der Region zunehmend erschwert; diese Zersiedelung wiederum hängt mit den hohen Grundstücks- bzw. Gebäudepreisen sowie dem unsystematischen bzw. fehlenden Ausbau der (vor allem öffentlichen) Verkehrsinfrastruktur zusammen (Benner/Dean 1998, ABAG 2000); die fehlende bauliche Verdichtung kommt erschwerend hinzu.

Derartige Anzeichen sprechen dafür, dass die – grundsätzlich sehr innovationsförderlichen –Erfolgsfaktoren klassischer Technologie-Transfer und informelle private Kooperationsnetzwerke langfristig einer stärkeren institutionellen Regulierung bedürfen, um die negativen Konsequenzen einer eindimensionalen Verengung zu begrenzen (Lüthje 2001).[11]

Die zusammengefassten europäischen RIS-Konzepte bieten bezüglich dieser Regulierung (durch ein explizites, mehrdimensionales Leitbild sowie entsprechende Promotoren und teilweise formalisierte Kooperationsnetzwerke) verwertbare Erfahrungen für Silicon Valley. Was die selbstorganisierte Innovationsdynamik und starke Innovationskultur hingegen betrifft, kommt Silicon Valley nach wie vor eine gewisse „Vorbildfunktion" für europäische Regionen zu (Saxenian 1994, Beatley 2000).[12]

4. Fazit: Zukünftige Notwendigkeiten für eine nachhaltige RIS-Gestaltung

Versucht man ein – knappes, allgemeines – Fazit aus der Diskussion der drei Fallbeispiele für eine zukünftig nachhaltige(re) RIS-Gestaltung zu ziehen, erscheint zu diesem Zwecke eine Erweiterung der ursprünglichen RIS-Zweiteilung Erfolgsgeschichten und Normalregionen als hilfreich. In Abbildung 8 ist ein diesbezüglicher Vorschlag zusammengefasst. Dieser Vorschlag basiert insofern auf der – teilweise relativierten – Einzelhypothese 6, als nicht alle identifizierten Erfolgsfaktoren gleichzeitig („Faktor Zeit") und gleichmäßig für eine mehrdimensional erfolgreiche RIS-Entwicklung notwendig sind. Im Fall von (dominierenden) Entwicklungshemmnissen sind demgegenüber Strategien und Maßnahmen ratsam, die sich auf die Gesamtheit der – einander gegenseitig negativ verstärkenden – Entwicklungshemmnisse auswirken.

Kleidet man ein derartiges Fazit – mit Bezug auf die vorläufige RIS-Typologie in Abbildung 8 – in allgemeine kurz- bis mittelfristig orientierte Handlungsempfehlungen für (potentielle) RIS-Promotoren, ergeben sich folgende vorrangige Punkte:

---

11 Anders als beispielsweise in Oberösterreich werden die informellen Netzwerkaktivitäten nicht durch ein explizites regionales Leitbild angeregt bzw. unterstützt. Im Rahmen der Experteninterviews in Silicon Valley ergaben sich jedoch zahlreiche Äußerungen, die auf starke persönliche Leitbilder hinweisen. Diese persönlichen Leitbilder wurden von den Interviewpartnern z.B. mit Beschreibungen wie „Leistungsbereitschaft", „Konkurrenz", „Schnelligkeit" oder „Durchsetzungsvermögen" illustriert Hübner/Gerstlberger/Mathieu 2001, S. 187).

12 Diese – durch das Fallbeispiel Silicon Valley zumindest unterstützte – Vermutung zieht sich „wie ein roter Faden" durch die (regionale) Innovationsförderung der EU (EC 2000).

Abb. 8: Handlungsempfehlungen für die nachhaltige RIS-Gestaltung anhand einer vorläufigen Typologie

Ausgewogene Erfolgsgeschichten	Ökonomisch orientierte Erfolgsgeschichten	Normalregionen mit Ansätzen in den unterschiedlichen SD-Dimensionen	Ökonomisch orientierte Normalregionen	Normalregionen mit (weitgehend) fehlenden RIS-Ansätzen
Grundmodell optimieren Frei werdende Innovations-Ressourcen und Motivation regelmäßig „reinvestieren"	Klassischen Technologie-Transfer in eine mehrdimensionale Innovationsförderung einbetten Schrittweise Erweiterung des Leitbildes	Mehrdimensionalen Wissestransfer auf- und ausbauen Ansätze für Stoffkreisläufe fördern Foren und Promotoren koordinieren	Klassischen Technologie-Transfer fördern und in eine erweiterte Innovationsförderung einbetten Schrittweise Entwicklung eines mehrdimensionalen Leitbildes	Mehrdimensionalen Wissenstransfer aufbauen Klassischen Technologie-Transfer fördern Stoffkreisläufe initiieren Einstieg in die (mehrdimensionale) Leitbildentwicklung

– In mehrdimensional (bereits verhältnismäßig) ausgewogenen Erfolgsgeschichten erscheint eine Konzentration auf die Optimierung des bestehenden RIS-Grundmodells als ratsam. Im Sinne des SD-Kreislaufgedankens sollten dabei neu entstehende materielle – aber auch motivationale – Ressourcen für die regelmäßige Verfeinerung der RIS-Förderung durch teilweise formalisierte Netzwerke und Promotoren genutzt werden. Oberösterreich kann als entsprechendes Beispiel gewertet werden.

– Für (vorwiegend) ökonomisch orientierte Erfolgsgeschichten sollten die vorhandenen RIS-Stärken, vor allem der klassische Technologie-Transfer in informellen Netzwerken, verstärkt aufgegriffen sowie schrittweise um soziale und ökologische Innovationsanreize ergänzt werden. Die Gewinnung diesbezüglicher RIS-Promotoren erscheint dabei kurzfristig wichtiger als die Leitbildentwicklung. Silicon Valley steht dafür als sehr fortgeschrittenes Beispiel.

– In Normalregionen, die bereits über erste mehrdimensionale RIS-Ansätze verfügen, sollten sowohl die teilformalisierten RIS-Netzwerke als auch die Aktivitäten der Promotoren intensiviert werden. Dies gilt vor allem hinsichtlich von Ansätzen für Stoffkreisläufe und einen mehrdimensionalen Wissenstransfer. Dafür spricht beispielsweise die Entwicklung in den eher ländlichen Teilen der Wirtschaftsregion Kassel.

– Für (eher) ökonomisch orientierte Normalregionen sowie solche mit weitgehend fehlenden RIS-Ansätzen hinsichtlich aller drei SD-Dimensionen erscheinen verschiedene parallele Maßnahmen als angemessen. Die Wirtschaftsregion Kassel könnte in ihrer Gesamtheit als Beispiel für beide Kategorien angeführt werden. Zugleich zum Ausbau des klassischen

Technologie-Transfers (als notwendige wirtschaftliche Innovationsbasis) sollten einzelne soziale und ökologische Wissenskomponenten durch zusätzliche Promotoren und Netzwerke ergänzt, erste Stoffkreisläufe initiiert sowie eine mehrdimensionale Leitbildentwicklung intensiviert werden.

Diese Handlungsempfehlungen für die zukünftige nachhaltige(re) RIS-Gestaltung sind als aktuelle Diskussionsvorschläge, auch und vor allem in Hinblick auf die Innovations- und Regionalförderung der EU – insbesondere in „strukturschwächeren" Regionen, zu betrachten. Ihr notwendig vorläufiger Charakter hängt damit zusammen, dass in diesem Beitrag ein Zwischenfazit aus laufenden Forschungsarbeiten präsentiert wird. Weiterführende Hinweise, Anregungen und Kritikpunkte sind daher ausdrücklich erwünscht.

Literatur

ABAG (Association of Bay Area Governments) 2000: Silicon Valley Projections 2000. Oakland
Ash, A., Thrift, N. (Ed.) 1994: Globalization, Institutions, and Regional Development in Europe. Oxford
Beatley, T. 2000: Green Urbanism. Learning from European Cities. Washington D.C.
Benner, C., Dean A.B. 1998: Growing Together or Drifting Apart? Working Families and Business in the New Economy. A Status Report on Social and Economic Well-Being in Silicon Valley. San Jose
Blume, L., Fromm, O. 2000: Regionalökonomische Bedeutung von Hochschulen. Wiesbaden
Blume, L., Daskalakis, M., Fromm, O. 2001: Unternehmerische Innovationen und regionale Wirtschaftspolitik. Eine empirische Analyse am Beispiel der Region Nordhessen unter der Leitung von Rolf-Dieter Postlep. Berlin
Blättel-Mink, B., Renn, O. (Hg.) 1997: Zwischen Akteur und System. Opladen
Braczyk, H.-J., Cooke, P., Heidenreich, M. (Ed.) 1998: Regional Innovation Systems. The Role of Governances in a Globalized World. London, Bristol (USA)
Brehme, U. 2001: Regionalmanagement: „Mit Erreichtem nie zufrieden sein". Interview mit dem Experten Jean Severijns. In: Hessische/Niedersächsische Allgemeine 41, Ausgabe vom 17.02.2001, S. 5
Danielzyk, R. u.a. (Hg.) 1998: Von der eigenständigen zu nachhaltigen Regionalentwicklung. Bremen
Dobischat, R., Husemann R. (Hg.) 1997: Berufliche Bildung in der Region. Zur Neubewertung einer bildungspolitischen Gestaltungsdimension. Berlin
Dybe, G., Kujath, H.J. 2000: Hoffnungsträger Wirtschaftscluster. Unternehmensnetzwerke und regionale Innovationssysteme. Das Beispiel der deutschen Schienenfahrzeugindustrie. Berlin
Dybe, G., Rogall, H. 2000: Die ökonomische Säule der Nachhaltigkeit: Annäherungen aus gesamtwirtschaftlicher, regionaler und betrieblicher Perspektive. Berlin
EC (European Commission) (Ed.) 2000: Towards a European Research Area, Science, Technology and Innovation – Key Figures 2000. Brüssel
Forschungszentrum Karlsruhe GmbH; Institut für Technikfolgenabschätzung und Systemanalyse (ITAS) (Hg.) 1999: HGF-Projekt: „Untersuchung zu einem integrativen Konzept nachhaltiger Entwicklung: Bestandsaufnahme, Problemanalyse, Weiterentwicklung" – Abschlußbericht, Band 2, Umsetzung des Leitbildes auf unternehmerischer,

regionaler und kommunaler Ebene, Materialienband 2. B. „Regionale Ökonomie für integrierte Nachhaltigkeit: Ansatz und Realität" (R. Stransfeld, VDI/VDE-IT). Berlin

Fritsch, M. 1999: Strategien zur Verbesserung regionaler Innovationsbedingungen. Ein Überblick über den Stand der Forschung. Freiberg (Nr. 19, Freiberger Arbeitspapiere)

Gerstlberger, W. 1999: Public-Private-Partnerships und Stadtentwicklung. München, Mering

Gerstlberger, W., Mathieu, P. 2001: Defizite in der Weiterbildung durch fehlende Bedarfsanalysen – Ergebnisse einer empirischen Qualifizierungsstudie in der Wirtschaftsregion Kassel. Angenommen für die Veröffentlichung in: Personal. Kassel

Göll, E. (Hg.) 1998: Lokale Agenda 21 und die Möglichkeit nachhaltigen Wirtschaftens. Berlin (hrsg. vom IZT, Institut für Zukunftsstudien und Technologiebewertung, Berlin, in Zusammenarbeit mit der Kontaktstelle für Umwelt und Entwicklung e.V.)

Hauff, V. (Hg.) 1987: Unsere gemeinsame Zukunft. Der Brundtland-Bericht der Weltkommission für Umwelt und Entwicklung. Greven

Heinelt, H. (Hg.) 1996: Politiknetzwerke und europäische Strukturfondsförderung. Ein Vergleich zwischen EU-Mitgliedsstaaten. Opladen

Holzinger, H. (Hg.) 1999: Nachhaltig – aber wie? Wege zur Zukunftsfähigkeit. Salzburg

Hübner, H. 2002: Integratives Innovationsmanagement – Nachhaltigkeit als Herausforderung für ganzheitliche Erneuerungsprozesse. Berlin

Hübner, H., Gerstlberger, W., Mathieu, P. 2001: Führungswissen und Persönliche Kompetenz als Innovationspotential. Ein Weiterbildungs-Konzept für Hochschulabsolventen, Techniker und Führungskräfte. Wiesbaden

Hübner, K., Nill, J. 2001: Nachhaltigkeit als Innovationsmotor. Herausforderungen für das deutsche Innovationssystem. Berlin

IöW (Institut für ökologische Wirtschaftsforschung) (Hg.) 2000: Regionales Entwicklungskonzept für die Region Flensburg/Schleswig. Berlin

Kanatschnig, D., Fischbacher, C., Schmutz, P. 1999: Regionalisierte Raumentwicklung. Möglichkeiten zur Umsetzung einer Nachhaltigen Raumentwicklung auf regionaler Ebene. Wien

Liedtke, R. 2001: Geschichte der Regionalentwicklung Bezirk Kirchdorf. Kirchdorf (Bezirksstelle der Österreichischen Wirtschaftskammer)

Lucas, R. 2000: Von der regionalisierten Strukturpolitik zur nachhaltigen Regionalentwicklung. Regionale Politikkonzepte im Zeitalter der Globalisierung. Wuppertal (Nr. 101, Wuppertal Papers, Wuppertal Institut für Klima, Umwelt, Energie GmbH)

Lüthje, B. 2001: Standort Silicon Valley. Ökonomie und Politik der vernetzten Massenproduktion. Wiesbaden

Majer, H. 1997: Nationale und regionale Innovationssysteme. Wissenschaftsstadt Ulm. In: Blättel-Mink, B., Renn, O. (Hg.) 1997, S. 139-175

ÖIN (Österreichisches Institut für Nachhaltige Entwicklung) 2000: Schriftliche Beantwortung eines Interviewleitfadens des Fachgebietes Technik. Wirkungs- und Innovationsforschung der Universität Kassel (Fachbereich Wirtschaftswissenschaften). Wien

Pro Regio (Hg.) 1998: Der Steinbacher Weg. Motivation und Orientierungshilfe zur nachhaltigen Gemeindeentwicklung. Schlierbach (Zentrum für nachhaltige Gemeinde- und Regionalentwicklung; im Auftrag des Bundesministeriums für Umwelt, Jugend und Familie)

Saxenian, A. 1994: Regional Advantage. Cambridge (USA)

Teichler, U. 1997: Higher Education and Graduate Employment in Europe. Select Findings from Previous Decades. Kassel (Nr. 52, Werkstattberichte des Wissenschaftlichen Zentrums I der Universität Kassel)

UNCED (Hg.) 1992: Die Schlußakte der „Konferenz der Vereinten Nationen über Umwelt und Entwicklung" in Rio de Janeiro. New York

Harald Fuhr, Johannes Gabriel

Wissensmanagement in der Entwicklungszusammenarbeit – das Beispiel der Weltbank

Einleitung

Mitte der 90er Jahre setzte auch in Organisationen der Entwicklungszusammenarbeit die Debatte über die Rolle von „Wissen" und „Wissensmanagement" ein. Sie war zunächst von dem Wunsch geprägt, entwicklungspolitisch relevantes Know-how sowohl innerorganisatorisch besser nutzbar zu machen als auch den Partnerländern einen besseren Zugang zu diesem Wissen zu verschaffen.

Als eine der wichtigsten Entwicklungsorganisationen mit vergleichsweise guter Ressourcenausstattung konnte die Weltbank in dieser Debatte frühzeitig mit einer Reihe von Innovationen aufwarten und Erfahrungen sammeln. Das war bereits bei den ersten, kleineren Schritten evident. Für die Mitarbeiterinnen und Mitarbeiter der Bank gehörte so zum Beispiel der Umgang mit einem funktionstüchtigen, hausinternen E-Mail System („All-in-1") seit Anfang der 90er Jahre zur Routine. All-in-1 erleichterte den organisationsinternen Schriftverkehr, erlaubte den raschen Informationsaustausch innerhalb von Projektgruppen und schrittweise den Zugang zu organisationsinternen Informationen. Gleichzeitig konnten mit dem selben leistungsfähigen System ab 1992/3 in zunehmendem Maße Internetkontakte gepflegt und Materialien verschickt werden. Ein externer All-in-1 Zugang schließlich ermöglichte eine Kommunikation über das Telefon, und einfache Suchmaschinen, so genannte „Gophers", erlaubten – noch vor dem WWW – ein erstes systematisches Suchen nach externen Informationen. Der Weltbank gelang damit – nicht zuletzt auch aufgrund der engen Kontakte zu US-amerikanischen Universitäten und Forschungszentren – im Vergleich zu anderen Entwicklungsorganisationen ein sehr früher Einstieg in moderne Büro-, Kommunikations- und Informationstechnologien.

Parallel dazu begannen Mitte der 90er Jahre auch einzelne, eher sporadische Initiativen auf der Projektseite der Bank. In Zusammenarbeit mit Entscheidungsträgern aus Regierung und Verwaltung einzelner Partnerländer, insbesondere in Lateinamerika[1], debattierte man erste „Knowledge Society"

---

1   El Salvador gilt hier als eines der ersten Länder, das sich mit dieser Thematik eingehender beschäftigte und einen entsprechenden Projektantrag (zunächst noch unter dem Titel „Competitiveness Enhancement Technical Assistance Project") einreichte.

Projekte zur Überwindung der „Digital Divide". Hier ging es um Anfragen, inwieweit die Bank Beiträge leisten kann, die technologischen wie institutionellen Voraussetzungen für stärker informationsgestützte wie exportorientierte Dienstleistungen (sowie deren Austausch untereinander) zu verbessern und zugleich auch die entsprechenden politischen Bemühungen in den Partnerländern zu unterstützen.

Im Zuge einzelner Reformen, die James Wolfensohn als neuer Präsident der Weltbank seit Mitte der 90er Jahre einleitete, kam es alsbald aber zu einer generellen Neupositionierung der Behörde, die sich fortan nicht mehr nur als Entwicklungsbank, sondern als „Knowledge Bank" zu positionieren gedachte, für die das neue Management unter erheblichem finanziellen und organisatorischen Aufwand die Implementierung eines Wissensmanagementsystems vorsah.

Ausgehend von den in diesem Sammelband mehrfach geäußerten Thesen, dass „Wissen" in privaten und öffentlichen Organisationen mittlerweile zu einem zentralen Kriterium für organisatorisches Handeln geworden ist und im letzten Jahrzehnt die – v.a. technologisch induzierte – Zunahme der Wissensabhängigkeit privater und auch öffentlicher Organisationen einen hohen Anpassungsdruck ausübt, Wissen auch effektiv zu managen, wollen wir in den folgenden Abschnitten der Frage nachgehen, wie diese Anpassungs- und Angleichungsprozesse innerhalb einer internationalen Organisation der Entwicklungszusammenarbeit abliefen.

Wir werden in *Abschnitt 1* zunächst einige kontextuelle Faktoren aufarbeiten, die zu Beginn der 90er Jahre im Umfeld der Weltbank, im Bereich der internationalen Entwicklung, zu beobachten waren und die Organisation zu einer Neupositionierung als „Wissensbank" veranlassten. In *Abschnitt 2* werden wir die konzeptionellen Grundlagen und Inhalte des neuerlichen Programms zum Wissensmanangement darstellen und in *Abschnitt 3* dessen Implementation bewerten. In *Abschnitt 4* schließlich sollen die unterschiedlichen Beobachtungen zusammengefasst und versucht werden, einige Implikationen für Wissensmanagement in internationalen Entwicklungsorganisationen aufzuzeigen.

1. Wissen für Entwicklung: neue Anforderungen an internationales Verwaltungshandeln

Spätestens seit dem World Development Report (WDR) 1998/99 „Knowledge for Development" (World Bank 1998)[2] findet das Thema „Wissen" breite Berücksichtigung in der entwicklungspolitischen Diskussion. Gemeinsamer Ausgangspunkt ist dabei der Befund, dass im Zuge der technologischen Re-

---

2 Ebenso die Beiträge von Bhalla (1998), d'Orville (1999), Gilbert/Vines (2000), Kaul/Grunberg/Stern (1999), Stiglitz (1999).

volution und umfassender Globalisierungsprozesse „Information" und „Wissen" (siehe *Kasten 1*) zu entscheidenden Einflussfaktoren für nachhaltige Entwicklung und Wachstum avanciert sind: „For countries in the vanguard of world economy, the balance between knowledge and resources has shifted so far toward the former that knowledge has become perhaps the most important factor determining the standard of living – more than land, than tools, than labor" (World Bank 1998, S. 16).

Anders als im Falle kapitalintensiver und langwieriger Industrialisierungsprozesse eröffne die zunehmende Wissensabhängigkeit von Entwicklung[3] bei gleichzeitig sinkenden Informationskosten sowie verstärktem Technologietransfer (Gundlach/Nunnenkamp 1996, S. 88) für viele Länder die Möglichkeit, schnell Anschluss an erfolgsträchtige Wachstumsbranchen herzustellen; Entwicklungsländern biete sich damit zusehends die Chance eines ‚Leap-frogging', hin zu einer wissensbasierten wirtschaftlichen und gesellschaftlichen Entwicklung unter Auslassung „traditioneller", d.h. vor allem industrieller Entwicklungsstufen.

Gleichzeitig zeigten sich jedoch auch die Gefahren einer Verschärfung bereits bestehender Gegensätze zwischen Entwicklungs- und Industrieländern in einer integrierten Weltwirtschaft (vgl. Streeten 1998, S. 22ff.). Mangels technologischer Infrastruktur sei es vielen Ländern erst gar nicht möglich, Wissen aufzunehmen bzw. zu verarbeiten, geschweige denn selbst zu generieren. Die bestehende Wissenskluft könne sich deshalb weiter vertiefen und dazu führen, einzelne Länder von der weltwirtschaftlichen Entwicklung abzukoppeln. Eine *Digital Divide* zwischen Industrie- und Entwicklungsländern drohe letztere von den neu entstehenden Märkten auszuschließen – und erschwere gleichzeitig den Zugang zu bzw. die Generierung von strategischem Wissen, das unter wettbewerbsintensiven Bedingungen für alle Wirtschaftszweige von gleicher, elementarer Bedeutung ist[4].

Die durch den technologischen Fortschritt induzierten Veränderungen stellen damit sowohl Chancen als auch Risiken für Entwicklungsprozesse dar. Die *ex-ante* vorgegebene höchst ungleiche Verteilung von Wissen und Technologien zwischen armen und reichen Ländern wird dabei als Hauptur-

---

3 So argumentiert der WDR 1998 am Beispiel südostasiatischer Staaten, dass deren – im Vergleich zu vielen afrikanischen Ländern – rapider wirtschaftlicher und sozialer Aufstieg nicht allein der höheren Konzentration von physischem Kapital bzw. Produktionsfaktoren zuzuschreiben ist. Die unterschiedliche Entwicklung sei vielmehr nur durch wissensbezogene Faktoren wie Investitionen in den Bildungs- und F&E Sektor, die Ausstattung mit Informations- und Kommunikationstechnologien sowie die Qualität ökonomischer Policies und Institutionen angemessen zu erklären (World Bank 1998, S. 22).

4 Anfang 1999 kamen von insgesamt ca. 153 Millionen Internet-Benutzern lediglich 32 Millionen aus Lateinamerika, Afrika und Asien, hingegen allein 33 Millionen aus Europa und gar 87 Millionen aus Nordamerika. Gleichzeitig überstieg das globale Volumen Online umgesetzter Waren und Dienstleistungen 1998 das Bruttoinlandsprodukt von Schwellenländern wie Ägypten, Pakistan oder den Philippinen (d'Orville 1999, S. 2).

sache für die drohende Verschlechterung der ökonomischen, sozialen und ökologischen Entwicklung vieler Entwicklungsländer identifiziert.

Für Organisationen der internationalen Entwicklungszusammenarbeit ergebe sich damit ein neues Aufgabenfeld: der Abbau „globaler Wissensasymmetrien" durch ein systematisches Management von entwicklungsrelevantem Wissen. In Entwicklungsländern empfiehlt der genannte Weltentwicklungsbericht (World Bank 1998, S. 16) den zügigen Auf- bzw. Ausbau der Wissensinfrastruktur, u.a. durch effiziente Investitionen in das Bildungssystem – hier v.a. in den sekundären und tertiären Bildungsbereich (Stiglitz 1999, S. 317) – umfassende Ausbildungsmaßnahmen für den Umgang mit Informationstechnologien und die forcierte Deregulierung des Telekommunikationssektors.

Internationale Entwicklungsorganisationen gelten dem Bericht zufolge als unverzichtbare Bausteine einer globalen, wissensorientierten Governancestruktur. Ihr spezifischer Beitrag bestehe dabei – neben dem gezielten Transfer ihrer eigenen Expertise – in ihrer Funktion als Forum für Partizipation und Kommunikation bzw. als Plattform für die Selbstkoordinierung weiterer öffentlicher wie auch privater und gesellschaftlicher Akteure[5]. Ihnen wird damit neben der horizontalen Koordinierung der Wissensverteilung und -produktion eine entscheidende Rolle bei der Gestaltung vertikaler Wissensströme zugewiesen. Gerade die auf lokaler bzw. auf Projektebene entstandenen Erfahrungen über erfolgreiche Entwicklungspraktiken stellten ein potentiell wertvolles, aber – aufgrund des mit der Kodifizierung verbundenen Arbeitsaufwands sowie dessen Kosten – oft ungenutztes Wissensreservoir für ähnliche Problemstellungen in anderen Ländern und Regionen dar. Durch den Transfer dieses Wissens könnten Entwicklungsorganisationen wie die Weltbank letztlich zum „Clearinghouse" (World Bank 1998, S. 140) für „entwicklungspolitisches" Erfahrungswissen werden. Deutlich wurde in diesen Jahren allerdings auch, dass ein derartiges Management von Erfahrungswissen gezielte Reformen in der Ablauf- und Aufbauorganisation voraussetzte und eine Neugestaltung der Beziehungen zu den Regierungen, einzelnen Partnerorganisationen und den späteren Nutzern solcher Wissenstransfers erforderte.

---

5 Vgl. dazu den interessanten Bericht des Operations Evaluation Departments (OED) der Weltbank zu den bisherigen Erfahrungen mit derartigen Partnerschaften World Bank/OED (2002).

Kasten 1: Daten, Information und Wissen

> Als Ausgangspunkt für eine Bestimmung des schwer greifbaren und in der Folge oft unscharf gebrauchten Begriffs „Wissen" bietet sich dessen Abgrenzung zu Daten und Information an. Daten sind strukturierte Zeichen, die eine Aussage über einen Vorgang oder Gegenstand beinhalten. Durch die Verortung von Daten im spezifischen (historischen, kulturellen und sozioökonomischen) Kontext eines Problemzusammenhanges entsteht Information. Im Gegensatz zum zweckfreien „Rohmaterial" Daten handelt es sich bei Information jedoch um „Kenntnisse über Sachverhalte, die ein Handelnder benötigt, um eine Entscheidung darüber zu fällen, wie er ein Ziel am günstigsten erreichen kann." (Krcmar/Rehhäuser 1996, S. 4).
>
> Wissen kann aus dieser Perspektive als die „kontextgebundene Verknüpfung von Information" (Willke 1996, S. 266) umschrieben werden. Entscheidend dabei ist, dass Information nicht allein durch die gegenseitige Vernetzung und kontextspezifische Interpretation zu Wissen „aufsteigt", sondern erst durch das Zusammentreffen mit schon vorhandenem Wissen in Form individueller Erfahrungen, praktischen Fähigkeiten, Überzeugungen und Werten. Informationen sind also das notwendige Medium für die Bildung von Wissen, das aber gleichzeitig von der interpretativen Rückbindung an bestehende Wissensbestände sowie den semantischen und kognitiven Strukturen des Individuums abhängig bleibt.
>
> Wissen ist aus dieser Perspektive also subjektabhängig und damit prinzipiell unvollständig sowie asymmetrisch verteilt, da die kognitiven Informationsverarbeitungskapazitäten des individuellen Wissensträgers generell beschränkt sind (Picot et al. 1996, S. 87; Simon 1997, S. 94). Die ungleichmäßige Verteilung von Wissen wiederum kann als Voraussetzung dafür gesehen werden, dass jene individuellen oder kollektiven Wissensträger, die im Besitz von (bzgl. eines bestimmten Problemzusammenhanges) relevantem Wissens sind, gegenüber solchen, die über dieses Wissen nicht verfügen, einen komparativen Vorteil genießen: Wissen begründet Macht.
>
> Trotz seiner prinzipiellen Unvollständigkeit und asymmetrischen Verteilung bildet Wissen die wesentliche Grundlage zielgerichteten Entscheidens und Handelns. Es legt im Kontext eines Problemzusammenhanges fest, welche Handlung unter einer Vielzahl möglicher Handlungsalternativen am ehesten die Zielerreichung bzw. die Lösung des Problems garantiert. Es erlaubt zwar keine direkte Vorhersage künftiger Ereignisse, aber es bestimmt maßgeblich die Erwartungen an die Konsequenzen von Handlungen und damit diese Handlungen selbst (Simon 1997, S. 78).

2. Die Neupositionierung der Weltbank auf dem Wissensmarkt

In der entwicklungspolitischen Diskussion wird der Weltbank eine weitgehend neutrale Rolle als wichtigster nicht-kommerzieller Quelle und Verteiler von Wissen für Entwicklung zugewiesen. Das „Licht des Wissens"[6] – so könnte zugespitzt formuliert werden – soll in das Dunkel der Entwicklungsländer gebracht werden. Einer „Knowledge Bank" kommt hierbei die Aufga-

---

6 Vgl. World Bank (1999, S. 1): *„Knowledge is light. Weightless and intangible, it can easily travel the world, enlightening the lives of people elsewhere."* (Hervorhebungen wie im Original).

be zu, an der Generierung und Aufbereitung entwicklungsrelevanten Wissens maßgeblich mitzuwirken und dessen Transfer zu koordinieren. Wissensmanagement stellt aus dieser Perspektive das entscheidende Instrument zur Verwirklichung der ‚Mission'[7] der Weltbank dar.

Ein solches Projekt konnte gegen Ende der 90er Jahre auf guter Grundlage erfolgen. Der Mitarbeiterstab der „Development Economics" (Forschungs-) Abteilung der Weltbank gilt seit Jahren in der mit Entwicklungsökonomie und -politik befassten Community als gut ausgewiesen. Die 350-500 Publikationen, die die Bank jährlich zu Entwicklungsthemen herausgibt, gelten als breit gestreut – allein der jährlich erscheinende Weltentwicklungsbericht hat eine Auflage von 150.000 Exemplaren – sie werden überdurchschnittlich häufig in der wirtschaftswissenschaftlichen Fachliteratur zitiert und dienen weithin als praxisrelevante Diskussionsgrundlage für Politikreformen in Entwicklungs- und Transitionsländern[8].

Kritisiert werden diese optimistischen Szenarien von Metha (1999, S. 159), demzufolge sich die Weltbank mit dem Weltentwicklungsbericht 1998/99 lediglich ein Forum geschaffen habe, um ihren Einfluss als *„Intellectual Leader in Development Knowledge"* zu sichern bzw. auszubauen. Ausgehend von einer vereinfachten, weitgehend auf *explizite* und dekontextualisierte Aspekte – wie technisches oder medizinisches Know-how – eingeengten Konzeption von Wissen, würde die Frage nach der Partizipation der Entwicklungsländer an der Erstellung und Verbreitung von Wissen übersehen bzw. allenfalls am Rande behandelt. Lokale kulturelle, politische und sozioökonomische Faktoren würden so bei der Formulierung von Wissenszielen und deren Umsetzung vernachlässigt; statt dessen greife die Bank bei ihren Lösungsangeboten zur Armutsbekämpfung vorzugsweise auf Wissen der Industrienationen und ihre eigene, zweifelsohne umfangreiche Expertise zurück. Die Profilierung der Bank als „Knowledge Bank" orientiere sich daher insgesamt weniger an den tatsächlichen Bedürfnissen der Entwicklungsländer, sondern sei vielmehr ein weiteres Beispiel für die Definitionsmacht der Bank, die den Boom wissensbezogener Thematiken gezielt aufnehme, um ihr umfangreiches „Research Empire" zu legitimieren und zu festigen[9].

---

7   „Our Mission: The World Bank aims to fight poverty with passion and professionalism for lasting results – to help people help themselves and their environment by providing resources, sharing knowledge, building capacity, and forgoing partnerships in the public and private sector." Vgl. World Bank (1999).
8   Dazu die „DEC notes" der Weltbank (Nr. 8; März 1996) zum Thema „World Bank Reserach in the Marketplace of Ideas".
9   Dazu Metha (1999, S. 159) „The Bank has built up a ‚research empire' that could rival a Harvard or a Yale (...). It has numerous research departments and generates cutting-edge research on environmental and development issues".

2.1 Veränderte externe Anforderungen an die Weltbank

Die von Metha geäußerte Kritik an der (Selbst-) Darstellung der Weltbank im Weltentwicklungsbericht 1998/99 wird verständlich, wenn man sich vergegenwärtigt, dass die Bank sich bereits seit Mitte der 90er Jahre in ihrer Eigenschaft als *Finanzierungsinstitution* von einem erheblichen Bedeutungsverlust betroffen sah und sich deshalb als *Entwicklungsbank* und als *Forschungsinstitution*[10] nicht nur auf ihre komparativen Vorteile rückbesann, sondern sich auch neu zu positionieren versuchte (vgl. World Bank 1994). So führte die zunehmende weltweite Öffnung bzw. Flexibilisierung der Kapitalmärkte dazu, dass sich der Netto-*Abfluss* von privatem Kapital aus Entwicklungsländern in Höhe von 30,8 Mrd. US$ im Jahr 1985 in einen *Zufluss* von 112,3 Mrd. US$ im Jahr 1995 umkehrte. Im selben Zeitraum blieben die von der Bank (International Bank for Reconstruction and Development, International Development Association) transferierten Mittel mit 5,7 und 6,2 Mrd. US$ (netto) annähernd gleich (Gilbert et al. 1999, S. 605f.). Obwohl die Bank damit weiterhin eine wichtige Finanzquelle für Entwicklungsländer darstellte, konnte von einer dominanten Stellung als Finanzierungsinstitution damit nicht mehr die Rede sein.

Vor dem Hintergrund eines neu entstehenden „Wissensmarktes" im Bereich der Entwicklungszusammenarbeit und des relativen Bedeutungsverlusts ihres Kreditgeschäfts erstaunt es also nicht weiter, dass die *strategische Relevanz* der vorhandenen umfangreichen Potentiale im Bereich Entwicklungsforschung und -beratung vom Management der Bank zunehmend erkannt wurde. Die seinerzeitige Neupositionierung entsprang damit nicht allein der Einsicht, dass entwicklungsrelevantes Wissen kritisch für den Entwicklungsprozess in den Partnerländern – und damit für die ‚Mission' der Bank ist. Sie spiegelte auch *Eigeninteressen* der Weltbank wider, ihre Aufgabenbereiche auszuweiten und sich als „Wissens-Bank" von konkurrierenden Entwicklungsorganisationen abzugrenzen. Weiterhin kann die in ein neues, umfassendes Entwicklungskonzept – das „Comprehensive Development Framework" (CDF)[11] – eingebettete Umorientierung der Bank hin zur Wissens-Bank als Versuch gewertet werden, dem anwachsenden Legitimationsdruck gegenüber Mittelgebern sowie dortigen Nichtregierungsorganisationen zu begegnen.

---

10 Zu dieser Typologisierung der Aktivitätsfelder der Weltbank vgl. Gilbert et al. (1999, S. 600ff.).

11 Im Zentrum dieses holistischen Entwicklungsansatzes steht die Annahme einer interdependenten Beziehung sozialer, struktureller, institutioneller, ökologischer, ökonomischer und finanzieller Entwicklungsfaktoren. Nachhaltiges Wachstum erfordert demnach die gleichmäßige Berücksichtigung aller dieser Variablen, wobei die Ausgestaltung und Umsetzung einer konkreten Entwicklungsstrategie vorrangig durch die Länder selbst getragen werden müsse. Im Rahmen von Partnerschaften sollten außerdem alle „Stakeholder" aus dem öffentlichen, gesellschaftlichen und privaten Sektor sowie andere Geberorganisationen in den Entwicklungsprozess mit eingezogen werden. Genauer zu den Prinzipien des CDF und ersten Pilotprojekten vgl. World Bank (2000a).

2.2 Wachsende interne Anforderungen an die „wissensintensive" Entwicklungsinstitution

Doch wäre es verkürzt, die propagierte Neuausrichtung der Bank ausschließlich im Zusammenhang mit veränderten externen Kontextbedingungen zu sehen. Auch interne Anforderungen an Prozesse und Strukturen der Bank machten mehr und mehr den systematischen Umgang mit Wissen im Rahmen einer umfassenden Strategie nötig.

Zum einen stieg die Komplexität der Einzelprojekte der Bank seit den späten 80er Jahren deutlich an und stellte die *Ablauforganisation* der Bank vor neue Herausforderungen. Neue Formen der Vor- und Mischfinanzierung von Projekten und Programmen, anspruchsvollere Zielsetzungen mit besserem Monitoring, bessere Qualitätssicherung[12] sowie die beständige Aufnahme neuer Themen wie Umweltschutz, Erziehung, Gender, Governance, Menschenrechte (mit denen die Bank auch dezidiert auf externe Kritik einging) erforderten einen effizienteren Umgang mit Wissen und Information. Gleiches gilt auch für den verstärkten Länderfokus der Bankaktivitäten[13], der auf die Bereitstellung angepasster Lösungsangebote für spezifische Problemstellungen abzielte, und für die gestiegenen Ansprüche der Kreditnehmer bzw. zivilgesellschaftlichen Akteure aus den Partnerländerns selbst[14]. Mit zunehmenden Anforderungen an die Einzelprojekte und deren Taskmanager stieg auch die Nachfrage nach einem kontinuierlichen und intensiveren Wissensfluss zwischen den involvierten Akteuren.

Zum anderen erforderte auch die *Aufbauorganisation* der Bank selbst – deren Größe und dezentrale Struktur – zunehmend einen verbesserten Fluss von Information und Kommunikation[15]. Es war v.a. die 1996 eingeführte Matrixorganisation der Bank – 6 Regionalabteilungen, begleitet von 5 thematischen Netzwerken (‚Finance, Private Sector and Infrastructure' (FPSI); ‚Environmentally and Socially Sustainable Development' (ESSD); ‚Human Development' (HD); ‚Operational Core Services' (OCS); ‚Poverty Reduction and Economic Management' (PREM) – und deren Selbstverpflichtung auf „Results on the Ground", die zu einem rasch ansteigenden Bedarf an Infor-

---

12 Qualitätssicherung war seit 1992 v.a. das Thema der von der Bank eingesetzten Portfolio Management Task Force, vgl. dazu World Bank/Portfolio Management Task Force (1992) („Wapenhans-Report").
13 Auf spezifische Länderproblematiken sollen seit 1996 partizipative „Country Assistance Strategies" (CAS) eingehen.
14 Seit Mitte der 90er Jahre orientieren sich die Operationen der Bank an einem wiederum partizipativ ausgerichteten Projektzyklus bzw. „Learning Cycle", vgl. Piciotto (1994).
15 Waren es 1960 lediglich 400 Mitarbeiter, so stieg die Anzahl 1973 auf 1300 und bis 1998 sogar auf über 9200 hochqualifizierte Beschäftigte an (Gilbert/Vines 2000, S. 15). Gleichzeitig setzte im Zuge von Bemühungen nach mehr Kundennähe eine zunehmende *Dezentralisierung* der Bank ein: 2000 Mitarbeiter arbeiten in rd. 80 Regionalvertretungen (‚Field Offices'), darüber hinaus nimmt die Bank die Dienste von ca. 4000 weltweit tätigen Consultants in Anspruch (vgl. Fulmer 1999, S. 2).

mations- und Wissensmanagement führten; genauso wie die Versuche der Bank, ihre regionalen Niederlassungen und Länderbüros zu verstärken[16]. Legt man die Kriterien für „wissensintensive Organisationen"[17] an, so erscheint die Weltbank als geradezu „klassischer" Vertreter dieses Organisationstyps.

3. Von der „Lending Bank" zur „Knowledge Bank": Die Evolution des Wissensmanagements in der Weltbank

In der Eröffnungsrede zum Jahrestreffen der Weltbank am 1. Oktober 1996 führte der neue Präsident, James Wolfensohn, erstmals den Begriff der „Knowledge Bank" (Wolfensohn 1996, S. 7) ein. Er legte in dieser Ansprache die Umrisse eines neuen, ganzheitlichen Entwicklungsansatzes dar, der später unter dem Namen „Comprehensive Development Framework" (s.o.) bekannt wurde, und ging auf die Bedeutung des Privatsektors, zivilgesellschaftlicher Gruppen, v.a. aber auf die Bedeutung von „Wissen" für den Entwicklungsprozess ein. Und gerade in der Aufnahme dieses letzten Bereichs sah Wolfensohn einen entscheidenden, komparativen Vorteil der Bank gegenüber allen anderen multilateralen und bilateralen Entwicklungsorganisationen. Bereits am 15. Oktober ließ er der Ankündigung dieser Wissensinitiative Taten folgen und ernannte Stephen Denning zum Programmdirektor für Wissensmanagement in der Weltbank.

3.1 Die Planungsphase

Am Anfang des Wissensmanagements in der Bank stand nach Dennings rückblickender Einschätzung eine *Vision* – aber keine konkrete *Strategie*. Die ersten Maßnahmen des neuen und zunächst auch einzigen Wissensmanagers konzentrierten sich folglich auf die Einrichtung einer bereichsübergreifenden Task Force sowie das Engagement der Unternehmensberatung Arthur Andersen, mit denen er eine Reihe von Vorschlägen zur inhaltlichen Gestaltung des Wissensmanagements und dessen Implementierung entwickelte. Gleichzeitig

---

16 Dazu schon die Empfehlung des seinerzeitigen Staatssekretärs im Finanzministerium, Larry Summers, an das Weltbankmanagement „Effective knowledge-based organizations in the 21st century will not concentrate all their people in one site. I would suggest to you that one well-placed Bank expert in a nation's capital, ready to answer key questions on an hour's notice, is worth hundreds of carefully reviewed reports at headquarters". (Rede am 11.10.1994 im Overseas Development Council).

17 Nach Starbuck (1992, S. 719ff.) sind dies: kritische Bedeutung von Wissen für interne Prozesse sowie für die Erreichung des Organisationszweckes, Größe, starke Dezentralisierung sowie hohes formales Ausbildungsniveau ihrer Mitglieder. Ausführlicher vgl. auch Alvesson (1995) sowie Bonora/Revang (1994).

versuchte das Team, durch systematisches Benchmarking sowie die Teilnahme des Bankmanagements an Workshops und Konferenzen zum Thema Wissensmanagement von den Erfahrungen anderer Organisationen zu profitieren. Die Ergebnisse dieser ersten Planungsphase fanden schließlich – wie das gesamte Vorhaben zum Wissensmanagement – Anfang 1997 Eingang in den „Strategic Compact"[18] und wurden damit Teil des von Wolfensohn beabsichtigten tiefgreifenden Restrukturierungsprozesses der Weltbank.

Die seinerzeit formulierten *Ziele* von „Knowledge Management" waren:

- qualitative Verbesserungen sowohl bei den finanziellen als auch den beratenden Dienstleistungen der Bank und damit eine *Steigerung der Wirksamkeit* der Tätigkeit der Organisation insgesamt,
- ein *schnellerer* und mit geringeren Kosten verbundener Zugang der Partner zu den Erfahrungen und zum „Wissen" der Bank,
- die Unterstützung der im Gange befindlichen *Dezentralisierungsmaßnahmen* der Bank,
- die Schaffung von *Anreizen* für die Mitglieder der Bank zur kontinuierlichen Verbesserung der Aufnahme und Weitergabe ihres Wissens.

Relevant für die *Umsetzung* dieser Ziele waren:

- die Erstellung bzw. Systematisierung von sektoralen Datenbanken (mit Statistiken, Projektberichten, Expertenverzeichnissen, Terms of Reference u.a.),
- die Einrichtung von „Knowledge Bases" als Speicher für (internes wie externes) Erfahrungswissen über erfolgreiche Entwicklungspraktiken,
- „Help Desks" in den einzelnen Geschäftseinheiten als zentrale Anlaufstellen für Auskünfte über die jeweiligen Wissensressourcen bzw. die zügige Bereitstellung von einzelnen „Informationspaketen",
- der Aufbau von „Knowledge Communities", bzw. „Communities of Practice" für einzelne Themenbereiche,
- die Stärkung der Wissensinitiative innerhalb und außerhalb der Bank durch die Behandlung der Thematik an exponierter Stelle: „Wissen für Entwicklung" wird zum Thema des Weltentwicklungsberichts 1998/99 erklärt.

Die Koordination der diversen Aktivitäten sollte in erster Linie den neugegründeten Netzwerken obliegen, die nun (ebenso wie wenig später die Regionalabteilungen) ausschließlich mit Wissensmanagement beauftragte Mitarbeiter abstellten, deren Tätigkeiten in Reichweite und Inhalt allerdings er-

---

18 Ziel des auf drei Jahre angelegten Strategic Compact war es, die Ergebnis- und Kundenorientierung zu verbessern, schnellere und kostengünstigere interne Prozesse zu unterstützen und so die Wirksamkeit der Bankpolitiken zu erhöhen. Dies sollte u.a. durch Dezentralisierung, schlankere Strukturen, die Weiterbildung der Mitarbeiterschaft und eben die Einführung eines Wissensmanagementsystems erreicht werden. Für die Umsetzung wurde 1997 das Verwaltungsbudget der Bank für drei Jahre um insgesamt 250 Mio. US$ erhöht. Vgl. dazu World Bank (2000b) sowie kritisch Economist (2000, S. 100) und jüngst Leiteritz/Weaver (2002).

heblich variierten. Innerhalb der einzelnen Sektoren der Netzwerke wurden zunehmend Help Desks eingerichtet und weitere Teilzeitposten geschaffen. Ende 1997 schließlich waren in fast allen Sektoren der Bank Wissensmanagementaktivitäten im Gange und insgesamt über 100 Mitarbeiter direkt (v.a. auf Teilzeitbasis) involviert.

Mit dem Entstehen erster „Wissenstrukturen" in den Netzwerken und Regionalabteilungen kam es schließlich zur Gründung des *„Knowledge Management Boards"*, der aus Vertretern der Vizepräsidenten bestand und von Stephen Denning geleitet wurde. Zwar sprach der Board nur Empfehlungen aus, aber die Implementierung des Wissensmanagements in der Bank gelang letztlich v.a. durch diese zentrale Steuerungseinheit, deren Arbeit sich Mitte 1997 mit der Gewährung eines *Budgets* entscheidend verbesserte: Für das Haushaltsjahr 1997/98 wurden zunächst 55 Mio. US$ für Wissensmanagement angesetzt und der Betrag dann in den beiden darauffolgenden Haushaltsjahren bis zum Ende des ‚Strategic Compact' im Sommer 2000 in etwa beibehalten.

3.2 Erste Schritte der Implementierung

„In the beginning we collected what we knew ..." so lässt sich nach Lesley Shneier[19], einer engen Beraterin Stephen Dennings, die Ausrichtung der *praktischen Aktivitäten* in der Anfangsphase des Wissensmanagements der Bank zusammenfassen. Trotz klarer Bekenntnisse zu der Rolle von Mitarbeiterinnen und Mitarbeitern als „key determinant of success of the knowledge management system" (Fulmer 2000, S. 14) bestanden die ersten Wissensmanagement-Arbeiten hauptsächlich in der Sammlung, Systematisierung und Kodifizierung von Dokumenten (Projektberichten, Diskussionspapieren, Konferenzbeiträgen, Statistiken) und verstärkt auch anderer Medieneinheiten wie etwa PowerPoint-Präsentationen oder Videos. In einer Phase des „kreativen Chaos" wurde dieses gesammelte Wissen dann in Form hunderter, unstandardisierter Intranetseiten den einzelnen Sektoren bzw. sonstigen Einheiten organisationsweit sichtbar und zugänglich gemacht (vgl. dazu schon Davenport/Prusak 1998).

In dieser ersten Phase der Implementierung war das Wissensmanagementprogramm der Bank damit vorwiegend nach *innen* gerichtet. Bestehende umfangreiche Wissensbestände wurden mit erheblichem technischen Aufwand „kartographiert", bevor sie zuerst für interne und danach auch für externe Nutzer zur Verfügung gestellt werden konnten (vgl. Graham et al. 2000). Konzepte für ein dezidiert nach außen gerichtetes Wissensmanagement erschöpften sich zu diesem Zeitpunkt – abgesehen von der Mitwirkung am „Global Knowledge" – Gipfel 1997 – in wenig ausgereiften Plänen, wie etwa der Einrichtung eines zentralen Internetportals („Global Gateway"), einer Art „Entwicklungs-Yahoo".

---

19 Seinerzeit Mitarbeiterin in Operational Core Services Network – Knowledge Management (OCSKN).

3.3 Refokussierung des Wissensmanagements: „Thematic Groups" und weitere Wissensinitiativen

Die ersten, weitgehend technikorientierten und auf die Aufbereitung und Sammlung bestehenden Wissens gerichteten Aktivitäten konnten seinerzeit, gemessen an dem dafür betriebenen Aufwand, als *Teilerfolg* bewertet werden. Nach Einschätzung des Network Knowledge Managers des FPSI-Netzwerkes, Klaus Tilmes, kam es allerdings häufig der „Suche einer Nadel in einem Heuhaufen" gleich, wenn es galt, dringend benötigtes Wissen dann auch schnell im Gewirr der vielen neu entstandenen und unstandardisierten Intranetpräsentationen zu finden.

Derartige Nutzungs- und Anwendungsprobleme in der Tagespraxis führten alsbald im Knowledge Mangement Board zu der Erkenntnis, dass sich Wissensmanagement erst durch die gezielte *Vernetzung wissender Personen* erfolgreich gestalten lässt. „We learned that connecting those who need to know with those who do know, and collecting what is learned, sharing it both internally and externally, didn't work unless communities of practice were in place" (Lesley Shneier). Der Schwerpunkt der Aktivitäten verlagerte sich nach eineinhalbjährigen Erfahrungen vom Management expliziten Wissens damit zu stärker personengebundenem, *implizitem* Wissen. Die *„Communities of Practice"* galten fortan als Kernelemente bei der Refokussierung der Wissensmanagementstrategie[20].

Dem informellen und hybriden Charakter der Communities of Practice entsprechend verzichtete man zunächst auf eine genaue Aufgabenzuteilung und Leistungsfestlegung, erwartete allerdings von ihnen eine verbesserte Verteilung von Wissen in der Organisation bzw. Teilung („Sharing") mit externen Partnern und Klienten, die Bereitstellung von Ad-hoc-Auskünften bei Anfragen zu den Schwerpunktthemen der Communities of Practice sowie schließlich die Sammlung bzw. Kodifizierung des ausgetauschten und neu entstandenen Wissens, u.a. durch den Aufbau eigener Intra- und Internetseiten. Auf Anregung des Knowledge Management Boards wurden deshalb Anfang 1998 die finanziellen Rahmenbedingungen für eine gezielte Förderung von *„Thematic Groups"* – wie die Communities of Practice in der Weltbank nun genannt wurden – geschaffen. 15 der 55 Mio. US$ wurden nun durch die jeweiligen Sector Boards der Förderung solcher Initiativen zugeleitet. Nur ein halbes Jahr später waren in fast allen Sektoren bis zu 12 – und damit insgesamt ca. 100 Thematic Groups aktiv, u.a. zu so unterschiedlichen Themen wie Drylands, Urban Waste Management, Gender in Rural Development, Quality of Fiscal Adjustment, Health Systems Development oder Urban Poor.

Die konkreten Aktivitäten bzw. „Produkte" der Thematic Groups bestanden v.a. in der funktionsübergreifenden Unterstützung des Tagesgeschäfts der Bank durch die zeitnahe Bereitstellung von „Wissenspaketen" zu bestimmten Schwerpunktthemen, wie z.B. die Bearbeitung von Anfragen zu operativen

---

20 Vgl. dazu Snyder/Wenger (2000) und Glovinsky et al. (2000).

Problemen, der Aufbau von Websites, die Organisation von Diskussionsrunden und Vorträgen mit externen Experten, dem Versenden von Newsletters, aber auch umfangreichere und längerfristige Vorhaben[21]. Ein gemeinsames Kennzeichen der Tätigkeit der Gruppen (im Hauptsitz der Bank) wurden außerdem ‚Brown-Bag-Lunches'. Ziel dieser Zusammenkünfte zur Mittagszeit war es, Mitgliedern in informeller Weise Gelegenheit zur persönlichen Kontaktaufnahme und zum Ideenaustausch zu geben. Themenschwerpunkte, Prioritäten und Formen des Eintritts bzw. der Partizipation blieben den Gruppen weitgehend selbst belassen, auch deren Führungsstrukturen bildeten sich weitgehend spontan heraus.

Auch mit der schnellen Proliferation und der meist regen Tätigkeit der Thematic Groups änderte sich wenig an der insgesamt stark binnenzentrierten Ausrichtung des Wissensmanagements. Obwohl die Gruppen als offene, über hierarchische und organisatorische Grenzen hinausgehende Einheiten konzipiert waren und mehr und mehr zu „*Heart and Soul*" (Prusak 1999, S. 1) des Wissensmanagementprogramms der Weltbank wurden, blieb die Integration bzw. dauerhafte Kooperation mit externen Akteuren weiterhin die Ausnahme.

3.4 Weitere Wissens-Initiativen

Durch die Verwendung des Begriffs „Knowledge *Sharing*" statt „Knowledge Management" sollte der nun eingekehrte „Human Touch" ins Wissensmanagement – bzw. die Auffassung, dass das eigentlich entscheidende implizite und personengebundene Wissen *per se* nicht zu managen ist – auch im Sprachgebrauch dokumentiert werden. Anfang 1998 wurden weitere Maßnahmen eingeleitet, die dieser Philosophie folgten und darauf abzielten, die breite Akzeptanz von Wissensmanagement weiter zu verbessern sowie eine ‚Corporate Culture' der kontinuierlichen Wissensweitergabe zu fördern.

Hierzu wurden auch konkrete *Anreizstrukturen* für die Mitwirkung des einzelnen Mitarbeiters bei der Aufnahme und Weitergabe sowie der Anwendung von Wissen geschaffen und Bewertungskriterien zur Mitarbeiterbeurteilung formuliert, die diese Fähigkeiten widerspiegeln: „Open to new ideas and continous learning; shares own knowledge, learns from others, and applies knowledge in daily work; builds partnerships for learning and knowledge sharing." (Fulmer 2000, S. 5).

Eine weitere Wissensinitiative fand im März 1998 statt. Auf Betreiben von Lesly Shneier wurde eine erste ‚*Knowledge Fair*' abgehalten, zu der die unterschiedlichen Gruppen und Personen Gelegenheit erhielten, ihre Aktivitäten und Produkte vorzustellen. Ziel war es u.a., durch die Präsentation konkreter Beispiele dem komplexen und oft als abstrakt empfundenen Thema

---

21 So entwickelte etwa die Urban-Poor-Gruppe eine CD-ROM bzw. „Electronic Toolkit" für das Design und die Implementierung von Programmen zur nachhaltigen Verbesserung (‚Upgrading') urbaner Problemzonen mit Textbeiträgen, Videos und Verweisen auf einschlägige Wissensquellen (Fulmer 2000, S. 11).

„Wissensmanagement" zu besserer Akzeptanz zu verhelfen. Durch eine geraffte, meist anekdotische Wiedergabe von Erfahrungsberichten (*„Storytelling"*) wurde hier wie auch in der Folge zu vielen anderen Gelegenheiten (Intranet) versucht, den Nutzen von Wissensmanagement bzw. der Thematic Groups der Mitarbeiterschaft zu vermitteln[22]. Dass die Ausstellung im Atrium des Hauptgebäudes der Weltbank abgehalten und von Weltbankpräsident Wolfensohn sowie weiteren Entscheidungsträgern besucht wurde, galt damals als klarer Beleg dafür, dass das Top Management der Bank das Wissensmanagementprogramm massiv unterstützte.

Zeitgleich mit der Gewährung weiterer finanzieller Mittel für das neue Haushaltsjahr wurde Mitte 1998 schließlich ein Aktionsplan erstellt, der den unternommenen strategischen Richtungswechsel im Wissensmanagement widerspiegelte: An erster Stelle des Maßnahmenpaketes wurde nun der Aufbau von Communities of Practice – auch für und in einzelnen Ländern – genannt. Weitere Punkte beinhalteten u.a. die Erstellung einer öffentlich zugänglichen „Online Knowledge Base", Einrichtung weiterer Help Desks, Entwicklung eines „Directory of Expertise" (Prusak 1999, S. 14) und die Schaffung räumlicher Voraussetzungen für den Wissensaustausch unter Experten (World Bank 2000c). Auch den nach außen gerichteten Initiativen wurde nun größere Priorität eingeräumt. Neben dem Ausbau der bei der Global Knowledge – Konferenz vereinbarten Partnerschaften wurden nun auch die Planungen zum „Global Development Network" (GDN) und dem „Global Development Gateway" vorangetrieben und – wie im Falle der Gründung des GDN Ende 1999 – schließlich auch in der Praxis umgesetzt.

3.5 Status Quo des Wissensmanagement gegen Ende des Strategic Compact

Aus der anfänglichen Vision von Wissensmanagement – so ein erstes Fazit – entwickelte sich in der Weltbank schrittweise eine klare Strategie, bei der eine zunächst technologielastige Herangehensweise zunehmend durch ein eher personen- wie umfeldbezogenes Verständnis von Wissensmanagement ersetzt wurde. Den vorläufigen Endpunkt dieses evolutionären Prozesses von der ‚Collection' hin zur ‚Connection' von Wissen bildet heute ein breites Repertoire verschiedener Aktivitäten auf den Ebenen Personal, Organisation und Technik, die alle ihren spezifischen Beitrag zur Verwirklichung der Wissensbank liefern.

---

22 V.a. auf den diversen Intranetseiten der Bank finden sich – teilweise unter einer eigenen Rubrik oder als einleitende Abschnitte auf der Startseite – eine Fülle von „Stories" über erfolgreiches Wissensmanagement. Auch aktuelle Publikationen oder Faltblätter zum Thema Knowledge Sharing sind durchsetzt mit ‚Widely Told Stories' (vgl. World Bank 1999). Ausführlicher zum Konzept des „Storytelling" vor dem Hintergrund organisatorischen Wandels vgl. www.stevedenning.com/storytelling_action.html und Denning (2000) selbst, der im Jahr 2001 die Bank verließ.

Kasten 2: Creating, Sharing and Applying Knowledge ...

The Bank's knowledge strategy has three pillars:

First, making effective use of knowledge to support the quality of our operations: In order to do this, the Bank has established technical units with specialized Thematic Groups, which are charged with capturing the information the Bank and other institutions have acquired in their areas of specialty, and processing this information into useful knowledge. There are over 100 Thematic Groups. Each of these groups has a website providing access to important studies and information relevant to the topic, as well as specially commissioned best practice papers designed to distil the Bank's unique experience in supporting projects in different countries. The Thematic Groups are managed by different Sector Boards which help to ensure that good practices are applied and adapted to country situations, so as to enhance the quality of the Bank's operations. These Sector Boards also manage the Advisory Services which are available to Bank staff, as well as its partners and clients, and provide quick responses to questions. In a typical month each of these services handles more than 200 queries.

Second, sharing knowledge with our clients and partners: This has led to new ways of working – participatory activities in which government officials, NGO and private sector representatives, and donor government colleagues, become part of a team which shares knowledge and information and is thus able to build programs which have genuine ownership and commitment on the part of the Government. (...) Increasingly, the Bank is supplementing this with a range of new technology-based programs which greatly enhance our knowledge sharing capacity. The distance learning programs carried out by the Global Development Learning Network, for example, enabled it to reach 45,000 government and private sector participants in 2001. The Development Gateway also provides a unique portal for access to information. It now carries information on about 300,000 donor supported activities being undertaken worldwide.

Third, helping clients enhance their capacity to generate, access and use knowledge from all sources: Ultimately, the success of national development efforts depends on the trained human resources and institutional arrangements available to carry them out. (...) The World Bank Institute (WBI), which enables client learning activities, has developed a number of thematic programs aimed at enhancing capacity. An extremely important program the Bank has initiated in recent years is Knowledge for Development, which helps countries assess what they need if they are to be effective players in the global knowledge economy. The Bank has also supported the Global Development Network (GDN), which links research institutions in the developed and developing countries and ensures that gaps are filled in researching the poverty reduction agenda. The African Virtual University (AVU) works with African universities, helping them to raise their standards and build the continent's stock of trained human resources. In the technology field, infoDev supports small pilot activities designed to help bridge the digital divide. World Links for Development brings students and teachers in secondary schools in developing countries into contact with their counterparts in industrial countries, and assists students and teachers to integrate technology into their curriculum. (...)

Quelle: Exzerpiert aus: http://www.worldbank.org/ks/

Der persönliche Austausch neuer Ideen und Erfahrungen wurde durch die Vernetzung wichtiger Wissensträger[23] (Thematic Groups, Help Desks, „Brown-Bag-Lunches") gezielt gefördert und durch eine Reihe weiterer Initiativen (Knowledge Fairs, Workshops, „Storytelling") ergänzt. Anreizstrukturen für die Mitarbeiterschaft, demonstrative Unterstützung durch das Top-Management sowie die Aufstockung der finanziellen Mittel trugen zur Verankerung des Wissensmanagements bei. Technologische Hilfsmittel schließlich (Intranet/External Net, Lotus Notes, Videoconferencing, Global Development Forum, E-Learning Initiativen des World Bank Institutes) ergänzten bis Ende 2000 die umfangreichen Informations-, Kommunikations- und Partizipationsmöglichkeiten.

4. Bisherige Unzulänglichkeiten und Defizite im Wissensmanagement

Die Weltbank konnte auf ihrem Weg zur Wissensbank, wie wir in den letzten Abschnitten zeigten, innerhalb kurzer Zeit beachtliche Erfolge aufweisen. Eine im April 1999 durchgeführte erste Zwischenevaluierung („Action Review") bescheinigte dies auch überaus deutlich. Das Wissensmanagementprogramm sei bis dato „far-sighted in conception and sound in its fundamentals, and positions the Bank to play a key role in the world economy of the 21st Century" (Prusak 1999, S. 1). Dennoch zeigten sich eine Reihe von Defiziten in den operativen Kernprozessen sowie in der strategischen Ausrichtung des Wissensmanagements der Bank, die den „Erfolg" des Programms in ein anderes Licht rücken. Es handelt sich dabei insbesondere um die folgenden Schwachstellen, auf die wir im Folgenden näher eingehen:

– Vernachlässigung der Wissensgenerierung,
– Ungleiche Wissensverteilung und mangelhafte Integration,
– Probleme bei der Wissensanwendung und mangelhafte Nachfrageorientierung,
– Arbeitsbelastung des „Wissensarbeiters",
– Instabile finanzielle Rahmenbedingungen und Perspektiven.

---

23 Neben der bloßen Anzahl wird seinerzeit auch der tatsächliche Beitrag der Gruppen zum Alltagsgeschäft der Bank hoch eingeschätzt. So erklärten im Rahmen der von Larry Prusak (Direktor des IBM Institute For Knowledge Management) durchgeführten „Action Review" vom April 1999 immerhin 70% der Befragten, dass „thematic groups add significant value to Bank work" (Prusak 1999, S. 16) Vgl. dazu auch World Bank (2000d).

4.1 Vernachlässigung der Wissensgenerierung

Die Verwendung des Begriffs „Knowledge Sharing" statt „Knowledge Management" dokumentiert nicht nur die Abkehr von einer zentralistischen und technokratischen Vorstellung von (explizitem) Wissen als steuerbarem Objekt, sondern auch eine tendenzielle *Vernachlässigung der Wissensgenerierung* zu Gunsten der Diffusion. „More money went to knowledge dissemination than knowledge creation", so brachte der damalige Chefökonom Joseph Stiglitz (zit. nach Gopinath 2000, S. 5) den Trade-off zwischen den beiden Kernprozessen auf den Punkt. Die an der Wissensschaffung beteiligten Einheiten der Bank waren die „Net-loosers"[24] der zunehmenden Fokussierung des Wissensmanagements auf die Verbesserung des (v.a. internen) Wissensflusses durch den Aufbau von Thematic Groups. Gleichzeitig erscheinen diese Einheiten aber ungenügend in die bestehenden Bankpolitiken eingebettet (vgl. Prusak 1999, S. 15).

Was einerseits noch als ein Zustand des gesunden Konkurrenzverhältnisses verschiedener Initiativen bzw. organisatorischer Teilbereiche gewertet werden konnte[25], erscheint aus einer anderen Perspektive als Ablauf loser, ungenügend aufeinander abgestimmter Aktionsstränge. Die strategische Bedeutung der Bank als Forschungsinstitution *und* als Entwicklungsbank machte hier eine kohärentere Einbindung aller vorhandenen Potentiale der Wissensproduktion in eine umfassende Strategie nötig.

4.2 Ungleiche Wissensverteilung und mangelhafte Integration

Thematic Groups stellten das wichtigste Instrument der Wissensverteilung wie auch das „Rückgrat" des Wissensmanagementprogramms insgesamt dar. Trotz ihrer überaus dynamischen Entstehung, die stark mit ihrer finanziellen Förderung korreliert, weisen die Gruppen als Folge ihrer weitgehend organischen Entwicklung und ihres informellen Charakters allerdings einen erheblichen Mangel an *Kohärenz* bzgl. ihres Aufbaus, ihrer Aktivitäten und ihrer Effektivität auf. Ihre Mitgliederstärke, interne Verfahren, wie die Zuweisung von Führungsaufgaben sowie das Verhältnis zwischen Hierarchie und Selbstkoordination variieren stark, was sich nicht zuletzt in dem von Fall zu Fall erheblich schwankenden Output der Gruppen widerspiegelt. Ein weiteres Problem besteht in der mangelnden *Koordinierung* der Thematic Groups untereinander, was u.a. die Duplizierung verschiedener Tätigkeiten zur Folge

---

24 Interview mit Klaus Tilmes (FPSI Core Services, Knowledge Management). Vgl. auch Ritzen (2000, S. 2): „The balance between knowledge creation and dissemination within the Bank has shifted in recent years, moving from a strong emphasis on creation to an overwhelming emphasis on dissemination. It is worth revisiting this balance, as it is not obvious that the current arrangement maximizes the Bank's effectiveness."

25 So die Einschätzung von Stephen Denning (Interview).

hat (vgl. Prusak 1999, S. 16). Nachteilig ist überdies, dass sich die aus der Überlappung von Aktivitätsfeldern möglichen *innovativen* Ansatzpunkte gerade aufgrund der Unübersichtlichkeit der behandelten Themen einzelner Gruppen schlecht identifizieren lassen.

Auch die Zusammenarbeit der Thematic Groups mit den Regionalabteilungen (und hier v.a. mit den ‚Task Teams' vor Ort) ist ungenügend ausgeprägt. Ihre *Reichweite* bleibt deshalb – entgegen der ursprünglichen Absicht – zu sehr auf die bestehenden Netzwerke beschränkt, und die katalytische Wirkung bei der organisationsweiten Diffusion von Wissen – „thematic groups make the matrix work" – wird nicht gleichmäßig ausgeschöpft. Mehr noch als intern stellt sich dieses Problem bei der Einbindung *externer Akteure* in die Aktivitäten der Gruppen: 1999 kamen lediglich 5% der Mitglieder von Thematic Groups aus dem Umfeld der Bank[26]. Die Reichweite der Wissensverteilung durch die Gruppen ist damit (in der Bank) vorwiegend auf den Hauptsitz und (außerhalb) auf sporadische Interaktionen beschränkt.

Die Thematic Groups gelten daher in ihrer Wirkung noch als sehr *heterogen* und insgesamt *wenig gefestigt*. Eine gleichmäßige, alle Organisationsbereiche umfassende Wissensdiffusion durch die Gruppen fand bislang (2001) noch nicht statt. Die Gruppen agieren vielmehr weitgehend isoliert von der Außenstruktur und dem Umfeld der Bank. Die entscheidende Bewährungsprobe für die Robustheit und Leistungsfähigkeit der Gruppen stellt nunmehr die Situation nach Ende der Reformphase (des ‚Strategic Compact') dar, denn die Rückführung des Verwaltungsbudgets auf das Niveau des Haushaltsjahres 1996/97 bedeutet das vorläufige Ende der großzügigen Alimentierung des Wissensmanagementprogramms aber auch der Thematic Groups. So waren denn im Jahr 2001 auch schon erste Anzeichen dafür erkennbar, dass sich einzelne Gruppen aufgrund der nachlassenden finanziellen Unterstützung ebenso schnell auflösen bzw. „implodieren", wie sie seinerzeit explosionsartig entstanden[27].

„Jeder weiß, was die Lending Bank ist, doch niemand weiß genau, was die Knowledge Bank ist"[28], so lässt sich die ungenügende Verankerung des Wissensmanagements im kollektiven Bewusstsein der Bank zusammenfassen. Nur 47% der im Rahmen der Action Review Befragten bezeichneten die Wissensmanagementstrategie als klar. Von einer Corporate Identity der Weltbank als Wissensbank könne damit nicht die Rede sein (vgl. Prusak 1999, S. 3, 15, 19).

---

26 Ausnahmen (die diese Regel bestätigen), wie die Gruppe „Drylands", die mit dem Fachverbund für Wüstenbekämpfung der Deutschen Gesellschaft für Technische Zusammenarbeit (GTZ) zusammenarbeitete, sind durchaus vorhanden. Doch gehen diese Kooperationen oft auf individuelle Zugangskanäle zurück und drohen mit dem Wechsel oder Ausscheiden dieser Schlüsselfiguren zu erlöschen.
27 So ging etwa die Anzahl der Thematic Groups im FPSI-Netzwerk von 24 im Jahr 1999 auf 17 am Ende des darauf folgenden Fiskaljahres (2001) zurück.
28 Interview mit Klaus Tilmes (PSICS, FPSI Core Services).

Berücksichtigt man das Eigenleben weiterer wissensrelevanter Einheiten wie v.a. die Development Economics Abteilung und das World Bank Institute – hier bietet sich das Bild der ‚Knowledge Silos' an – so ergibt sich insgesamt ein sehr zersplittertes Gesamtbild des Wissensmanagements. Gezielte Gegenmaßnahmen sind bislang kaum ergriffen worden – so plakativ die ‚Widely Told Stories' auch oftmals sind, sie können ein systematisches Marketing und die bessere Koordinierung der verschiedenen Aktionsstränge nicht ersetzten. Der wahrgenommene Mangel an Konsistenz weist damit auch auf ein internes Kommunikationsproblem hin. Das Knowledge Management Board – so wird mittlerweile verschiedentlich von Mitarbeitern betont – hätte von Anfang an größeren Wert auf eine qualitativ hochwertige, einheitliche und v.a. stärker zentral gesteuerte Darstellung ihrer Produkte innerhalb wie außerhalb der Bank legen sollen.

4.3 Probleme bei der Wissensanwendung und mangelhafte Nachfrageorientierung

Aufgrund der Vernachlässigung bzw. ungenügenden Koordinierung der an der Wissensproduktion beteiligten Einheiten und der über weite Strecken inkohärenten Verteilung ist das entwicklungspolitische Wissen der Bank nur in stark fragmentierter Form auffindbar. Die Anwendung dieses Wissens durch interne und in noch größerem Ausmaß durch externe Nutzer ist dadurch erheblich erschwert.

Insbesondere die Zunahme der Websites im Intra- und externen Netz führte – v.a. in der Anfangsphase – zu einer verwirrenden Vielfalt an Zugangsmöglichkeiten und Angeboten von Wissen. Durch das Fehlen einer einheitlichen „Web Policy" kam es zu großen Unterschieden im Design der Seiten als auch im Format und Umfang des Inhalts[29]. Es verwundert somit nicht, dass in der Action Review lediglich 37% der Befragten die Wissensressourcen für zugänglich hielten, und der Report resümiert: „The poor organization of knowledge resources is a more important cause of the perceived lack of easy access than any failure in communications or lack of staff IT skills or incentives" (Prusak 1999, S. 6).

Die Fragmentierung stellt sich im Falle der Entwicklungsinstitution Weltbank besonders problematisch dar, da hier ja zunehmend *interdisziplinäre* Anforderungen an die Aktivitäten gestellt werden (vgl. dazu *Kasten 3*). Dem steht jedoch die weiterhin bestehende sektorale und regionale Gebundenheit der Wissensbestände entgegen. Mit technologischen Maßnahmen, etwa durch Datenbanken oder den Aufbau von Websites, konnte diesem Problem bislang kaum, durch die Thematic Groups zu wenig begegnet werden.

---

29 Im Rahmen der Action Review wurden insgesamt 900 ‚Dead Ends', also Links, die auf nicht vorhandene Seiten verweisen, gezählt. Auch werden mangelnde Zuständigkeiten für das Erscheinungsbild und den Inhalt der Seiten beklagt. Vgl. Prusak (1999, S. 6).

Generell problematisch muss die Anwendbarkeit der Wissensdienstleistungen und –produkte der Bank durch *externe Nutzer* beurteilt werden. Viele der nach außen gerichteten Maßnahmen wie der „Global Gateway" oder die Distance-Learning-Programme des World Bank Institute (WBI) setzen eine technologische Infrastruktur voraus, die gerade in den ärmsten Ländern häufig noch nicht vorhanden sein dürfte. Mit der nach wie vor hohen Bewertung technologischer Möglichkeiten bei der Wissensverteilung und –anwendung läuft die Bank Gefahr, den Digital Divide, den zu überwinden sie als eines ihrer vornehmlichen Ziele versteht, zumindest kurzfristig weiter zu vertiefen.

Die häufig noch fragmentierte und spezialisierte ‚High End'–Expertise scheint also für externe ‚Low End'–Benutzer aber auch für interne Zwecke oft schwer auffindbar und noch wenig anwendungsgeeignet zu sein. Das Wissensangebot der Bank müsste sich hier (in Inhalt und Form), wie u.a. auch Kelly McNamara (2002) aus der Abteilung für „Knowledge and Distance Learning" des WBI unlängst betonte (siehe *Kasten 3*), wesentlich stärker an der Nachfrage und den Anwendungsmöglichkeiten der potentiellen Nutzer orientieren.

Kasten 3: Toward a Client-centred Model of the Bank's Knowledge Business

> The effort to mainstream knowledge-sharing and knowledge services in Bank operations is made more difficult, but no less important, by two simple but irreducible realities of development practice. The first is that, despite our frequent references to "best practice", development is *complex, contingent and contextual*. Development is complex in that it involves strategy and action in a broad range of sectors. It is *contingent* in that the strategies and actions in these various sectors are strongly interdependent, and even the "best practice" in one sector will often not yield the desired results if strategies and actions in other sectors are not adequately reinforcing. (A strategy for universal primary education, for example, is easily eroded by fiscal and budgetary policies that deprive the public sector of necessary resources.) It is *contextual* in that the answer to the question "What works?" will often depend on *when, where and under what circumstances*. Knowledge, in such situations, is only valuable if it can be properly adapted, contextualized and translated into action, all of which depends more on lived experience than on accumulated stores of global knowledge.
>
> The second irreducible reality of development practice is that only our clients really do development work; we facilitate and support (or impede) their efforts in various ways, but we cannot do it for them. (…) While we can control the quality of our own work in support of our clients (the original "core" motivation of the Bank's knowledge-sharing program), our impact on development (and hence on the benchmarks against which we aspire to be measured, such as the Millennium Development Goals) depends heavily on the quality of our client's own efforts, and hence on their own ability (with our help) to access development knowledge and make intelligent choices about how to adapt and implement it in their particular circumstances.
>
> There are, therefore, several very complicated (and interdependent) pieces to the puzzle of mainstreaming knowledge-sharing in Bank operations:
>
> – *learning* from our experience and the experience of others, i.e. assessing and sharing the successes and failures of our work thus far in addressing a given development

> challenge, and accessing/assessing/absorbing the lessons learned by others (this is different from, and prior to, the "learning" that we normally talk about when we mean staff/client training, since this type of more formal "learning" assumes that we have decided what are the things that need to be learned);
> - *sharing* what we have learned, both through KS-type activities and through more formal "learning" programs;
> - *adapting* the general lessons, approaches and strategies learned from experience to the specific circumstances of a given country;
> - *building and sustaining* the capacity of our clients to be full participants in all phases of this process, so that they can truly "own" their own development decisions as called for in the PRSP (Poverty Reduction Strategy Papers, d. V.) process
> - perhaps most importantly, *making our knowledge-sharing truly demand-driven and needs-based*, by assuring that our clients have both the ability, and the freedom, to articulate their priority knowledge needs in the light of their own development priorities and specific circumstances.

Quelle: Exzerpiert aus McNamara (2002). Hervorhebungen wie im Original.

4.4 Arbeitsüberlastung des Wissensarbeiters

Ein weiteres Problem stellt die ohnehin schon hohe Arbeitsauslastung der Mitarbeiterinnen und Mitarbeiter in ihrem angestammten Aufgabenbereichen, in den Netzwerken, den Regionalabteilungen und vor Ort dar. Da Wissensmanagement eben nicht als isolierte Arbeit von Experten angesehen wird, sondern als funktionsübergreifende Aufgabe bzw. *Einstellung* aller Mitarbeiter, sind nur wenige Vollzeitpositionen für Wissensmanagement geschaffen worden. Die Erfahrung zeigte jedoch, dass viele vermeintlich „alltägliche" Aufgaben – wie die aktive Teilnahme in bzw. Leitung von Thematic Groups, die Pflege einer Website oder Videoconferencing – mit den vorhandenen Zeitressourcen nicht oder nur unzureichend wahrgenommen werden können.

Sollte es bei der breiten, partizipativen Ausrichtung des Wissensmanagements bleiben, wird dies die Unterstützung durch professionelle Moderatoren, die (wiederum zeitaufwändige) Schulung bestimmter individueller Fähigkeiten beim Umgang mit Information and Communications Technology (ICT) oder auch Maßnahmen, wie die Vergabe von Praktika, erforderlich machen, um das reibungslose Funktionieren des „Wissensarbeiters" zu erleichtern. Ohne zusätzliche finanzielle Aufwendungen dürfte dies allerdings kaum zu realisieren sein.

4.5 Instabile finanzielle Rahmenbedingungen

Die Budgetkürzungen im Fiskaljahr 2001 trafen das Programm zum falschen Zeitpunkt. Mit einem Anteil von 3-4% am Verwaltungsbudget bleibt die Finanzierung des Wissensmanagements in der Bank, verglichen mit anderen großen Organisationen (ILOI 1997; Prusak 1999, S. 4), ohnehin im unteren Bereich der Möglichkeiten. Die im Haushaltsjahr 2001 erfolgte Budgetreduzierung verengte die finanziellen Spielräume zusätzlich und stellte, wie der

Rückgang der Thematic Groups belegt, die weitere Implementierung des Programms vor große Probleme. Die Annahme, dass nach einem erstmaligen, finanziellen Mehraufwand Wissensmanagement nach drei Jahren weitgehend implementiert sei und – getragen vom organisationsweit durchgesetzten Leitbild des „Wissensarbeiters" – mit vergleichsweise bescheidenen Mitteln funktionieren könnte, hat sich mittlerweile als falsch erwiesen.

Hinzu gesellt sich ein Finanzierungsproblem besonderen Typs, das sich paradoxerweise gerade aus dem Erfolg von Wissensmanagement ergeben dürfte. Denn sollte die Bank sich auf dem entwicklungspolitischen Wissensmarkt weiter etablieren und hier in zunehmendem Maße adäquate, zeitnahe Dienstleistungen sowohl an Partnerländer als auch an andere Nutzer bereitstellen, ergibt sich auch zunehmend die delikate Frage nach der Kostendeckung derartiger Wissensleistungen. Sicher könnte die Bank derartige Kosten kurzfristig aus ihrem Jahresüberschuss (ca. 600 Mio. bis 1 Mrd. US$ pro Jahr während der 90er Jahre) decken bzw. im direkten Zusammenhang ihrer Kreditpakete vergeben. Die Wissensleistungen wären dann – neben anderen Vorzügen, wie etwa Laufzeit und Bereitstellungskosten – ein weiteres „Extra" an Leistungen gegenüber alternativen Kreditgebern. Bei „Free-Standing Knowledge Products" jedoch müsste entweder eine Subventionierung aus anderen Finanzgeschäften stattfinden oder aber die Partnerländer einzelne Wissenstransfers bezahlen bzw. zumindest kofinanzieren. Wie auch immer: Die Bank sähe sich – je erfolgreicher sie im externen Knowledge Sharing wird – mit steigenden Fixkosten (v.a. Personalkosten) pro vergebener Krediteinheit an ihre Partnerländer konfrontiert, die sie in ihren (anderen) Operationen auffangen müsste. Die Debatte dazu begann bereits im Herbst 2000, als einzelne Kommentatoren die ohnehin zu breit gestreuten und ausufernden Tätigkeiten der Bank heftig kritisierten („Mission Creep")[30] und dem Management vorwarfen, zu wenig fokussiert auf externen Druck zu reagieren, die Mitarbeiterschaft nur mit zusätzlichen Zeitbudgets zu belasten und unüberschaubare Kosten zu produzieren, denen keine vergleichbaren Einnahmen gegenüberstünden.

5. Zusammenfassung und Schlussfolgerungen

Die Etablierung der Weltbank als „Wissensbank" und die Einführung von Wissensmanagement erfolgte in Reaktion auf zwei Faktoren: zum einen durch die Notwendigkeit zu verbessertem und interdisziplinärem Projektmanagement, das auch neue Themen und Akteure umfasste; zum anderen durch Veränderungen in ihrem operativen Umfeld, dem Kreditgeschäft. Früher als andere Organisationen der Entwicklungszusammenarbeit erkannte die Weltbank den Bedeutungs*zuwachs* von Wissen für Entwicklung als auch den dro-

---

30 Vgl. dazu die Beiträge von Fidler (2001) und Jessica Einhorn (2001), der früheren Leiterin der Finanzabteilung der Weltbank sowie den Konferenzbeitrag von Leiteritz/Weaver (2002).

Wissensmanagement in der Entwicklungszusammenarbeit 211

henden eigenen Bedeutungs*verlust* als Finanzierungsorganisation und versuchte, sich als Knowledge Bank neu zu positionieren.

Bei der Einführung von Wissensmanagement ging die Bank zunächst eher „experimentell" vor und setzte v.a. auf technische Lösungen und interne Wissensnutzer. Nach einer etwa vierjährigen Anfangsphase kam es zu einem Richtungswechsel, der nun den einzelnen Klienten als Produzenten, Träger und v.a. als späteren Nutznießer wieder ins Zentrum des Wissensmanagements rückte. Der Bank gelang hiermit, nicht nur eigenes und fremdes Wissen einer großen Anzahl von Nutzern zugänglich zu machen, sondern auch besser der Aufgabe zu entsprechen, als weltweites ‚Clearinghouse' für Entwicklungswissen zu arbeiten. Sie ist ihrer Vision einer „Wissensbank" damit ein gutes Stück näher gekommen.

Eine kritische Bestandsaufnahme des Wissensmanagements zeigt jedoch, dass eine Reihe von Defiziten den Erfolg der notwendigen Neupositionierung gefährden:

- Es ist dem Wissensmanagement bislang nicht gelungen, die vorhandenen Potentiale der *Wissensschaffung* optimal zu nutzen und über die diversen organisatorischen Schnittstellen gleichmäßig zu transferieren. Die Generierung neuen Wissens wird zu Gunsten der Diffusion bestehender Wissensbestände vernachlässigt, auch scheinen die bestehenden verschiedenen Kreativitätszentren der Bank ungenügend in ein organisationsweites Konzept der Wissensschaffung eingebettet. Aber auch mit der Schwerpunktsetzung auf die *Wissensverteilung* durch Thematic Groups ist es nicht gelungen, sektorale Wissensbarrieren dauerhaft zu überwinden: Ihr Einzugsbereich bleibt bislang vorwiegend auf Netzwerke beschränkt, die Regionalstruktur und v.a. externe Adressaten profitieren von ihren Aktivitäten zu wenig.
- Die *Anwendung* des Wissens wird durch seine Fragmentierung sowie die uneinheitliche und wenig nachfragegesteuerte technische Aufbereitung erheblich erschwert. Zunehmend interdisziplinären Anforderungen sowie den Anwendungsmöglichkeiten armer Länder wird das Wissensmanagement der Bank deshalb bislang nicht vollständig gerecht.
- Diese Fehlentwicklungen gehen zum großen Teil auf die mangelnde *Konsistenz* der strategischen Vorgaben, die ungleichmäßige *Integration* der verschiedenen Aktionsstränge in alle organisatorischen Teilbereiche sowie auf die unrealistische Planung zeitlicher und v.a. *finanzieller Ressourcen* zurück. Trotz einer Reihe erfolgversprechender Einzelmaßnahmen gelingt es dem Wissensmanagement damit nur ansatzweise, die Kluft zwischen dem anwendbaren und dem intern wie extern nachgefragten Wissen zu schließen.

Welche allgemeineren Schlussfolgerungen lassen sich nun aus dem Beispiel Weltbank für andere Organisationen der internationalen Entwicklungszusammenarbeit ziehen?

Die zunehmende Abkopplung vieler Entwicklungs- und Transformationsländer von wichtigen Wissensressourcen und die gleichzeitig verbesserten (technologischen) Potentiale einer gezielten Generierung und Transferierung von Wissen stellen alle Entwicklungsorganisationen vor neue Herausforderungen. Sie werden mittelfristig nicht umhin kommen, sich mit der Wissensproblematik und deren Konsequenzen für Zielsetzung und interne Prozesse auseinanderzusetzen. Zu einer überzogenen Erwartungshaltung an Wissensmanagement als „Allheilmittel" der Folgen des Digital Divide und interner Dysfunktionen besteht dabei kein Anlass.

Das Management von Wissen bietet jedoch für Entwicklungsdienstleister die Chance, bestehende individuelle Stärken durch eine Neuinterpretation aus „wissenszentrierter" Sicht zu unterstützen und so zur Effizienz und Effektivität ihrer Tätigkeit beizutragen. Das Beispiel der Weltbank kann hier dazu dienen, konkrete Anforderungen an den Umgang mit Wissen zu erkennen und umzusetzen, bevor sich Fehlentwicklungen festsetzen und mit erhöhtem Aufwand revidiert werden müssen.

Zur erfolgreichen Gestaltung und Implementierung von Wissensmanagement in Entwicklungsorganisationen dürften v.a. folgende Erfahrungen der Bank von Bedeutung sein:

- *Informationstechnologische Maßnahmen* allein reichen nicht aus, um die interne und externe Nachfrage nach Wissen, insbesondere nach *neuem* Wissen, nachhaltig zu befriedigen. Sie bilden lediglich die notwendige Voraussetzung bzw. das technische „Rückgrat" einer Wissensinitiative.
- *Personen* stehen im Zentrum des Wissensmanagements. Communities of Practice stellen hier einen erfolgversprechenden Ansatz zum methodischen Umgang mit personengebundenem Wissen dar und sind dazu geeignet, in unterschiedlichen organisatorischen Kontexten Anwendung zu finden. Mindestens ebenso wichtig wie das Management von Wissen *für* die Mitarbeiterschaft scheint somit das Management von Wissen *in* der Mitarbeiterschaft und *zwischen* wissenden Personen sowie die Schaffung von Anreizen zu sein, dieses Wissen wirkungsvoll einzusetzen.
- Wissensmanagement als Unterstützung *gesamtorganisatorischer Lernprozesse* setzt die Partizipation der Mitarbeiterschaft voraus – aber nicht jeder Mitarbeiter wird dadurch ausschließlich zum „Wissensarbeiter". Wissensmanagement benötigt die professionelle Unterstützung durch Moderatoren und die gezielte Schulung individueller Fähigkeiten; gewünschte Einstellungen und Verhaltensweisen müssen durch das Top-Management konsequent praktiziert werden.
- Selbstkoordinierende Aktivitäten bedürfen der Lenkung durch klare strategische Vorgaben und gezielter Anreize. Die schwierige Aufgabe für Entscheidungsträger im Management von Wissen ist es hier, ein geeignetes Mischungsverhältnis zwischen Hierarchie (Konsistenz) und Autonomie (Kreativität) herzustellen.

- Wissensmanagement stellt mehr als eine vorübergehende entwicklungspolitische Mode dar und sollte entsprechende Aufmerksamkeit verdienen. Durch die zögerliche Implementierung und finanzielle *ad-hoc*-Unterstützung einzelner Maßnahmen ist das Scheitern von Wissensmanagementoffensiven vorprogrammiert. Wird die Notwendigkeit von Wissensmanagement erkannt, muss es vielmehr zum dauerhaften und integralen Bestandteil der ‚Corporate Strategy' von Entwicklungsdienstleistern werden.
- Die Messlatte für erfolgreiches Wissensmanagement ist letztlich der Entwicklungseffekt (und nicht die optimale Ausschöpfung technologischer Potentiale). Alle Aktivitäten müssen im größtmöglichen Umfang nachfragegesteuert sein und sich an den realen Bedürfnissen und Möglichkeiten der Nutzer in Entwicklungsländern orientieren.

Bei der Anwendung dieser Erkenntnisse ist allerdings eine differenzierte Sicht geboten. Die Weltbank ist *der* ‚Think Tank' der Entwicklungszusammenarbeit und in Größe, Komplexität und Kompetenz schlecht mit anderen Organisationen derselben Branche vergleichbar. So werden sich zwar auch andere Finanzierungsorganisationen gezwungen sehen, ein strategisches Standbein als Wissensdienstleister auf- bzw. auszubauen (vgl. etwa Beguín/Estrada 1999). Aufgrund überschaubarer interner Abläufe und geringerer Dezentralisierung könnte sich hier jedoch weniger Aufwand ergeben, Expertise gezielt in den Entwicklungsprozess einzubringen. Diese Einschränkung mag auf regionale (z.B. Inter-American Development Bank, African Development Bank, European Bank for Reconstruction and Development) weniger, auf bilaterale Finanzierungsorganisationen wie die deutsche Kreditanstalt für Wiederaufbau (KfW) – die durch eine begrenzte Handlungsautonomie und eine schwach ausgeprägte Außenstruktur gekennzeichnet ist – zutreffen. Ein systematischer Umgang mit Wissen wird jedoch auch in diesen Fällen unumgänglich sein.

Anders stellt sich die Situation für Organisationen der *technischen* Zusammenarbeit dar. Da ihr Aufgabenschwerpunkt in der Vermittlung und Anwendung technischer Expertise vor Ort besteht, ist ein umsichtiges wie professionelles Wissensmanagement von zentraler Bedeutung. Das dürfte so z.B. auch für die weltweit tätige, hoch spezialisierte Deutsche Gesellschaft für Technische Zusammenarbeit (GTZ) gelten, die Ende der 90er Jahre mit ersten Wissensmanagementaktivitäten begann (vgl. Wahl 1999). Auch wenn diese Maßnahmen, ähnlich wie zu Beginn in der Weltbank, durch eine technikzentrierte Anfangsphase gekennzeichnet sind, ist man sich über die Notwendigkeit eines umfassenden Wissensmanagements klar. Mit den Fachverbunden besteht im Falle der GTZ bereits ein vielversprechender Ansatzpunkt, der auch die externe Mitarbeiterschaft mit einschließt und eine personenorientierte Weiterentwicklung der Ansätze ermöglicht.

Richtet man den Blick schließlich genauer auf das in seiner Komplexität einzigartige deutsche System öffentlicher Entwicklungszusammenarbeit, so gewinnt Wissensmanagement eine *interorganisatorische* Dimension. Isolierte, aber auch – wie die Debatte um die Zusammenlegung einzelner Vorfeldorganisationen belegt – oftmals sich überlappende Kenntnisse und Fähigkeiten müssten hier verstärkt in ein einheitliches Wissenskonzept einbezogen werden, um effektiv in den Entwicklungsprozess eingebracht werden zu können. Dem Bundesministerium für Wirtschaftliche Zusammenarbeit und Entwicklung (BMZ) käme hier entsprechend seiner Ressortverantwortlichkeiten notwendigerweise die Rolle einer fokalen Organisationen innerhalb eines wissensbezogenen Entwicklungsnetzwerkes zu. Sollte es überdies zu Veränderungen in der Zusammenarbeit mit anderen Ministerien – v.a. dem Auswärtigen Amt – kommen oder sollten sich Neuerungen in der Organisation der europäischen Entwicklungszusammenarbeit ergeben, stünde ohnehin das Management der unterschiedlichen Wissensstränge – in ihrer import- wie exportorientierten Form – neu zur Debatte, die im Gegensatz zur Weltbank allesamt steuerfinanziert sind.

Damit bilaterale und multilaterale Entwicklungsdienstleister auch in Zukunft den Nachweis erbringen können, effizient wie effektiv politische Vorgaben umzusetzen, werden umfassende Bemühungen nötig sein, den Wert entwicklungspolitischen Wissens für sich und ihre Kunden zu erkennen, derartiges Wissen für die Praxis aufzubereiten und dort einzubringen. Vieles spricht dafür, dass sich dabei jede Organisation auf „ihren" evolutionären Weg einlassen muss. Das Beispiel der Weltbank kann anderen Organisationen dazu dienen, Fehler auf diesem Weg zu vermeiden und die Potentiale eines neuen und zunehmend wichtigen Marktes zusammen mit ihren Partnerländern zügig zu erschließen.

Literatur

Béguin, J.-P., Estrada J.A. 1999: IDB Knowledge Exchange Network. Washington, D.C.: Inter-American Development Bank, http://www.bellanet.org/km/main/KEN.pdf

Bhalla, A.S. (Ed.) 1998: Globalization, Growth and Marginalization. Ottawa

d´Orville, H. 2000: Towards The Global Knowledge And Information Society – The Challanges For Development Cooperation. United Nations Development Programme. Bureau for Development Policy/UNDP

Davenport, T.H., Prusak, L. 1998: Working Knowledge. How Organizations Manage What They Know. Boston

Denning, S. 2000: The Springboard: How Storytelling Ignites Action in Knowledge-Era Organizations. New York

Einhorn, J. 2001: The World Bank's Mission Creep. In: Foreign Affairs 80 (2001)5, S. 22-35

Fidler, S. 2001: Who's Minding the Bank? In: Foreign Policy 95 (2001), S. 40-50

Fulmer, W. 2000: The World Bank and Knowledge Management: The Case of the Urban Services Thematic Group. Boston

Gilbert, C., Powell, A., Vines, D. 1999: Positioning The World Bank. In: The Economic Journal 109 (1999), S. 598-633

Gilbert, C., Vines, D. 2000: The World Bank: an Overview of Some Major Issues. In: Gilbert, C., Vines, D., (Ed.): The World Bank. Structures and Policies. Cambridge, S. 10-38

Glovinsky, S., Litz, M., Merode, L.De, Pierce, C., Poplawsky, A., Song, S. 2000: Communities of Practice. In: Hunt, P. (Ed.) 2000, S. 51-60
Gopinath, D. 2000: Wolfensohn Agonistes. In: Institutional Investor Online, http://216.251.238.218/channel/other/200009010178.htm
Graham, H., Sestina, A., Weaver-Smith, B. 2000: Technology for Knowledge Management. In: Hunt, P. (Ed.) 2000, S. 68-78
Gundlach, E., Nunnenkamp, P. 1996: Aufholprozesse oder Abkoppelungstendenzen? Entwicklungsländer im Zeitalter der Globalisierung. In: Schäfer, H. (Hg.) 1996: Die Entwicklungsländer im Zeitalter der Globalisierung. Berlin, S. 87-112
Hunt, P. (Ed.) 2000: Knowledge Management. Implications and Applications for Development Organizations. Washington, D.C., http://www.bellanet.org/km/main/report.html
Kaul, I., Grunberg, I., Stern, M.A. (Ed.) 1999: Global Public Goods. International Cooperation in the 21st Century. New York
Krcmar, H., Rehäuser, J. 1996: Wissensmanagement in Unternehmen. In: Conrad, P., Schreyögg, G. (Hg.) 1996: Managementforschung 6. Wissensmanagement. Berlin, S. 1-40
Leiteritz, R.J., Weaver, C. 2002: Our Poverty is a World Full of Dreams. The World Bank's Strategic Compact and the Tenacity of Organizational Culture. Paper for the Annual Meeting of the International Studies Association, New Orleans, 24-27 March
McNamara, K. 2002: Knowledge Sharing, Quality and Impact in Bank Operations. Washington, D.C.: The World Bank Institute, http://www.worldbank.org/ks/articles/KM_operations.html
Metha, L. 1999: From Darkness to Light? Critical Reflections on the World Development Report 1998/99. In: Journal Of Development Studies 36 (1999)1, S. 151-161
o.V. 2000: World Bank: Tasting It's Own Medicine. In: The Economist 12, S. 100
Piciotto, R. 1994: Food for Thought. From Project Cycle to Learning Cycle – a Needed Evolution. In: Management and Innovation 3 (1994), S. 9-11
Picot, A., Reichwald, R., Wigand, R.T. 1996: Die grenzenlose Unternehmung. Information, Organisation und Management. Wiesbaden
Prusak, L. 1999: Action Review of Knowledge Management. Report and Recommendations. Washington, D.C.: World Bank (unveröffentlichtes Dokument)
Ritzen, J. 2000: Where the World Bank Stands: Issues in Knowledge Creation and Management. Washington, D.C.: World Bank (unveröffentlichtes Dokument)
Ryland, S. 1999: Metrics for Monitoring the World Bank Knowledge Management (KM) Program. Washington, D.C.: World Bank (unveröffentlichtes Dokument)
Simon, H.A. 1997: Administrative Behavior: a Study of Decision Making Processes in Administrative Organizations. New York
Snyder, M., Wenger, E.C. 2000: Communities of Practice. The Organizational Frontier. In: Havard Business Review 78 (2000)1, S. 139-145
Stiglitz, J.E. 1999: Knowledge as a Global Public Good. In: Kaul, I., Grunberg, I., Stern, M.A. (Ed.) 1999, S. 308-325
Streeten, P. 1998: Globalization: Threat or Salvation? In: Bhalla, A.S. (Ed) 1998, S. 13-47
Wahl, M. 1999: Wissensmanagement und Intranet bei der Deutschen Gesellschaft für Technische Zusammenarbeit (GTZ) GmbH. In: Schmidt, R. (Hg.) 1999: Aufbruch ins Wissensmanagement – 21. Online-Tagung der DGI. Frankfurt a.M.
Willke, H. 1996: Dimensionen des Wissensmanagement – Zum Zusammenhang von gesellschaftlicher und organisatorischer Wissensbasierung. In: Conrad, P., Schreyögg, G. (Hg.) 1996: Managementforschung 6. Wissensmanagement. Berlin, S. 191-234
Wolfensohn, J.D. 1996: People and Development. Annual Meeting Address. Washington, D.C.: World Bank, http://www.worldbank.org/html/extdr/extme/jdwams96.htm
World Bank 1994: Learning From the Past. Embracing the Future. Washington, D.C.: World Bank

World Bank 1998: Knowledge for Development: World Development Report 1998/99. New York

World Bank 1999: Sharing Knowledge to Fight Poverty. Washington, D.C.: World Bank

World Bank 2000a: A Proposal for a Comprehensive Development Framework (Discussion Draft). Washington, D.C.: World Bank, http://www.worldbank.org/cdf/

World Bank 2000b: The Strategic Compact: A Summary Note. Washington, D.C.: World Bank, http://www.worldbank.org/html/extdr/backgrd/ibrd/comsum.htm

World Bank 2000c: What is Knowledge Management? Washington, D.C.: World Bank, http://www.worldbank.org/ks/html/pubs_pres_what_intro.html

World Bank 2000d: Thematic Group Self-Assessment Survey (Draft Report). Washington, D.C.: World Bank. (unveröffentlichtes Dokument)

World Bank, OED 2000: The World Bank's Approach to Global Programs: An Independent Evaluation (Phase 1 Report). Washington, D.C.: World Bank/Operations Evaluation Department

World Bank, Portfolio Management Task Force 1992: Effective Implementation: Key to Development Impact. Washington, D.C.: World Bank (‚Wapenhans-Report')

Andreas Obser

Ergebnisorientierung und internationale Programmbildung als Herausforderung an das Wissensmanagement in der deutschen Entwicklungspolitik

1. Einleitung

Wissenssteuerung und -management in Politik, Wirtschaft und Verwaltung macht deutlich, worum es heute auch in der Umsetzung von internationaler öffentlicher Entwicklungspolitik geht: die Herausforderungen im entwicklungspolitischen Umfeld verstehen und gestalten zu lernen, um in der Zeit global vernetzter Aktionsprogramme die weltweite Armut und Umweltzerstörung nicht nur irgendwie reaktiv zu bekämpfen, sondern Armutsreduzierung und nachhaltige Entwicklung pro-aktiv zu gestalten. Entwicklungsagenturen weisen ihrer Fachexpertise und ihren Beratungsdienstleistungen heute mehr Bedeutung zu als den finanziellen Ressourcen, die im Verlauf der Leistungserbringung fließen. Das Ziel, die Weltbank als eine ‚Knowledge Bank' zu reorganisieren (World Bank 1999), ist nur eines von vielen Beispielen und verweist zugleich auf die organisatorischen Probleme von Wissensmanagementsystemen, die aufgebaut werden, um entwicklungsrelevantes Wissen systematischer zu sammeln und einzusetzen.

Anforderungen an eine wirksame Wissenssteuerung stehen in einem direkten Zusammenhang mit Fragen der Effektivität von Entwicklungshilfe generell und der Leistungsfähigkeit von Entwicklungsagenturen im Besonderen. In diesem Beitrag soll vor allem auf die institutionellen Anreize und Rahmenbedingungen für Entwicklungsagenturen bei der Durchführung von konkreten Projekten und Programmen eingegangen werden. Dieser Ansatz weicht von konventionellen Analysen in diesem Bereich der internationalen Zusammenarbeit ab. Bei entwicklungspolitischen Wirkungsuntersuchungen greifen die Wirtschafts- und Finanzwissenschaften beispielsweise bevorzugt auf makro-ökonomische Indikatoren der Wirtschaftentwicklung von Empfängerländern zurück (Collier/Dollar et al. 2001), und die Politologie und Politische Ökonomie setzen gerne auf spieltheoretische Verhandlungssituationen in den Gesellschaften der Empfängerländer sowie zwischen Empfänger- und Geberländern, um den Einfluss von Entwicklungshilfe erklären und messen zu können (Crawford 2001). Unzureichende Wirksamkeit wird dann häufig auf negative politische und ökonomische Anreizstrukturen in den Empfängerländern zurückgeführt.

Organisatorische Anreizprobleme von Entwicklungspartnern – d.h. in und zwischen Organisationen der Geber- und der Empfängerländer – werden dagegen noch selten thematisiert und stellen derzeit ein relativ exklusives

Feld für die Organisations- und Verwaltungswissenschaften dar (Martens/ Mummert et al. 2001, Obser 2001, Ostrom/Gibson et al. 2001). Der vorliegende Beitrag versucht, vor dem Hintergrund der zunehmenden Ergebnissteuerung und der internationalen Programmbildung, die organisatorischen Herausforderungen an das Wissensmanagement in der deutschen Entwicklungszusammenarbeit mit Erkenntnissen moderner Institutionen- und Organisationstheorie zu verknüpfen (Pierre/Peters 2000).

2. Theoretisch-analytischer und entwicklungspolitischer Kontext

2.1 Wissenssteuerung im Kontext moderner Institutionen- und Organisationstheorie

Der „Neue organisationstheoretische Institutionalismus" (Jann/Edeling/Wagner 1999, Peters 1999) skizziert das deutsche Entwicklungshilfesystem und sein internationales Umfeld als ein verschachteltes Mehrebenensystem von lose gekoppelten Organisationen der bilateralen und multilateralen Zusammenarbeit. Unter dem Dach des organisationstheoretischen Institutionalismus kann die Werkzeugkiste des New Public Management (Schedler/Proeller 2000) mit dem akteurbezogenen Institutionalismus zusammengeführt werden (Mayntz/ Scharpf 1995). Neben der Untersuchung von (organisations-)wirtschaftlichen Zusammenhängen über das New Public Management ermöglicht der akteurbezogene Institutionalismus, spezifische politische Rahmenbedingungen als diskrete Steuerungsstrukturen im entwicklungspolitischen Wissensmanagement zu berücksichtigen (Barzelay 1997).

Die Entwicklungszusammenarbeit generell, aber auch die Durchführung von einzelnen Programmen der Technischen Zusammenarbeit (TZ) wird ‚politischer' (Eisenblätter 2000). Die Implementation von entwicklungspolitischen Reformprogrammen beinhaltet per Definition intentionales Verhalten von Akteuren, die ein großes Interesse daran haben, bestimmte Ergebnisse zu erzielen. Es kann nicht davon ausgegangen werden, dass Entwicklungshilfeexperten lediglich kulturellen Normen vor Ort oder institutionellen Regeln der deutschen Entwicklungshilfeadministration folgen. Es kann auch nicht angenommen werden, wie dies in der neoklassischen Ökonomie oder der neorealistischen Theorie der internationalen Beziehungen der Fall ist, dass die verfolgten Ziele und Interessen immer und für alle Entscheidungsträger gleich sind. Entscheidungsträger reagieren unterschiedlich auf Möglichkeiten, Beschränkungen und Veränderungen von außen, weil sie sich in ihren Wahrnehmungen und Präferenzen unterscheiden, aber auch weil ihre Wahrnehmungen und Präferenzen sehr stark durch den jeweiligen institutionellen Kontext, in dem sie interagieren, beeinflusst werden (Scharpf 2000, S. 74).

2.2 Wissenssteuerung und deutsche Entwicklungszusammenarbeit

Der Beitrag beschäftigt sich mit Institutionen, die das Verhalten von Akteuren im Verlauf der Implementation von deutschen Entwicklungshilfeprogrammen bestimmen. Institutionen beinhalten die formellen und informellen Verhaltensregeln, welche die Anreizstrukturen aller am Implementationsprozess beteiligten Akteure bestimmen. Die Betrachtung wird auf die entwicklungspolitischen Interaktionen fokussiert. Diese werden von den Strategien zweckgerichteter Personen in Entwicklungshilfeorganisationen bestimmt, welche in einem institutionellen Umfeld handeln, das diese Strategien zugleich ermöglicht und beschränkt. Der institutionelle Kontext beeinflusst die Performance von Entwicklungsprogrammen. Es soll untersucht werden, wie diese Institutionen über Prozesse der Wissenssteuerung die Ergebnisse von entwicklungspolitischen Reformprogrammen beeinflussen.

Diese Betrachtungsweise weicht von makroökonomischen Wirkungsuntersuchungen in der Entwicklungszusammenarbeit ab (Stockmann 1996, World Bank 1998), indem bei der Analyse stärker auf die internen Anreizstrukturen des gesamten Durchführungsprozesses geachtet wird (Martens/Mummert et al. 2001) als auf die wirtschaftspolitische Leistungsfähigkeit der Partnerländer (Collier/Dollar et al. 2001). Dieser Ansatz unterscheidet sich von spieltheoretischen Modellen, die die Wirksamkeit von Entwicklungszusammenarbeit auf die Ergebnisse strategischer Verhandlungen zwischen Geber- und Empfängerorganisationen auf der makro-institutionellen Ebene von beispielsweise Regierungskonsultationen zwischen dem Bundesministerium für wirtschaftliche Zusammenarbeit und Entwicklung (BMZ) und einer Partnerregierung zurückführen.

Der Beitrag konzentriert sich auf die mikro- und meso-institutionelle Ebene der Programmdurchführung. Auf der Mikroebene sollen Entscheidungen von Entscheidungsträgern in Entwicklungshilfeorganisationen betrachtet werden. Es soll gezeigt werden, dass die Leistungsanreize und -beschränkungen einzelner Entscheidungsträger durchaus von denen der GTZ-Organisation oder dem interorganisatorischen Gesamtsystem der deutschen Entwicklungshilfeadministration, für welches sie eigentlich arbeiten, abweichen können. Das kann zu deutlich anderen Entscheidungsmustern von Experten führen, als dies von makro-institutionellen Modellen angenommen wird oder in Verfahrensrichtlinien innerhalb einzelner oder zwischen mehreren Entwicklungshilfeorganisationen vorgesehen bzw. ‚geregelt' sein mag – z.B. im Fall des so genannten ‚F-Verfahrens' zwischen BMZ und der Deutschen Gesellschaft für Technische Zusammenarbeit (GTZ). Das F-Verfahren ist ein standardisiertes Verfahren zur Planung und Vorbereitung der Durchführung von Vorhaben der Technischen Zusammenarbeit, das zwischen BMZ und GTZ vereinbart wurde und die Abstimmung mit den Partnern in dem Empfängerland einbezieht. Zu den Grundsätzen dieses Verfahrens gehört eine Trennung der Aufgabenbereiche. Dabei ist das BMZ zuständig für die Auswahl der

Projektanträge, die Festlegung von Vorgaben hinsichtlich der Zielsetzung des Projektes und die Kontrolle der Zielerreichung. Bei der GTZ liegen dagegen Zuständigkeit und Verantwortung für die Prüfung des Vorhabens bzw. die Beratung des Partners bei dessen Konzipierung sowie der Planung und Durchführung des deutschen Entwicklungshilfebeitrags.

Ziel der Technischen Zusammenarbeit ist es, Menschen und Organisationen in den Partnerländern in die Lage zu versetzen, ihre Lebensbedingungen eigenverantwortlich und aus eigener Kraft zu verbessern. Zu diesem Zweck werden im Rahmen der Technischen Zusammenarbeit technische, wirtschaftliche und organisatorische Kenntnisse und Fähigkeiten vermittelt. Die GTZ ist die wichtigste Durchführungsorganisation der deutschen Technischen Zusammenarbeit. Folgende Leistungen fallen unter die Rubrik der Entwicklungshilfe: Bereitstellung von Beratern, Ausbildern, Sachverständigen; Bereitstellung von Ausrüstung und Material für die Ausstattung der geförderten Einrichtungen; Aus- und Fortbildung einheimischer Fach- und Führungskräfte im Entwicklungsland selbst, in anderen Entwicklungsländern oder in der Bundesrepublik Deutschland; Finanzierungsbeiträge zu den Projekten und Programmen leistungsfähiger Träger.

Bei der nach innen gewandten Wirkungsanalyse geht es auch um den neuen Ansatz des Capacity Development in der Technischen Zusammenarbeit (Gómez 1999), d.h. die Zusammenarbeit zur Erreichung von institutionellen und politischen Reformen in den Partnerländern. Es wird davon ausgegangen, dass der Erfolg von geberinduzierten Reformprogrammen von dem institutionellen Set-Up der Geberorganisationen und der Programmkonstellation zur Erreichung von Reformen abhängt. Geberorganisationen können institutionelle Reformmaßnahmen in den Partnerländern nicht erfolgreich durchführen, wenn sie kein entsprechendes institutionelles Set-Up aufweisen, um die notwendigen Reformprogramme glaubwürdig umsetzen zu können (Martens 2001, S. 6f.). Geberorganisationen müssen eine angemessene institutionelle Technologie aufweisen, um zuverlässig technische und politische Beratung für Reformprogramme der Partnerländer anbieten zu können. Im Vordergrund steht die Frage, inwieweit der Wechsel vom traditionellen Projektansatz zu konditionierten institutionellen Reformprogrammen sowohl die Leistungsfähigkeit von einzelnen Personen als auch die der gesamten GTZ beeinflusst.

In den letzten Jahren hat sich die Diskussion über die jeweiligen Rollen und Verantwortlichkeiten von Geberorganisationen und Empfängerregierung verlagert. Während zu Beginn konkrete Zielvorgaben politischer und institutioneller Reformen im Vordergrund standen, wird inzwischen der Prozess der Reform betont, insbesondere die Frage, wie bestimmte Anreize und Beschränkungen das Ergebnis der Reformen beeinflussen. Die politische Ökonomie der Entwicklungszusammenarbeit (Ranis/Mahmood 1992, Collier 1999) lehrt: Wenn ein optimales Ergebnis nicht erzielt wird, dann liegt das meistens nicht am unzureichenden Wissen der Verantwortlichen, sondern häufiger daran, dass die zuständigen Personen und Organisationen von Anreizen und Beschränkungen beeinflusst werden, die ihre Entscheidungen und Verhaltensweisen von den angestrebten Zielvorstellungen abweichen lassen. Gescheiterte Reformprogramme werden nach wie vor schnell und ausschließlich der schlechten Regierungsführung der Empfängerländer zugeschrieben, anstatt auf möglicherweise schwache interne Anreizstrukturen von Geber- und Empfängerinstitutionen zu achten.

3. Neue Partnerschaften und internationale Programmbildung

Die internationale Entwicklungszusammenarbeit ist durch eine Vielzahl unterschiedlicher Geberverfahren bei der Durchführung von Vorhaben in den Partnerländern geprägt. Komplexität und hohe Koordinationskosten belasten vor allem die Kapazitäten in den Partnerländern, aber auch die begrenzten Ressourcen der Geber. Die internationalen Debatten über partnerschaftliche Kooperationsansätze und -strategien, wie den ‚umfassenden Entwicklungsansatz' (CDF, Comprehensive Development Framework), die Armutsstrategiepapiere (PRSP, Poverty Reduction Strategy Paper) oder sektorweite Ansätze (SWAP, Sector-Wide Approaches) sind gleichzeitig Ausdruck eines bisher nicht gekannten internationalen Konsenses über die Grundsätze und Verfahren einer noch stärker partnerfokussierten und über die Außenstrukturen wirksamer abgestimmten Entwicklungszusammenarbeit.

Was ist der ‚umfassende Entwicklungsansatz' CDF? Der CDF wurde Anfang 1999 erstmals vom Weltbank-Präsidenten James Wolfensohn vorgestellt. Erklärtes Ziel ist es, die Effizienz und Effektivität der Entwicklungszusammenarbeit insgesamt, d.h. die Entwicklungsanstrengungen der Partnerländer und Beiträge bi- und multilateraler Geberorganisationen, zu erhöhen und somit einen wirksameren Beitrag zur Armutsbekämpfung zu leisten. Ausgangspunkt der Überlegungen zum CDF ist die Erkenntnis, dass Entwicklung ein komplexer wirtschaftlicher, sozialer und politischer Prozess mit vielen aktiven und passiven Akteuren ist. Inhaltlich geht es darum, die makroökonomischen Thematiken zusammen mit den sozialen, strukturellen und menschlichen Aspekten der Entwicklung anzugehen und ein möglichst gut abgestimmtes Vorgehen der verschiedenen Akteure sicherzustellen. Das Manko wird bisher darin gesehen, dass es an einem übergreifenden Ansatz fehlt, der alle Schlüsselfaktoren für die Ausarbeitung wirksamer Strategien durch die Regierungen der Partnerländer umfasst. Der CDF bildet als Instrument des (Wissens-) Managements des Entwicklungsprozesses von Partnerländern einen Rahmen für die wirksame Koordination von Entwicklungsbeiträgen der beteiligten Partner, der internen sowohl als auch der externen. Der CDF ist ein Managementinstrument, das länderspezifisch ausgeformt wird.

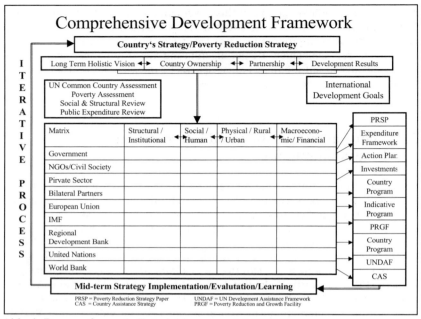

Abb. 1: Der ‚umfassende Entwicklungsansatz' (CDF)

Die Abbildung 1 stellt den CDF in Form einer Matrix dar. Auf der Horizontalachse werden die wichtigsten Bereiche der strukturellen, sozialen und menschlichen Entwicklung angeordnet. Auf der Vertikalachse werden die Akteure des Entwicklungsprozesses, die die Schlüsselbereiche durch ihr Handeln und ihre Beiträge beeinflussen, berücksichtigt. Die Felder der Matrix bilden die Pläne und Strategien ab, die die Akteure in den sachlichen Schlüsselbereichen als entwicklungsfördernd und prioritär einschätzen und verfolgen. Die Formulierung der Länder- und Sektorstrategien werden dabei von Regierung und Zivilgesellschaft des Partnerlandes vorangetrieben und koordiniert (vgl. Vortrag der Parlamentarischen Staatssekretärin Uschi Eid im Ausschuss für wirtschaftliche Zusammenarbeit und Entwicklung (AWZ) des Bundestages, 3. November 1999).

Die Armutsstrategiepapiere (PRSP, *Poverty Reduction Strategy Papers*) betonen zusätzlich, dass der CDF-Ansatz in den ärmsten Partnerländern (den so genannten *Least Developed Countries*, LDCs) ganz auf die Armutsbekämpfung ausgerichtet werden soll. Schuldenerlasse im Rahmen der international vereinbarten *Heavily Indebted Poor Countries* (HIPIC) Initiative setzen künftig ein PRSP voraus. PRSP bilden bereits in der oben aufgeführten CDF-Matrix das zentrale und übergeordnete Dokument auf der ‚Ergebnisseite', in der rechten Spalte. Ein PRSP soll nicht nur einmalig erarbeitet werden, sondern zu einem kontinuierlichen strategischen Diskurs über die besten Wege zur Armutsbekämpfung führen. Ganz im Sinne eines klassischen Policy-Zyklus' soll ein Kreislauf von Analyse (der Armutssituation), Strategieentwicklung (zur Armutsbekämpfung), Implementierung, Monitoring und Evaluierung durchgeführt werden (Eberlei 2000, S. 166). Alle drei Jahre soll der PRSP fortgeschrieben und dazwischen *Mid-Term Reviews* erstellt werden.

Der CDF bietet in den Partnerländern den Gesamtrahmen sowohl für PRSP als auch für sektorweite Ansätze (SWAP, *Sector-Wide Approaches*). Beide operationalisieren bzw. konkretisieren den CDF. Während PRSP hierbei auf der ‚nationalen' Ebene ansetzen, konzentrieren SWAP sich auf die ‚sektorale' Abstimmung. So stellen letztere einen handlungsleitenden Referenzrahmen dar, in den sich alle sektorrelevanten Geberprogramme und Projekte einbetten sollen. Allianzen zwischen Gebern, z.B. im Rahmen von SWAP, sollen nicht nur die Koordinations- und Transaktionskosten auf Seiten der koordinierenden Partnerländer senken, sondern zugleich den Verlust von Wirksamkeit bei sinkenden öffentlichen Entwicklungshilfemitteln auf Geberseite ausgleichen (GTZ 2002).

CDF, PRSP und SWAP folgen alle der gleichen Managementphilosophie: Ziel ist es, zu mehr Partnerschaft und gegenseitiger Information beizutragen sowie zu Transparenz und Rechenschaftslegung. Durch die Einbeziehung der relevanten Akteure soll gemeinsames Lernen und gemeinsame Verantwortung gefördert werden.

Vor diesem Hintergrund verfolgt auch die Bundesregierung eine neue strategische Ausrichtung ihrer Entwicklungszusammenarbeit. Die Mitgestaltung globaler Rahmenbedingungen und die Förderung von Länderstrategien und –programmen sind von besonderer Bedeutung für die Neuorientierung. Beide Bereiche sollen wirksamer miteinander verknüpft werden. Ziel ist, die Wirksamkeit der deutschen Beiträge zur Gestaltung internationaler Konzepte und Vereinbarungen zu erhöhen, um die strukturellen Voraussetzungen für nachhaltige Entwicklungen in den Partnerländern zu unterstützen. Zum anderen soll neben der Wirksamkeit und Nachhaltigkeit die Sichtbarkeit der deutschen Entwicklungszusammenarbeit in den Partnerländern erhöht werden.

Die operativen Rahmenbedingungen in der internationalen Entwicklungszusammenarbeit haben sich deutlich verändert (vgl. Abb. 2). Ein neuer entwicklungspolitischer Konsens in der internationalen Gemeinschaft, umfassende Strukturreformen mehrerer Entwicklungsagenturen, allen voran die Weltbank, und einzelne wichtige bilaterale Geber spielen eine bedeutende, wenngleich nur sekundäre Rolle. Von unmittelbarer Bedeutung für die Wissenssteuerung in der deutschen Entwicklungszusammenarbeit zeichnen vielmehr (a) ein neuer Programmansatz (CDF/PRSP/SWAP) in der internationalen Zusammenarbeit, inklusive neuer Finanzierungsmodi (Korbfinanzierung und Budgethilfe), (b) eine Hinwendung zu mehr Ergebnissteuerung sowie (c) die Intensivierung der internationalen Verfahrensharmonisierung. Es handelt sich hierbei um den institutionellen Kontext bzw. um Regelsysteme, die den operativen Bezugsrahmen für die GTZ-Experten vor allem in den Außenstrukturen bzw. den Partnerländern nachhaltig beeinflussen, bisherige Praktiken einschränken sowie neue Handlungs- und Gestaltungsräume für die GTZ-Experten öffnen.

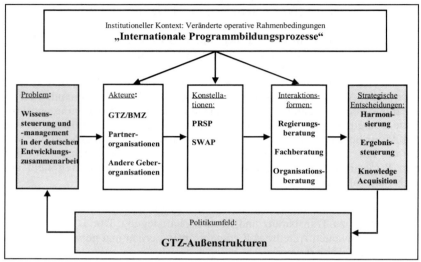

Abb. 2: Analysedesign

Der Programmansatz wird in der internationalen Debatte sehr unterschiedlich definiert. Für die GTZ steht vor allem dessen Gegensatz oder der Kompatibilität zu bzw. mit dem lange Zeit praktizierten Projektansatz in der Technischen Zusammenarbeit im Vordergrund. Der Druck zu mehr Programmorientierung in der deutschen Entwicklungszusammenarbeit erfolgt allerdings nicht nur von außen, sondern ist ebenso auf GTZ-interne Projekterfahrungen sowie die BMZ-Länderkonzentration und –Schwerpunktbildung zurückzuführen. Das deutsche System der Technischen Zusammenarbeit ist in einer Zeit entstanden, als Entwicklungszusammenarbeit in Einzelprojekten gedacht und Länderprogramme als Summe der Einzelprojekte verstanden wurden.

Seither sind ganzheitliche Ansätze, verstärkter Einfluss auf Internationale Organisationen, systematische Planung und eine zunehmend strukturbildende, d.h. stärker politische Ausrichtung der Technischen Zusammenarbeit immer mehr in den Vordergrund gerückt. Die Zusammenarbeit mit den Partnerländern soll nach Vorgabe des BMZ auf zwei bis drei inhaltlich ausreichend eng gefasste Schwerpunkte innerhalb der Länderkonzepte konzentriert werden. Für diese Schwerpunkte werden Schwerpunktstrategiepapiere entwickelt und der sektorpolitische Dialog vor Ort intensiviert. Die Zahl der Einzelprojekte soll grundsätzlich zugunsten verstärkter Programmbildung reduziert werden. In diesem Rahmen sollen neue Anforderungen an die Wissenssteuerung geprüft, die Beteiligung der deutschen Entwicklungszusammenarbeit an gemeinschaftlichen Finanzierungen aber zunächst auf das so genannte *Basket Funding* und die Kofinanzierung von Armutsstrategiekrediten (PRSC) der Weltbank beschränkt werden.

Parallel dazu sieht sich die GTZ mit einer zunehmenden Bedeutung der Wissenssteuerung in den dezentralisierten Außenstrukturen konfrontiert, u.a. aufgrund der wachsenden Rolle der Partnerorganisationen, vermehrter Geberabstimmung und Erarbeitung gemeinsamer Strategiepapiere vor Ort. Die Weltbank und der Internationale Währungsfond (IWF) haben das Instrument PRSP geschaffen und unterstützen viele Entwicklungsländer in der Ausarbeitung solcher Programme. Ein zentrales Anliegen ist, dass PRSPs nicht durch die multilateralen Finanzinstitutionen oder bilaterale Geberorganisationen, sondern durch die nationalen Partnerregierungen vor Ort in einem partizipativen, demokratischen Prozess erarbeitet und beschlossen werden.

Die nationalen PRSP der Partnerländer werden inzwischen von der Mehrzahl der bi- und multilateralen Entwicklungsorganisationen als für sie verbindlicher Rahmen respektiert. Auch die Bundesregierung versucht, ihre Länderprogramme an den PRSPs auszurichten und gemeinsam mit der GTZ für die entsprechenden strukturellen, personellen und verfahrenstechnischen Voraussetzungen in der deutschen Technischen Zusammenarbeit zu sorgen. Die Bemühungen zur Harmonisierung der Verfahren und Revisionsstandards, etwa des Entwicklungsausschusses (DAC) der OECD, in den Geberrunden der „Strategischen Partnerschaft für Afrika" (SPA) oder in entsprechenden multilateralen Koordinationsrunden, sind hierfür von großer Bedeutung.

Programmbildungsprozesse mit unmittelbaren Auswirkungen auf die GTZ-Akteure in den Außenstrukturen lassen sich somit nach vier Bereichen differenzieren:

- Internationale Programmbildung (CDF, PRSP und SWAP),
- Globale Programmbildung (GEF, Umweltkonventionen etc. aus dem Rio-Folgeprozess),
- BMZ-Schwerpunktbildung,
- GTZ-Programmbildung.

Den neu eingeführten PRSP/SWAP-Konzepten liegt eine Reihe übergreifender Prinzipien zugrunde. Eigenverantwortung der Partnerländer („*Ownership*"), eine neue Partnerschaft zwischen den verschiedenen Entwicklungsakteuren („*Partnership*"), die Beteiligung der betroffenen Bevölkerung am politischen Prozess („*Participation*"), Ergebnisorientierung in der Entwicklungszusammenarbeit („*Result-Oriented*") und eine ganzheitliche Sicht auf Entwicklungsprobleme und ihre Lösungsentwürfe („*Comprehensiveness*") sollen Armutsorientierung verbessern, Kohärenz und Koordination in der Entwicklungszusammenarbeit erhöhen und zu Effizienzgewinnen führen sowie die Wirksamkeit und Nachhaltigkeit steigern.

Internationale Programme, sofern sie grundsätzlich langfristig ausgerichtet und partnerschaftsorientiert sind, können eine wichtige Quelle für gemeinsames Lernen und den Austausch von Wissen darstellen (King/McGrath

2000). Kurzfristig liegt die Hauptherausforderung jedoch in der Entwicklung angemessener Evaluierungsverfahren. Mechanismen müssen entwickelt werden, um Fortschritte bei den langfristigen Programmzielen messen zu können, um die Feinabstimmung der neuen Partnerschaften zu unterstützen, aber auch um gescheiterte Partnerschaften zu beenden. Ein primär qualitativer und prozessorientierter Programmansatz stellt wesentlich größere Anforderungen als der Einsatz quantifizierbarer Indikatoren.

4. Wissen, Ergebnisse und Verantwortung

Beim Wissensmanagement geht es längst nicht mehr nur darum, der individuellen Weiterbildung der MitarbeiterInnen einen hohen Stellenwert einzuräumen. Insbesondere über den Begriff der lernenden Organisation wird die Ganzheitlichkeit dieser Steuerungsaufgabe betont (Papmehl/Siewers 1999) und die so genannte „5. Disziplin" (Senge 1996), d.h. die Fähigkeit aller Mitarbeiter, systemisch denken und handeln zu können, hervorgehoben (Ulrich/ Probst 1995). Die ‚lernende Organisation' ist ein zentrales Konzept für Reorganisationen und Neuorientierungen von internationalen Entwicklungsagenturen. In der Managementforschung ist der Begriff mittlerweile etwas in die Jahre gekommen. Die damit verbundenen Inhalte und Ziele von Organisationsreformen, wie beispielsweise dem *Strategic Compact* der Weltbank (World Bank 1997) oder den fünf strategischen Projekten der GTZ (GTZ 1998), sind in der internationalen Entwicklungszusammenarbeit nach wie vor hochaktuell (Samoff/Stromquist 2001).

Viele Entwicklungsagenturen haben in den letzten Jahren – durch die gestiegene Notwendigkeit, sich zu reorganisieren (Organisation for Economic Co-operation and Development 1999) – die Fähigkeit, schneller zu lernen, entwickelt. Sie haben immer weniger Ähnlichkeit mit den klassischen, öffentlichen Entwicklungshilfebürokratien der frühen Jahre. Entwicklungsagenturen sind heute nicht mehr nur auf ihre interne Aufbau- und Ablauforganisation konzentriert. Sie haben eine weiter gespannte Vision, wie etwa die Milleniumsziele (Department for International Development 1997) und sind empfänglicher gegenüber internationalen Verfahrenstrends (CDF, SWAP, internationale Programmbildung). Hierarchische Strukturen sind durch dezentralisierte Organisationsstrukturen ersetzt worden, die durch eine direkte Kommunikation mit Regierungsorganisationen, Zielgruppen und anderen internationalen Entwicklungspartnern vor Ort gekennzeichnet sind. Das Streben nach umfassender Qualität (*Total Quality*) spielt eine zentrale Rolle.

In diesem zugleich globalisierten und dezentralisierten Umfeld ist ein weiterer Lernprozess der Entwicklungsorganisationen notwendig geworden. In der Privatwirtschaft wird dies als zweite Stufe in der Evolution der Unternehmenskultur bezeichnet und beinhaltet die umfassende Verantwortung ge-

Ergebnisorientierung und internationale Programmbildung 227

genüber allen Stakeholdern. Man spricht auch von *Total Responsibility Management* (Laszlo 1999). Im übertragenen Sinn bedeutet dies, dass Entwicklungsagenturen sich rechtzeitig um die vollen Auswirkungen und Konsequenzen aller Entwicklungsmaßnahmen kümmern müssen. Alle Personen und Organisationen, die direkt oder indirekt von den entwicklungspolitischen Dienstleistungen und dem von einer Entwicklungsagentur erzeugten Mehrwert betroffen und daran beteiligt sind, haben ein Interesse, dass diese Entwicklungszusammenarbeit ‚wirkt' (Cassen 1986, World Bank 1998) und nachweisbare Ergebnisse erzeugt (Organisation for Economic Co-operation and Development 2001).

Entwicklungsagenturen sind gegenüber ihren Regierungen und Parlamenten gleichermaßen rechenschaftspflichtig wie gegenüber den Regierungs- und Gesellschaftsvertretern sowie bilateralen und multilateralen Entwicklungspartnern vor Ort. Die aktuelle Diskussion über *Results-Based Management (RbM)* im Entwicklungshilfeausschuss (DAC) der OECD verdeutlicht, dass Verantwortung mehr als nur ein Schlagwort ist. Entwicklungspolitische Modewellen abzureiten (Asche 2002) und kosmetische Strukturreformen reichen nicht mehr aus. Nicht zuletzt durch die Einführung ausdifferenzierter Evaluierungssysteme in der Entwicklungszusammenarbeit (Organisation for Economic Co-operation and Development 1991) sind Auftraggeber und Empfänger der Dienstleistungen informierter sowie kritischer gegenüber den Entwicklungsagenturen geworden. Verantwortung für alle betroffenen und beteiligten Partner zu übernehmen, bedeutet, ein Entwicklungskonzept zu verfolgen, in dem der Anspruch einer umfassenden Verantwortlichkeit (*Total Responsibility*) das Streben nach umfassender Qualität (*Total Quality*) ergänzt (Laszlo 1999, S. 31). Es stellt sich allerdings die Frage, ob Erfahrungen des Qualitätsmanagements und der Wissenssteuerung aus Organisationen der Privatwirtschaft problemlos auf Entwicklungshilfeorganisationen im öffentlichen Sektor übertragen werden können. Der *Prinzipal-Agent* Ansatz hilft wesentliche Problemmerkmale und –unterschiede herauszuarbeiten.

5. Viele *Prinzipale* und Ziele erschweren die Wissenssteuerung in der Entwicklungszusammenarbeit

Martens et al. (2001, S. 11ff.) rücken den *Prinzipal-Agent* Ansatz in den Mittelpunkt ihrer institutionenökonomischen Untersuchung von Entwicklungshife. Der *Prinzipal-Agent* Ansatz startet von der simplen Beobachtung, dass moderne Organisationen hierarchisch strukturiert sind. Es gibt *Prinzipale*, die *Agenten* Handlungsanweisungen geben, auch weil sie nicht alles selbst umsetzen können; d.h. Aufgaben und Kompetenzen werden teilweise delegiert. Während der *Prinzipal* Kosten und Ertrag der delegierten Aufgabe festlegt, erhält der *Agent* einen Ausgleich bzw. eine Belohnung für die Umsetzung.

Delegation bedeutet, dass der *Prinzipal* keine vollständigen Informationen über die Aktivitäten des *Agenten* hat. Falls er vollständige Information besitzen und jede Teilaktivität beobachten wollte, könnte der *Prinzipal* die Aufgabe gleich selbst erledigen und die Delegation würde keinerlei Vorteile bringen.

Demnach führt die Delegation von Aufgaben zu zwei Arten von Problemen: Erstens, der *Agent* kann von den Vorgaben des *Prinzipals* abweichen und die übertragenen Aufgaben in einer Weise wahrnehmen, die eher seinen Interessen als denen des *Prinzipals* dienen. Diese Verhaltensabweichung wird als ‚M*oral Hazard*' bezeichnet. Zweitens, zum Zeitpunkt der Vereinbarung zwischen *Prinzipal* und *Agent*, hat letzterer Zugriff zu Informationen, die ersterer nicht hat. Der *Agent* kann die Informationen so manipulieren, dass sie den eigentlichen Interessen des *Prinzipals* entgegen stehen. Dieses Problem wird als ‚*Adverse Selection*' bezeichnet. Beide Probleme reduzieren den Ertrag der Delegation von Aufgaben, im Vergleich zu Situationen unter Bedingungen perfekter Information.

‚*Moral Hazard*' und ‚*Adverse Selection*' sind gängige Probleme in großen Entwicklungsorganisationen. Diese sind über viele Schichten von Delegation strukturiert, wie es überzogen in der Karikatur einer imaginären Organisationshierarchie (Abbildung 3) dargestellt ist. Die Darstellung verdeutlicht, dass vielschichtige Anreizprobleme auf unterschiedlichsten Ebenen entstehen können, die durch ein angemessenes institutionelles Design gesteuert werden sollten. Wirksame Wissenssteuerung versucht diese Probleme durch die Entwicklung von Anreizsystemen zu mildern, die gleichzeitig „*Me*" als *Agent* motivieren, den Vorgesetzten bzw. *Prinzipalen* relevante Informationen zur Verfügung zu stellen sowie Eigeninteressen und Vorurteile abzubauen.

Prinzipal-Agent Modelle finden vielfältige Anwendungsfelder in der allgemeinen Organisations- und Vertragsforschung. Deren Einsatz bei der Analyse der Umsetzung von Programmhilfe durch Fachorganisationen in der internationalen Entwicklungszusammenarbeit hält sich dagegen noch in Grenzen (ebenda, S. 12). Ausnahmen sind *Prinzipal-Agent* Modelle zur Untersuchung von Verhandlungen zwischen Geber- und Empfängerregierungen über konditionierte Entwicklungshilfe. Geber fordern bestimmte Leistungen der Empfänger, im Gegenzug für Entwicklungshilfe. Geber, als *Prinzipale*, haben ein Interesse daran, wirksame Konditionen aufzuerlegen, da die Erfüllung der Vereinbarungen durch *Moral Hazard* und *Adverse Selection* auf Seiten der Empfänger, als *Agenten*, erschwert werden.

Ergebnisorientierung und internationale Programmbildung 229

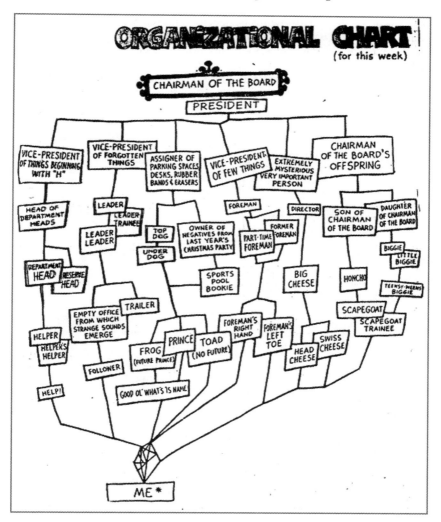

Abb. 3: Probleme von ‚Moral Hazard' und ‚Adverse Selection' in Entwicklungsorganisationen (Inoffizieller, interner Umlauf bei den Vereinten Nationen 1992 in New York; Quelle unbekannt)

Diese Analysen setzen auf der Makroebene internationaler Entwicklungszusammenarbeit an und schauen nicht auf veränderte Interessen, Verhaltensweisen und Anreizstrukturen als Ergebnis der Übertragung von Aufgaben auf bestimmte Personen in Geber- oder Empfängerorganisationen. Die folgenden Ausführungen versuchen dagegen, Steuerungseffekte auf der Mikro- und

Mesoebene in die Analyse einzubeziehen. Unterschiedliche Interessen einzelner Mitarbeiter von Entwicklungsorganisationen werden berücksichtigt, ebenso, wie das Verhalten dieser Organisationen als Ganzes, die einerseits als Ergebnis der Aktivitäten der Mitarbeiter gesehen werden und anderseits Akteure in einem größeren interorganisatorischen Netzwerk von Entwicklungsorganisationen sind (vgl. Abb. 4).

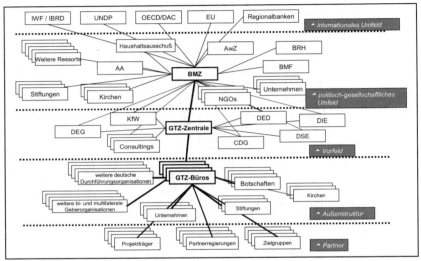

Abb. 4: Prinzipal-Agent- und Partnerschaftsbeziehungen in der deutschen Entwicklungszusammenarbeit

So haben Entwicklungshilfeorganisationen, wie beispielsweise die GTZ, eine Vielzahl von *Prinzipalen,* wie das Bundesministerium für wirtschaftliche Zusammenarbeit (BMZ), den Ausschuss für wirtschaftliche Zusammenarbeit im Bundestag, die Öffentlichkeit bzw. Steuerzahler etc.. Die GTZ hat bereits vor mehreren Jahren das Problem vieler *Prinzipale* über ein so genanntes ‚Kundendreieck' konzeptionalisiert, das aus Auftraggeber BMZ, Partnerlandregierung und Zielgruppen besteht – nicht selten zum Ärger einzelner Mitarbeiter im Ministerium, die sich als ‚Hauptauftraggeber' und damit als Haupt-*Prinzipal* der GTZ und ihrer Mitarbeiter definieren.

Durch die zunehmende Bedeutung von internationalen Rahmenkonventionen (Klimaschutz) und Aktionsprogrammen (Agenda 21) aus den Rio-Folgeprozessen oder dem europäischen Integrationsprozess sind mittlerweile für die GTZ auf der internationalen Ebene *Prinzipal-Agent*-Beziehungen mit Organisationen wie der Weltbank, dem Entwicklungsprogramm der Vereinten Nationen (United Nations Development Programme UNDP), den zuständigen Generaldirektionen in der europäischen Kommission usw. entstanden. NGOs und Consulting-Unternehmen treten wiederum häufig als Unterauftragnehmer der GTZ auf. Und vor Ort, in den Partnerländern, wurden über den ‚umfassenden Entwicklungsansatz' (CDF) nicht nur den Regierungsorganisationen, sondern auch zivilgesellschaftlichen und privatwirtschaftlichen Akteuren in den Partnerländern mehr Zuständigkeiten zugewiesen. GTZ-intern wurde dem mit einer Dezentralisierung und dem Aufbau von GTZ-Büros vor Ort entsprochen. Nicht mehr ein Dreieck, sondern eine Myriade von *Prinzipal-Agent*-Beziehungen stellen heute die Bedingungen für die Wissenssteuerung in der Entwicklungszusammenarbeit (vgl. Abb. 4).

6. Zusammenfassung

Entwicklungshilfeorganisationen befinden sich in einer Periode umfassender Reorganisationen und Neuausrichtungen. Auf der einen Seite führen die Revolution in der Informations- und Kommunikationstechnologie, die Globalisierung und das Entstehen von Wissensökonomien zur Entstehung von Systemen der Wissenssteuerung und des Wissensmanagements. Auf der anderen Seite führen Verpflichtungen zu mehr Partnerschaft, besserer interorganisatorischer Koordination und die Betonung von internationaler und sektorübergreifender Programmbildung zu mehr Druck auf eine Veränderung der Verfahren.

Erfahrungen mit Wissenssteuerung und Wissensmanagement aus dem privaten Sektor können nur sehr begrenzt in eine Reform der öffentlichen Entwicklungszusammenarbeit übernommen werden. Erschwerte Rahmenbedingungen für wirksame Wissenssteuerung werden durch verschiedene Faktoren und Strukturausprägungen verursacht. Ein Kernproblem für Wissensmanagement, Ergebnissteuerung und Rechenschaftslegung gleichermaßen ist, dass die Nutznießer von Programmen der Entwicklungsorganisationen nicht diejenigen sind, von denen die Steuermittel gezahlt werden. Die geographische und politische Trennung von Empfängern und Steuerzahlern blockiert nach Martens (2001, S. 17) die üblichen Rückmeldeschleifen und damit das Wissen und Lernen über Erfolg oder Misserfolg von Entwicklungsprogrammen.

In der CDF-Philosophie sollen die Empfängerländer gegenüber Geberorganisationen, wie der GTZ ‚vor Ort' als verantwortliche *Prinzipale* agieren. Gleichzeitig ist es natürlich und legitim, dass der Hauptauftraggeber und *Prinzipal* BMZ, die GTZ ‚zu Hause' anhält, die Signifikanz und Sichtbarkeit der deutschen Beiträge hervorzuheben, um Rechenschaft gegenüber den Steuerzahlern geben zu können. Wissens-, Partnerschafts-, und Koordinationstrends in der Entwicklungszusammenarbeit sind eng miteinander verknüpft und erfordern entsprechend integrierte Analyse- und Steuerungsansätze, um Wege aus den unterbrochenen und blockierten gemeinsamen Lernschleifen in diesem Politikfeld zu finden.

Jüngere Evaluierungen zu den neuen Entwicklungsansätzen nähren Bedenken, dass die neuen Entwicklungsansätze bisher mehr der entwicklungspolitischen Legitimität ‚zu Hause' als der Wirksamkeit ‚vor Ort' gedient haben. Ein zentrales Problem ist hierbei die noch immer unterschätzte Nachhaltigkeit nationaler Verwaltungstraditionen sowohl auf Seiten der Partnerregierungen als auch der Geberadministrationen. Jeder behält seine Regeln und Praktiken bei, was die Verwaltung von internationaler Entwicklungszusammenarbeit schwierig macht und deren Wirksamkeit reduziert. Die besondere Betonung der Zusammenhänge zwischen Wissensmanagement und internationaler Entwicklungszusammenarbeit hat geholfen, mehr über interorganisatorische Problemzusammenhänge in der Verwaltung von internationaler Entwicklungszusammenarbeit zu wissen. Uns bleibt allerdings noch viel gemeinsam zu lernen, um entwicklungspolitische Legitimität und Wirksamkeit besser miteinander zu verknüpfen.

Literatur

Asche, H. 2002: Von der Schwierigkeit, den richtigen „strategischen Mix" gegen Armut und für nachholende demokratischer Entwicklung zu finden. Frankfurter Rundschau

Barzelay, M. 1997: Researching the Politics of New Public Management: Changing the Question, not the Subject. Summer Workshop of the International Public Management Network. Potsdam

Cassen, R.a.A. 1986: Does Aid Work? Report to an Intergovernmental Task Force. Oxford

Collier, M. 1999: Explaining Political Coruption: An Institutional-Choice Approach. International Studies Association (ISA). 40th Annual Conference. Washington DC

Collier, P., Dollar, D. et al. 2001: Fifty Years of Development. London, Oxford, Washington DC (Manuscript)

Crawford, G. 2001: Foreign Aid and Political Reform. A Comparative Analysis of Democracy Assistance and Political Conditionality. Houndmills, Basingstoke, Palgrave

Department for International Development (DFID) 1997: Eliminating World Poverty: A Challenge for the 21st Century. White Paper on International Development. London, DFID

Deutsche Gesellschaft für Technische Zusammenarbeit (GTZ) 1998: Die strategischen Projekte der GTZ. Eschborn (29.05.), GTZ Stabstelle 04

Deutsche Gesellschaft für Technische Zusammenarbeit (GTZ) 2002: Technische Zusammenarbeit in der internationalen Diskussion. Ein Argumentationsleitfaden für Mitarbeiterinnen und Mitarbeiter der GTZ. Eschborn, GTZ

Eberl, W. 2000: „Paradigmenwechsel in der Armutsbekämpfung. Poverty Reduction Strategies als neues Konzept – auch für das BMZ?". In: E+Z 41 (2000)6, S. 164-168

Eisenblätter, B. 2000: Politikberatung im Zeichen der Globalisierung: Herausforderungen für die Technische Zusammenarbeit. 21. Wissenschaftlicher Kongress der Deutschen Vereinigung für Politische Wissenschaft (DVPW), Halle

Gómez, R. 1999: Die (G)TZ des 21. Jahrhunderts. „Capacity Development" für nachhaltige Entwicklung im Zeitalter der Globalisierung. Anmerkungen zur inhaltlichen Gestaltung der EFTA 2000. Eschborn, GTZ

Jann, W., Edeling, T., Wagner, D. (Hg.) 1999: Institutionenökonomie und Neuer Institutionalismus. Opladen

King, K., McGrath, S. 2000: Learning to Make Policy: Development Cooperation Agencies and Knowledge. Edinburgh, Centre of African Studies, University of Edinburgh

Laszlo, E. 1999: Total Responsibility Management. Unternehmen in umfassender Verantwortung führen lernen. In: Papmehl, A., Siewers, R. (Hg.) 1999, S. 23-34

Martens, B. 2001: Introduction. In: Martens, B., Mummert, U., Murrell, P. (Eds.) 2001, S. 3-35

Martens, B., Mummert, U., Murrell, P., Seabright, P. (Eds.) 2001: The Institutional Economics of Foreign Aid. Cambridge

Mayntz, R., Scharpf, F.W. 1995: Der Ansatz des akteurszentrierten Institutionalismus.In: Mayntz, R., Scharpf, F.W. (Hg.) 1995: Gesellschaftliche Selbstregelung und politische Steuerung. Frankfurt a.M., S. 39-72

Obser, A. 2001: Ansätze wirkungsorientierter „Global Public Governance". In: Asien Afrika Lateinamerika 29 (2001), S. 1-27

Organisation for Economic Co-operation and Development (OECD) 1991: Principles for Evaluation of Development Assistance. Paris, OECD

Organisation for Economic Co-operation and Development (OECD) 1999: A Comparison of Management Systems for Development Co-operation in OECD/DAC Members. Paris, OECD

Organisation for Economic Co-operation and Development (OECD) 2001: Results Based Management in the Development Co-operation Agencies: A Review of Experience. Background Report. Paris, OECD

Ostrom, E., Gibson, C. et al. 2001: Aid, Incentives, and Sustainability. An Institutional Analysis of Development Cooperation. Evaluation for Swedish International Development Cooperation Agency (SIDA). Bloomington, Indiana. Workshop in Political Theory and Policy Analysis

Papmehl, A., Siewers, R. (Hg.) 1999: Wissen im Wandel. Die lernende Organisation im 21. Jahrhundert. Wien

Peters, B.G. 1999: Institutional Theory in Political Science. The ‚New Institutionalism'. London

Pierre, J., Peters, B.G. 2000: Governance, Politics and the State. New York

Ranis, G., Mahmood, S. 1992: The Political Economy of Development Policy Change. Cambridge, MA

Samoff, J., Stromquist, N.P. 2001: „Managing Knowledge and Storing Wisdom? New Forms of Foreign Aid?" In: Development and Change 32 (2001), S. 631-656

Scharpf, F.W. 2000: Interaktionsformen. Akteurzentrierter Institutionalismus in der Politikforschung. Opladen

Schedler, K. 1996: Wirkungsorientierte Verwaltungsförderung. Bern, Stuttgart, Wien

Schedler, K., Proeller, I. 2000: New Public Management. Bern, Stuttgart, Wien

Senge, P. 1996: Die fünfte Disziplin. Stuttgart

Stockmann, R. 1996: Die Wirksamkeit der Entwicklungshilfe. Eine Evaluation der Nachhaltigkeit von Programmen und Projekten der Berufsbildung. Opladen

Ulrich, H., Probst, G. 1995: Anleitung zum Ganzheitlichen Denken und Handeln. Bern, Stuttgart, Wien

World Bank 1997: The Strategic Compact: Renewing the Bank's Effectiveness to Fight Poverty. Washington DC, World Bank

World Bank 1998: Assessing Aid. What Works, What Doesn't, and Why. New York

World Bank 1999: World Development Report: Knowledge for Development. New York

Dieter Wagner

Wissenstransfer und Hochschule. Stand und Perspektiven im Spannungsfeld von Wissenschaft, Wirtschaft und Verwaltung

1. Wissen, Wissenstransfer und Wissensmanagement

Wenn es überhaupt, was in der Organisations- und Managementlehre ja schon seit längerem, wenn auch mit wechselnder Intensität diskutiert wird, „lernende Organisationen" oder organisationales Lernen gibt (vgl. Prange 2002), dann sind es auf jeden Fall Universitäten! Oder etwa nicht?

Dort lernt schließlich das gesamte Hochschulpersonal im Rahmen diverser Forschungs-, Lehr- und Lernprojekte. Wissen und Informationen (hier als Teilmenge von Wissen verstanden) werden aufgenommen, verarbeitet und wieder ausgegeben (z.b. publiziert oder an andere Organisationen transferiert). Die Informationsverarbeitung erfolgt – zumindest dem offiziellen Anspruch nach – grundsätzlich wissenschaftlich (vgl. z.B. Schreyögg/Geiger 2003, S.10ff.), d.h. je nach Wissenschaftsverständnis z.b. kritisch-rational, hermeneutisch oder konstruktivistisch, in jedem Falle reflexiv (vgl. Wagner/ Nolte 1995, S. 251ff.). Dabei entstehen häufig Wissenschaftstraditionen, („Schulen"), Forschungsschwerpunkte und Profilbereiche, die auch dann bestehen bleiben können, wenn ein bekannter Gelehrter oder eine Wissenschaftlerin seine bzw. ihre Wirkungsstätte inzwischen wieder verlassen hat.

Nichts spricht also dagegen, von Universitäten als lernenden Organisationen (vgl. Bea 2000, S. 366) in der höchsten Stufe, also im Sinne des deutero-learnings zu sprechen, in denen notwendigermaßen zugleich auch Wissensmanagement betrieben wird. Hinzu kommt der Sachverhalt des offenen Systems Universität. Diese Institutionen verkehren nicht nur im Rahmen ihrer „Scientific Community", also innerhalb ihrer Wissenschaftsnetze, mit der Außenwelt in einem mehr oder weniger intensiven Austauschverhältnis. Hinzu kommen die Interdependenzen mit Organisationen aus Wirtschaft und Verwaltung. Sie betreffen nicht nur die hier unmittelbar angrenzenden Wissenschaften (etwa die Politik- und Verwaltungswissenschaften oder die Wirtschaftswissenschaften). So betreiben Naturwissenschaftler u.a. auch Industrieforschung, oder sie werben Drittmittel von Verwaltungsinstitutionen ein, etwa um eine (finanzielle) Basis für die Grundlagenforschung zu haben oder um Erkenntnisse der Grundlagenforschung weiter verwenden zu können.

Dabei entsteht aus der speziellen Sicht dieses Beitrages eine Prozesskette des Wissenstransfers mit der Universität im Mittelpunkt, einerseits mit Impulsen aus Wirtschaft und Verwaltung in die Universitäten hinein (z.B. Aufträge, Vorträge, Patenschaften, Honorarprofessuren) und andererseits aus der Hochschule wieder heraus (z.B. Weiterbildungsstudiengänge, Kurse und Tagungen, Technologietransfer- und Existenzgründungsprojekte).

Hinzu kommt der Aufbau der erforderlichen Infrastruktur für den eben beschriebenen Wissenstransfer im weitesten Sinne. So werden die beschriebenen Austauschprozesse zunehmend durch Initiativen der Universitäten unterstützt, sich im Rahmen von Netzwerken in die Marketingkonzepte ihrer Stadt und der anderen Hochschuleinrichtungen einzubringen und durch Career-Center und Alumni-Konzepte den Übergang ihrer Studenten zum externen Arbeitsmarkt zu erleichtern. Darüber hinaus bilden ein modernes Informationsmanagement und eine integrierte Informationsinfrastruktur eine wichtige Basis für das Wissensmanagement der Universität und zugleich für den Wissenstransfer.

Auch in dieser Hinsicht wird Wissenstransfer an und aus den Hochschulen zunehmend zu einem wichtigen Produktions- und Wettbewerbsfaktor. Vieles steht dabei erst am Anfang. Die Veränderungen der (deutschen) Hochschullandschaft sind jedoch unabsehbar. Dabei sei dahingestellt, ob die deutschen Universitäten dies als Krise begreifen (vgl. etwa Stölting/Schimank 2001 und die dort enthaltenen Beiträge) oder als Chance zur Weiterentwicklung.

2. Institutionalisierung des Wissenstransfers an der Universität Potsdam

An der Universität Potsdam (UP) war dieser Komplex Gegenstand eines Rektoratsressorts von 1999 bis 2004: Wissens- und Technologietransfer und Innovation. Häufig wird Wissenstransfer (vgl. Bea 2000, S.366f.) als der Oberbegriff angesehen: Technologietransfer ist dann ein Teilbereich des Wissenstransfers. Unter „Innovation" werden dabei vor allem neuartige Formen des Wissenstransfers und der Kooperation zwischen Wirtschaft und Wissenschaft verstanden. Hinzu kam eine dem zuständigen Prorektor zugeordnete, gemeinnützige „Universität Potsdam Transfer GmbH" mit der Universität als Hauptgesellschafter, an der u.a. auch die örtliche Industrie- und Handelskammer, die Zukunftsagentur Brandenburg sowie die Vereinigung der Unternehmensverbände Berlin-Brandenburg beteiligt sind. Sowohl der Leiter der Technologietransferstelle als auch der Leiter des Weiterbildungszentrums sind in Personalunion Geschäftsführer der UP Transfer GmbH.

Darüber hinaus war der Prorektor für diesen Bereich – auch in seiner Eigenschaft als Inhaber einer Professur für Betriebswirtschaftslehre – Direktor des neugegründeten Brandenburgischen Instituts für Existenzgründung und Mittelstandsförderung (BIEM), einem gemeinsamen Institut der Universität und der Fachhochschule Potsdam sowie der Fachhochschule Brandenburg. Auch das BIEM stellt eine wichtige Organisation des Wissenstransfers dar. Insgesamt gehört es zu einem Netzwerk aus Hochschulen, Unternehmen und Verwaltungen mit dem Ziel, die regionale Wirtschaftsförderung und den Theorie-Praxis-Dialog auf diesem Gebiet zu intensivieren. Damit liegt insgesamt eine sinnvolle Ausgangsbasis vor, um Wissenstransfer in dem o.g. Sinne betreiben zu können.

Letztendlich ist dies allerdings nur dann möglich, wenn aus den Fakultäten heraus hinreichend viele Aktivitäten existieren. Ansatzpunkte hierzu sind zwar durchaus vorhanden. Sie können jedoch bislang nicht als in sich geschlossene, strategisch orientierte Konzepte bezeichnet werden. Hierzu fehlt es an einer gründlich diskutierten Gesamtabstimmung zwischen den einzelnen Ebenen in der Universität, zum Teil auch an einem fehlenden Problembewusstsein in diesen Bereichen und nicht zuletzt an finanziellen Mitteln, um bestimmte Projekte anschieben zu können. „Klassische" Forschung und Lehre steht naturgemäß immer noch an vorderster Stelle. Dabei wird häufig übersehen, dass der Wissenstransfer auch als eine Bringschuld an die Gesellschaft anzusehen ist und in vielen Fällen ein effektiver Wissenstransfer die Einwerbung neuer Drittmittel erleichtern kann.

3. Wissenstransfer als Austauschprozess

3.1 Technologietransfer

3.1.1 Schwerpunkte und Organisationsfragen

Transfer-Schwerpunkte der Universität Potsdam waren und sind die Bildverarbeitung, die Sensor- und Lasertechnologie, die Molekularelektronik, die Informations- und Kommunikationstechnologie, die Sport- und Rehabilitationstechnik sowie der Bereich Management/Existenzgründung. Von 1995 bis 2001 wurden von Wissenschaftlern aus der Universität Potsdam insgesamt 34 Patente angemeldet. Waren vor der Änderung des Arbeitnehmererfindungsgesetzes im Jahre 2002 noch überwiegend die Wissenschaftler privat als Anmeldende in Erscheinung getreten, so wurden seit Anfang 2002 von der Universität Potsdam 18 Erfindungen zum Patent angemeldet. Im Zusammenhang damit gründeten alle Brandenburger Hochschulen eine Patentverwertungsgesellschaft („Brainshell"). Damit konnte eine Konstruktion gefunden werden, um gemeinsame Interessen und Ressourcen zu bündeln, aber auch, um befristet zur Verfügung stehende Fördermittel des Bundes und des Landes Brandenburg besser einsetzen zu können. Patentverwertung ist häufig ein komplizierter, mittel- bis langfristig ablaufender Prozess, bei dem im Rahmen der neuen gesetzlichen Bestimmungen auch die Hochschulen Rechte erwerben. Neben Patentverwertungskosten können natürlich auch -erlöse entstehen und möglicherweise Beteiligungsrechte an Firmen, sofern z.B. Exklusivlizenzen in wirtschaftliche Betätigungen umgesetzt werden.

Mit Hilfe der Patentverwertungsagentur und in enger Kooperation mit der Technologietransferstelle konnten alleine im Jahre 2002 in der Universität

Potsdam 13 Erfindungsmeldungen verzeichnet werden sowie 11 Patentierungen. In den ersten drei Quartalen wurden 4 neue Erfindungsmeldungen abgegeben sowie 6 weitere Patentierungen vorgenommen, deren Verwertung nun aktiv vorangetrieben wird. Inzwischen steht die Anschlussfinanzierung von Brainshell über 2003 hinaus an. Dabei hat sich das Land Brandenburg im August 2003 zur Komplementärfinanzierung zur noch nicht endgültig feststehenden Bundesfinanzierung bereit erklärt. Dies ist insofern sinnvoll, weil die relativ hohen Patentaktivitäten an der UP noch auf längere Zeit der Absicherung bedürfen.

Darüber hinaus ist es Aufgabe des Technologietransfers, Erst- und Folgeberatungen von Existenzgründern aus der Hochschule durchzuführen. Bei ca. 50 technologieorientierten Unternehmen wurden Projektvorhaben im Bereich Forschung und Entwicklung sowie die wissenschaftliche Beratung und Schulung durch Mitarbeiter der Potsdamer Innovations- und Technologietransferstelle (PITT) aktiv begleitet. Die Transferstelle der Universität Potsdam betreute in den letzten drei Jahren 17 Ausgründungen aus der Hochschule heraus, wobei inzwischen mehr als 100 Arbeitsplätze geschaffen wurden.

Über die Transferstelle der Universität Potsdam wurden außerdem seit 1997 insgesamt 171 so genannte Aufschlussberatungen organisiert. In diesen Beratungen zur Akquisition und Konzeption weiterführender Projekte wurden 112 kleine und mittlere Unternehmen des Landes Brandenburg beraten, wobei 46 Wissenschaftler der Hochschule als Experten zum Einsatz kamen.

Die Transfermitarbeiter konnten durch eine verstärkte Ausrichtung auf Bundesförderprogramme im Bereich Forschung und Entwicklung nicht unbeträchtliche finanzielle Mittel einwerben (ca. 0,750 Mill. €). Da diese Mittel durch Kooperationsprojekte – insbesondere im BMWi-Programm „ProInno" – eingeworben wurden, standen gleichzeitig für kleine und mittlere Unternehmen des Landes Brandenburg 0,2 Mill. € sowie weitere 0,5 Mill. € für kleine und mittlere Unternehmen außerhalb des Landes zur Verfügung.

Ein dringend zu lösendes Problem war die kontinuierliche und langfristige Finanzierung der Stellen im Bereich des Technologietransfers, weil nur ein Teil der Positionen durch die Universität als Eigenanteil zur Verfügung gestellt werden kann. Nach etwa 10 Jahren Förderung durch das Wirtschaftsministerium hat sich gezeigt, dass sich die Transferstellen in der Praxis bewährt haben. Zur Entscheidung über die weitere finanzielle Absicherung wurden Technologie- und Innovationsberatungsstellen (TIBS) der Brandenburger Hochschulen evaluiert. Das Ergebnis lag im Frühjahr 2002 vor.

Allerdings trug der Evaluationsbericht der spezifischen Situation der Universität Potsdam nur bedingt Rechnung. So hat die Integration der TIBS an der Universität Potsdam in das kombinierte Transfersystem von PITT und UP Transfer GmbH zu bemerkenswerten Ergebnissen geführt, die ohne Erwähnung blieben. Dabei sollte jedoch berücksichtigt werden, dass den eingeworbenen Fördermitteln aus dem Wirtschaftsministerium des Landes Brandenburg ein nicht unerheblicher Beitrag zum Drittmittelaufkommen (vor allem der Mathematisch-Naturwissenschaftlichen Fakultät, z.B. Innovations- u. Gründerla-

Wissenstransfer und Hochschule 239

bore 2001: ca. 2,3 Mio. DM; 31 Mitarbeiter in 28 Projekten 2003) gegenübersteht.

Erfreulicherweise konnte die Zusatzfinanzierung der Transferstellen an den Brandenburgischen Hochschulen im Jahre 2002 für weitere drei Jahre aus Mitteln des Wirtschaftsministeriums sichergestellt werden. Gleichwohl bleibt nach wie vor ungeklärt, wie in langfristiger Hinsicht die Aufgabenteilung zwischen dem Wirtschafts- und dem Wissenschaftsministerium einerseits und den sich weiter entwickelnden Hochschulen andererseits in diesem Bereich sein wird.

Insgesamt wurden im Geschäftsbereich *Technologietransfer* der UP Transfer GmbH Projekte auf folgenden Gebieten bearbeitet:

- wissenschaftliche Grundlagenforschung,
- angewandte Forschung und Entwicklung/Auftragsforschung,
- wissenschaftliche Beratungs- und Schulungsleistungen, z.B., um das Wissensmanagement in den Unternehmen zu fördern (vgl. Bergrath 2003, 16ff.),
- Information, Recherchen und sonstige Dienstleistungen,
- sonstige wirtschaftliche Geschäftsbetriebe zur Unterstützung und Absicherung der gemeinnützigen Forschung.

Inzwischen sind – wie bereits erwähnt – erfreulich viele Projekte in Arbeit. Der bisherige Gesamtumsatz 1999 bis 2002 betrug ca. 2,6 Mio. €, die als zusätzliche Mittel für Wissenschaft, Forschung und Lehre zur Verfügung standen. Jeweils 2001 und 2002 ging ein Brandenburger Technologietransferpreis an die UP. Dies zeigt insgesamt, dass der Technologietransfer von einer zunehmenden Anzahl von Hochschullehrern als wichtiges Aufgabengebiet angesehen wird.

3.1.2 Das Wissenschafts- und Innovationszentrum – ein Projekt mit Ambitionen

Einen weiteren Schwerpunkt im Rahmen des Wissens- und Technologietransfers bildete die Projektierung eines Wissenschafts- und Innovationszentrums, insbesondere für Ausgründungsprojekte aus der Hochschule heraus. Die Bedeutung von Wissenschafts- und Technologieparks wird u.a. auch von der Kommission der Europäischen Gemeinschaft (insb. 2003, S. 12) in ihren Ausführungen zur Rolle der Universitäten im Europa des Wissens entsprechend gewürdigt.

Das Ziel besteht darin, insbesondere am Standort Potsdam-Golm, wo sich neben den meisten Instituten der Mathematisch-Naturwissenschaftlichen Fakultät auch mehrere außeruniversitäre Einrichtungen befinden, die dort vorhandenen Ausgründungspotentiale zu erfassen und durch ein geeignetes Zentrum so zu unterstützen, dass ausgründungsfähige Unternehmen entstehen. Erforderlich ist es, dies mit einem geeigneten Projektträger, einer entsprechenden Besitzgesellschaft sowie dem dazu passenden Investor und Betreiber zu tun. Zum Ende des Jahres 2001 zeichnete sich bereits ab, dass der Landkreis Potsdam-Mittelmark eine wichtige Rolle als möglicher Investor und Betreiber spielen wird. Dabei wird auf die Erfahrung dieser Gebietskörperschaft beim Management eines anderen Technologiezentrums zurückgegriffen. Universität und außeruniversitäre Einrichtungen arbeiten insgesamt eng zusammen. Trotzdem war es recht kompliziert, die ministeriellen sowie die bau- und förderrechtlichen Voraussetzungen zu schaffen, damit mit dem Bau des Wissenschafts- und Innovationszentrums begonnen werden kann.

3.1.3 Existenzgründung und Mittelstandsförderung

Existenzgründungs- und Mittelstandsfragen haben in den letzten Jahren verstärkt den eher „technischen" Aspekt des Technologietransfers aus „ökonomischer" Sicht ergänzt. Deshalb kam es nicht von ungefähr, dass der Vertrag für ein Brandenburgisches Institut für Existenzgründung und Mittelstandsförderung (BIEM) inzwischen von den Rektoren der Universität Potsdam und der Fachhochschule Potsdam unterzeichnet worden ist. Nachdem es bereits an der Fachhochschule Potsdam eine Klaus-Krone-Stiftungsprofessur für innovative, technologieorientierte Existenzgründungen gibt, wird nun auch an der Universität Potsdam eine von der Mittelbrandenburgischen Sparkasse gestiftete Professur für innovative Existenzgründungen und Mittelstandsentwicklung eingerichtet, deren Inhaber zugleich das BIEM-Direktoriumsmitglied seitens der Universität sein wird. Seit Sommer 2003 ist der Kreis der Trägerhochschulen um die Fachhochschule Brandenburg erweitert worden.

Das größte Projekt des BIEM ist derzeit das Projekt „Brandenburger Existenzgründer im Netzwerk" (BEGiN), das als eine von 10 EXIST-Transfer-Regionen im Rahmen des vom BMBF ausgeschriebenen Wettbewerbs mit einer Förderung von insgesamt ca. 1 Mio. € anerkannt wurde und im Oktober 2002 anlief. Sein wichtigstes Ziel ist es, im Land Brandenburg schon bestehende, gründungsbezogene Aktivitäten zu verstärken, weiterzuentwickeln und regionale Träger der Gründungsförderung stärker als bisher zu vernetzen. Den engen Kern von BEGiN bilden die Universität Potsdam, die Fachhochschule Potsdam, die Fachhochschule Brandenburg und die Zukunftsagentur Brandenburg (ZAB), eine Wirtschaftsförderungsgesellschaft des Landes. Somit ist BEGiN ausgerichtet auf eine Zielgruppe von über 17.500 Studierenden an den beteiligten Hochschulen und auf das Gründungspotenzial der wissenschaftlichen MitarbeiterInnen sowie der Alumni. Die BEGiN-Region besteht aus den kreisfreien Städten Potsdam und Brandenburg an der Havel sowie dem diese Städte umgebenden Landkreis Potsdam-Mittelmark. Sie bildet mit ihren Hochschulen, Forschungseinrichtungen und Technologie- und Gründerzentren damit eines der größten Forschungs- und Entwicklungszentren Deutschlands.

Außerdem fördert die Technologiestiftung Brandenburg ein Promotionsstipendium zum Forschungsthema „Regionale Gründernetzwerke im Wissenschafts- und Hochschulbereich". Mittlerweile hat sich hierum bereits ein kleines Graduiertennetzwerk mit mehreren Forschungsthemen, insbesondere mit Dissertationsprojekten, gruppiert.

Im Sommer 2003 wurde bekannt, dass die Stiftung Warentest die BIEM-Summer-School mit „sehr gut" bewertet hat. Von der Siemens AG wurde außerdem ein namhafter Betrag zum Aufbau eines Senior Coaching Services (SCS) gesponsert. An der UP wurden drei Gründerräume eingerichtet. Die Mitwirkung an den Business-Plan-Wettbewerben wurde intensiviert. Zurzeit existieren mehrere Übungsformen und 25 Ausgründungsprojekte unterschiedlichen Reifegrades. Ca. 50 Professoren arbeiten im BEGiN-Netzwerk mit.

3.1.4 Fazit

Trotz aller Erfolge gibt es gleichwohl noch einiges zu verbessern. Dies betrifft die Öffentlichkeitsarbeit bei den Zielunternehmen, aber auch die Verdeutlichung von Profilbereichen und ihre Vernetzung und darüber hinaus die Aktivierung von mehr Unternehmen einerseits, aber auch von Professoren andererseits.

Die Potsdamer Innovations- und Technologietransferstelle (PITT) gehört zu den besonders aktiven und erfolgreichen Hochschulen des Landes. In einem von der Universität Regenburg durchgeführten Ranking unter mehr als 70 Universitäten nahm sie den fünften Platz ein. Etwa ein Viertel der Hochschullehrer arbeitet mehr oder weniger intensiv im Technologietransfer mit. Dies ist für eine Universität mit relativ grundlagenorientierten Wissenschaften eine respektable Leistung.

Standortbedingt überwiegen Klein- und Mittelunternehmen mit ihren speziellen Problemstellungen. So fragen die großen Unternehmen, die in der Regel außerhalb des Landes liegen (von den 100 größten Unternehmen in den Neuen Bundesländern befinden sich nur zehn in Brandenburg), nur sehr bedingt Transferleistungen dort nach. Häufig verfügen sie selbst über starke Forschungs- und Entwicklungsabteilungen und sind traditionell in Netzwerke in den alten Bundesländern eingebunden. Durchaus relevant können jedoch Netzwerke zwischen Groß- und Mittelunternehmen sein, die auch im überregionalen und im internationalen Kontext zu sehen sind.

Gleichwohl wird die Universität Potsdam in überschaubarer Zeit über einen eigenen Technologiepark verfügen. Dabei besteht die große Chance, die Inhalte von Forschung und Lehre an der Universität Potsdam auf die Bedarfe der angesiedelten bzw. anzusiedelnden außeruniversitären Forschungseinrichtungen und Technologieunternehmen abzustimmen. Hierdurch besteht die Hoffnung, dass die bereits vorliegenden Gründungsimpulse weiter verstärkt werden, u.a. auch im Sinne einer „New Entrepreneurship in the Knowledge Economy" (Raich 2000, S.98).

Insgesamt sollten eingeworbene Drittmittel aus der Industrie, Erfahrungen in der Forschungskooperation mit der Wirtschaft, die Anwendbarkeit der erzielten Forschungsergebnisse, Zahl und Qualität von Patentanmeldungen, Erfahrungen im Bereich der Existenzgründung bzw. der Existenzgründerförderung etc. eine wesentlichere Rolle bei einer leistungsbezogenen Mittelvergabe spielen. Nur so ist eine engere Kooperation zwischen Wirtschaft und Wissenschaft zu verbessern.

3.2 Weiterbildung

3.2.1 Schwerpunkte im Zeitablauf

Die bisherige Bilanz der wissenschaftlichen Weiterbildung in und an der Universität Potsdam ist durchaus recht erfolgreich. So wurden beispielsweise in der Lehrerweiterbildung bislang über 7.000 neue Lehrerbefähigungen vermittelt. Offenkundig hat das Knowhow der Universität Potsdam als Zentrum der Lehrerbildung für Brandenburg hier eine große Rolle gespielt.

Die universitären und die universitätsnahen Weiterbildungsaktivitäten konzentrierten sich zunächst auf die Qualifizierung brandenburgischer Lehrerinnen und Lehrer in Fortbildungs-, Erweiterungs- und in Ergänzungsstudiengängen. Damit füllte die Universität Potsdam als einzige lehrerbildende Hochschule des Landes weiterhin eine genuine Aufgabe auch in der postgradualen Qualifizierung von Lehrkräften aus. Während in den Vorjahren diese Aktivitäten noch stark beeinflusst waren durch die drängende Bedarfslage, die sich aus der Umgestaltung des brandenburgischen Schulwesens und dem starken Geburtenrückgang nach 1990 ergab, haben sich inzwischen die in diesem Bereich wahrgenommenen Aufgaben auf einem niedrigeren Niveau diversifiziert und bedienen überwiegend relativ kleine Qualifizierungsbedarfe, die teils Mangelfächer betreffen, teils speziellen Fortbildungsanforderungen nachkommen. Trotzdem weist der Gesamtanteil von Weiterbildungsstudierenden, verglichen mit anderen Universitäten zumal der Region Berlin-Brandenburg, nach wie vor ein beträchtliches Niveau auf.

Darüber hinaus ist man dabei, in eine recht vielversprechende neue Phase als Spezialanbieter wissenschaftlicher Weiterqualifizierung im Bildungsbereich einzutreten. Zu den wichtigsten aktuellen Projekten gehört die Durchführung eines postgradualen Masterstudiengangs zum Schulmanagement, zu verschiedenen sonderpädagogischen Fachrichtungen und zur Lehrerweiterqualifizierung für den Englischunterricht an Grundschulen.

Außerdem stand die Gestaltung und Durchführung des über ein Jahr dauernden englischsprachigen, postgradualen Studiengangs „Master of Public Management" im Vordergrund. Dieses weltweit für jüngere Verwaltungskräfte in mittleren Führungspositionen ausgeschriebene und von der Deutschen Stiftung für internationale Entwicklung finanzierte Studium wurde im April 1999 eröffnet und soll für zumindest 5 Jahre fortgeführt werden. Es spricht für den bedarfsgerechten Charakter dieses Studienangebots, dass bereits mehrere selbstzahlende Studierende gewonnen werden konnten. Derzeit studieren 22 TeilnehmerInnen im Programm.

Wissenstransfer und Hochschule 243

Als Schwerpunkte in den vergangenen Jahren standen im Geschäftsbereich Wissenstransfer vor allem:
- abschlussbezogene Weiterbildungsangebote,
- wissenschaftliche Fortbildungsangebote,
- ein Qualifizierungsprojekt zur qualitätsorientierten außeruniversitären Weiterbildung sowie
- die Durchführung von internationalen Wissenstransferprojekten (z.B. Vietnam, Südafrika)

im Vordergrund.

Weitere Überlegungen bestehen zukünftig darin, in Zusammenarbeit mit interessierten Verbänden und Unternehmen weiterbildungsbezogene Bachelor- und Master-Programme anzubieten. Dabei geht es um eine intensivere Kooperation mit der Verwaltungs- und Wirtschaftsakademie Potsdam und der Wirtschaftsakademie der IHK Potsdam im Hinblick auf einen Bachelor in Business Administration und um ein gemeinsames Projekt mit der Führungskräfte-Akademie der Deutschen Bahn AG, um einen Executive Master für das General Management.

3.2.2 Fortentwicklung der Weiterbildungsaktivitäten

Um das Weiterbildungskonzept darüber hinaus weiter entwickeln zu können, wurde eine Rektoratskommission Weiterbildung eingerichtet, der Vertreter aller Fakultäten angehören.

Darin wurde die geschaffene Struktur, die aus einer öffentlich-rechtlichen Säule in der Universität (Weiterbildungszentrum – WBZ) und einer privatrechtlichen Säule mit den beiden universitätsnahen Einrichtungen „UP Transfer GmbH" und einem gemeinnützigen Verein besteht, positiv bewertet, um die Stärken beider Trägerschaften unter Nutzung von Synergieeffekten auszunutzen und weiterzuentwickeln. Eine Zusammenlegung von GmbH und Verein wurde als nicht sinnvoll angesehen, da letzterer in einem gewachsenen Schnittbereich mit dem Brandenburgischen Bildungsministerium als Hauptmittelgeber agiert, während sich gerade die UP Transfer GmbH anbietet, die bereits bestehenden Kontakte zu externen Weiterbildungsträgern (z.B. Verwaltungs- und Wirtschaftsakademie, Wirtschaftsakademie, Sparkassenakademie, Unternehmen und Verbände etc.) im Sinne einer „Lernenden Region" weiter auszubauen.

Allerdings wurden insbesondere bei den inneruniversitären Weiterbildungsaktivitäten Einseitigkeiten bemängelt. So sei das Engagement zwischen den Fakultäten und Fächern sehr unterschiedlich verteilt und konzentriert sich nach wie vor auf die Lehrerweiterbildung, während weite Felder möglicherweise attraktiver Weiterqualifizierungsangebote für andere Interessentengruppen noch kaum abgedeckt werden. Um dies zu erreichen, wurden zwei Alternativen aufgezeigt. Die eine könnte versuchen, auf der Grundlage der bisherigen Freiwilligkeit das Engagement für Weiterbildung durch Werbung und Überzeugung auszuweiten, die andere zielte darauf, Weiterbildung als universitätsweites Profit-Prinzip mit stark verpflichtendem und Mittel erwirtschaftendem Charakter zu entwickeln. Grundsätzlich besteht hier eine Präferenz für die zweite Alternative.

3.2.3 Fazit

Universitäre Weiterbildung ist zweifellos auf dem Vormarsch. Viele Hochschullehrer sind jedoch darauf nicht vorbereitet. Sie sehen ihr Lehrdeputat vorwiegend in der grundständigen Lehre und vor allem in der Forschung. Es ist auch zu bezweifeln, ob überhaupt ausreichendes Knowhow in den aktivierenden Lehr- und Lernmethoden vorhanden ist, die im Bereich der Erwachsenenbildung üblich sind.

Angesichts der bevorstehenden Umstellung auf Bachelor- und Masterstudiengänge ist jedoch zu erwarten, dass viele Masterstudiengänge im Weiterbildungsbereich angeboten werden müssen. Diverse Fachhochschulen haben dies bereits erkannt und sehen hier ihre Profilierungschancen. Hinzu kommen neuartige Vernetzungsmöglichkeiten zwischen in- und ausländischen Hochschulen, auch mit Unternehmen. Last but not least drängen ausländische Anbieter zunehmend auf den deutschen Bildungsmarkt.

Es ist fraglich, ob die deutschen Universitäten schon ausreichend vorbereitet sind. Dabei sind die Probleme alle in rechtlicher und in technischer Hinsicht lösbar. Vieles dürfte jedoch mentalitätsbedingt sein (zu Widerstandsfaktoren des Wissenstransfers vgl. etwa Schick 2002, S.442f.). Aber wer zu spät kommt, den bestraft das Leben! Die Universität Potsdam verfügt durchaus über die organisatorischen Rahmenbedingungen, um die Weiterbildung auszubauen. Dies bedeutet aber auch, dass verstärkt externe Lehrkräfte herangezogen werden müssen, um bestimmte Studiengänge ausfüllen zu können. Insofern wird nicht nur der Wettbewerb zunehmen, sondern auch die Bildung strategischer Allianzen. „Veränderte Spielregeln erfordern neue Strategien, Strukturen und Kulturen" (Bleicher 2002, S. 57).

4. Integrierte Informations- und Wissensverarbeitung als Basis des Wissenstransfers

Zunehmend wird deutlich, dass der Wissenstransfer nur funktionieren kann, wenn eine moderne, integrierte Informations- und Wissensverarbeitung möglich ist (vgl. hierzu auch Rehäuser/Krcmar 1996, 26ff.). Im Kern handelt es sich um einen Bereich, der naturgemäß auch für die „traditionelle" Forschung und Lehre sehr wichtig ist. Insgesamt können somit Innovationen entstehen, welche z.B. Recherchen in der Forschung erleichtern, neue Lehrformen stimulieren und den Erfahrungsaustausch zwischen Hochschule, Wirtschaft und Verwaltung anregen. Stark vom Veränderungsprozess betroffen sind dabei die Universitätsbibliotheken.

4.1 Die „elektronische" Universitätsbibliothek

Seit Gründung der Universität wurde der Aufbau der Literatur- und Medienbestände über die regulären Etatmittel der Universitätsbibliothek (UB) hinaus durch Mittel der HBFG-Förderung (Hochschulbauförderungsgesetz) für den Aufbau von Büchergrundbeständen unterstützt. Ende 2002 lief die von Bund und Land jeweils zur Hälfte getragene HBFG-Förderung aus. Eine Aufstockung des regulären Etats im Umfang des landesseitigen HBFG-Anteils erfolgte nicht, so dass für die Literatur- und Medienversorgung der Universität gravierende Finanzierungsdefizite zu befürchten waren. In einer umfassenden Kampagne konnte für das sich damit abzeichnende Versorgungsproblem erfolgreich sensibilisiert werden. Zudem stellte die Siemens-Stiftung eine Spende in Höhe von € 200.000 für die Beschaffung spezieller Literatur der Fächer Philosophie, Rechtswissenschaften und Sozialwissenschaften zur Verfügung.

Anfang Juni 2003 hat die UB den Umstieg auf ein neues, leistungsfähigeres Bibliothekssystem (PICA-LBS-4) vollzogen. Nachdem Katalogisierung und Erwerbung bereits im April umgestellt worden waren, standen nun auch die Ausleihfunktion und der Online-Katalog zur Verfügung. Mit dem neuen System sind wesentliche und seit langem gewünschte Service-Verbesserungen über das Internet nutzbar; dazu gehören erweiterte Suchmöglichkeiten, Monographien und Zeitschriften in einem gemeinsamen Katalog, Bestell- und Verlängerungsoptionen, Einsicht in das Benutzerkonto etc. Zugleich wird der Online-Katalog der UB in die Suchmaschine des Kooperativen Bibliotheksverbunds Berlin-Brandenburg (KOBV) eingebunden, dem die UB seit seiner Gründung angehört. Die UB hat ihr Angebot an Datenbanken und elektronischen Zeitschriften erweitern können. In inhaltlich engem Zusammenhang damit steht ein von der UB Potsdam und der Stadt- und Universitätsbibliothek Frankfurt/Main gemeinsam durchgeführtes DFG-Projekt zu künftigen Bezugsstrukturen für elektronische Fachinformation.

Dieser Prozess der Elektronifizierung ist sicherlich noch lange nicht am Ende. Er sollte aber nicht darüber hinwegtäuschen, dass nach wie vor auch noch das „normale" Buch benötigt wird, um z.B. Klassiker zu studieren oder neue Erkenntnisse in schon bestehende Wissensstrukturen einzuordnen. Gleichwohl kann dies nicht heißen, dass traditionelle Lehr- und Lernzusammenhänge nicht einem relativ beträchtlichen Wandel unterliegen.

4.2 Moderne Informations- und Kommunikationssysteme in Lehre und Forschung (Multimedia)

Mit der 1997 erfolgten Einsetzung einer Multimedia-Arbeitsgruppe (Multimedia-AG) wurden an der Universität Potsdam Koordination und Planung der hochschulinternen E-Learning- bzw. lehrbezogene Multimedia-Aktivitäten aufgenommen. Neben Planungen, die unter Einschluss der Hochschulverwaltung den Aufbau einer virtuellen Hochschule anvisierten, lag der Schwerpunkt der Multimedia-AG zunächst bei der Initiierung und fachlichen Begleitung von Projekten, die vorrangig die Erstellung multimedialer Inhalte in Zusammenhang mit Lehrangeboten zum Gegenstand hatten. Die Finanzierung dieser Vorhaben erfolgte aus Landesmitteln, aus Mitteln des hochschulinternen Innovationsfonds oder im Rahmen von Drittmittelprojekten auf der Basis von Fördermaßnahmen des BMBF (z.B. „Multimedia in Forschung und Lehre") und anderer Institutionen. Die Universität ist mit mehreren Projekten am BMBF-Förderprogramm „Neue Medien in der Bildung" beteiligt.

Eine klare Ausrichtung auf online-basiertes Lehren und Lernen vollzog sich mit der 2000 begonnen Einführung der Learning-Plattformen Lotus Learning Space und WebCT, die in der Philosophischen und Humanwissenschaftlichen Fakultät, in der Mathematisch-Naturwissenschaftlichen Fakultät sowie in der Sozial- und Wirtschaftswissenschaftlichen Fakultät der Hochschule – zunächst modellhaft, seit Herbst 2001 im Regelbetrieb – auf Projektbasis zum Einsatz kamen. Mit diesem Vorhaben, das von der Multimedia-AG nachdrücklich unterstützt wurde, sind die bisher im Rahmen virtueller Lehre verfügbaren Anwendungen auf eine verlässliche Systemgrundlage gestellt worden. Zugleich konnten vorhandene Content-Anwendungen (Audio, Video, Text) in diese E-Learning-Plattformen integriert werden. Mit der 2002 erfolgten Einführung von ‚Blackboard' bietet sich für die Universität der perspektivische Einsatz eines Kursmanagementsystems, das einen integrierten Zugriff auf digitale Dienste von Bibliothek, Rechenzentrum, Verwaltung etc. ermöglicht. Darüber hinaus werden virtuelle Lehrformen auch durch digitale Informations- und Inhaltsdienste (CD-ROM, Datenbanken, elektronische Zeitschriften, Volltexte) unterstützt. Im E-Learning-Bereich sind Kooperationen mit Universitäten in Moskau, Teheran und Paris zu nennen.

Die im Einsatz befindlichen E-Learning-Anwendungen wurden auf dem in 2001 und 2003 veranstalteten „Multimedies" präsentiert, der einen querschnittartigen Überblick über laufende Multimedia-Anwendungen der Universität (E-Learning, Publikationssysteme, Videoconferencing etc.) bietet. Dabei wurde deutlich, dass klassische Veranstaltungsformen zunehmend durch virtuelle Vorlesungen, interaktive Studienberatung und Teleteaching ergänzt und durch den relativ weit fortgeschrittenen Ausbau des Funknetzes unterstützt werden. Allerdings werden in den einzelnen Fakultäten internetbasierte Formen der Lehre und elektronische Medien mit noch recht unterschiedlicher Intensität eingesetzt, wie eine 2001/2002 durchgeführte Umfrage ergab.

Mittlerweile ist es gelungen, die Ausstattung des Audiovisuellen Zentrums (AVZ) zu modernisieren. Darüber hinaus wurden strategische Überlegungen zur Weiterentwicklung der Informationsinfrastruktur der Universität Potsdam aufgenommen. Damit sollen eine stärkere Integration und Optimierung der Dienste von AVZ, UB und Zentrum für Information und Kommunikation (ZEIK) angestrebt sowie auf eine stärkere Vernetzung der hochschulinternen Multimediakompetenzen hingewirkt werden (Integriertes Informationsmanagement).

4.3 Fazit

An amerikanischen Universitäten bekleidet ein Rektoratsmitglied die Funktion des Chief Information Officers (CIO). Auch wenn man nicht jede amerikanische Mode mitmachen muss, kommt in dieser Position sehr wohl der Integrationsgedanke zu Ausdruck, der sich über etablierte Professionalisierungsmuster hinwegsetzt. Dies gilt insbesondere für die Bibliothekare, zum Teil aber auch für die IT-Experten, die sich zum Teil noch gegen eine zu starke Integration sträuben. Nur ist die führungsorganisatorische Zentralisierung eine Seite der Medaille, die Digitalisierung der Daten schreitet aber unaufhaltsam fort und erfasst somit zunehmend alle Anwendungen in Schrift, Bild und Ton. Nicht von ungefähr sind mittlerweile Kooperationen zwischen den Informatik-Instituten und den Kunsthochschulen, hier der Hochschule für Film und Fernsehen (HFF) in Potsdam-Babelsberg festzustellen, wo so genannte non-lineare Daten („n-space") im Vordergrund stehen und das Phänomen der „merged media". Auf diesem Gebiet haben die Hochschulen naturgemäß wiederum große Chancen für den Wissenstransfer. Er funktioniert sicherlich aber auch um so besser, je mehr sie selbst über die modernen, integrierten Informations- und Kommunikationssysteme verfügen, die sie anderswo als vorbildlich deklarieren. Erst dann kann glaubhaft von Wissensmanagement gesprochen werden (vgl. Aulinger/Fischer 2000, S. 645ff.), was allerdings auch eine gründliche begriffliche und historisch-relativierende Betrachtung voraussetzt (vgl. etwa Morandi 2002, S.165ff.).

5. Hochschulmanagement – ein zentrales Beispiel von Wissenstransfer

Auch die Hochschulen können von den Einflüssen des „New Public Management" nicht unberührt bleiben, die in den letzten Jahren insbesondere die Kommunal-, aber auch die Landes- und die Bundesverwaltungen erfasst haben. Dafür ist der Veränderungsdruck zu groß, sind die finanziellen Restriktionen zu stark (vgl. etwa den Überblicksbeitrag von Wollmann in diesem Band).

Hinzu kommen „Helfershelfer" in den Universitäten: tatsächliche oder selbst ernannte Experten, die auf einer „Modewelle" mitschwimmen, die natürlich auch ihre Berechtigung hat. Denn warum soll eine Hochschule nicht auch ihre Ziele offenbaren und ihre Schwerpunkte nennen? Strategisches Denken wird dabei oftmals als Provokation verstanden, der man sich vermeintlich nicht zu stellen braucht.

Problematisch wird es nur dann, wenn man eine Universität schlicht mit einem Unternehmen gleichsetzt. Dafür sind die Prozesse der Erkenntnisgewinnung und der Reflektion in einer Hochschule doch zu spezifisch. Problematisch wird es darüber hinaus, wenn z.B. Mittelverteilungsmodelle in ihren Vorteilen überschätzt werden, indem Manipulationsgefahren übersehen oder

Strukturen zu Grunde gelegt werden, die das hochschulpolitische „Gestern" abbilden, wie es etwa bei überholten curricularen Normwerten der Fall ist. Darüber hinaus wird häufig übersehen, dass sich erst nach mehrjährigem Einsatz zeigt, welche tatsächlichen Auswirkungen zu verzeichnen sind.

5.1 Welches Leitbild für welches Management?

Über die Homepage der Universität Potsdam findet der (zielstrebige) Leser drei Leitbildentwürfe, die 1999 entstanden sind: ein traditionelles, ein managerielles und ein „pragmatisches". Letzteres stellt die Position des damaligen Rektorates dar. Es bekennt sich zu seinen Profilbereichen, exzellenter Forschung und Lehre, zunehmender Internationalisierung, Frauenförderung und einem zu intensivierenden Technologie- und Wissenstransfer.

Während allerdings nach einer kurzen und spannenden, aber dann doch schnell abflauenden Diskussion die weiteren Aktivitäten zur Entwicklung eines Leitbilds der Universität Potsdam eingestellt wurden, konzentrierte sich die Arbeit des Rektorats auf die Verabschiedung des Positionspapiers des Rektorats im Senat und die konzeptionelle Fundierung der darin enthaltenen Überlegungen zur Mittelverteilung, zur Strukturentwicklung und zur weiteren Schärfung von Profilbereichen und Forschungsschwerpunkten. Das Thema Leitbild für die Universität Potsdam bedarf im Grunde genommen der Aufnahme einer vollständig neuen Diskussion. Allerdings wird sich dies schwierig gestalten, solange sich die Universität in einer ernsthaften Finanz- und Strukturkrise befindet.

5.2 Budgetierung und Finanzmanagement

Seit wenigen Jahren besteht eine (beschränkte) Haushaltsglobalisierung, indem Mittel zu einem großen Teil untereinander verrechnet und auf das nächste Jahr übertragen werden können. Dies ist jedoch weitgehend eine Fiktion, denn andererseits bestehen Haushaltsdefizite, so dass Personalmittel einer speziellen Bewirtschaftung unterliegen.

Zaghaft schreitet die Kosten- und Leistungsrechnung voran. Die bislang präsentierten Unterlagen sind für den einzelnen Hochschullehrer kaum verständlich und sicherlich nicht geeignet, Transparenz in Leistungsprozessen zu erhöhen und das Kostenbewusstsein zu schärfen.

An diesem Punkt zeigt sich sehr stark, dass es ein weiter Weg ist von der Vermittlung von Fachkompetenz bis zur konsequenten Anwendung des (häufig nur theoretisch) Machbaren einerseits und der mentalen Akzeptanz andererseits. Dies wird mangels finanzieller Mittel gerade im Öffentlichen Dienst häufig unterschätzt.

5.3 Qualitätsmanagement

Ein Qualitätsmanagement besteht bislang nur in Ansätzen. Gleichwohl hat die spezielle Ausrichtung der Universität Potsdam auf eine systematisierte Frauenförderung bundesweite Anerkennung gefunden. Als eine von sechs Hochschulen nahm die Universität Potsdam 2001 am Pilotprojekt des Total E-Quality Science Award teil. Aufgabe des Projekts ist es, die gleichstellungspolitische Situation mit Hilfe eines differenzierten Erhebungsbogens zu ermitteln und einen Vergleich mit anderen Hochschulen vorzunehmen.

Das Erhebungsinstrument hat auch das Ziel, eine Selbstbewertung zu folgenden Schwerpunkten vorzunehmen:

1. Personalentwicklung/Stellenbesetzung,
2. Karriere- und Personalentwicklung,
3. Vereinbarkeit von Erwerbstätigkeit und Familienverantwortung,
4. Institutionalisierte Gleichstellungspolitik,
5. Planungs- und Steuerungsinstrumente,
6. Organisationskultur,
7. Forschung, Lehre und Studium,
8. Bestandsaufnahme (Statistik) zur Beschäftigtensituation.

Das Prädikat Total E-Quality, erstmals 2002 an Hochschulen und Wissenschaftseinrichtungen vergeben, hat die UP als einzige ostdeutsche Hochschule im Mai 2002 erhalten. Ziel des eigens dafür geschaffenen Projekts war es, die gleichstellungspolitische Situation an der UP zu ermitteln und die weitgehend quantitativ ausgerichtete Frauenförder- und Gleichstellungspolitik einer kritischen Revision zu unterziehen sowie nach neuen konzeptionellen Zugängen zur Verbesserung der strukturellen Integration von Frauen zu suchen. Im Ergebnis der Projektarbeit sind der Universitätsleitung Handlungsvorschläge für die weitere Verwirklichung der Chancengleichheit von Frauen und Männern unterbreitet worden. Zentral in diesen Vorschlägen war die Empfehlung, systematisches und organisiertes Mentoring sowohl als Methode der Personalentwicklung als auch als Methode der Frauenförderung zu etablieren.

Spezielle Maßnahmen zur Förderung des weiblichen wissenschaftlichen Nachwuchses werden insbesondere aus Mitteln des Hochschulwissenschaftsprogramms „Chancengleichheit von Frauen in Forschung und Lehre" finanziert. Aus diesem Programm hat die Universität Potsdam Mittel eingeworben für das Lise-Meitner-Programm, ein Verbundprojekt zur Frauen- und Geschlechterforschung mit der Europa-Universität Frankfurt/Oder sowie für die bereits einmal mit großer Resonanz durchgeführte Sommeruniversität für Schülerinnen in Naturwissenschaft und Technik.

Darüber hinaus wurden konzeptionelle Vorbereitungen für ein Modell-Projekt Mentoring getroffen und durch gezielte Öffentlichkeitsarbeit für Mentoring als gleichstellungsorientierte Nachwuchsförderung geworben. Gemäß einer Top-down-Strategie wurden die Universitätsleitung und die universitären Gremien für diese Methode der Frauenförderung gewonnen. Informationsveranstaltungen mit dem wissenschaftlichen Nachwuchs hatten die Funktion, die potenzielle Zielgruppe auch an der konzeptionellen Vorbereitung zu beteiligen. Zunächst wurde allgemein über Funktion und Anwendung von Mentoring an Hochschulen informiert und Struktur und Rahmendaten für die Teilnahmebedingungen erläutert.

Als Fazit kann festgestellt werden:

- Der Bedarf an Unterstützung von Studentinnen, Absolventinnen und Nachwuchswissenschaftlerinnen zu Fragen der Karriereplanung und der Entwicklungsmöglichkeiten an Hochschulen als auch in der Wirtschaft ist deutlich vorhanden.
- Die Idee des Mentoring wurde als ergänzendes Instrument zur Unterstützung des weiblichen wissenschaftlichen Nachwuchses in das „Konzept für die Entwicklung und Förderung des wissenschaftlichen Nachwuchses an der UP" aufgenommen.

2003 gelang ein erster Schritt zu einem Mentoring-Projekt, in dem sich die UP an einem Projekt der Europäischen Akademie für Frauen in Politik und Wirtschaft Berlin e. V. (EAF) beteiligte, das vom Arbeits- und Sozialministerium (MASGF) des Landes Brandenburg gefördert wird. Hierbei gelang es, acht Hochschulabsolventinnen der UP in das Programm aufzunehmen, das für alle Brandenburger Universitäten gilt.

5.4 Fazit

Sieht man von den vielfältigen Aktivitäten zur Frauenförderung einmal ab, die sicherlich auch noch weiter zu entwickeln sind, so bestehen Schwachstellen im Finanz- und Kostenmanagement einerseits sowie im Personalmanagement andererseits. Dabei bildet das Wissensmanagement vielfältige neue Herausforderungen für das Personalmanagement (vgl. etwa Klimecki/Thomae 2002, S. 263ff.). Allerdings werden nun verstärkt Anstrengungen auf eine systematischere Qualifizierung des wissenschaftlichen Nachwuchses gelegt, von einer systematischen Personalentwicklung des wissenschaftlichen und des nicht-wissenschaftlichen Nachwuchses kann jedoch noch keine Rede sein (vgl. Wagner 1997, S.307ff.). Hier fehlt es sowohl an Geld als auch vermutlich am subjektiv empfundenen Handlungsbedarf an der Basis.

Bleibt noch ein letzter Bezugspunkt, der zunehmend in den Mittelpunkt des Wissenstransfers an den Hochschulen tritt: die gegenwärtigen Absolventen und die Ehemaligen (Alumni).

6. Absolventen im Transferprozess

6.1 Career Center

Zurzeit erfolgt die Entwicklung eines Career-Center-Konzepts, um die Arbeitsmarktchancen der UP-Absolventen zu verbessern. Dabei stehen nicht nur konzeptionelle Überlegungen im Vordergrund. Auch finanzielle Sondierungsgespräche finden statt, die sich angesichts der Umbruchsituation bei der Bundesagentur für Arbeit und den Landesbehörden als nicht einfach erweisen. Für zwei Jahre wurden jedoch Mittel aus dem Wisenschaftsministerium zur Verfügung gestellt.

Insgesamt ist festzustellen, dass bei der Konzeption eines Career-Center eine erneute Leitbilddiskussion wertvolle Unterstützung erlangen könnte:

– Welche Bereiche der UP kommunizieren mit wem aus welchen Zielsetzungen, Problemlagen, Interessen, Denkvorstellungen etc.?
– Wozu bilden wir die Absolventen aus? Welche Rolle spielen dabei Forschung, Anwendung, Wissens- oder Technologietransfer?

6.2 Alumnikonzept

Im Jahre 2002 hat das Rektorat beschlossen, mit Hilfe eines Alumni-Programmes die biografische Nähe der Ehemaligen (Alumni) zu ihrer Universität einerseits und ihre berufsbedingte Vernetzung mit Wirtschaft und Gesellschaft andererseits aufzugreifen und zu nutzen. Ziel eines solchen Programms ist es, langfristig ein Unterstützer- und Kooperationsnetzwerk aufzubauen, auf das bei Bedarf zurückgegriffen werden kann.

Die Alumni sollen insbesondere durch Angebote, wie z.B.

– Weiterbildung durch fachbezogene Veranstaltungen,
– Regelmäßige Informationen über die Universität und ihren ehemaligen Fachbereich,
– Jobbörse,
– Karrierenetzwerk,
– Kontakt zu Kommilitoninnen und Kommilitonen,
– Lebenslanger E-Mail-Account

an die Universität gebunden werden.

Zurzeit befindet sich die Datenbank für die Erfassung der Alumni im Aufbau, ein Journal in der Konzeptphase. Darüber hinaus wurde in der Wi-So-Fakultät ein Alumni-Verein gegründet. Einzelne Professoren beginnen darüber hinaus, dort eigene Aktivitäten zu entwickeln. Perspektivisch zeichnet sich eine Verbindung von universitärer Weiterbildung mit Alumni-Konzepten und dem Career-Center bis hin zu einem „Entrepreneurial Career Center" ab, insbesondere, um Existenzgründungen und andere wirtschaftliche Betätigungen aus der Hochschule heraus zu unterstützen.

7. Wissenstransfer im Hochschulsystem der Zukunft

Die Bedeutung des Technologietransfers wird sicherlich noch weiter zunehmen. Dabei ist die Verzahnung vieler Technologietransferprojekte mit den Wirtschafts- und Sozialwissenschaften noch nicht zufriedenstellend gelungen. Eine wichtige Rolle spielen hier Existenzgründerprojekte und die Pläne zur Einrichtung eines Wissenschafts- und Innovationszentrums, aber auch ein geplantes Zentrum für Innovationskompetenz „Biokatalysierte Wirkstoffsynthese in mikrostrukturierten Reaktionsräumen".

Auch die Weiterbildung wird an Bedeutung zunehmen. Die institutionelle Ausformung bedarf jedoch noch der Konkretisierung, und zwar sowohl zentral als auch in den einzelnen Fakultäten. Insgesamt wird auch auf externe Partner zuzugehen sein, da in manchen Bereichen die volle Auslastung des Lehrdeputats gegeben ist.

Um den Anschluss an die internationale und die nationale Entwicklung des universitären Angebots moderner Informations- und Kommunikationsdienstleistungen zu gewinnen, ist das Service-Angebot zu erhöhen. On-Line-Learning erfolgt zurzeit nur sporadisch und meistens auf experimenteller didaktischer Basis. Deshalb ist eine geeignete Organisationsform für multimediale und für webbasierte Lehr- und Forschungsfelder unabdingbar.

Hinzu kommt das Zusammenwachsen digitaler Informationsfelder, die zurzeit von einzelnen Organisationseinheiten (ZEIK, AVZ, Bibliothek) eher getrennt betreut werden. Um die Abstimmung in Hardware- und Software-Fragen zu verbessern, wird die ständige Einrichtung einer Koordinationsgruppe aus diesen Bereichen unter der Leitung eines „Chief Informations Officers" (CIO) immer mehr erforderlich.

Wissenstransfer bedarf aber auch einer systematischen Personalentwicklung. Hiervon kann die Universität auch allgemein profitieren (Doktoranden- und Post-doc-Programme, Personalentwicklung in den Verwaltungsbereichen).

Auch Career Center und Alumni-Programme werden immer wichtiger, nicht zuletzt auch im Hinblick auf das Fund-Raising.

Last but not least ist der Wissenstransfer untrennbar verbunden mit Kontaktmöglichkeiten zwischen Wirtschaft, Wissenschaft und Verwaltung. Dies erfordert eine intensivierte Profilschärfungsdiskussion des Wissenschaftsstandortes Potsdam. Entsprechende Überlegungen werden in den nächsten Jahren an Bedeutung gewinnen, damit die anstehende Bewerbungen Potsdams als „Stadt der Wissenschaften" erfolgreich sein kann. Dazu bedarf es nicht nur der engen Zusammenarbeit zwischen den Hochschuleinrichtungen, sondern auch der Kooperation mit der Stadt und dem Land.

Literatur

Aulinger, A., Fischer, D. 2000: Einige Daten und Informationen zum Wissensmanagement. In: Die Betriebswirtschaft 60 (2000)5, S. 642-667

Bea, F. 2000: Wissensmanagement. In: Wirtschaftswissenschaftliches Studium 29 (2000)7, S. 362-367

Bergrath, A. 2003: Wissen zum Anfassen, Pragmatisches Wissensmanagement in einem Fertigungsunternehmen. In: Angewandte Arbeitswissenschaft (2003) 175, S. 16-27

Bleicher, K., Berthel, J. (Hg.) 2002: Auf dem Weg in die Wissensgesellschaft. Frankfurt am Main

Bleicher, K. 2002: Paradigmawechsel zur Wissensgesellschaft. Veränderte Spielregeln erfordern neue Strategien, Strukturen und Kulturen. In: Bleicher, K., Berthel, J. (Hg.) 2002, S. 57-85

Kommission der Europäischen Gemeinschaften 2003: Die Rolle der Universitäten im Europa des Wissens. Brüssel

Klimecki, R. G., Thomae, M. 2002: Wissensmanagement: Neue Herausforderungen für das Personalmanagement. In: Bleicher, K., Berthel, J. (Hg.) 2002, S. 253-278

Morandi, P. 2002: Die „Wissensgesellschaft" als Innovationsgesellschaft". Der technologische Wandel der 80er und 90er Jahre im Spiegel seiner Wahrnehmung. Das Beispiel der Informations- und Kommunikationstechnologie. In: Historische Sozialforschung 27 (2002)1, S. 130- 170

Prange, Ch. 2002: Organisationales Lernen und Wissensmanagement. Fallbeispiele aus der Unternehmenspraxis. Wiesbaden

Raich, M. 2000: Managing in the Knowledge-Based Economy. Zürich/London

Rehäuser, J., Krcmar, H. 1996: Wissensmanagement im Unternehmen. In: Schreyögg, G., Conrad, P (Hg.) 1996, S. 1-40

Schick, H. 2002: Theorieprobleme des Wissensmanagements. In: Zeitschrift für Personalforschung 16 (2002)3, S. 433-458

Scholz, Ch., Eisenbeis, U. 2003: Medienmanagement. In: Die Betriebswirtschaft 63 (2003) 5, S. 532-547

Schreyögg, G., Geiger, D. 2003: Wenn alles Wissen ist, ist Wissen am Ende nichts?! In: Die Betriebswirtschaft 63 (2003)1, S. 7-22

Schreyögg, G., Conrad, P. (Hg.) 1996: Wissensmanagement, Managementforschung 6, Berlin/New York

Stölting, E., Schimank, U. (Hg.) 2001: Die Krise der Universitäten. Leviathan, Sonderheft 20.

Wiesbaden

Stölting, E. 2001: Permanenz und Veränderung von Strukturkrisen. Institutionelle Darstellungsprobleme. In: Stölting, E., Schimank, U. (Hg.) 2001, S. 27-43

Tsai, W. 2001: Knowledge Transfer in Intraorganizational Networks. Effects of Network Position and Absorptive Capacity on Business Unit Innovation and Performance. In: Academy of Management Journal 44 (2001)5, S. 996-1004

Wagner, D., Nolte, H. 1995: Reflexives Management und Managementbildung – Möglichkeiten und Grenzen. In: Geißler, H. (Hg.) 1995: Organisationslernen und Weiterbildung: die strategische Antwort auf die Herausforderungen der Zukunft, Neuwied, S. 250-268

Wagner, D. 1997: Personalentwicklung und Managementbildung. In. Geißler, H. (Hg.) 1997: Unternehmensethik, Managementverantwortung und Weiterbildung, Neuwied, S. 307-327

Autorenverzeichnis

Andresen, Sünne, Dr., Wirtschafts- und Sozialwissenschaftliche Fakultät, Universität Potsdam, PF 900 327, D-14439 Potsdam

Dölling, Irene, Prof. Dr., Lehrstuhl für Frauen- und Geschlechterforschung, Wirtschafts- und Sozialwissenschaftliche Fakultät, Universität Potsdam, PF 900 327, D-14439 Potsdam

Edeling, Thomas, Prof. Dr., Lehrstuhl für Organisations- und Verwaltungssoziologie, Wirtschafts- und Sozialwissenschaftliche Fakultät, Universität Potsdam, PF 900 327, D-14439 Potsdam

Fuhr, Harald, Prof. Dr., Lehrstuhl für Internationale Politik, Wirtschafts- und Sozialwissenschaftliche Fakultät, Universität Potsdam, PF 900 327, D-14439 Potsdam

Gabriel, Johannes, Verw. Wiss., Internationale Weiterbildung und Entwicklung – InWEnt, Fachgruppe Umwelt und Ressourcenschutz, Lützowufer 6-9, 10785 Berlin.

Gerstlberger, Wolfgang, Dr., Fachbereich Wirtschaftswissenschaft, Universität Gesamthochschule Kassel, Nora-Platiel-Str. 4, D-34109 Kassel

Lenk, Klaus, Prof. Dr., Lehrstuhl für Verwaltungswissenschaft, Fachbereich 4, Carl von Ossietzky Universität Oldenburg, D-26111 Oldenburg

Machura, Stefan, Dr., Juristische Fakultät, Ruhr-Universität Bochum, D-44780 Bochum

Morandi, Pietro, PD Dr., Wirtschafts- und Sozialwissenschaftliche Fakultät, Universität Potsdam, PF 900 327, D-14439 Potsdam

Obser, Andreas, Dr., Wirtschafts- und Sozialwissenschaftliche Fakultät, Universität Potsdam, PF 900 327, D-14439 Potsdam

Rascher, Ingolf, Dipl. Psych., Fakultät für Sozialwissenschaft, Ruhr-Universität Bochum, D-44780 Bochum

Strassheim, Holger, Dipl. Pol., Wissenschaftszentrum Berlin für Sozialforschung, Reichpietschufer 50, D-10785 Berlin

Wagner, Dieter, Prof. Dr., Lehrstuhl für Betriebswirtschaftslehre – Organisation und Personal, Prorektor für Wissens-/Technologietransfer und Innovation, Wirtschafts- und Sozialwissenschaftliche Fakultät, Universität Potsdam, PF 900 327, D-14439 Potsdam

Wengelowski, Peter, Dr., Institut für BWL I, Fachbereich Wirtschafts- und Rechtswissenschaften, Carl von Ossietzky Universität Oldenburg, D-26111 Oldenburg

Wilkesmann, Uwe, PD Dr., Fakultät für Sozialwissenschaft, Ruhr-Universität Bochum, Universitätsstr. 150, GB 04/146, D-44780 Bochum

Wollmann, Hellmut, Prof. Dr., Rauchstr. 11, 10787 Berlin